ERNST BARLACH · GÜSTROWER TAGEBUCH

ERNST BARLACH

Güstrower Tagebuch
1914-1917

R. PIPER & CO VERLAG
MÜNCHEN ZÜRICH

Der Text dieser Ausgabe ist dem Band
Ernst Barlach: Die Prosa II
der 1959 im Piper Verlag, München, erschienenen dreibändigen Ausgabe
Ernst Barlach: Das dichterische Werk
entnommen.

ISBN 3-492-02669-9
© R. Piper & Co. Verlag, München 1981
Gesamtherstellung: Kösel, Kempten
Printed in Germany

INHALT

GÜSTROWER TAGEBUCH 1914-1917 · · · · · · · · · 9

   Tagebuch 11

   Vier Tagebuch-Fragmente 359

      Töne 359

      Reserve 360

      Aufbruch 362

      Alarm 363

ANMERKUNGEN 365

Die Sprache des Dichters Barlach stammt aus der Unruhe einer mystisch gebrochenen Seele. Das Leiden am Widerspruch zwischen sinnlicher und übersinnlicher Realität macht ihn als Sprachkünstler unnachahmlich. Man muß zu Jean Paul, zum jungen Herder, zu Johann Georg Hamann, zu Jacob Böhme zurückgehen, um eine deutsche Prosa zu finden, die ähnlich reich ist an visionären Schauern und Bildern, an bizarr aufzuckendem Sprachwitz und tragisch-groteskem Humor. Walter Muschg

GÜSTROWER TAGEBUCH
1914-1917

3. August 1914. Am Sonnabend Abend gegen 6 Uhr war ich mit Klaus im Garten, ging ums Kartoffelfeld herum und ließ ihn seinen Trödel machen. Da kam ein Ton von Geläut, der erste, herüber, und das Geläut hielt vor dem zweiten einen Augenblick an, wie um Luft zu schöpfen, aber ohne daß ich noch besonders darauf achtete, denn ich hatte eben in *dem* Augenblick den Krieg, der in der Luft hing, vergessen und ging ums Kartoffelfeld wirklich aus Lust an dem stillen, abendlichen Gartenfrieden. Aber das Ohr mußte doch vor dem Schall gestutzt haben, und durch den Kopf blitzte eine Erinnerung an ähnliche Laute, an Feuergeläut. Dann aber kam ein Einsturz-Augenblick, wie wenn Jemand einen Vorhang losläßt oder eine Wand umfällt. Denn das Geläut ging nun mit voller Gewalt los, und vom ersten Turm fiel es auf den andern. Ich fühlte in mir eine tiefe Stille sich weiten, eine Leere spannte sich, und darin in der Mitte formte sich eine Ahnung. Klaus kam mir auf dem Gang grade entgegen, und wir sahen uns an, ich hob die Hand und hieß ihn horchen. Es war die Verkündigung des nahen Krieges. Wir gingen nun fort, um Gewißheit zu finden, da begegnete uns ein aufgeregter, doch stramm und schnell vorwärts paradierender Polizist mit einem Zettel, der etwa ein Telegramm sein mochte, in der Hand. Das fiel uns Beiden schon auf. Und wie wir weiter in die Hageböcker Straße kamen und nach dem Zeitungsladen mit den blaustiftgeschriebenen Zetteln am Fenster sahen, brauchte ich nur ein wenig hinüberzubiegen, um das Wort von der befohlenen Mobilmachung zu lesen. Wir gingen zum Bahnhof, um Mutter zu holen, die von Hamburg kommen sollte, aber es wurde ein langes Warten. Der Mond ging am dunstigen Himmel langsam auf, etwa halbvoll, und mir fiel ein, daß ich ihn einmal in derselben Phase, von Wolken gefleckt und gestreift, als wahrhaftigen Totenschädel hatte deuten müssen. Aber diesmal war es mit bestem Willen keiner, so ergiebig es als Bild gewesen wäre, er war gestreift, und man konnte ihn einer

Abbildung des Jupiters in den astronomischen Werken vergleichen. Klaus war sehr wohl einverstanden, daß alle Züge sich verspäteten, ihm war der Krieg eine Ausnahme und Glücksfall. Und am liebsten wäre er um Mitternacht auch wieder mitgegangen. Mutter kam aber auch dann nicht. Erst am nächsten Abend, wo schon der Bahnsteig gesperrt war. Es war Sonntag, und viele Menschen standen und bewegten sich im graudunklen Dämmer, wallten durcheinander wie ziehender Rauch, warteten oder untermischten die Zahl der Wartenden als Zuschauer.

Ich schrieb heute an Frl. Tina, daß mir die Kriegsstimmung wie eine Erlösung kommt. Die Menschen müssen an etwas Allgemeines, Großes denken und ihren persönlichen Kram hintansetzen. Und wirklich sieht es aus, als ob sie froh darüber wären und sich wohl dabei befänden! Wenn ich aus dem Gefühl dieses Großen wieder auftauche, wenn ich mit Klaus im Wald gehe oder ihm von Mörikes schöner Lau vorlese – aus Märchenschönheit –, dann bin ich beglückt von dem Wirklichen. »Es ist aufreibend und durchfiebernd wie eine große Verliebtheit.« Aber ich sehe auch das Andre, die einfachen Frauen, die mit ihren Männern bedenklich sitzen und gehen, ihre Kinder neben ihnen hertrotten, als wäre es das letzte oder vorletzte Mal, dann muß ich denken: sie tragen die schwerste Last. Ihnen ist der Alltag gedoppelt. Das Festtägliche zu erfassen, haben sie keinen Sinn und keine Zeit, die Schönheit des Großen ist ihnen vorenthalten, für sie heißt es: große Schwere und großer Schmerz. Meine Holzskulptur ist, obwohl vor allen diesen Bedenken entstanden, das Bild ihrer Zukunft: sie irren über die Felder und stehlen Rüben für ihren Hunger.

17. August 1914. Gestern, Sonntag, war ich mit Klaus am Grundlosen See, weiter bis zum Gliner See, wo wir in die Haselnußbüsche brachen; da saß es dick und voll. Sonderbar, wie die Früchte offen und verborgen stecken, oft stößt man mit der Nase dran und sieht sie nicht. Man erntet sie wie Lebendiges, was sich birgt und aufgestöbert wird, versteckt und entdeckt. So hatten wir Taschen und Klaus' Hut voll. Gingen über die Felder heim, und ich spellte die Nüsse auf, und abwechselnd fraßen wir. Störche spazierten auf den

Stoppeläckern, es wurde gedroschen oder sonst an den Garben geschafft, die niedergehende Sonne schien fast herbstlich, die fernfliegenden Störche kerbten ihre scharfen Schwenklinien in den Horizont, wir plauderten und fraßen, und ich dachte, so schmeckt der Friede, wie Nüsse, eine um die andere geknackt und entschalt und ⟨zerbissen⟩. Dazu stille freie Felder, müde vom Segenspenden, erschöpft vom Schöpfen. Wir gingen den Weg, wo ich so oft den Kartoffel-Mythos breit und immer breiter ausgebildet habe, weil Klaus etwas hören wollte. Nachts las ich Keller bis tief in die Nacht und war doch bloß mit dem Auge dabei, eigentlich las ich vom Krieg. Vom Bahnhof bei der Nachtstille hörte man ewig das Rollen der Züge, die Truppen nach Westen bringen. Nachher schlief ich lange nicht, und immer war da Pfeifen und Rollen und Keuchen der Lokomotiven. Es klingt besser als Singen und Hurraschreien, es hört sich unheimlich ernsthaft an. Das Land atmet einen Orkan in sich ein, es braucht einen ungeheuren Vorrat, bis es genug hat, um das hämmernde Herz zu sättigen. Denn daß das Herz, unser Herz, hämmert und unbändig stürmen wird, das ist gewiß. Wir sind voll, wir bersten von dem großen Glück, daß es um Alles geht und nicht wie sonst um halbes Nichts. Dies Glück hat mit »Glück« nichts zu tun, es ist besser als alle Lustigkeit und gutes Bekommen. Ich habe es ja immer gesagt, aber nicht so herrlich tief gefühlt.

18. August. Als ich am Morgen noch im Bett lag, marschierten schon die Rekruten in Drillzeug vorbei, aber man glaubte, ehe man sie sah, es wären eher Turner als Soldaten, sie hatten noch keine Kommißstiefel an, so wars noch mehr wie Schülerfahrt. Es sind ja viele Güstrower von den jüngsten dabei, Not-Maturitäter, der junge Allerding, Student im zweiten Semester, Lehrer Döschers Sohn, Goldschmied Commentz' Fritz und allerlei wohlbekanntes Jünglingskraut aus der Nachbarschaft, das ich nicht mit Namen kenne. Später kamen Kanonen, und gegen 10 zogen Klaus und ich dem Heere nach, denn auf den Feldern bei Bülowburg war Scharfschießen. Vor Villa Maria, im Hängebauch der Chaussee, stießen die Kanonenschläge schon durch die Luft. Viele und wenige, bald so bald so. Oben neben der Lehmgrube sah mans schon auf dem

Horizont balancieren, Reiter, Reihen, die Drillichmauer, und die
Kanonenschläge, die gegen die Lehmwand liefen, warfen ihren Ton
gegen uns zurück, so gingen wir im Doppelschall, Klaus noch immer mehr von der großen Raupe, die er unterwegs gefaßt, angetan
als vom Kriegsgeräusch. So oft ich ihre Länge, Farben, ihre Seiten-
streifen anerkannt, immer wieder soll⟨t⟩e ich staunen, sodaß ich
unwirsch wurde. Das wurde aber bald anders, denn es gab jetzt
Andres zu beobachten, als wir vom Kaisergeburtstagsschießen
kannten. Es folgte hinter jedem Schuß ein sonderbares Saugen in
der Luft, und manchmal sah man ganz fern – es mußte jenseits des
Parumer Sees sein – einen Aufblitz, wie wenn Jemand ein Riesen-
streichholz anrisse. Als wir ganz oben waren und zu der Batterie,
den Protzen gegen die zweite Drillmauer links der Batterie abbogen,
war schon Alles klar: Das Saugen nach dem Schuß kam vom Bohren
des Geschosses durch die Luft, der Aufblitz hinterm See war das
Krepieren der Granate. Als wir ganz heran waren, wurde das Saugen eine Mischung, halb Stöhnen, halb unterdrücktes Jubeln, ein
Wunschwüten zwischen Geschütz und Ziel, ein Höllengeister-
Hetzen, ein Zerbrühen der Luft längs der Bahn in unfaßbarer
Schnelle. Ein Spalten des Luftkristalls. Immer zwei von diesen Me-
tallsaiten, die zwischen Ziel und Rohr gespannt schienen, schnurrten
zugleich und entrissen sich diesen Ton voll Grausen und Lust. Goldschmied Commentz stand da auch mit seinem Hund, da blieben wir
stehen. Klaus hatte nun auch ein Auge für das Aufblitzen auf den
fernen Feldern hinterm See und suchte mit uns die beiden Spreng-
wolken und hatte Ohr für das Doppelgebell, das schwach von der
Einschlagstelle zurückklang. Darüber war ihm die Raupe aus dem
Hut gekrochen und hatte auf dem Stoppelfeld ihre Freiheit zurück-
gewonnen.

Dann wurde Mittag gemacht, die Protzen stäubten vorwärts, und
die Drillichmauer, die aber in der Nähe einigermaßen zerbröckelt
war, wurde von einem Kommando zusammengemauert. Die Rekruten waren bei dieser Übung noch Zuschauer gewesen, Viertage-
soldaten, die noch nicht mitmachten. Aber in 6 Wochen, dann stehen
sie mit hinter den Geschützen, schießen und werden beschossen.
Dann sind sie in Feldgrau, aber das mit der Mauer hat dann einen

Sinn, sie sollen zeigen, ob sie stehen können, wenn das Blitzen von drüben zwischen ihnen wütet.

Und Mädchen wissen solche Mauern – wie da heute – zu sprengen. Da stehen sie mit durchsichtigen Blusen mitten drin, ziehen die Schultern hoch, winden sich, biegen sich und sind offenbar von 100 Augen gekitzelt. Die jungen Leute sind nicht blöde. Sie scheinen zu bedenken, daß sie gar keine Zeit zu verlieren haben. Die Kleine von Villa Maria, die aussieht wie die neuausgegrabene ägyptische Königin, war die eine dieser Sprengbomben, sie machte aber ihren Abschied bescheiden. Aber offenbar ist sie über und über erglutet, kaum waren wir auf dem Rückweg an Villa Maria vorbei, war sie schon wieder zu Rad hinter den Drillichmannschaften her. Da sah ich, daß sie für ihre Statur ein bißchen zu dicke Waden hat.

Abends. Um nun diesen Abend zu beschreiben, müßte man in die Hände spucken. Wiesen, Wald, Schüsse, Rehe – und Rathaus. Der Stammtisch, von einem überall informierten Wichtikus beherrscht, an den andern Tischen Soldaten, teils in Drill, teils in Tuch. Die in Drill schreiben Postkarten, trinken, sprechen wenig, essen und schweigen viel. Aber vor Allem, sie sehen gesund und robust aus, sind lang und schlank, und das Leben sitzt mit ihnen bescheiden zu Tische. Sie tragen ihre Haut und ihre Knochen zu Markte. Der Stammtisch redet von unbestimmten, widerspruchsvollen Nachrichten über eine bestimmte Persönlichkeit, einen Sohn von... Er ist also in ihren Augen noch nichts, nur ein Sohn von... Da steht am Nebentisch ein Mediziner in Tuch auf, einer mit schwarzem Kragen, tritt an und gibt über den Fall Bescheid. Sonderbar sind diese glatzenhaften Schädel all der jungen Menschen, man denkt an die katholischen Nonnen, die ihr Haar abschneiden. Wer in Uniform steckt, ist einer einzigen Sache angetraut, nicht dem Himmel, könnte man spotten, sondern der Hölle. Und doch ist es Himmel, der Himmel, den man sich setzt, ist der Sieg. Es gibt viele Himmel, aber dieser ist der wonnigste, »der siebente«. Er überhebt Einen der Sorge: was werde ich, was fange ich mit mir an, wie behage ich mich darin? Offenbar wollen sie siegen, ihr Wille kommt in seinen Erfüllungshimmel, ihre Knochen mögen davor zerspellen und zersplittern.

19. August 1914. Mit Klaus ging ich über den Hafen an der Nebel entlang, immer dem Deich nach. Es war windig und sonnig, frischwarm und klar, und viele Angler saßen an den Borden, viele ältere und junge Männer, sogar Mädchen angelten. Manche Gruppen ließen sich als Picknicks an mit Eßvorräten und Lagerbehagen. Bei den Männern argwöhnte man leicht Fischhunger, es müssen viele sein, die feiern müssen. Alle diese Landstürmer, die einberufen werden können, legen, weil sie von ihren Stellen entlassen sind, die Hände in den Schoß. Was aber soll man zu den fahrenden Fräuleins sagen, soll man ihnen den Ernst der Zeit predigen? Ihnen beteuern, daß das Honigblumengetue sich überlaufen hat? Soll man sich dafür auslachen lassen? Aber sie, wahrhaftig, merken nichts davon, daß es nach Blut und Leichen riecht, wenn auch weither. Sie spreizen im Abwässerhauch des Kanals auf dem Deichrasen ganz friedlich ihre Bescherung aus. Gegenüber neben der Zuckerfabrik weht die Rote-Kreuz-Flagge über dem Lazarett, und von weiter rechts ergeht derselbe Zeichenwink. Unwillkürlich neigt man sein Ohr nach Westen und Osten und Norden, als ob die furchtbaren Dinge dahinten ihren Schall noch bis hierher herantragen könnten, man weiß, die blutigen Wellen werden auch über unsre Gegend laufen. Darauf ist man vorbereitet und richtet Lazarette ein und sammelt Geld – aber diese gänsehaften Fürchtenichtse salben sich putzlustig aus der Bürzeldrüse und fahren mit dem Schnabel in jeder pöbelhaften Amüsiertheit herum.

Auf den Wiesen waren Frauen und Mädchen beim Heuwenden, die frischen Fuder waren uns schon in der Ulmenstraße begegnet, überall in den Fernen der Felder entqualmt der Dreschmaschine ihr Hummelgebrumm. Das dicke Schilf des Ufers läßt sich vom Wind biegen und raschelt seinen ewigalten Zischelspruch im dünnen und vollen, im schwellenden und sterbenden Chor. Immer, wenn ein Windhauch einfällt, antwortet es schmeichelnd und höflich, immer aus tieffreudiger Seele andächtig in seiner immergleichen seidigen Eigenheit schamhaft selig. An den Kanalbrücken stehen wir als Sachverständige, werden vom Wärter mit wenig Mißtrauen begnadet und schauen dem Angler an der Schleuse zu, einem alten Bahnveteranen mit weißem Bart, der sein Flott in die Seitenwirbel taucht, die hinter dem Fall durcheinanderlaufen und übereinander-drängen.

Dann gehts auf dem Sandweg heim an Eidechsen vorüber, zwi-schen grünüberwucherten Spargelplantagen und Laubengärten durch. Morgen ist Klaus 8 Jahre. Da kriegt er ein Automobil, Papierlater-nen, Schmetterlings-, Käfer- und Fisch- und Pilz-Tabellen und von Mutter eine Dattelpalme, ein zartes Junges. Dazu einen Tisch für seine Pflanzen. Die wuchern schon in seinem Sinn wildnishaft. Auf seinem Beet regiert, wie von den Toten erweckt, die schon verdorrte Zimmerlinde, auf dem Gestell hockt eine bunte Kameradschaft von Töpfen, ein wahres Findelhaus von allerlei zusammengelesenen und verwahrlosten Existenzen: ein Däumling von einem Doppeleich-lein, die spannlange Calla, allerlei Kümmerlinge von Kaktussen und »seine« Königin der Nacht in der Verfassung einer Vogelscheuche.

Und wo ist der Krieg geblieben? Morgen soll sich unsereins, un-ausgebildeter Landsturm, zur Stammrolle anmelden.

20. August 1914. Lüttich, Mühlhausen, Lagarde sind längst gewesen, heute heißt es: Tirlemont! Japan kann sich ein Ultimatum nicht ver-kneifen. * Morgens war Bescherung, Nachmittags Kaffee im Linden-garten, Abends wurden die Laternen angebrannt, nun schläft er!

Ich mußte mich garnicht stellen, es galt allein für Landsturm I. Vorm Abendbrot ging ich über Villa Maria hinaus und konnte bei sinkender Sonne weit über kahle Felder sehen, überall rauchen die friedlichen Dreschmaschinen nah und fern, sogar am Horizont, wie Spuren eines weit entfernten Dampfers sieht man noch Rauch-reste in der Auflösung begriffen. Schon ist das Feld, wo die Bat-terie schoß, umgepflügt, die Erdhaut ist neu bestückt, winterlich gepelzt, der alte Sommer und junge Herbst gingen miteinander auf Rebhuhnjagd, der Alte zeigt dem Jungen die Reviere und gibt sich Mühe, ihm seine Weisheiten annehmbar zu machen, aber ich bilde mir ein zu sehen, wie der Junge ins Fäustchen lacht. Er will die Sache auf seine Art anfassen. Das wäre Alles recht schön und gut, wenn man nach getaner Arbeit auf solchem Stoppelfelderweg gut ausruhen wollte. Da wären die Feldmäuschen zu studieren, die vom Wege, der ihnen wohl ihr Nahrungsfeld ist, eilig ihren Löchern

am Rain zuschießen oder dickwanstig, hamsterartig vor den Türen
stehen – kaum daß sie ein wenig zurückzucken, wenn man vorüber-
stelzt. Ihre Löcher sieben den Grabenrand, manchmal schiebt sich
ein pockennarbiges Stück dazwischen, ein bißchen verfilzter Rasen,
aber unterwühlt von Pässen und Mäusearkaden in der Erde. Man
könnte die blaue Ferne studieren, tut es auch, aber man schämt sich
fast, daß mans tut. Wenn es noch länger so weitergehen würde,
müßte man sich auf Schleichwegen aus der Stadt herausschwärzen,
man würde wegen mißzudeutenden Betragens verdächtig scheinen,
so wenig Recht auf eine hergebrachte Lebensweise gibt man sich
noch. Die Vorstellung: Sie fallen Alle über Einen her, die Heuchler,
die Kulturprahler im Verein mit den dicknäsigen Kulturverächtern,
– die Vorstellung ist prachtvoll. Man denkt an Hunnen und Nibelungen und wünscht sich das Los der Hagen und Genossen an Etzels
Hof. Ungebeugte Selbstbehauptung bis zur letzten Zuckung. Wir
sind gewiß allzumal Sünder, aber wir wollen uns wenigstens unserer
eigenen Sünden schämen müssen, wie wir uns im Stolz unsres Schaf-
fens strecken wollen. Wir sind ja alle von einem Gott, ⟨dem⟩ des
dicknäsigen Moskowiters Aljoscha Karamasow, meiner und Sr. Edlen
Mr. Greys – alles ein Gott, immer derselbe. Wer kann aber auf
solche Weise an »Gott« glauben? Prosit die Mahlzeit! Darum müssen wir schon an »unsern« glauben und in Frieden jeder an »seinen
eigenen«. Mutter mahnte mich heute, dem Klaus einen Gott zu
geben. Ich hätte doch im »Toten Tag« geschrieben: Menschen müssen lernen, daß ihr Vater Gott ist. Nun, so müssen sie eben zunächst
»Vater« begreifen lernen, d. h. nicht nur Vater haben sondern auch
sein. Soll man nicht meinen, wenn ein Mensch religiöses Talent hat,
daß es sich durchringt und die »Anleitung« wenig nützt, aber viel
verdirbt? Ich denke an Hans, der wie wir alle als Kind sein Gebet
sagen sollte und ganz lustig und humorvoll loslegte: »Prinz Eugen
der edle Ritter.....« oder an Mieting Düsel, die auch beten mußte
und dabei vor Kichern keinen Ton fand. Beten mag gut sein, aber
gott-voll sein wohl besser, und wer es ist, ist es von selbst. Oder
könnte man Gott an eine Pumpe schließen und immer fleißig nach-
füllen? Mein Vater hat mir von Gott nur ganz wenig bedeutet, und
doch habe ich bei ihm die Vorstellung, ja das Bild einer Gottgläubig-

keit, die ihm so wirklich war wie seine Nacktheit, die er auch nicht vor uns enthüllte. Man schämt sich eben Gottes. Wie kann man so was sagen: Gott? Man nimmts in den Mund, dann ist es, als ob man ihn anspiee. Denn man äußert sich doch auf ihn hin nur materiell, mit Hauch und Lippenmechanik. Oder man nimmt ihn in die Seele, dann soll man nicht platzen? Nein, mit Gott im Gefühl vereint zu sein, ist voller Tod. Kann ich ihm danken? Das heißt ja kritisieren, beifällig werden, sein Tun bürgerlich erklären, aus ⟨Interesse⟩ an mir Staatskerl oder als Belohnung meiner Verdienste, und dessen sollte ich mich vor mir selbst – würdig halten? Also Gnade?! Unverständliche Gnade! Gut, aber wie schnell wird die süß niedergebeugte Dankbarkeit faul, wie stumpft der Überdrang des Erfülltseins ab, wie schnell wird ein Gewohnheitsrecht an Gnade beansprucht! Da fängt Gott an, mich nicht mehr genügend zu »ästimieren«. Es ist von keiner Gnade mehr die Rede, sie wird Voraussetzung. Die kath. Kirche ist schon nicht unklug mit ihren Heiligen als Mittlern. Denen kann man hübsch großväterlich um den Bart gehen, lieb Kind scheinen, ihnen Nasen drehen hinterm Rücken, von ihnen kann man sich schulmeistern, strafen, absolvieren lassen, und das gibt dann immer einen netten Tritt ab, den man zur Hand hat, um dem Himmel immer mal, wenns sonst fehlt, ein bisken näher zu kommen.

Und wo bleibt der Krieg? *

21. August 1914. Brüssel besetzt. Morgens nach dem Kaffee spaziere ich mit Kläuschen auf seinem Schulweg, da kleben schon bei Pape oder Piel die frischen Nachrichten, die kleinen, herzsalbenden weißen Blättchen. Doch sitze ich wieder wie sonst im Bahnhof und bade, wie Däubler in der Salzflut, im Nachrichtenmeer. Die Herrn Bahnhofsvorsteher und hohen Eisenbahner haben wieder Muße, ihren Frühschoppen um diese Zeit zu nehmen. Er taucht den Bart in den Bierschaum und kaut den Krieg, er verdaut ihn mit Bier und Butterbrot und pafft den Rest in die Luft, der andre sächsische Herr läßt sich ein Gläschen gefallen, aber vor Allem wie ein knurriger Hund scharrt er nach einem leckeren Knochen Neuigkeit eifrig im Hamburger Fremdenblatt. Immer will ich mich zur Ausbildung als Krankenträger fürs Rote Kreuz melden, und immer wieder schiebe ichs auf, wegschicken kann ich mich nicht lassen, da ich Landsturm II bin und dableiben muß. Wenn es sich dahin wendet, muß ich eben meine Knochen auch hergeben.

Abends. Dieser heißt der »vierblätterige Tag« – sagt Klaus. Am Nachmittag kurz vor 5 Uhr gingen wir wie gewöhnlich unsern Spaziertrott, diesmal über den Markt, weil ich auf die Bank mußte. Dann hinter Voß' Garten bis an die Gleviner Chaussee, da ließen wir Mutter heimwärts und stadtwärts gehen und verlegten uns auf einen Wiesenbummel. Klaus suchte zwischen Klee, und ich überließ die Füße dem eigenen Belieben. Da fand Klaus das erste Vierblätterige, bald darauf das zweite, und während ich diese Seltenheiten – »wenn wir viele fänden, wären sie ja nicht selten« – ins Buch zum Pressen steckte, Klaus sich ausmalte, wie Mutter staunen müßte, – aber weitersuchte – hörte ich von der Kaserne herüber dreimal Hurrarufen. Aber es klang so weit her und verwischte sich mit dem Schleifen des Zuges über die Schienen, und überdies, wenn man bei Allem nach dem Warum-Umstand suchte, hätte man von Wiesenspaziergängen keine Freude. Wir vertrauten uns nun dem Deich zum Rückwärtsschaffen an und liefen gut dabei, denn unterwegs fiel uns noch ein Ungetüm von erstaunt-ungnädigem Zeughündchen als Beute zu. Es lag auf dem Deich, wie für uns zurückgelassen, und Klaus ließ seinerseits von einem Beutestück ab, das als sehr wertvoll aufgefischt war. Die Nebel nimmt bei trägem Ziehen über die Wiesen alles Land in ihre Armschlingen, umarmt sich mit rechts und links, wendet sich zurück und bemüht sich schräghin weiter, immer umschlingend und an sich saugend und bettend. Und mit ihr der Deich, und mit dem Deiche – wir mit dem Hündchen. Die Krähen rotten sich schon wie in Herbstahnung in dichten Schwärmen, und wie sie über eine Landwölbung ihre Schwarze decken, ist es ein Krähenland, dagegen sendet man im Herangehen mit Händeklatschen seine Schüsse, und siehe, die lebendige Decke wallt hoch, reißt zu Fetzen wie tausendfach zerschossen; und wie es krächzt aus dem schwarzflockigen Gerüttel – so, meint man, klänge des Herbstes ewig rostige Kehle. So lag Wasser und Wiese, und so heimatfroh verweilte der leicht überdunstete Himmel beim Abend und schien noch die Nacht abwarten zu wollen in friedlich umhüllter Vertrautheit seiner mit aller Andern Seele. So zogen wir über die Brücke und strebten neben der Kuhregel vorbei zur andern Brücke, als wir in schwarzer Einsamkeit Frau Zeffel sitzen sahn, die aber grade aufstand und ⟨sich⟩ gegen uns wandte. Von ihr erfuhren wir das Glück von Metz, und sonderbar, bei aller ihrer mecklenburgischen Sprachunzucht hörte man etwas von der Gewalt dieses Schlagens und Siegens heraus, mehr: man sah und erfaßte die grimmige Freude, die innerlich durchbebte Seligkeit der kämpfenden Deutschen, die von nichts wissen will als Tun aus dem vollsten Seelendrang, Bahnlassen übermächtiger Sehnsucht und es nicht erwarten kann, mit der Gewalt des Rechts in Händen die andre des Unrechts zu zertrümmern. Man denkt dabei: Opfern ist eine Lust, die größte sogar. Ich weiß es längst, es ist Vergottung, Aufgehen im Ganzen, Erlösung. Und die Deutschen können es heute tun mit der inbrünstigen Seligkeit der Freiwilligkeit, die durch inneren Willen und Beschluß zur Notwendigkeit wird.

Als wir weitergingen, durch die beflaggten Straßen kamen, die Glocken anheben hörten, ihr Gottlob und Gottdank, dank' Gott, Danklob gegen Himmel und über die Dächer anzuschlagen, war der Klaus allerdings erschüttert. Ich konnte mir denken, daß man in solchen Augenblicken, besonders als Mitkämpfer und mit der Anschauung Erlebender, mit einem Entschluß allem künftigen Glück entsagt. Es ist einmal ganze Erfüllung – einmal, und das möchte genug sein für immer. Man kann nur tiefer kommen, nicht höher, denkt man und verzichtet auf die ewige Seligkeit, die man sich nur denken kann. Mit dieser Erfahrung der Seele sind alle Hoffnungen als Vorstellungen ja weit überboten. Das soll der vierblättrige Tag sein, sagte Klaus. So viel Glück auf einen Tag!

Nach Tisch gingen wir noch eine Weile auf das erste Stoppelfeld draußen, Klaus mit der roten Laterne. Draußen auf den Feldern bei Metz liegen Tausende von Toten und Blutenden.

22. August 1914. Nachrichten: 10 000 Franzosen gefangen, 50 Geschütze genommen – gestern –.

Ich bekam eine Anfrage von Gold, ob ich für die »Kriegsblätter«, die junge Secessionisten herausgeben wollen, mitmachen möchte.

O nein, beileibe nicht, Herr Gold! Ich bin unterwegs, den ganzen Tag, morgens zum Bahnhof, ein klein wenig Hantieren im Atelier und marsch hinaus bis hinter Bülowburg. Es hatte die Nacht geregnet, und der Tag war voll feuchter Schwere. Nach Tisch ins Rathaus zu Zeitungen und Kaffee, dann mit Mutter und Gaus ein Stück Gleviner Chaussee, und ich – marsch! – weiter durch Heidberge, über Klues durch den Primerwald. Der Wald dunstete Nebel, der Abend verhängte Schweigen wie lauter schallerstickende trübe Wände, immer dichter, immer lautloser. Nur die Tropfen aus den Blättern schienen das Einzige, was nicht stillstehen, am Platz bleiben kann, die Zeit auf dem Gange durch alle die trüben Wände und Räume mit Tick und Tack zu geleiten. Die Wachtmänner mit Karabinern und weißen Armbinden an der Eisenbahn- und Brücken-Kreuzung faßten mich ein wenig genauer ins Auge, als meiner Harmlosigkeit lieb sein mochte. Aber ich war ihnen aufgefallen, weil ich mich kurz vorher mit der Frau gescholten hatte, der ihr Hund nicht parieren wollte; immer war der Wutbeller mit den Zähnen sozusagen an meinen Waden. Und wenn ich nach ihm warf, wagte er sich wütiger bellend mir noch näher. Schließlich kam sie gelassen heran und nahm ihn am Pfötchen mit sich; ich empfahl ihr, ihm ein paar Tüchtige überzuziehen. Dieses Wirbelchen von Lärm war mir vorausgelaufen und hatte mich angekündigt, so sah ich mich bereits erwartet.

Ich frage mich, ob z. B. der Photograph G. während der ganzen Dauer des Kriegs unter seiner Haustür stehen bleiben will. So oft ich vorbeigehe, und das kommt mehrere Male am Tage vor, weil ich so begierig auf Nachrichten bin wie alle Andern, lugt und lauscht und sichert er vor seinem Bau die Straße auf und ab. Rechter Hand ist der Zeitungsladen mit den frischesten Kriegswürsten. Und seine Augen rauben an der Ecke und werden doch nie satt. Und wenn er gefressen hat, spuckt er die Schale aus und läßt sie den Andern, die zu den dürren Angaben eine wulstige Meinung, Prophezeiung, irgend etwas – sei es auch nur eine Wiederholung in ungeneralstabsmäßiger Verquasselung – dringend nötig haben. So etwa wie am Morgen des Fortzuges der vollblütige Güstrower Kanonier heftig nach Magenbittern verlangte. Als ihm aber dann der Wirt seiner Order gemäß Alkohol abschlug, warf er sein ganzes Trachten auf den Magenbittern, den er für Medizin angesehen wissen wollte. Er war so voll Blut und Wohlsein, bei bester kriegsmäßiger Nüchternheit – aber seinem Magen fehlte das Öl der süßen Schnapsgewohnheit.

Da habe ich eben die Seiten vorausnumeriert und verfalle in ein Ahnen, was mir wohl die Weltgeschichte drauf diktieren wird. Mir gehts wie dem Kanonier: ich brauche dazu den Schnaps von allerlei alltäglichen Umständen, um sie recht persönlich wohltuend zu machen. Ich sage wohltuend, denn ich kann das Gegenteil nicht denken. Ich denke alle paar Minuten mit immer neuem Zucken von Freude: Himmeldonnerwetter, wie die drauflosschlagen!

Es klingt schlecht so, ja gemein und höhnisch, aber ich meine damit nur ⟨das⟩ Ungestüm, die Berserkerhaftigkeit des Zorns, der von der wohlüberlegten Absicht, uns die Knochen zu brechen, hochgefuchtelt ist. Rache? Ja, aber für das unersättliche Mißtrauen, das schmähliche Unterschieben böser Absichten, für das Nichtwollen guter Nachbarschaft, für das ewige Geschwätz von Kultur und Zivilisation, für diese sträfliche Unfähigkeit, Einsicht und Vertrauen zu haben. Für das Höhnen auf jede Versicherung redlicher Friedensliebe. »Metz« ist ein furchtbares Wort, es klingt wie kaltes Abschlachten und Vermessern. Es hängt ekelhafter Blutgeruch daran. Es ist kein Schuß, sondern der Stich einer kalten, blanken Klinge mitten durchs Herz. In Paris 1895 – in dem Atelier in der Rue Alain-Chartier – träumte ich einst von Krieg. Ich sah ein Gemetzel, eigentlich nur den Stoß eines Bajonetts durch eine Brust, und sah auf dem plötzlich erbleichenden und erstarrenden Gesicht des Getroffenen den ganzen Ekel des Lebens vor dem Tode, eine Verkrustung von Grauen. So tödlich lebendig gewissermaßen, daß ichs heute noch sehe.

23. August 1914. Nachrichten: 8000 Russen gefangen, bei Namur Kanonaden. Vordringen bis Lunéville, Verfolgung der Geschlagenen von Metz.

Man würde anfangen, schlechte Witze zu machen, wenn solch ein Hohntriumph nicht zu ekelhaft wäre. Man sichert seine Miene gegen schlechtes Wetter. Ich habe durch Vermittlung der Agentur Ullendorff in Zürich ein Telegramm an Hans zu schicken versucht. Wenn

es nach Klaus ginge, wäre noch heute von Frischem gesiegt worden:
Er fand ein fünfblättriges Kleeblatt.

Es ist wahres Abschiedswetter, Abschied von allem Freundlichen
in der Welt und aller Gnade und Freundlichkeit. Die Sonne so mild,
eine tröstende Versicherung aller Hoffnungen, nur mit einem leis
nachsichtigen Lächeln dahinter: als ob man alle seine eignen Hoffnungen wohl ein bißchen verkehrt und einseitig trüge. Alles irdische
Glücklichsein ist nur ein Gleichnis – scheint die Sonne mit ihrer
Schalkheit mit einem bißchen sanfter Falschheit zu grifflachen. Solche
Stimmungen überkommen die Leute, die wie ich zusehen und zu-
hören müssen, was Andre ausrichten. Landsturm II scheint sein
Futter nicht zu verdienen mit seinen wahrscheinlichen Taten. Soll
man wünschen, daß die Herren uns dringend brauchen werden?
Daß wir sie heraushauen müssen? Als ich morgens die Hageböckerstraße hinaufging, kam Dr. Hoffmann mit dem Extra-Blatt her-
unter, und wir faßten jeder einen Zipfel und lasen. Dann bat ich
ihn um Rat. Ich hätte gedacht, am Krankenpflegerkurs im Krankenhaus teilzunehmen, wovon er mir mehr ab- als zuriet. Und ich hörte
es gern und ließ es auf meinen besten Acker fallen. Sie scheinen
mehr als genug Leute zu haben, werden überlaufen.

Nach dem Abend-Tisch sprang und gespensterte Klaus mit seiner
Laterne. Als er zu Bett war, saß ich mit Mutter zum Tee am Fenster und hörte aus der Nachbarschaft ein bißchen Musik, es schien
echte Musik und erschütterte mich so stark wie die Kriegserlebnisse.
Eine andre Welt zog mich unversehens an sich, da schaltete wie
hier die höchste Gewalt mit den Seelen, und die Gewalt brach sich
als Unendlichkeit im stillen Spiegel klarer Klänge, einfacher Töne.
Wenig und Alles, wie das Stück Sternhimmel, in einer Pfütze ge-
spiegelt, ebenso unermeßlich ist wie der ganze Weltraum. An einem
der ersten Mobilmachungstage sah ich mit Klaus dem Pferdemuste-
rungsgeschäft auf dem Platz vor dem Amtsgericht zu. Da stand immer ein handfester Peitschenmann hinter den Pferden und fuchtelte
den richtigen Trab in ihre Beine. Sie wurden vom Tierarzt Dr. Moritz Henker befühlt und von verschiedenen Herren auf Kriegstüch-
tigkeit geprüft. Die einen kamen rechts, die andern links, alle aber
mußten warten, und da es grade Mittag war, warf man ihnen

Hafer aufs Trottoir. Aus dem Land-Arbeitshause aber brachten graue Kochschwestern Speisekessel und einen Vorrat großer Näpfe, dahinein bekamen die Mannschaften ihr Teil. Es war bunt und lustig – Alles war ruhig und doch springeifrig bei der Sache. Aber über alle dem Mähneschütteln und Drängen der Pferdeschultern, dem Tanz der Hinterwölbungen und dem ab- und anschwellenden Wettern der Hufe ragte Schiff und Turm des Doms über abschließenden Häuserdächern hinauf wie gebaute Musik, eine hohnvolle Majestät höheren Lebens über dem Gewimmel, die lebende Ruhe über der Ruhelosigkeit. Der Krieg ist das Getümmel eines Vormittags. Und doch baut Zeitgewühl an der ewigen Majestät, Menschengewimmel und Händerühren hat auch den Dom erbaut. Frau Timm, Mutters Butterfrau, sagte ihr: Die Zeit ist größer, als wir ahnen, darum kann man nichts dagegen sagen, wenn die Kinder mit in den Krieg wollen. Man muß sie lassen, der eine ist schon Rekrut, der andre mit noch nicht 16 Jahren will mit Gewalt daran. Vielleicht türmt dieser Krieg ein schönes Stück hoch! Wir erleben Erschüttern und sehen eines Tages, daß es Wachsen war.

Der alte Maurermeister Pierstorff begegnete uns auf der Schanze. Er ist Mutters Kollege an Alter. Sein Ältester ist längst mit der Batterie von dannen. Der Zweite ist junger Landstürmer und wartet auf seinen Bescheid, der Jüngste hat schon einen Pferdetransport nach Metz gehabt und wartet nun auf seine Einstellung als Rekrut. Der Alte aber, mit dem ich mich früher in der Atelierruine, der alten Töpferei, über den Krieg im Allgemeinen gestritten, sagte ganz verjüngt: »Wir müssen das haben, es geht ja nicht so weiter, und wenn es sein muß, geh ich selbst noch mit!« Und früher sah er den Krieg als Geschäft und Wucher mit Blut und Knochen an: »Die Völker sind alle friedlich, nur die Regierungen, die Fürsten treiben sie zur Schlachtbank« u.s.w. Daß die Russen und Franzosen so belehrt werden müssen, daß sie in absehbarer Zeit das Wiederkommen vergessen, ist ihm ausgemacht.

Nur am 1. August, als die Mobilmachung bekannt gemacht war, hörte ich von einem Mann: »Das Salz kostet jetzt schon 16 Pf. – wie soll das später werden?« Und von einer Frau: »Was geht uns Serbien an?« – Da hatte der sozialdemokratische Konsumverein ein

65 Pf.-Brot für 1 Mark verkauft, um Stimmung gegen den Krieg zu machen. Sie haben sich aber wohl schnell eines Andern besonnen.

25. August 1914. Nachrichten: Die Deutschen haben 5 Forts von Namur, gehen auf Maubeuge, stehen bei Longwy, Lunéville. Die Russen rücken mit Macht vor. Stehen in der Gegend von Insterburg. Hier wird eine Entscheidung erwartet.

Man liest Feldpostbriefe, es haucht etwas heraus, daß man erschaudert. Daß die Leute nicht unter den Augen- und Ohrenerlebnissen, garnicht zu reden von Strapazen, Wunden und Gefahren aller Art – erliegen! Es lebt also wohl heilige Wut im Gefühl nationaler Würde. Über den Aufgaben des Internationalen steht doch wohl das ungestörte Schaffen der begrenzten Nationen als nähere Notwendigkeit, als Vorbedingung.

Heute Morgen saßen die beiden Bahnbeamten, hatten Gläser mit bernsteinfarbigem Bier zwischen sich und holten ihre Reden aus Zeitungen hervor. Der kleine Bierbauch mit dem Wortfall eines dünnen Strahls, der aber unstetig niederplätschert, umspült mit seinen unruhigen Wässerchen seines Kollegen schwerfälligen Kahn, worauf er mit seinem Sinn in der wüsten, weiten Welt der Ereignisse Richtung und Ruhe sucht. Immer läßt er sich von schäumend flinken Einwänden hier- und dahin drängen, und am Ende glaubt man zu sehen, daß der dicke Kahn von Kork gebaut ist. –

Vormittags badete ich zum ersten Mal mit Klaus im Sumpfsee, schwamm, tauchte und ließ ihn im flachen Wasser die Fische über den Sand jagen. Es gab noch Freigäste außer uns, muskulöse Jünglinge, vor denen schämte er sich seiner Nacktheit und kroch halbgebückt ans Wasser heran, die Wellen brachen die Sonnenstrahlen und zeichneten ihren Laut in schwankenden Lichtlinien auf den hellen Sand. Dieses seichte Wasser mit heller Frische ist teilnahmslos wohltuend wie die ewige Güte, es teilt sich mit an Fisch und Mensch, an muskulöse Jünglinge und späte Landstürmer, und die Sonne, die uns danach beschien, ist von andrer und wieder unpersönlicher Güte, und der Wind, der den Sonnenschein herantrug, war ebenso von ewig gütiger Beschaffenheit. Natürlich denken sich die muskulösen Jünglinge nichts dergleichen, und sicher ist es in jetziger Zeit weit wertvoller, ausdauernde Schinken und geräumige Brustkästen zu haben als Vorstellungen von geistiger Weiträumigkeit. Dr. Gold schreibt im Entwurf für die erste Nummer der »Kriegsblätter«: »Auch Worte sind Waffen« oder so. Heute auch? Ich meine: Heute gelten nur solche, mit denen Blut gezapft werden kann und Knochen gebrochen. Waffen, die von lebenden Muskeln bedient werden, um andre ihres Lebens zu ⟨entledigen⟩, und vor allem Lust zum Sterben, das ist »unsere« Königin der Waffen. Kämpfer sein, heißt heute, bereit stehen, heißes Blei in den Bauch zu kriegen. Kann ich mit so tapferen Worten einen Kosaken vom Pferde holen, oder wird ein Engländer lahm davon? Was nützt der tapfere Zeigefinger, der keine Flinte abschießt sondern Güstrower Tagebücher kritzelt? Marsch zu Bett, tapfer ausschlafen, morgen gibts Einquartierung!

26. August 1914. Nachrichten: Sieg der Österreicher gegen Russen bei Lublin oder Krasnik. Als ich im Bahnhof bei den Zeitungen saß, sah ich etwas Ungewohntes: Militär in Zügen, die nach Osten gehen. Hagemann, der Wirt und mein Handschüttelfreund, gab auch gleich bekannt, daß schon viel von dem grauen Volk durchgekommen sei, Holsteiner und Schleswiger. Es soll gegen die Russen gehen. Die Bahnhofsverpflegung als Liebestat war wieder mobil, Dr. Büsings Frau, deren Mann fort ist, stand lächelnd und blaß zwischen den Herren, und ein phantastisches Mamsellchen mit Zigeunerhäubchen und Operetten-Marketenderinschürze ließ frank ihre Kleidersäume um die Waden wehen. Flotte Unterhaltung flackerte, und ein heldenbrüstiger Herr blies tüchtig in die Flamme. Nach dem Tee war ich mit Mutter beim Gärtner Küstner. Sein Wohnhaus ist nur eine Klause, ein Büßergelaß und also von Einquartierung befreit. Er selbst stand, wie mir die schwere Pforte an ihrem Pfosten zurückschlug, zwischen dem Grün seiner Büsche und Beete in Hosenträgerbequemlichkeit, und nun fing das Parlamentieren an, Bohnen, Erbsen, Gurken, Spinat, das ist alles recht und gut, aber wann Bohnen, wann Erbsen, ob nicht lieber dann Spinat, wenn die Erbsen schon gegessen sind, oder am Ende kann man auch Spinat und Erbsen miteinander haben. Johannisbeeren sind auch noch da, und mit den Wurzeln – ja, die sind alle eisenmadig. Nun muß er wirklich lachen, es überkommt ihn übermächtig, ein Schwabenlachen – alle Wurzeln eisenmadig! Zwar so wie damals, als ihm alle Fenster eingehagelt waren, sein Garten verwüstet, so kann er nicht lachen, der Anlaß genügt ihm nicht, doch kann man zufrieden sein, daß Gott der Herr den Wurzeln Eisenmaden und also ihm Grund zur Heiterkeit sendet. Seine Lache ist ein kurzes Überkippen seiner Schwabenseele, es spritzt ein wenig aus dem Grunde auf und vermischt sich mit aller Welt, entwischt wie ein scheuer Vogel mit einem Halsglöcklein ins nächste Versteck.

Als ich wieder am Markt war, standen da die grauen Mauern längsgesteift mit Gewehren, jeder Quader ein Mann mit Tornisterlast. Und bald brach Alles in die Straßen auseinander in die Quartiere. Unsrer ist ein Fehmarner, wohnt in der besten Stube neben Luise an. Und Luise, wo so viele Soldaten draußen auf den Beinen sind, Luise ist plötzlich verschwunden. Das haben sie doch davon, daß sie an der Wildheit der Mädchen nicht lange zu schaffen brauchen, Ankunft und Ausbruch ist ein Schlag. Die Lehrmeister ihrer Gelehrigkeit haben wohl auch keine umständlichen Methoden. Das lernt sich Alles sicher und schnell ohne viel Ausnahmen und Unregelmäßigkeit. Feldgrau ist die Parole, »Ein Mal ist kein Mal« Universal-Formel!

27. August 1914. Nachrichten: Namur, Longwy gefallen. Ein deutscher Kreuzer in der Ostsee auf Grund gekommen und in die Luft gesprengt.

Unser Krieger kam ½ 6 Uhr durch Wecker auf die Beine, Luise aber, die bange war, die Zeit zu verpassen, hatte nicht geschlafen, rumorte bald nach 5 Uhr und ließ den Kessel kochen, ich, der ich ebenfalls munter war, hörte des Deckels Dampftanz aus der Küche im Bett, ein durchdringendes Zirpen eines blechernen Riesenheuschrecks, eine Messerklinge in den verschlafensten Ohren. Dann klapperten ihre Teller und Tassen, während er mit Waschgeräuschen bescheiden den Morgen grüßte. Dann klopfte sie und stellte ihr Geschirr ab, fragte nach der Nachtruhe und bekam die Antwort, wie sie so früh aus der gesunden und wohlausgeschlafenen Nüchternheit kommen muß. Darüber schlief ich wieder ein. Aber wenig später unternahm ein andrer Morgenspatz sein erstes Zwitschern aus der Ferne, piep, piep, überkipp! Und das stolzierende Pickelpfeifen wird von Trommelrollen herangescheucht, und bald graute ein drohender Marschtritt von ferne heran, sie rücken zu einer Übung aus. Nicht bequem und lustig klingt das Marschieren, eine Überstürztheit zittert im Verborgenen, als wüßten alle diese Tritte, daß während des Krieges noch viele, viele Male zugetreten werden muß, ehe es heimwärts geht, und sie scheinen zornig zu sein, daß der Anfang immer noch nicht weiter ist, und wollen bis zum Ende keine Zeit verlieren. – Ein Murren oder Wellen läuft durch die marschierenden Glieder hin und her, vor und zurück, wie ein Pendel, der ihnen die Ruhe vertreibt und nicht locker läßt, als bis dieser große Kriegstag gegen Frankreich, Rußland, England seinen Abend hat.

Als Klaus heute Abend im Kirschbaum oben stand, fiel ihm plötzlich, genau wie ich mir vorgenommen, ein, unsern Soldaten noch einmal zu besuchen. Also gingen wir hinein und fingen an zu sprechen. Er war 1911, während des Kaisermanövers, schon in Güstrow, jetzt ist er Reservemann. Ein mittelgroßer Mensch mit einem anständigen Langgesicht, Zimmergesell von Beruf, bescheiden in der Rede, ob er brav ist, darüber erfährt man nichts. Die Frage scheint ihm kein Problem zu sein, er hat wohl noch nicht darüber nachgedacht. Zum Prahlen scheint er ganz unfähig, keine Spur von Talent dazu. Ich bin garnicht sicher, ob er sich bei meinen Reden nicht sein Teil denkt, aber verschwiegen bleibt und es bei sich behält, wie man ja auch nicht jedem erzählt, wieviel Groschen man in der Tasche hat, wenn der Andre seine Taler vorweist.

Wir haben am Mittag wieder gebadet: dies magere Kläuschen tanzt im See, schickt sein Vergnügen in zappelnder Dankbarkeit aus dem Feuchten zur Sonne hinauf. Zum Kaffee, weil es so heiß war, gingen wir Alle in den Lindengarten, ⟨da⟩ schossen drei Soldaten mit einem Luftgewehr nach der Scheibe, ließen ihren Übermut laut werden, aber keinen wüsten, vielleicht war es auch bloß, weil sie sich so zeigen wollten vor den wenigen Gästen, uns und Bäcker Langes – und dem Wirtsfräulein. In aller Unschuld, weil sie wissen, daß man sie in Gedanken schon in die nächsten Schlachten schickt – und da müssen sie doch irgend einen Stil zeigen, gar kein Stil, keinerlei

Getue wäre Schauspielerei, hier scheinen sie aber zu sagen: »ach was, geht uns garnichts an, macht uns nichts im Geringsten aus, sind kreuzfidel.« Was Andres wäre es, wenn sie Kampfbegierde aufspielten, Welterschütterer mimen wollten, Heldengröße auftrumpfen. Nein, dessen würden sie sich schämen, würden sich gegenseitig auslachen.

Als ich mit Klaus nach Haus ging, war ein Appell an der Wallstraße mit Tornistern, Helmen, Patronentaschen, da zupften die Vorgesetzten an den gepackten Mänteln und Zeltbahnen darüber und verhalfen jedem Fältchen zur Vorschriftsgerechtigkeit, gingen rund um den Mann herum und polierten jeden Tadel aus seiner Verfassung. Die Doppelreihe reckte sich bis zur nächsten Straßenecke, bald aufgeschlossen als Mauer, bald auseinandergerückt als Straße für die Gestrengen, aber alles ging ohne Fuchteln in Worten und Gebärden ab. Sie sehen zumeist brav bürgerlich aus, viele kurze Leute, dagegen stechen dann die Recken an Gliedern, denen das Gepäck keine Last zu sein scheint, nicht wenig ab, die Langbeinigen mit starken Schultern und kleinen, schmalen Köpfen, die, ohne es zu wissen, spöttisch dazu schauen, wie die Kleinen sich anstrengen müssen. –

28. August 1914. Nachmittags. Nachricht: Die Engländer bei St. Quentin geschlagen.

Die Freude ist groß, die beiden Soldaten lagen im Hof auf einem bißchen gerupften Gras und sonnten sich. Als ich mit dem Extrablatt kam, rappelten sie sich doch auf und waren einig darin, daß die Engländer »ordentlich was aufs Fell haben müßten«. Grade die Engländer!

Ein Zeppelin kreuzt über Antwerpen und wirft Bomben, Ausfall und Rückzug der Besatzung. Die franz. Regierung bedeutet in Brüssel, daß man nicht mehr auf Hilfe rechnen solle. *

Abends: Ich wanderte durch den Primerwald. Solang ich der Klues zuging, hatte ich die Abendsonne im Rücken, als ich mich aber heimwärts gewandt, schnitt sich linker Hand dicht über den Heidbergen der Mond als schartige Sichel aus dem Gewölk heraus, aber nun ging es schnell mit ihm voran, aus schartiger Sichel war er bald ein Halbmond, das Beil geworden, das dem unsichtbaren Winterkaiser Orion

vom Stiel geflogen ist. Vorher aber, noch im verschossenen Tageslicht beim Ausgang des Primers, ließ mich ein Reh vorbei, ganz dicht,
und verfolgte mich mit den Augen scharf, stand dabei selbst unbe-
weglich, daß es ersichtlich war: es hält sich für unerkannt, läßt sich
für etwas Unlebendiges ansehen. In den Röwertannen flogen die
Eulen wie große Motten, drei durcheinander, übers Bahngeleise
oder mischten ihr Grau im Schattenschwarz der Tannen. Über der
Kaserne wehten an langen Stangen fünf Fahnen schwarz gegen den
hellen Westen. Das galt den geschlagenen Engländern, und die Fahnen sahen aus wie Notenköpfe, und weil die Kaserne sich von nied-
ren Dächern zu höheren hinaufschiebt, so hüpfen auch die Noten wie
ein paar Takte, ein Signal, ein Siegestrompetenstoß am Himmel daher. In den Straßen der Stadt mischten sich Trittewimmeln und stau-
biges Licht zu einer festlichen Atmosphäre. Vor dem Zeitungsladen
in der Hageböckerstraße stand Alles ineinandergestopft und starrte
auf das Extrablatt von heute Nachmittag. Es sah beinahe aus, als
glaubte man die Botschaft nicht. *

Das Baden im Sumpfsee ist verboten worden, denn auf den Domwiesen soll scharf geschossen werden, und die Kugeln sollen in den
See fliegen. Als wir zu Dritt, Mutter, Klaus, ich, die große Erlenallee
hinaufgingen, überholten uns Soldaten, die zum Baden wollten, aber
mit Gewehren, sangen das Schleswig-Holstein-Lied zu ihrem vor
Badelust eiligen Schritt und ließen uns ihre Eichenstaturen zum Studium. Ihnen darf man einen langen Feldzug zumuten, sie geben
Vertrauen, daß sie die Last der einzelnen Tage hinter sich packen,
ohne ängstlich zu fragen, wieviel⟨e⟩ noch kommen können, sie werden nicht nur zum Baden guter Dinge sein. Solange ihre Gewehre
nicht versagen, wird ihre Kurage das Gleiche tun.

29. August 1914. Nachrichten: Sieg über die Russen bei Gilgenburg–
Ortelsburg, Löwen soll zerstört sein, nachdem die Einwohner die
Besatzung überfallen. Franz. Sperrfort Manonviller gefallen, un-
glückliches Seegefecht bei Helgoland, kleine Kreuzer untergegangen,
zwei andre vermißt, Torpedoboot gesunken. Man hofft, daß es
schonungslos überlegene Gegner waren, aber ich gäbe die Russen für
einen andern Ausgang.

Heute Morgen wollte ich den Deckel über dem Luftschacht im Hof ausbessern, Klaus und Klein-Ulli von oben standen dabei, und Klaus stieg in das Loch, sodaß er mit halbem Leibe überragte. Da warf der Kleine mit großen Steinen auf seinen Kopf. Wie nun Klaus schon schrie und an den Kopf faßte, glaubte er immer noch an Spaß und lachte. Ich hob aber Klaus auf und zog ihn zur Treppe, Ulli folgte und roch nun Lunte, und dabei überkam ihn auf einmal ein Grausen, und drohte mir wie irre unterm Weinen mit dem Finger. Dann besorgten wir Klausens Kopf, holten den Arzt, der uns zum Verbinden zu sich bestellte. Wir nahmen den Wagen und begegneten auf dem Rückweg der Marsch-Kompagnie, die schon am Morgen ausgerückt war, hielten und ließen sie vorbei. Dabei sah ich sie mir alle ganz aus der Nähe an und konnte mich zufrieden fühlen. Sie ihrerseits sahen Klaus seinen verbundenen Kopf, und Einer fragte, ob er im Gefecht gewesen wäre, ein Andrer wünschte guten Morgen, einige lachten, Alle waren brave Kameraden. Als ich später bei der Kirche stand, sammelte sich das erleichterte Kriegsvolk schon vor der Apotheke und ließ sich auf der Orgel den Choral: »Ich bete an die Macht der Liebe« vordrehen. Es war das Orgeldreherpaar, das ich seit Jahren kenne und das mich für einmal Geben allemal gegrüßt hat. Wenn sie blind und lahm zu ihrer allgemeinen Rumpelhaftigkeit wären, sie wären nicht viel schlimmer dran. Er spielte, und sie schlug ein Buch mit dem Text auf, daraus ein oder zwei Soldaten mitsangen. Auch von den hintern stimmten welche ein, aber obwohl sie die große Melodie festhatten, fehlten ihnen doch die Worte. Und als sie an die Stelle kamen: »Die uns von Jesus offenbart«, flaute es bei »Jesus« ab. Dann saß ich bei Schuster Engward, dem Agenten der Friedrich-Wilhelm-Lebensversicherung, und besprach meine Angelegenheit und später die unser Aller. Er hockte auf dem Sessel zwischen Bettstatt und Fenster, kratzte mit Glas elegante Stöckelhacken glatt, lackierte sie schwarz und vermaß dabei Recht und Unrecht der halben Welt.

Am Nachmittag ging es bei uns zu wie zur Keuchhustenzeit: ich blieb bei Klaus, Mutter ging hinaus. Da mußte dann wieder Hütte gebaut werden, ein Licht wurde unterm Zeltdach angezündet, und wir fielen beim Betrachten der schrägziehenden Flamme und des

perlenden Wachses ganz aus unserm Stil als Wildnissöhne. Und da
bei Allem merkte ich so etwas, als ob uns von diesem Allen das Beste
abhanden gekommen wäre, ich sage »uns«, denn wenn Klaus auf-
geglüht wäre, hätte ich nicht kalt davorgestanden. Es wurden zwar
noch Indianer und Wölfe und Büffel und Grislybären geschossen.
Er tagte zur Nachtwache auf dem Tischstuhl, ich wurde durch
Alarm vom Sofa aus mitternächtlichem Schlaf gestört, mußte
Wölfe abhäuten und Büffelfleisch schleppen, aber es war kein echtes
Spiel, weil es nur Spiel war, ohne Illusionen wie damals, als ich
kranker Löwe auf dem Felsen lag und Junglöwe Klaus mir einen
Esel anschleppte, dessen spitze Ohren mir in den Magen stachen,
und er mir zur Heilung ein Volk Rebhühner fangen mußte. Da
freute er sich, wie er mir so schnell helfen konnte mit einem guten
Fang, und ich genoß mit schmerzlicher Lust die ununterbrochen
mein empfindliches Innere aufspürenden Magenschmerzen. Am
Abend in die untergehende Sonne hinein kam ich an den Unergründlichen See und weiter an den Zwillingssee mit den Haselbüschen,
zog Nüsse aufspellend über die Stoppelfelder zurück. Man könnte
sagen, da die seligen Gefilde unbekannt sind, so weiß man wenigstens etwas von seligen Feldern, die in Herbstmattigkeit verklärt
dem Wintertraum zudämmern, über Tag an der Sonne bleichen und
am frühen Abend unter kühlen Dünsten schauern. Die Mühlenflügel
regten sich im nordwestlichen Hauch ganz leise. Das ist von großer,
mystischer Herrlichkeit, so wie Heben und Senken riesiger Schwingen auf weiter Fläche, aber die Soldaten müssen Brot haben, und so
gibt die Kurage, die auch im Magen sitzt, wie Josef sagt, den kahl-
geernteten Feldern und ⟨dem⟩ Windmühlenregen einen besonderen
Sinn. Aber was ist das alles vor dem Wüten in der Nordsee!

30. August 1914. Sonntag. Welch ein Monat war das!*
Als ich heute morgen auf der Schweriner Chaussee ging, stand
hinter den letzten Häusern ein Junge an den Baum gelehnt, barfüßig,
barköpfig und in einem Zeug, dem mütterliche Sorgfalt immer wieder vom schlechten zum besseren Zustand verholfen hatte; und der
durch soviele Wandlungen bis hierher gediehene Zustand dürfte
wohl noch nicht der letzte sein. Er wünschte guten Morgen, als ich

vorbeikam, und ich sah eigentlich sonst nichts von ihm als ein Paar
aufmerksame Augen und seinen runden Schopf mit seidengrauem
Haar. Nun, nach einer halben Stunde klingelte hinter mir ein Rad-
fahrer, mich zu wahren, und da ich einen Soldaten darauf treten sah,
bog ich ausgiebiger zur Seite aus, als ich sonst tue, besonders auch,
als ich die Hände eines Hinterhockenden auf seinen Schultern sah.
Es war ein Reservist, den ⟨ich⟩ gleich darauf nach den Arbeiter-
häusern von Bülowburg über die Felder schieben sah. Sein Junge
hatte den Vater, der eingezogen war, zum Sonntagsbesuch vor der
Stadt erwartet und hatte sich auf dem Tritt befördern lassen. Ich
wußte genau, was der Junge in dieser Zeit schon zu spüren bekam,
die Weltgeschichte machte ihm Gedanken, denn sie brauchte seinen
Vater und lieh ihn ohne Gewähr für Wiederkommen nur sonntäg-
lich ein paar Male her. Da mochte er wohl die Hände auf die väterlichen Schultern legen und denken: Ich halte ihn fest, denn er muß
mir noch vorwärts helfen, ich brauche seine Schultern. Das Vertrauen der Kinder zum Vater ist mir immer ein Symbol des reli-
giösen Gefühls. Jeder hat die Angst am Leben mitbekommen und
hat einen Vater, an den er sich in der Angst klammern kann. Welch
eine Schiffbruchsahnung: wenn mein Vater versagte, krank würde
oder uns entzogen war!

Die Mühle von gestern drehte immer noch ihr Doppelflügelpaar,
sie schien aber, von meiner Straße gesehen, zur Hälfte im Boden versunken. Güstrow schaute gleichfalls nur mit seinen hohen Häuptern
über den Horizont.

Unsere Sonntagnachmittagsgewohnheit ist der Gang an den Unergründlichen See. Da kam mir beim Sammeln von Hagebutten ein
Mann vom Feldrand zur Seite, mit dem ich zu reden anfing, es war
einer von den »kleinen Leuten« und wollte am See angeln, hatte
noch seine Kartoffeln irgendwo im Feld weiterhin. Wir sprachen
natürlich von dem Bewußten, und er war auch ohne Zweifel, daß
der Krieg zwang- und rechtmäßig sei und so geführt werden müsse,
daß den Herren das Wiederkommen auf hundert Jahre ausgetrieben
werde. Kein Friede solle sein, der erlaubt, daß es nach fünf Jahren
wieder losgeht. Schnell und ohne Schwanken soll es gehen, damit
ganze Arbeit gemacht würde. Dann holte er seine Leine und machte

sich hinter die Fische, nachdem er Klaus ein paar Hände voll Hagebutten gepflückt.

Abends ging ich noch einmal durch die Stadt nach dem Bahnhof. Da herrscht so was wie Ausverkauf von Jungfernschaften. Soldaten sind Reflektanten, die aber nicht mit viel Umschweifen zahlen wollen. Also gehen die Jungfernschaften auch ohne viel Handeln weg. So sieht es aus. Einer von den Grauen hatte aber mit seiner Schönen einen kleinen Mißverstand. Sie hatte wohl noch weniger Umstände als Andre beansprucht und war nun zu allerlei späten Bedenken aufgelegt, die sie in ihrem ernüchterten Sinn mit brauchbaren Gründen spickte. Sie hatte ihre Trümpfe verschenkt und gedachte, sie nun in einer lästigen Art von Inkonsequenz auszuspielen. Er pflückte gelassen an irgend etwas in der Hand und sagte so beiläufig, daß er sie eben nicht heiraten wolle. Andre Leute zogen mit ihren Schatten im Laternenlicht und sprachen von den Belgiern: Sie hätten ihr Königreich behalten, wenn sie vernünftig gewesen wären. – Aber so ... »Ja«, besiegelte eine weibliche Stimme das belgische Schicksal: »grade wie Hannover, Hannover ist preußisch geworden, und Belgien wird auch preußisch.« Sie traten sich gegenseitig auf die Schatten, die nicht schreien konnten.

31. August 1914. Nachrichten: In der dreitägigen Schlacht bei Tannenberg, Gilgenburg-Ortelsburg sind 30 000 Russen gefangen. So beteuerte es der Gärtner Küstner, als ich mit Klaus im Garten stand – wir hatten Bohnen gepflückt, riesige und verrückte, d. h. absonderlich und verzwickt gewundene, und es war grade Zeit für Klaus zur Schule. Hatte Küstner sich wegen der 30 000 eigentlich entschuldigt und die Verantwortung wegen der Wahrheit dem Maueranschlag zugeschoben, die amtliche Fassung bestätigte es mit dürren Worten und ließ keinen Mann ab. Die spätere Nachricht ist die von der Vernichtung des Hilfskreuzers Kaiser Wilhelm der Große im neutralen Las Palmas durch die Engländer. Allerlei Kleineres: Sie sollen ihre deutschen Gefangenen öffentlich ausstellen vor dem Pöbel. Dum-Dum-Geschosse wurden bei gefangenen oder gefallenen Engländern und Franzosen gefunden. Nun, ich darf mich dahinein finden, daß ich bei den drei- oder mehrtägigen Schlachten meine Hände nicht regen kann. Ich weiß, daß ichs nicht könnte. Ich habe meine Hauptschlachten in Höhr, Wedel und Friedenau geschlagen, und daß ich da herausgekommen bin, ist Wunder genug. Mit dem körperlichen Dran- und Draufgehen ist es vorbei. Mit dem, was ich da in Höhr und Friedenau gewonnen habe, mit der Art Menschsein, kann ich etwas formen und bilde mir nicht ein, daß es für die Nation Wert hat. Aber es ist alles, was ich kann, und darum ist es so viel, wie irgendein Andrer tat. Sollte ich aber doch noch eine Flinte in die Hand bekommen, doch noch marschieren und kämpfen dürfen, so würde es wie Ohrensausen in mir vor Freude klirren, ich würde mich grimmig freuen, und wollte Gott, es ginge gegen die Engländer! Landsturm II, steh fest! Was habe ich denn, wenn ich nicht wiederkäme, was von mir zeugte? Holzfiguren, zum größten Teil in Cassirers Besitz: 1. Sitzende Frau. 2. Wanderer im Sturm (Bremen). 3. Steppenhirt. 4. Liegender Bauer. 5. Der Zecher. 6. und 7. Die Sterndeuter. 8. Geldzähler. 9. Berserker I. 10. Berserker II. 11. Der Einsame. 12. Liegender Wanderer (Däubler). 13. Sorgende Frau. 14. Bettlerin (Relief). 15. Drei singende Frauen. 16. Die Vagabunden. 17. Der Wüstenprediger. 18. Der Fliegende. 19. Der Spaziergänger. 20. Die Entsetzten (beim Gewitter). 21. Die Verlassenen (Relief). 22. Der Dorfgeiger. 23. Die alte Jungfer mit Stock. 24. Das wandernde Paar mit Affen. 25. Die Hinterbliebenen. 26. Die Rübenstehler. 24. und 25. sind noch bei mir im Atelier. Dazu Porzellane, Frau Tilla Durieuxs, Däublers, Kollmanns Porträt. »Der Tote Tag«, Drama. »Der Arme Vetter«, Drama (liegt in der Schublade). 100–200 Zeichnungen (27 Blätter Apokalypse).*

Heute habe ich die Soldaten auf den Domwiesen schießen hören. Den Unsern sprach ich nach dem Abendbrot einen Augenblick, als er sich zu einem bißchen Näherkommen ins Licht der Küche gestellt hatte, wo Luise aufwusch. Sie schießen zu Vieren, »erst die Rekruten und dann wir«. Den Rekruten sind sie nicht grün, den Kriegsfreiwilligen, die so nebenher das Handwerk des Soldaten erlernen müssen, so gut es geht, und in der Hauptsache von den Älteren mitgeschleppt werden. Sie können die Griffe nicht so schnell begreifen, wie die Alten meinen, wie sie es getan haben. Und zum Griffemachen, denken sie wohl, gehen sie nicht in den Krieg. So werden sie sorgfältig geknetet, bis sie ⟨zu handlichen Waffen werden⟩, mit denen zugeschlagen werden kann. *

1. September 1914. Nachrichten: Die Schlacht von Tannenberg verändert immer mehr ihr Aussehen, sie nimmt an Wichtigkeit zu, heute Morgen waren es schon 60 000 Russen, heute Nachmittag wurden 70 000 gezählt. Die Güstrower Zeitung ruft: »Ein Sedan des Ostens!« Auch im Westen geht es vorwärts. Neue Schlacht bei St. Quentin, wieder Engländer gefangen, Montmedy gefallen, an der Maas voran.

Wieder saßen Klaus und ich Nachmittags in den Haselbüschen am Gliner See, stets gewärtig, vom Besitzer oder Pfänder überrascht zu werden. Darum kriechen wir gern der grünen Verpelzung des Abhangs wie Mottenfraß recht ins Innere, da sieht man uns nicht fressen. Einen Beutel hatten wir mit, dahinein sparten unsere Hände ihre Nußpfennige, und dabei handelten wir obendrein, wie die Bibel den Almosengebern vorschreibt, und ließen unsere Rechte nicht wissen, was die Linke tat, denn während wir einsackten, luchsten unsere Augen schon wieder hinter dem verborgenen Gut im Blättergewimmel her. Es war kühl, und der nördliche Wind brachte eine vom ganzen Tag durchsonnte reine Luft heran, spülte und wusch Äste und wirbelte Blätter herum, und man konnte vor der Schönheit des frischen Augenblicks die Welt vergessen. Mutter war schon am Unergründlichen umgekehrt. Die Soldaten übten auf dem Feld, dessen Ende wir den Kamelshöcker nennen, und wir schatzten beim Nachhauseweg unsern eigenen Schatz mit einem bescheidenen Griff zum sofortigen Einverleiben.

Nach Tisch, als wir am kühlen Fenster die Nüsse enthülst hatten, kroch Klaus, sich zu wärmen, zu Mutter aufs Sofa und unter die Decke. Es wurde dunkel, aber der Mond kam grade über die Dächer der John-Brinckmann-Straße mitsamt einem Planeten. Sein Schein am Ofen machte uns stumm, und die Kühle des Abends erweichte das zuversichtliche Behagen. Als ich den Klaus im Nebenzimmer zu Bett besorgte, sah Mutter vom Sofa aus zu, wie wir im Mondschein leise hantierten, und ich denke mir, es muß ihr wie eine Geistererscheinung vorgekommen sein.

Draußen ist allerlei Leben, die Jugend, die sich das Sedanfeiern nicht rauben lassen will, zog mit der »Wacht am Rhein«, »Gloria, Gloria, Gloria, Viktoria«, »Ich hatt einen Kameraden« u.s.w. durch die Straßen, Soldaten ritten im Dunkeln Pferde aufs Feld, und Eulenruf zieht einen Bogen über unsre Straße.

2. Sept. 1914. Nachrichten: Feste Givet bei Sedan gefallen. Den ganzen Tag sprengte es von oben sparsame Tropfen oder drohte nur damit. Wollte ich vor Mittag hinaus auf die Chaussee, so kehrte ich bei beginnendem Regen um; kaum war ich zu Haus, wars mit dem Regen wieder aus, dabei war der Himmel bunt von einem Durcheinanderstreifen und -drängen verschiedener Wolkenschichten. Klaus war zwar schulfrei, aber heute überließ ich die Familie ihrem Glückheim und suchte mein eigenes draußen. Auf den Wiesen begegnete ich der Kuhherde und durchdrang das grasrupfende, schnaufende, bimmelnde, die Milchsäcke unterm Bauch schlenkernde Hornviehvolk, schluckte einer langsam strömenden Minute Atmosphäre von Weideglück und stand weiterhin still zu lauschen. Ich wollte etwas vom Krieg wissen. Auf der Gleviner Chaussee schien marschiert zu werden mit Trommel und Pfeifen, und mir fiel der Landsknecht von Kompagniepfeifer ein, dem der Schnauzbart über die Pickelflöte hinhängt und der mit wahren Mörderhänden diesem piepsigen Ding den Garaus machen will. Halb frißt er sie, halb zerquetscht er sie, und das schrille Ergebnis ist ein Marsch.

Weiterher kamen Signale, volle, stockende und erstickende, von denen man aber nicht sagen konnte, ob sie zum Lebensbeginn nach Luft rangen oder nach kurzem Anstieg schon am Röcheln waren. Ich wußte, daß auf dem Sportplatz hinterm Schützengarten geübt wird, exerziert auch im Signalblasen. Im Feld höre ich Signale mit demselben wohligen Schauer wie den Kanonenschuß, da wendet sich das ewig Hierhin- und Daherdenkende von mir ab, und ich fühle, daß es um das Sollen und Nicht-gefragt-werden, mit einem Muß Beladen-, Überlastet-werden, Vorwärts-geboten-werden etwas Herrliches ist. 500–1000 schwerbepackte Männer springen nach dieser Pfeife, die Erde zuckt unter dem Peitschenton des Signals in langer Linie zusammen, Schollen scheinen aufzubrechen, und Helme, Gewehre und

Gestalten formen sich und sind durchblitzt von Kriegskameradschaft. So denke ich mirs, aber ich hörte nur vor Übungseifer strotzende Mißklänge wie verschollene Tonkameraden zwischen Himmel und Erde irren.

Es klappte dazwischen, als ob man bald einen Fingernagel, bald mehrere zugleich gegen straffgespannte Papierwand schnellt, so klingt von der Domwiese über die Stadt weg das Scharfschießen bis zu mir heran, und ganz von rechts über die Kuhherde weg springen wie hörbare Flöhe die Kommandos von der Kaserne herüber, wo die Rekruten gezwiebelt werden. Das hat jetzt Alles die Schönheit der Notwendigkeit, und ich entfliehe nicht davor. Und doch findet sich der Primerwald zu mir heran und hängt seine Stille vor meine Ohren. Nur ein Loch hat die Stille, da fällt eine Kette von Schüssen hindurch, zunächst in Erbsen-, dann in Bohnengröße, und ich denke, die Felddienstübung hängt sich an meine Hacken. Das Stillste aber, als endlich auch die Bohnen gestillt waren, war das Reh, dem ich wieder nicht weit von der alten Stelle vorbeiging. Seine Augen und Ohren sogen mein hörbares Erscheinen an sich, sein Körper hing über gebrechlichen Stecken von Beinen wie trocknes Laub an dürren Ästen, so leicht, als ob ein Hauch es schaukeln könnte, ein Hauch von Form und Farbe. Ich betrog es, indem ich hinsehend vorüberging, wäre ich aber stehen geblieben, hätte es sich in steilen Sätzen als gespenstischer Hauch davon gemacht.

3. September 1914. Nachrichten: Zehn franz. Armeekorps – »Armeechöre« sagt Frl. Schröder – zwischen Reims und Verdun geschlagen. Die Russen in Polen von den Österreichern geschlagen. Ich bekam es von den Fenstern der oberen Wohnung zu wissen, als ich mit Klaus im Garten stand. Karl Lampes Gesicht leuchtete von Schulfreiheit, als er den Sieg ausrief, und ich machte mich mit Gaus auf, dessen Hoffnungen sich alle nach derselben Sonne Schulfreiheit wandten. Er mußte aber lernen, morgens und nachmittags. Nach dem Tee gingen wir in Septembermilde zur Schleuse, Klaus keineswegs ohne Knurren, Schleppen-lassen seiner Wenigkeit, womit erst dann ein Ende ward, als ich anfing zu erzählen von den alten Scheunen ums Ratzeburger Haus, dann von Bennigsens und Husmanns

Häusern, von Werner von Bennigsen, Husmann, Flemming, Will, Reinecken, Tiek und diesen alten Sagen allen. So kamen wir im septembermilden Sonnenschein zu den Brücken und mit eingelegtem Wettlaufen auf dem Deich zwischen Tiek- und Reinecken-Episoden, die gar zu auseinandergezerrt und vernutzt wurden, bei Sonnenscheiden zurück.

Heute hab ich zum ersten Mal seit dem 5. August wieder gearbeitet. Mutter liest Claudels »Verkündigung«. Oft frage ich: Warum schreibe ich nichts von Mutter? Antwort: Es ist wohl zu schwer, und als Grund dafür ein Wort: Frau Exner. Es würde mir Manches zu schreiben wie Schmähung vorkommen, aber doch könnte ichs nicht lassen, wenn einmal geschrieben wird. Warum empört es mich, wie sie sich gibt, wenn sie uns, selbst gut ausgeschlafen und morgenfroh, beim Frühstückstisch empfängt? Denn ich wasche morgens den Klaus und stecke ihn in seine Kleider. Abends zu Bett. Ich möchte oft sagen: Beschrei es nicht, wenn sie alle schönen Dinge, über die ich im Stillen froh bin, im Einzelnen mit ihren Wortlobsiegeln behaftet. Ich empöre mich, daß es ihr schmeckt – nein, wie es ihr schmeckt, wie sie ihrem guten Appetit Dank und Lob singt. Ich bin nicht zufrieden, wenn sie viel ißt, und nicht zufrieden, wenn ihr Magen versagt. Oft, wenn sie im Nebenzimmer beim Tee sitzt und ich lese oder arbeite, macht sie eine Erwähnung, gibt dann, was ihr darauf einfällt, dazu und läßt das Gespräch einseitig weitergehen, fest überzeugt, daß ich gehorche, d. h. beifällig auffasse. Sie nimmt dann nicht wahr, wenn ich etwa zu Klaus ans Bett gehe, bleibt also munter beim Abwickeln ihres Fadens, der sich aber nun in meinen Ohren ganz verheddert. Oft streiten wir uns um nichts, ums Rechthaben, ums letzte Wort. Morgens tagt das Parlament am Frühstückstisch am unfriedlichsten, da sind alle Worte und Mienen gestachelt, und ich verzweifle oft an mir, wenn ich ihre welke Haut, ihr Runzelgesicht, ihren faltigen Hals mit Widerwillen ansehe, ihr Hinhalten auf Kaninchenfrieden und Knusperknasperfrohvergnüglichkeit mephistohaft abtue. Unschuld ist ihr Hauptteil, und so kennt sie keine Reserven, sie seufzt, ogottet, beliebseelt sich ganz nach den Graden ihres Gefühls und hat dabei eine behagliche Zuversicht, daß all das Lust- und Sorgenklein genug Würde hat, den Tag oder eine

Stunde auszufüllen. Sie hat die Wäscherin abgeschafft, weil wir die massive Luise haben, die waschen kann – und findet die Ersparnis grade bei Kriegszeiten am Platze. Ich dagegen glaube, daß man solchen Frauen, die den kleinen Verdienst brauchen, grade jetzt die Arbeit nicht kürzen soll. Sie will den Jammerschneider Dickert, der Frau und vier lebende Kinder in der Hollstraße unterernährt, nun verkürzen, denn der Walter, dieser gnomhafte Junge, dem Sorgen das ernüchterte Gesicht eines Erwachsenen geknetet haben, kommt mit den Bitt- und Bettelzetteln gar zu oft. Aber wenn wir dem Maxing mit den glasspröden Beinen, im Liegeschiebwagen von Walter dienstwillig-verdrossen geschoben, begegnen, dann läuft in Mutter etwas über, das dies schlaue und muntere Krüppelwesen, das geschenktes Geld küßt, umschließt. Seine Beine sind sieben- oder zehnmal gebrochen und sehen aus wie schlecht eingesetzte Stelzen, lang, dürr, vom Nichtgebrauch verunstaltet. Einmal hatte ihn Walter hergefahren, daß ihm Mutter »Adjö« sagen sollte; er ließ ihn draußen im Wagen stehen und wartete vor dem Zimmer, wo Mutter sich anzog, bis sie fertig war, »Sie sollen ihm Adjö sagen«, denn er sollte wieder einmal in die Klinik nach Rostock. Aber dem verwöhnten Häufchen Unglück draußen verschlug die Geneigtheit zu warten. »Er bölkt all«, sagte Walter, und Mutter mußte sozusagen im Unterrock hinaus. Einmal sollte Walter Klaus' abgelegten Wintermantel haben. Ich gönnte ihn Walter eher als Maxing mit seinem ⟨Schmumacherlächeln⟩, aber da kamen wir schlecht an, es gab Neidtränen über Walters Glück. Er bekam den Mantel.

4. Sept. 1914. Heute morgen hörten Klaus und ich unsern Siegesboten und Gärtner Küstner mit Mutter in der Küche lachen. Klaus lag noch im Bett und sollte grade aufstehen, aber als wir Küstner hörten, sahen wir uns an, schwiegen und spürten Schicksalwehen. Denn wenn Küstner lacht, ist es garnicht ausgemacht, daß der Betreff ein glücklicher ist; daran dachte ich, wie seine eigenen würde er auch Heimsuchungen der ganzen Nation mit seinem eigentümlich schwäbischen Glucksen umhüllt melden. Aber es war nicht so. Zwischen Blumenkohl und Bohnen hinein fielen 90 000 gefangene Russen, denn soviel sind es jetzt zusammen, und Kohlrabi macht mit der deutschen Reiterei vor Paris ein schönes Geläute aus. So schwimmen Weltgeschichte und Küchenangelegenheiten im Schwall Küstnerschen Lachens durcheinander, spritzten und schäumten über seine Hauer von Zähnen.

Bertha Schenck ist gestorben, Mutter ist gefahren, ich besorge Klaus, Luise uns mitsamt dem Soldaten. Wegen der Trauer gab es noch Umstände, denn es mußte zwischen 4 und $^1/_2$ 6 Uhr zumindest ein Hut aufgetrieben werden, und diese Sorgen um die Trauer erleichtern den Frauen einen Trauerfall ganz leidlich. Wir fanden nach kurzem Irren von Buschow, zum Hutladen am Pferdemarkt und über den Markt die Mühlenstraße hinab, die Mühlenstraße hinauf, über den Markt zurück in die Domstraße einen ganz passablen, ein Gebilde, das ein Bildhauer nur ratlos und kritiklos gutheißen muß, wenn er kein Spottlieb genannt werden will. Also Gottlieb lobte den Hut. Dann gab es noch ein bißchen Butterbrot für Mutter, und wir gingen zum Bahnhof. Bertha – schon vor Jahren wollte sie sterben, konnte aber nicht und gelangte aus kranken Tagen in schlummerlose Nächte, und diese Tage und Nächte ketteten sich zu langen Jahren aneinander. Sie wollte sterben und begehrte es dringend wieder, als Mutter vor dem Ausbruch des Krieges bei ihr war. Es ist ihr also noch einen ganzen Monat versagt geblieben. »Sie kann also nichts mehr glauben«, sagte Mutter, und wieder lobte Gottlieb den Hut. Ja, ja, wenn wir unsern Gott zum Großvater machen, dann macht der liebe Gott einmal Bankrott. Dann »glauben wir nichts mehr.« Darum: wer formuliert den Menschen einen neuen Gott, einen, der nicht Bankrott machen kann? Wer macht die Menschen so groß, daß sie Gott, dem Glauben, gewachsen sind? Alles verlieren, nichts sein, nichts haben und doch wissen, daß Gott Gott ist, darauf käme es an. Wer nimmt ihnen ihren ewigen Leib und verweist sie auf ihren Geist? Wenn ich einmal auf dem Mistberg verrecke, kann ich Gott lieben? Kann ich Gottlieb dann Gott loben und lieben? Aber es gibt Schlimmeres als auf dem Mistberg verrecken, es gibt Schuld und Aushöhlung seiner selbst, Beraubung allen Vertrauens und aller Liebe, ja, der Fähigkeit der Lust überhaupt; solange man sich freuen kann, kann man Gottlieb heißen, aber später, wenn der Funke nicht mehr zündet, Haß und Liebe kein Duett mehr geigen, weil ihre Saiten gesprungen sind, Hoffnung nicht mehr glimmt – – – dann ist auch die Frage nach Gott vorbei. Wer nicht mehr neugierig ist, läßt das Fragen sein. Wer glauben möchte, glaubt auch, glauben wollen ist schon glauben. Bedürfen ist hier schon Erfüllen.

5. September 1914. Nachrichten: Keine als Bestätigung und Erweiterung. Ich war an meinem stürmenden Berserker, und er fängt an, mir wichtig zu werden. Sollte es möglich sein, daß ein Weltkrieg geführt wird und man ihn über einem zentnerschweren Tongebild vergißt? Der Berserker ist mir der kristallisierte Krieg, der Sturm über alles Hindernis, so daß mans glaubt. Ich hatte ihn schon einmal angefangen, aber verworfen, weil mir das Linienganze auseinanderzuspringen schien, jetzt ist mir das Unerträgliche notwendig.

Nach Tisch mit Klaus zum Waldhaus und aufs Wasser. Der frische Wind lockte uns zum Segeln, wir errichteten das Ruder als Mast, und der Gummimantel mußte sich gefallen lassen, Segel zu sein. An einem Ärmelloch hing er am Mast, Klaus faßte den Zipfel und ich den andern, so ging es, aber zum Kreuzen taugte es nicht. Wenn Klaus rudert, schwillt ihm das Herz, das erkenne ich am Vorwölben seiner Oberlippe, am Spannen und Schwellen seines Lippenbogens, der Pfeil seines Willens fliegt, es gelingt ihm etwas Tüchtiges fast gegen alles Wahrschauen, er fühlt eine Wirklichkeit, die Mißtrauen und Zweifel zuschanden beweist. Auch seine Augen verlieren den Liebkindchenglimmer, sie sehen etwas hinter unserm gewöhnlich⟨en⟩ Wald- und Wiesenglück, halb überrascht es ihn, und er zaudert einen Augenblick zu glauben, prüft aber strenger, und siehe – es stimmt. So hoffe ich, wird er einst ein Lebensziel hinter dem Auf- und Abtrotten seiner Jugend ins Auge fassen. Auf der Chaussee überholten uns ausschwärmende Jungdeutschland-Krieger – und schon schlägt mein Unbehagen an wie ein bissiges Hündchen. Diese Spielsoldaten mit Halbernsheit scheinen mir nicht Ernst und nicht Spiel zu machen, aber Bitterernst schein⟨en⟩ sie sich einzubilden, sie nehmen aber den Krieg von der lackierten Seite, und das ist wohl ihr Jugendrecht, hübsche graue Uniformen, stramme Ledergamaschen, südwestlich aufgekrempter Burenhut, flotte Würde und

Anstand aus dem Handgelenk. Diese Jungen oder ihre Kameraden sollen aber in Belgien ernsthafte und wertvolle Hilfe geleistet haben, und wenn ich mich erinnere, welches Idol in den Jahren mein hohes Vertrauen wurde, wie man eine Feuer- und Wasserprobe mit jubelndem Stolz bestanden hätte, so gebe ich meinem Unbehagen Unrecht. Es ist besser so, als daß sie auf den Tennisplätzen Ähbäh-comme il faut machen, Gentlemanlikefei⟨n⟩heit nachäffen oder mit ihr das Dasein hochkarätig machen. Daß die Mädchen Motive finden, ihre Wade⟨n⟩ zu zeigen, wenn man sich nur die Mühe gibt hinzu-sehen, das Wissen holen sie im Handumdrehen nach, über solche Zurückgebliebenheit braucht man nicht zu weinen.

Die kleine Wiesenbrücke hinter Heilmannsburg war mit einem Kreidestrich »gesprengt«, und »Blau« war die wirkende Strategie ge-wesen. Nicht besser war es der großen Nebelbrücke gegangen, nur uns, die wir keine Roten waren, bedeutete der Kreidestrich ein⟨en⟩ Kreidestrich, den man mit Lachen spielend forciert. Klaus aber saß er wie ein giftiger Dorn im Gemüte, und er phantasierte lange daran herum. Unser Soldat hat heute den Hausschlüssel, er ist auf einer Übung draußen im Mondschein einer kalten Nacht. Als ich neulich mit ihm sprach, schien er es zu glauben, daß ihm und seinen Kameraden die Eroberung Englands zufallen würde, und er erkun-digte sich, ob man dahinüberschießen könne. Er konnte sich den Ver-lauf offenbar nicht recht klar machen, aber er putzte doch gewissen-haft an seinem Gewehr, als bedächte er, daß dieser Teilnehmer vor Allem leistungsfähig sein müsse. Zimmermann seiner ist Kolberger Kind und Hamburger Maurer, ein intelligenter Mensch mit gutem Anstand. Wenn er seine Siebensachen des Krieges abgetan, langt er tüchtig zu und hilft Zimmermann bei seinen tausend unnützen Not-wendigkeiten. Die Tur zu Frl. Vermehrens Kohlenstall hat er im Umsehen besorgt. Er lobte vor Allem das abgeschaffte Trinken unter den Soldaten und erzählte, daß der Hauptmann beim Ausrücken aus Neumünster – oder Lübeck? – seine zwei unverbesserliche⟨n⟩ Zecher gerügt und heimgeschickt hätte. Meine gute Zigarre hat seinen gan-zen Beifall, doch vermeidet er deutlich jede Anlässigkeit.

6. Spt. Sonntag. Nachrichten: Lemberg von den Österreichern geräumt. Es ist ekelhaft, aber es scheint doch, als ob die große Hingabe mir persönlich zu erleben versagt ist. Sie ist der Grund meiner Religion, Aufgehen im höheren Dasein, Opferung des Kleinen für das Große. Es scheint, ich soll immer und immer Alles das stückweise ernaschen, fast stehlen und dann dafür in meiner bürgerlichen Jämmerlichkeit gestraft werden. Das große Glück, den größten Sinn in lauter kleine Portionen geteilt fühlen und erleben.

In Mutters Wegsein war ich fast den ganzen Tag mit Klaus in der Windsonne draußen, morgens schon im Kamelshöcker nach Nüssen und nach Tisch längs dem Kanal nach den Schleusen. Dort bei⟨m⟩ Schleusenwirt, wo man keine 100 Mark wechseln konnte, maßen wir unsre Magenlabe unsern 35 baren Pfennige⟨n⟩ an und kriegten dafür geliefert: Ein Glas Milch, ein Schwarzbrot mit Butter und eine Zigarre. Dazu saßen wir im Schatten eines wahren Laubhäuschens, denn das Buschgehege ist in soviele grüne Räume geteilt, daß sie vom Grün nur dünne Wände übriglassen. Kleinbürgerlich traulich, gewohnt, Armeleutebehagen zu fassen. Der Schleusenwärter gönnte uns zu dem allen noch seine Gegenwart, und politisch ist heute jedes Menschen Gegenwart. Schon aber fing der Schatten an, die Laubstübchen auszukälten, und da wir nicht, wie arme Leute in ihren Kämmerchen tun, alle Luft abhalten und dazu einkacheln konnten, so hoben wir uns davon und sahen den Anglern auf die Ruten, bis wir endlich dem Schoß des neuen Sandbergs mit seinen bunten Schichtungen zuliefen und ihm verfallen blieben. Gaus watete ohne Fußzeug und ließ mich Verwerfungen der Schichten studieren, die seltsamen baumwurzelartigen mineralischen Adern, die tief gesenkt sind, nachstöckern und das Wetter erleben. Dies Wetter! Dieser deutsche Sommerfrühling ist ein einziger Sonnentag. Die Sonne bescheint unsern Krieg und verherrlicht an ihrem Teil unsre Herrlichkeit. Die Wiesen werden gemäht, Heu gehäuft, und Fuder wachsen wie gezauberte Mammuts auf und zotteln auf den staubigen Wegen stadtwärts. Und Wind ist Sonnenatem; um unsere Ohren streichen ⟨seine⟩ fernsten Wirbel kühl von dem Wege durch den unermeßlichen Raum. Auf dem Rückwege denke ich an Paris, und Klaus ist freudig einverstanden, daß ich von meinem

Paris erzähle, angefangen mit dem Traum in Friedrichroda, daß ich den Kutscher versehentlich »cochon« rufe, über die Grenzerlebnisse weg, die Zwei-Francs-Tagehungerei, bis zum eigenen Atelier in der Rue Alain-Chartier bei Osbert, Vibert, Madame Weber, Degron, Koos und wie sie heißen – sie denken jetzt vielleicht einmal an mich und Garbers, und von uns Beiden ist Garbers der richtigere Deutsche, so denken sie, können nicht anders! Wir sind, nachdem ich den Pariser Hunger so rechtschaffen ausgepinselt, daß man schon mit Sehnsucht an Luises tüchtiges Abendbrot denkt, einig wie selten zu Tisch gesessen, vielleicht hatte ⟨den⟩ Klaus eine Wanze des Mitleids mit seinem Wanzenfraß von Vater gebissen, oder er war bloß von Wegen und Gehen laß und leise geworden, einerlei, wir bargen uns dann vor der Abendkühle unter einer Decke auf dem Sofa und belebten weiter dieses Paris mit vergangenen Tagen bis zur dunklen Bettstunde. Deutsche Flieger über Paris – wie das labt! Und sie wollten mit ihren Luftschwadronen Berlin zerstören.

Überhaupt: Ein Humor in der Weltgeschichte! Wie sie sich mit wahrer Kartenschlägerei von Worten zu Siegen oder verhängnislosen Begebnissen verhelfen, was sie über uns wissen (z. B. daß der Kaiser tot ist, und die Trauerfeier im Dom aus englischen Zeitungen). Wie sie sich Einer auf den Andern verlassen, so wartet Frankreich jetzt auf die Wirkung russischer Siege. Engländer schieben ihre Niederlage den Franzosen zu, diese aber jenen, die gemischt gehaltenen Gefangenen prügeln sich, Engländer wollen uns aushungern und verbieten vergeblich Schweden, uns Lebensmittel zu verkaufen. Wir aber würden uns in Frankreich versorgen, und Frankreich mag sich an den Bundesgenossen halten. Es fehlt nur noch das Letzte: England zieht den Schwanz ein und läßt Frankreich allein.

7. September 1914. Nachrichten: Maubeuge bedrängt, Nancy bombardiert und – da fängt in meinen Ohren ein helles Glöcklein an zu läuten: England, Rußland, Frankreich verpflichten sich, nur im Einvernehmen Frieden zu machen, kein⟨er⟩ separat. So also: Sie binden sich ans Seil bei dieser halsbrecherischen Tour, aber sie wollen uns klein machen. Keiner darf kneifen, also auch nicht England, und wir *müssen* England erniedrigen. Die Partie wird nicht matt, sondern soll scharf, noch viel schärfer werden wie bisher. Die Karten werden wilder gemischt, der Würfelbecher über uns wütend geschüttelt, unser Schicksal soll nun einmal nach ihrem Willen verlaufen. Ist das Greysche Deuten und Aufklären der diplomatischen Vorgänge nicht Meineid? Deutschland soll belgische Neutralität achten, aber England kann keine Neutralität versprechen, wenn Deutschland sich verpflichtet. Und doch der ganze Zank um Belgien? So etwas dürfen sich sonst nur hysterische Zänker bieten.

Und wieder war heute einer der schönsten Tage! Wir gingen über die Wiesen in den Wald, da, wo die Tannenwedel zwischen Kiefern stehen, Romantik und Versponnenheit zu Hause im klassisch klaren Säulenraum des Waldes. Alte Jungfern mit verstaubten Sehnsüchten und verwüstenden Träumen mitten im schicksalgerechten Leben der Welt. Gespenster, die in Mietskasernen hausen, wo es keine dunklen Winkel, Spukböden und Graulkeller gibt. Und man wandert im Sonnengespinn, Gewebe von Spinnen hängen mit ihren lauernden Erbauern im Zentrum rätselhaft-künstlich zwischen den Stämmen. Klaus und ich vergrübeln unsere Köpfe, wie die Spinne das Seil auf diese Entfernung zwischen zwei Stämmen spannen kann. Und wir kreuzen und können nicht anders mit unsern Riesenleibern durch die zähe Nichtigkeit aller dieser Fangnetze für Lichtstrahlen, denn sie hängen alle voll von Sonnenglanz, weithin im Wald, wohin man schaut, sitzt das Licht still zwischen den Maschen, und ihre zwirnigen Seile ziehen uns über Gesichter, Hände und Kleider. Die Spinnen selbst entstürzen in wilder Flucht vor unsern Schicksalswegen. Gegen 7 Uhr fielen wir auf Gleviner Burg, während noch die tiefe Sonne den ansteigenden Grund der Bäume hinter uns im Garten, über Tag der Schattenbereich, dick mit Gold übermalte. Klaus wilderte zwischen den Büschen herum, koboldete und puckte und elfte zwischen Schatten und im Licht umher. Wir freuten uns im Freien, im kühl bedenklichen Septemberabend zu essen – aßen mit übermütiger Aufgelegtheit des Magens und zogen auf der Chaussee heimwärts der Sonne nach, die hinter Güstrow versackt war, ihren nahen Wandelstern im hellen Schein nachziehend. Hinter uns am Himmel aber brannte der Funke des folgenden Planeten, und überm schwarzen Wald wälzte sich der gelbe Mond aufwärts. Da blieben

47

wir einen Augenblick stehen, und ich malte dem Klaus das Schema
dieser kosmischen Nachbarschaften in den Sand, er durfte zum Vergleich nur an den Himmel sehen. Dann aber ging es mit Siebenmei-
lenstiefeln wieder nach Paris und zugleich mit staubigem Schuster-
rappentrott nach Güstrow. Noch in der Glevinerstraße saßen wir
im »Cabaret du père Lunette« im Studentenviertel, im »Château
rouge«, und auf dem Markt betraten wir die »Hallen«, um eine
Morgensuppe zu verzehren.

8. Sept. 1914. Morgens hatten Klaus und ich nach dem Frühstück im
Garten gekost. Dann besichtigen wir das Wachstum, staunen über
die Stützwurzeln am Mais, daß sie ⟨in⟩ Schichten schräg abwärts
wachsen, vorzüglich und zuerst nach der Seite, wohin sich der Baum
neigt, sodaß wir erkennen, er will sich grade hier, wo es notwendig
ist, am sichersten stützen. Schon ist die Schar wie kleine gebogene
Finger am dritten Knotenpunkt vorgestreckt, und wir wundern
uns sehr, woher die Pflanze weiß, daß die Hilfe hier und nicht an
der andern Seite richtig ist. Bedenken auch, daß nun bald die Blüte
und danach der schwere Kolben das Übergewicht gewaltig vergrö-
ßern wird, und freuen uns, daß ein so kluges und vorsorgendes
Gewächs in unserm Besitz ist. Der ganze Garten taut Altersreife,
Alles herbstet gelassen, das Grün ist frisch und getrost, von Welke
nur gestreift, wie ein gesunder Mann mit wenig grauen Haaren, der
an kein Altern und Sterben denkt. Wir gingen zur Schule und begegneten Leuten mit weißen Zetteln in Händen, eine Frau hinter
dem Gartenstaket fragte eine andere nach dem Neuesten, denn sie
hatte auch das Blatt in der Hand, wollte aber nichts sagen, sondern
steckte ihre Botschaft in die Hand, die über den Zaun langte. Wahrscheinlich konnte sie keine französischen Namen aussprechen und
mochte sich nicht blamieren. Ich, über die Straße lauernd, erfaßte
auf dem weißen Papier zwischen zwei Händen ein breitmäuliges
Wort, und aus der Gestalt riet ich auf Maubeuge und hatte recht
geraten. Sie ist gefallen, und 40000 Mann sind gefangen, 400 Geschütze erbeutet.

Wir holten gegen Mittag Mutter von ihrer Begräbnisfahrt ab.
Sonderbar, daß mir ihre freudige Angeregtheit mißfiel, sie hatte so

viel herzhafte Heimglücklichkeit mitgebracht, daß sie Alles in Doppelt und Dreifach bekundete. Ihr Thermometer geht bis hundert, aber bei 20 schießt ihr Quecksilber bis 70 hinauf, und offenbar ist das der Grund für mein Unbehagen. Sie ogottet und schmilzt um Wenig und weiß bei Viel nichts Andres als wieder zu ogotten und wieder zu schmelzen. Ich frage mich oft, erregt irgendeine Küchenangelegenheit, eine Hutfrage sie nicht unbillig stärker als ein Stück Weltgeschichte? Aber gehts mir wohl anders? Eine kleine Unart von Klaus, und ich siede, habe meine 100 Grad und drüber, Maubeuge fällt, und ich halte mich gefaßt und sprenge keinen einzigen Knopf von meiner Weste. Anders ist die radelnde Walküre von neulich, dem Zeppelin-Tag bei Antwerpen, da regierte sie mit fleischigen Gliedern ihre Maschine, stampfte Sturm mit den Beinen, raste durch die Straße, quetschte das Extrablatt und erbrach in ihrem freudigen Magenkrampf wie einen Schluckaus den mißtönenden Jubel: »Antwerpen brennt!«

Der alte Zimmermann bereitete den Pferden eines zukünftigen Mieters Stall und Krippen immer mit Beihilfe und Drangabe aller seiner Kurage, denn nur langsam sickern ihm neue Kräfte in Herz und Arm, und langsam, wie sie kommen, vertut er Tropfen nach Tropfen. Wir besprachen natürlich Maubeuge und die 40 000 und wunderten uns, daß man sich über solche Ereignisse schon nicht mehr wundert. Wir versicherten uns gegenseitig, daß 40 000 eine ganze Portion sei, daß Maubeuge eine starke Festung, und ließen dabei das Stück Schaffen, das seine Hände in dem Augenblick trieben, nicht aus den Augen. Dann stockte auch schon der freudige Drang, und Zimmermann wandte sich ernst gegen ein Brett an der Wand und sagte, als käme das mit Recht und Würde gleich danach, ohne ⟨den⟩ Ton zu ändern: »Das Brett ist zu kurz, was macht man dabei?«

Ich ging an meinen Berserker. Heute Abend wurde der Protest des Kaisers an Wilson bekannt, er meint die Welt und redet Mr. Wilson und Amerika an. Die Engländer und Franzosen brauchen Dum-Dum. Es folgte eine Glosse, daß auch wir gezwungen werden könnten, Dum-Dum zu schießen.*

9. Spt. Die gestrigen Nachrichten hängen den ganzen Tag an den
Tafeln. Am Nachmittag traf ich Dr. Dragendorff, der dann zwei
Stunden bei mir im Atelier war. Er gehört auch zu denen, die sich
in dieser Zeit überflüssig vorkommen. Auch er – wie ich – schreckt
manchmal vorm Ausgehen zurück, um nicht als Drückeberger am
Tageslicht wie am Pranger zu stehen. Er wohnt jetzt in Rostock,
die chemische Fabrik, die er leitet, hat natürlich keinen Absatz, und
kriegszeitgemäße Erfindungen kann er nicht aus dem Ärmel schütteln. Sein Mut war flau, aber er erwartete jetzt bei Lemberg einen
großen Schlag, da sind nach seiner Information deutsche Truppen-
mengen in letzten Tagen angehäuft, da sollen sie den Österreichern
das russische Rückgrat brechen helfen, sagt Dr. Dragendorff. Es geht
ihm in Manchem wie mir, nicht in Allem: er erwartet mit Grauen
nach dem Kriege, wenn er siegreich ausgeht, die Geschwulst der
Überdeutschheit auf unserm Gesicht, die Gnadenlosigkeit der Über-
hobenheit in unserm siegreichen Selbst – ach Gott, ich mag mit solchem Ton keine Plastik kneten! Ich glaube in Demut, es mag wohl
anders und besser werden, wir werden lernen mit Zurückhaltung
wir selbst sein, nicht absichtsvoll »deutsch« sein, sondern in einfacher Natürlichkeit etwas Ganzes sein, das man gut und gern
deutsch nennt.

Abends spazierte ich, während Gaus bei Wolfgang war, über Wiesen und durch Wald, nein, ich marschierte, ich wollte ein paar Kilometer Luft durch den Leib jagen und die Augen – nein, man kann
sich nicht nur mit seinen Augen wichtig machen. Auch das kann
berufslangweilig werden, wie Plastik und Malerei als Erwerb. Es
dürften auch einmal andre Körperteile vor die Front kommen, mir
aus dem Acker des Lebens Kartoffeln zu graben. –

10. Sept. Nachrichten: Kämpfe zwischen Meaux und Montmirail, die
Deutschen müssen der Übermacht weichen. Also Rückzug, nicht der
erste in dieser Zeit. Aber immer wieder eine kleine Probe. Wieder
scheu⟨e⟩rt es leise durch den Sinn: das Glück ist wandelbar, das
weiß jeder Hausknecht, so richtig ist es. Also!? Aber viel weiter
gräbt der Maulwurf nicht, er kommt nicht weiter. Man weiß zu
sicher: wir müssen siegen. Auch das weiß jeder Hausknecht, wenig-

stens jeder deutsche. Alle die festen und langbeinigen, schmal- und breitbackigen, schlanken und massiven Kerls schrecken den wühlenden Grab-Gräber. Sie trampeln mit ihren genagelten Stiefeln über ihn weg, und er duckt sich im Loch und denkt, das Donnerwetter kommt ihm übern Kopf. Wir sahen sie üben, ein Zug nach dem andern zog mit seiner Staubwolke durch den Schützengarten, der ganze Schützengarten stäubte vor Soldaten. Im Tanzsaal war Stroh gelegt für die Einquartierten, die Ballgarderobe hing dick voll Monturen, auf den Stühlen unter den alten Bäumen ließen sie ihre Glieder für kurze Zeit feiern, was ihre Gedanken dabei anstellten, konnte man nicht wissen. Über die Brücke zum Sportplatz hämmerte der Tritt der achtbeinigen Marschglieder, und auf dem Platz selbst drängte sich all diese geordnete Gewalt in bescheidner Enge, Mann bei Mann. Drei Offiziere standen neben der Brücke, und der ältere las den jüngern Herren aus der Zeitung vor, vermutlich die Botschaft von dem Rückzug, die ich noch nicht kannte. Man konnte aber aus ihren Mienen oder aus ihrer Haltung keine Ernüchterung folgern.

Weiter mit Klaus über die Wiesen gezogen, fanden wir Dr. Hoffmann bei seinem Rad auf dem Rasen liegen; er eben wußte das Neuste, und beim Weitergehen fühlte ich den Maulwurf wühlen, dabei wurden mir Klaus seine Zauberphantasien, seine Verwandlungswirbel fast unerträglich. Um dagegen dem Festen ein wenig näherzukommmen, begann ich wieder etwas von Paris, er aber war so überflutet vom Tumult seiner Träume, daß er sie getrost zwischen meine Brocken aus der Wirklichkeit hineingoß. So hatte ich einen Stich von dem Stachel bekommen, der jetzt den Franzosen allen die Haut durchlöchert, und doch war es nur ein Anstich, kein durchdringender Stoß. – Bei Lemberg sind die Österreicher wieder vorgegangen und dazu ist das ganze 9. Armeekorps, unsers, dabei.

Meine gestrige Unterhaltung mit Dr. Dragendorff ward zwischendurch ganz humoristisch. Wir fühlten uns als »Buben hinter dem Ofen«, die Theodor Körner anpfuit! Nun wissen wir beide, was wir unsern Mägen zumuten dürfen, aber wir wissen auch, daß das Alles in den Augen magenstarker Männer kein Grund zum Daheimbleiben ist. Man macht tatsächlich eine schlechte Figur. Wir gehören Beide

zum Landsturm und sind nur noch nicht gerufen. Dennoch schämen
wir uns vor den Leuten. Aber wer weiß, wie sehr wir noch heran-
müssen? Bei der »Friedrich Wilhelm« habe ich eine Versicherung
auf 10 000 M abgeschlossen, so hat Mutter und Klaus etwas für
alle Fälle, außer dem, was von Cassirer noch nicht bezahlt ist oder
was ich in bar besitze. Bei Küstner vorgestern oder gestern war ich
mit Mutter, während Klaus »bei Wolfgang« war. Es gab etwas ganz
Wundervolles zu lachen: Die Rübchen waren total abgefressen. Er
wies schüttelnd vor Kichern die kahlen Stengel vor. Dann berichtete
er von einer Feldpostkarte seines Schwestersohns, daß er bisher
jeden Tag im Feuer gewesen sei. Ich renommierte zu seinen Gunsten mit der Bravour der Bayern und Schwaben, sie haben ihre
Röcke ausgezogen, um desto ungenierter dreschen zu können, und
dazu lächelte er und war leicht beschämt. »Ja, von Oberschwaben
kommen stämmige Leute«. Sein Gesicht ist von Mühe und Arbeit
biblisch geworden, voll von einem Ernst, dessen Härte immer ins
Spiel mit einer wahren Anmut gerät, obwohl seine Unterlippe die
Zähne wie zum Beißen und Drohen freilegt, immer klar zum Gefecht, gluckst die Schwäbischkeit in ihm beständig von unten herauf
und zischt und gischt ihre getroste Herzhaftigkeit durch die flet-
schenden Zähne.

11. Sept. 1914. Der Kronprinz macht bei Verdun Fortschritte, Hindenburg hat die Russen in Ostpreußen wieder geschlagen. Was bei
Lemberg und bei Paris geschieht, hält das Maul. Vormittags gab es
Alarm. Da stand der Hornist, drückte die Trompete an den Mund,
als wollte er sie in den Schlund stoßen, und der Mund schien sich
gewaltsam zu schließen und die Backen ihm mit Luftstauung wider-
stemmen zu helfen. Dabei wurde sein ganzes Gesicht sticktarbig,
und das Signal galoppierte in Hackensätzen über Stock und Stein.
Es schienen knochige Fäuste gegen die Wände und Türen zu trommeln, harte Zeigefinger gegen die Fenster zu prallen. Aber den Soldaten bei Zimmermann ließ dies hitzige Gellen kalt. Er ist nicht
wohl und muß zu Hause bleiben. Darum steht er in guter Ruhe, den
Pferdestall die überflüssige Tür zu vermauern. Ich ging wieder hinaus, um die Mannschaft zusammentrotten zu sehen. Sie kamen ge-

lassen mit Geschirr und Gewehr und rotteten sich aus Teilen zum Ganzen. Die Formation band sie ans Seil zu Vieren und umschlang die Vier mit andern Vieren zu Zwanzig und Dreißig. Andre, die gegen die Marschfertigen ohne Gepäck und Gewehr wie nackte Leute aussahen, rannten wie nach schämigen Verstecken durch die Straßen und hüpften in die Türen, wobei ihre Seitengewehre wie zappelnde Schwanzspitzen mit den Hacken um die Wette ausschlugen. Nun aber fing die Straße unter dem Strom der genagelten schweren Sohlen aus allen Straßen und Gassen das tiefe Murren und Schnurren wie aus der Brust einer Mordbestie an. Mars seine Löwen fühlen sich behaglich, wo so viele Gewehre sich zusammenfinden, wo so viele gehorsame Beine einen Bund miteinander machen, wo so viele graue Helme zum Krustenpanzer eines flotten Lindwurms stachelig miteinander verschweißt werden. Und während über alle Diagonalen des Platzes am Denkmal neue Gewehre und Helme, neue Beine vom großen Kristallisationsvorgang angezogen und verschmolzen wurden, ging schon das Zählen bis vier an, wie sinnlos klapperten die Zahlen von verschiedenen Gliedern durcheinander, und dann packte eine Kommandostimme den Sinn des Ganzen wie ein paar Zügel. Die langen Reihen brachen in Stücke, aber die Stücke mauerten sich zu neuer Ordnung, und aus der neuen Ordnung antwortete der Marschtritt dem Kommando. Staub aber hängte eine bewegende Schicksalsgemeinheit über diese Säule und machte jeden Einzelnen den Andern gleich. Keiner mehr für sich, Alle für etwas Andres.

13. Sept. 1914. Abends, Nachrichten: Hindenburg schlägt die Russen nochmals. Bei Lemberg Sieg und Rückzug, man weiß nicht recht, wie und wo.*

Gestern stand ich neben dem Zimmermannschen Soldaten, der mit seiner Kelle den Wasserablauf im Hofe zementierte. Er ist revierkrank, und wir sprachen grade davon, daß ein Sanitätsgefreiter ihn freilich hier nicht an der Arbeit überraschen dürfe, da soufflierte ihm die Köchin von Frl. Vermehren von oben eine Mahnung zur Vorsicht: Ein Soldat ist draußen. Er ⟨saß⟩ aber, ohne hasenfüßig aufzuschrecken, mit aufgekehrtem Gesicht auf der Erde hockend da

und hatte in der einen Hand die Kelle, in der andern eine Zigarre
von mir. Die gefährlichen Sekunden summten ab, sie stachen ihn
noch nicht. Danach kam dieselbe Warnung aus der Zimmermannschen Küche, es war, als ob Frau Zimmermann auf dem Flur Jeman-
den in Unterhaltung aufzäunte und mit Zuckerbroten fütterte, um
ihrer Tochter zum Fensterwinken Gelegenheit zu machen. Damit
war nun der Hase aufgejagt. In drei Sätzen fuhr er über den Hof.
Ich blieb stehen und fragte den Gefreiten, der nun kam, ob er zu
mir wolle, wies ihm darauf umständlich seine Tür. Das Alles gehört
mit zum Krieg. Am Abend setzte ich mich hinter Grog im Rathaus,
wo es um diese Stunde von Soldaten wimmelte. Die Herren Offiziere in der Fensternische, Infanteristen mittendrin, neben ihnen an
Rekruten und am langen Wandtisch in einer wahren Verfassung
von Bombensicherheit Artillerie-Unteroffiziere; zu mir setzten sich
zwei junge schmalköpfige Herren, die ich für entlaufene Studenten
hielt. Und alle diese Glatzschädel tranken ein wenig Bier, unterhielten sich in leiser Vertraulichkeit bis auf die Bombensicheren an
der Wand. Ihr Pferdestalldeutsch schien mir zugleich das Deutsch
von Pferdebesitzern, die noch dazu Kühe und Schweine, Äcker und
Wiesen in Reserve haben. Sie selbst sind ihres gnädigen Gottes todsicher. Warum gibt er ihnen Kühe und Pferde! Und daß Gott sie
zur Erhaltung ihres Viehstandes und zum Heilhalten ihrer Äcker an
die Kanone stellt, ist ganz richtig von ihm, die Kanonen sind die
geeigneten Instrumente in diesem Falle, das wissen sie so gut, wie
Gott es weiß. An der Schmalseite des Offiziertisches sitzt zusammengeklappt der gespensterhafte Oberleutnant, lang, hager, mit
etwas trüben Augen und allerlei Spuren auf dem Gesicht, als hätte
allzumuntres Leben ihm in die Wange gekneipt und Spuren hinterlassen, die sich nicht wieder wegbügeln lassen. Seine Adlernase ist
ein wenig hahnenschnabelhaft, seine knochigen, schmalen Hände sind
mit dicken Adern belegt. Neben seiner gotischen Schmalspurigkeit
stehen die Herren Kameraden von der Reserve in bequemer Selbstverständlichkeit als Leute, die ihre Posten einnehmen und ausfül-
len, fast ein wenig schäbig im schon gealterten und leise angegilbten
Grau ihrer Röcke und schlechtsitzenden Hosen. Parade- und Hahnentritt ist darin unmöglich. Aber ihnen hat das Leben nicht im

Gesicht herumgekratzt, höchstens hat es dem einen eine Brille aufgesetzt, dem andern eine gesunde Röte angesprenkelt. Plötzlich klang es, als rollte eine Kegelkugel durch die Stube, stieße gegen die Stuhl- und Tischbeine, rollte den Soldaten über die Zehen. Sie sprangen Alle auf die Beine, wurden einen Augenblick zu stocksteifen Kegeln und hoben die Nasen salutierend gegen einen eintretenden Offizier. Bei seinem Wink rauschten sie wieder auf die Sitze. Der Herr Leutnant hatte unter seinem ziemlich schlechten Rock eine neue Hose, sein einziger Glanz war der Säbel, den er aber mit einem Griff an den Magen von sich abtat, wie er sich unter die andren Herren einreihte. Seine Schultern waren breit und rund, auch nicht ganz grade, und dadurch bekam seine Gestalt, von keiner andern als Mittelgröße, einen schmiedemeisterhaften Bau. Man konnte leicht denken, das Vertrauen der ganzen Kompagnie hat sich auf ihn geladen, er war trächtig vom Schicksal der Kompagnie, aber er trug es auf den Schultern und nicht unterm Herzen, und etwas in seinem Gesicht ermunterte dazu, es zu glauben, denn es war das eines praktischen Gelehrten oder eines Erfinders. Er kam nur, um bald wieder aufzustehen, und mit ihm und nach ihm standen die andern auf, des langbeinigen Oberleutnants Edelfigur folgte als letzte, seine magern Hände griffen nicht ohne Zittern zum Säbel, sein Leibriemen umfaßte den dünnen Bauch ein wenig ängstlich und mitleidig, aber als er den Rock wieder zugeknöpft hatte, zog seine stolze Schlankheit mit gardevornehmem Gruß durch den stürmischen Kegelaufstand der Soldaten. Und nun klapperten an allen Tischen die Geldstücke, und Tisch um Tisch ward kahl, nach fünf Minuten war keine Uniform mehr zu sehen. Als ich dann auch heimging, traf ich den Sanitätsgefreiten vom Morgen an der Ecke der Hageböckerstraße, wie er ein paar heitere Infanteristen nach Haus scheuchte; er warf ihnen das Heimgehen leise wie ein Stichwort zu, und sie antworteten ihm nur mit auflösenden und verhallenden Schritten wie mit einem gehorsam beteuernden Gemurre über die unnötige Warnung, das ist nun die »Soldateska der Barbaren« von Belgien. Es gab aber doch Lärm und Gejohl, einige Zivilisten zogen die Hageböckerstraße hinunter hinter mir her und machten die Wacht am Rhein mit ihren Kehlen gemein. Als sie weiterhin abbogen, flossen ihre vollen Herzen von andern Klängen über, das klang so: Von Hamburg bis Danzig, das kost' eine Mark und zwanzig.

14. Sept. 1914. Morgens beim Frühstück schon fängt die Weltgeschichte an, laut zu werden, kein Dröhnen ist es, eher ein Zirpen oder Raunen. Der Gärtner Küstner oder die Milchfrau Lücht sind unsere frühmorgendlichen Siegesboten, denn im Ganzen hat der Krieg bisher nur mit Siegen zu uns geredet. Aber wenn sie nichts wissen, verschafft sich doch das weit aufgetane Ohr irgend einen Laut, an dem es herumdeuten, sich sättigen kann, in diesen Zeiten wird eben viel geahnt und gewünscht, und Ahnung und Wunsch machen sich mit Deuten an die unbedeutendsten Dinge. So wurde mir neulich ein Hahnenschrei zum Hurragebraus einer entfernten Menge, also zur Siegesmeldung. Auch Hundegebell hat mich schon mit dem Stoß einer Vorstellung von irgend einem Verhängnis durchfahren. Und wenn ich wie heute Morgen von Weitem an der Ecke der Schützenstraße Leute die Nase zur Depeschentafel heben sehe und etwa der Barbier Piel mir von ebendaher begegnet und mich schlau und, wie es mir scheint, höhnisch wegen meiner Ahnungslosigkeit um das Allerneuste ansieht, oder Pape, der auch schon Alles wissen muß, an seiner Ecke eifrig mit den Händen politisiert, dann quält es mich wie eine Minderwertigkeit, daß ich um etwas wer weiß wie Ungeheures gegen sie zurück bin. Heute, wo wieder die Sonne scheint, deutete ich mir die Zuversicht der Meldung von der Schlacht in Frankreich zwischen Meaux und Montmirail, Verdun, wie eine verkappte Entscheidung. Ich fühlte den warmen Strom übers Herz rinnen, der es wie ein Wunder berührt. Gegen Mittag sah ich mehrere Schüler zu ungewöhnlicher Stunde aus der Schule kommen, und gleich war meine Siegesspürnase wieder von einer Witterung angeweht. Zwar sah ich keine Depeschen oder Fahnen, hörte auch kein Geläut, aber vielleicht wurde noch gedruckt, während die Behörden und Ämter schon benachrichtigt waren – warum schickte der Direktor sonst die Schüler heim? Ich bog nach dem Gymnasium ab und erwartete an seinen beiden Masten Fahnen zu sehen, aber sie standen kahl – und natürlich können zu dieser Zeit nicht alle Stunden inne gehalten werden, hier und da müssen Klas-

sen schon halbe Stunden lang feiern, wo nichts Andres zu feiern ist
als die Abwesenheit eines Reserveleutnants von Lehrer.

Ich traf den Zeichenlehrer Schult, der mir vor den Sommerferien
Grüße von Wohlers brachte und mit mir im Schützengarten bis spät
in der Nacht redete. Er war wieder voll behutsamer Bedächtigkeit,
heute aber schien mir sein Gesicht nicht wie damals das eines ge-
duldigen Pfadfinders in den Urwäldern dieser Welt. Er schien wieder vollauf beschäftigt mit der merkwürdigen Bedeutung aller seiner Lebensumstände und wollte sich wohl darüber verbreiten. Ich
hatte aber keine Zeit, und es sollte mir wohl leid tun, daß ich seine
Mitteilungen ein wenig zu kurz am Stiel abschnitt. Wir waren darüber, ein Zusammentreffen abzureden, und er setzte voraus, daß
es mir »jederzeit paßte«.* Es scheint, als ob er zu jung für mich ist,
Wallfried ging ähnlich wie er davon aus, daß es belehrend sei, ihm
zuzuhören. Gewiß war ich mit 25–30 Jahren grade so. Die Welt ist
ihnen noch ganz gut deutbar, sie können die Welt ohne sich nicht
denken, denn sie bekommt durch sie ihren Sinn. Ganz grob gesagt.
Die analysierende Jugend ist viel langweiliger, als sie denkt, und
dabei glaube ich wohl, daß Herr Schult kein mittelmäßiger Kopf
ist, was man ihm aber wünschte, wäre etwas Andres. Oder haben
ihn seine menschlichen und bürgerlichen Umstände so zum Hin-
und Herwenden aller kleinen Wichtigkeiten auf seinem Wege gemacht?

15. Sept. 1914. Der Sieg ist nicht da, es wird gekämpft, aber im
Osten lobt man die Lage. Ich sah den kleinen Rudi, Klaus seinen
Schützling, der mit seiner Großmutter neben der Werkstatt im
Zimmermannschen Hofe wohnt. Seine Mutter ludert, sein Vater
hat ihn abgeschworen, und die Alte sagt selbst, als ich einmal mit
ihnen sprach u. spaßte, als solle er in seinem Erdloch begraben werden – – solche Kinder wären im Grabe wirklich gut aufgehoben. Sie
gingen zusammen wie damals Frau Meuser mit Klaus ging, wie der
Lahme mit dem Blinden wandert. Er trappelt ahnungslos mitten im
Schicksalssumpf herum, und sie kann ihm nur ein bißchen und für
kurze Zeit weiterhelfen. Man möchte glauben, wenn man sieht, wie
sie seine Hand faßt, sie fände ein bittersüßes Glück darin, und hält

ihn in ihrem Armeleutestübchen, an dem kaminüberhangen⟨en⟩ Herd, von wo es gleich auf den Hof geht, bei den Zimmermannschen Hühnern, die ihm manchmal das Brot aus den Händen rauben, wenn er nicht aufpaßt, in einer Verborgenheit des Glücks, in der ihn das Leben bald und grausam aufstöbern wird. Klaus spielt mit ihm, wenn er aus der Schule kommt und seinen Ränzel in meiner Werkstatt abstellt, und findet etwas daran, ihm von seinen Sachen mitzubringen. Heute Nachmittag sah er ihn mit der Alten am Fenster sitzen, sie sahen beide in Abendöde so recht gefangen aus, sie in Armut, er in Verlorenheit des Waisenkindes, mit Willen und Absicht der eigenen Eltern. Da fiel ihm ein, wie lange er ihn nicht gesehen hatte, denn er war mit ihr nach Kiel »verreist« gewesen, Gott mag wissen, warum. Zugleich dachte er an den Findling von Hund, den wir am vierblättrigen Tage, 21. August, auf dem Deich fanden, und daß er ihm aufbehalten war. So machten wir stracks Auskehr und holten den Hund, dazu aus der Hühnerhofschachtel ein Haus, einen Baum und vier Stück Federvieh, und mit Allem ging es wieder zu Rudi. Klaus findet, daß er viel »artiger« ist als Ulli. Ganz gewiß, aber Ulli ist ein Konquistadorenwickelkind, ein Berserkerkeimling, ein Heroenküken, ein rasender Roland in der Westentasche, und Rudi ist nur ein bedürftiges Rotznäschen.

16. September 1914. Als ich am Morgen bei Sonnenschein auf die Straße kam, wehten an den Lietzschen Häusern große, neue Fahnen. Das mußte etwas Schönes ankündigen, zumal auch Pape zwei kleine bunte Freudenboten winken ließ. Ich schritt quer über die Schützenstraße und sah sie sich herzkältend nüchtern und unbeteiligt bis zum Schützengarten recken, als gähnte sie. Niemand kümmerte sich um die Nachrichtentafel. Nun stand ich davor und las. Die Schlacht tobt noch immer, die Franzosen wollen durchbrechen nach Norden, aber auch der linke deutsche Flügel bei Verdun ist beteiligt. Im Osten macht Hindenburg reinen Tisch, die Österreicher verdefendieren sich. Die Serben sind wieder mal zurückgeworfen. Und so ging ich an mein Zeitungslesegeschäft im Bahnhof. Gestern schrieb ich an Fräulein Tina: Ich muß entweder dabei sein oder in meinem Kaninchenbau bei gutem Futter zufriedene Näschen ziehn. Der Land-

sturmmann in mir ist immer noch nicht einmal aufnotiert. Kerr im
»Tag« singt:

> »Das war der Herr von Hindenburg,
> Der sprach: Mit Gott zur Tat,
> Raus da, raus da, raus da aus dem Haus,
> Aus unserm Preußenstaat« usw. - - -

Und druckts ab! Und meint, er handelt, und fährt fort damit und
lebt davon.

Ich habe meinen Berserker Nr. 3 in Gips. Die Zimmermannschen
Soldaten besuchen mich wohl im Atelier. Der Eine, ein Musiker,
nimmt starken Anteil an der Rückseite der Medaille Kunst, das ist
die Kostenfrage, er wünschte, belehrt zu werden, wieviel ich in der
Stunde verdiene. An dem Andern, dem Revierkranken, den ich an-
fangs für gescheit hielt, bleibt ein anständiger Umgangston, auch
hält er sich hinter einem Geländer trotz Zigarren und meiner Leutseligkeit. Unter Leutseligkeit versteht der Niederdeutsche etwa Niederträchtigkeit, und mit Niederträchtigkeit will er ungekünstelten,
natürlichen Verkehr mit gesellschaftlich Geringeren bezeichnen. Der
Maurer litt verborgen an Hämorrhoiden, damit klärte er mich schon
neulich auf, und jetzt hat ers dem Arzt gestanden, nun scheint er
also zum Operieren reif zu sein. Der Klaus hat am abendlichen
Lampenlicht herzliche Lust; den ganzen Sommer gab es für ihn
keine Lampe, und jetzt ist es eine häusliche Sonne, die in seinem
Herzen allerlei Stubenseligkeit keimen läßt. Die Grimmschen Mär-
chen werden wieder umgeblättert und wie diesjährige Herbst-
früchte gepflückt. Heute hatten sie die Tabellen der Pilze, Käfer,
Fische, Schmetterlinge entfaltet, und Klaus demonstriert der be-
wundernden Mutter Größe, Besonderheit und Unterschiede. Er
imponiert ihr mit den prächtigsten, am liebsten aber mit den größten Krabbel-, Flatter- und Schwimmwesen; für mich ist er selbst das
Beste dabei, denn es erbaut ihn recht von Grund aus, es erquickt
ihn, und so erquickt es mich. Wenn er sagt: »Sieh, Mutter«, so hat
das den alten Klang, mit dem er sie zuerst in der Villa Maria »Mutter« nannte, denn er verstand sehr schnell, daß sie Mutter hieß. -
Heute Morgen im kühlen Sonnenlicht standen wir und aßen unsre

ersten reifen Trauben, die dicken, wo sie sich zu bläuen beginnen, und die blauübertauten ⟨, die⟩ zwischen blau sattgetrunkene, dickgequollene geklemmt waren. Auch späte, herbstlich ungezuckerte Himbeeren hängen wie blutvolle Karbunkeln an den Büschen. Diese Visiten beim morgen⟨d⟩lichen Garten machen wir fast täglich nach dem Frühstück und vor der Schule.

17. September 1914. Viele, die wie ich in diesen Nächten in ihrem Bett aufwachen, mögen sichs doch nicht recht behaglich sein lassen, wenn sie es draußen wehen oder regnen hören. An der Marne wird noch immer gekämpft. Die Ecktafeln sprechen von Teilerfolgen der Deutschen. Damit muß man zufrieden sein. Leichter, glaub ich, wird man zu Hause bedenklich als in der Front. Immer, wenn Siegesbotschaften kamen, kam ein Sturz von Trost der Selbstverständlichkeit, eine Flut der Erfüllung, wie Gewährung des Gebets, über uns her. Sie müssen und sie wollen siegen, in ihren Tornistern steckt es, und sie tragens mit sich auf dem Rücken vorwärts, zurück läßt es sie nicht, es schiebt, es stößt. Aber wir – wir sagen auch: Wir müssen, aber wir haben ja weiter nichts dabei zu tun, als es zu erwarten. Bei uns steckt es nicht im Tornister, dafür gibt es Erwartungen, und Erwartungen werden leicht sauer, man sagt: Sie machen es. Dann fragt man schon: Werden sie es bringen? Dann gerinnt die Hoffnung und zersetzt die Fragen mit Vermutungen.

Ich höre noch immer so etwas wie das Nachzittern in allen Winkeln von dem großen Kanonenschuß am 21. August, ⟨dem⟩ Knall der Kunde von Metz. Mir war wie am Sedantage in Ratzeburg, wo am Markt aus Böllern so geschossen wurde, daß die Schläge der Luft alle Fensterscheiben eindrückten. Solch ein Ausstoß war es bei Metz aller gepreßten Empörung eines Zornkrampfs, eine Entladung unerträglichen Drucks, den die halbe Welt auf einen Punkt zusammengezwungen hatte, ins Herz des Volkes. Ein erster Ausbruch rasenden Rüttelns am Hauspfosten des Nachbarn, der mit uns nicht im Frieden leben will, Simsons betender Grimm stürzt wie ein heiserer Schrei, halb Lachen, halb Weinen aus dem Brustkrater eines Volkes. Und das erdbebenhafte Erbeben dieses Augenblicks hat sich noch nicht wieder ins Gleichgewicht gefunden; ich spüre es noch wie

Flut und Ebbe, vom Qualstöhnen der Sehnsucht und Brunstlechzen der Befriedigung hin- und herschwanken, und der Äther hängt in Zuckungen voll Pulvergeruch.

Klaus mußte und tat es gern, zu Hause bleiben, viel Obst essen ist Schuld, dafür trat ich tüchtig auf meine Sohlen und schnitt aus dem Primerwald das übliche Viertel über den Rehberg aus. Der Herbst regiert die Welt, und über die Bäume hin klang es wie eine tausendzackige Kreissäge durch die Luft, erst wie sie sich durch die Luft herangesägt hatte, hörte man die Stimmen dieser Stimme, jede Zacke ein Krähengekrächz, und dann mochte das Aufschlagen einer Tür im riesigen Raum geschehen, und die Krähenstimme hallte hell über die Welt wie eine Parole der Zukunft. Das Wahlrecht der Freiflügigkeit im Heimatrevier, die freie Wahl *gegen* die Landflüchtigkeit aus Heimatliebe, die den harten Winter nicht fürchtet und durch Herbstwind schon den Frühling grüßt.

18. Sept. 1914. Sturm aus Westen, Marsch nach Osten: In der regenbestäubten Ferne in graulichweißer Verschwommenheit geht ein Völkerkriegszug gleich mir. Die hinterste Kolonne ist die Baumreihe der Gleviner Chaussee, die sieht wirklich aus wie ein Gänsemarsch schwer bepackter Riesen, den Pickelhaubenspitzkopf im Nakken sind sie vom Westen ab nach Osten hingebogen, im nächsten Zug stehen die Silberpappeln auf der Weide gleich zornigen Fanatikern in flatternden Mänteln, die ihre Arme schwingen, und in der durchnäßten Luft sind Tiefen und Flächen des Raums mattschattig hintereinander geschichtet. Lange Wolkenbalken lassen nur einen niedrigen Gang zwischen Himmel und Erde frei – wir marschieren allesamt, und an den Ästen reißt der Drang des ostwärts zappelnden, fiebernden, starrenden Blätterwillens.

Es geht vorwärts im Westen, wir Alle beten nicht, wir tun mehr als beten – wir vertrauen. Und wir wissen, wenn wir falsch vertrauten, daß wir auch dann nicht beten werden, sondern von Neuem vertrauen. Es geht ein Sturm ⟨im⟩ Rücken, der uns vorwärts beugt, der bringt uns das Vertrauen. Nicht wir stürmen, wir werden gestürmt, und der Sturm, der unsern fiebernden, starrenden Willen richtet, ist namenlos wie die wahre Gewalt, die nicht gehorcht, wenn man sie ruft, ist wirklich wie die wahre Herrlichkeit, die so wahr ist wie Gott, den Niemand sieht. Wir fühlen sie, wie wir Gott fühlten in den begnadeten Augenblicken, von denen einer für ein Leben genug ist. Da zeigte er sich selbstwillig, freiwillig wie die Herrlichkeit, großmütig und gnadenreich wie die Gewalt, und da war unsre Antwort ein wahres Gebet, kein Wort von uns, keine Bitte von uns, kein Vorschlag, kein Lob – da waren wir selbst ein ganzes Gebet, wir fühlten uns, weil wir Gott fühlten. So gewaltherrlich ist der Sturm unsres Vertrauens, daß es wieder Gebet wird, aber kein Bitten, kein Wünschen, kein Flehen, kein Betteln oder Erdringen, sondern Stolz und Freude gesättigt, darin wir wieder uns selbst fühlen, weil wir Gott fühlen, und wir nennen es Vertrauen. Und sollte selbst dies Vertrauen zuschanden werden, so war es doch genug, es einmal zu erleben.

Sonntag, 20. Sept. 1914. Die Schlacht steht noch immer, aber die Meldung sagt, daß Engländer und Franzosen bei der Verteidigung angelangt sind, zum Teil, bei Noyon, geschlagen. Es gehen große Truppenmassen nach Westen, sagte Herr Hagemann, Bahnhofswirt und Händeschüttelfreund. Heute Nachmittag sah ich vom Zeitungshorst aus so einen Zug mit grünen Reisern, der seine grauen Jungen, um Beine und Backen zu rühren, herausgelassen hatte. Die Offiziere drangen zur Einnahme von Magenballast in den Wartesaal, bestellten, und einer von ihnen, ein Riesenleib und wahre Stürmerseele, verlangte Bier. Bier ist aber verboten. Und er fragte mit dem schnaubenden Atem des vorgestrigen Weststurms nach dem etwaigen Grunde, wogegen dieses Rohr von Oberkellnerseele nur schüchtern etwas von: »nicht an den Zug geben dürfen« ansäuselte. Aber da blies der Sturm dem neuen Bahnhofskomment das Lebenslicht aus. »Erstens bin ich nicht am Zug, sondern will das Bier hier im Wartesaal, und zweitens bin ich nicht irgend ein Bowke, sondern ein Offizier.« Er bekam sein Bier und Essen, als es schon draußen zum Einsteigen blies und die leiseren Herren Kameraden schon vorauseilten, die Abfahrt noch »eine Minute« zu verzögern. Niedersitzen, Trinken, Essen, Bezahlen, Fortstürmen war für den Stürmer eine Windhose voller Geschäfte. Draußen am anziehenden Zug

ging ein Singen und Rufen an, Herr Völker lief mit der Zigarren-
kiste von Wagen zu Wagen und stopfte je eine Handvoll dieser
Bazillen des Trostes in ein Dutzend Leerhände hinein. Melodien
schlugen ineinander und verrankten sich im Gefüge, es klapperte
wie ein Polterabend von Grüßen und Wünschen, und wenn er zu
uns mit seinem Gloria hereinklirrte, so rumorte er aus dem offnen
Nebenzimmer durch dessen offne Fenster noch einmal und ver-
stärkt und überflügelte und verwirrte unsere Ohren mit einem
Spring- und Sing- und Sprechschwall aus tausend Kehlen. Der Stürmer war zwar nicht zu sehen, aber natürlich war er dabei, und offenbar war diese reisiggrün bekränzte Fahrt mit seiner Lust und seinem Leben vollgeblasen.

Am Nachmittag gab es einen melancholischen Spaziergang mit
Mutter und Klaus. Als wir ohne Mutter über Bülowburg hinaus-
kamen, sahen wir in der nassen Ferne aus den Tiefen unter der
Sonne weiße Wolken aufsteigen, fast auflohen; aber dann wurde
der Wind kalt, und ich erzählte meine Jugendindianergeschichten
aus dem Ratzeburger Wald, und wir gingen mit Steinen am Graben
hin und warfen nach den Mäusen, trafen aber nur ihre Löcher. –

Klaus bettet sich wie ich mich auch, wir sind froh, die Zeit zu
verlassen, und gehen zu Bett wie ins Grab zu einer ewigen Seligkeit.
Er hüllt sich ein, als überließe er eine unbeträchtliche Welt ihrer
Nichtswürdigkeit, aber aller Friede und alle Gnädigkeit, so ⟨beste-
hen⟩, sind bei ihm drin, und er schlingt sie, als hätten sie die Gestalt
des Deckbetts angenommen, um sich, ja, es sieht aus, als hätte nicht
er die Decke, sondern die Decke ihn in den Armen. Die Herbstkühle
draußen macht die Wärme wohlig und wählig.

21. September 1914. Die Schlacht geht weiter, die Deutschen gehen
langsam voran. Heute sollten hier Freiwillige eingestellt werden.
Wenn man wie ich seit dem 24. Jahre an Herzzufällen leidet, darf
man wohl mit dem Gedanken spielen, sich zu stellen, aber man tut
es nicht. Ich habe einen Stein, einen »Fels«, sagt Zimmermann, mit
dem arbeite ich seit Längerem und weiß ihn ganz gut zu handhaben. Auch trage ich Klaus bisweilen auf Ausgängen und riskiere
zuweilen einen kleinen Sturmlauf. Gestern noch hatte ich ihn im

Wagen vorm Tor und zog ihn im Lauf bergan. Aber schon vorgestern machte das Herz seit vier Uhr Nachmittags seine alten
Dummheiten und so fort über gestern bis heute. So ließ ich, als ich
heute früh um die Stadt wandelte und gegen 10 Uhr übers Mühlentor (beim Rauschewasser) kreuzte, die jungen Bengel mit roten Gesichtern und festen Herzen ohne Selbstvorwürfe des Weges nach
der Kaserne ziehen. Einer hatte einen schwarzen Gehrock an, andre
ihre bescheideneren Festgewänder. Sie gingen den Weg, wie man
zur Lustbarkeit geht – es ist eine sonderbare Zeit. Weiter will ich
nichts sagen als dies: Was sie erleben mitten im Kriegsgetöse, erlebe
ich hier am Rande des Kraters hundertfach, wo nur das letzte Echo
herschallt. Was ich »erleben« würde, wäre ich mittendrin – – – was
ich, wenn unsereins doch noch gerufen wird, leisten kann, weiß ich
nicht – – – aber es soll mir ein Fest werden, freilich ein andres als das
der jungen Leute.

Der Zimmermannsche Soldat half beim Ausmisten, und ich legte
ihm zur Verwindung der Gerüche Zigarren auf den Haublock. Er
erzählte, daß sie schon in Schwaan zu einer Gefechtsübung gewesen
wären (ca. 18 km.). Auf dem Rückweg hätte der Hauptmann »Singen« befohlen, aber Niemand hätte angestimmt, wer sich anließ
dazu, hätte Rippenstöße bekommen. Da hätte der Hauptmann links-
umkehr⟨t⟩ befohlen und sie mit Rückwärtsmarschieren drangsaliert.
Dann immer, immer wieder »Singen« kommandiert, aber gesungen
ist nicht worden. »Er kann uns ja schurigeln«, sagte der Soldat mit
der Forke voll Mist, »er kann uns den ganzen Tag beschäftigen,
aber seinen Willen soll er nicht haben.«

22. Sept. 1914. Im Halbschlummer hörte ich auf all die Geräusche
des Tagesbeginns. Zu allererst schwungte der Hohenfriedberger
Marsch vor dem Fenster vorüber und hinterdrein, wie hinter einem
Rattenfängerblasen her, der gläubige, verführte Tausendschritt der
Soldaten. Die schlüpfrige Morgenluft salbte den Flötenton, benebelte
den Trommelschlag und verschleierte den Takt des Tausendschritts.
Sonnenschein lag auf der Flanke der andern Straßenseite, aber
er hatte nichts mit meinen Ohren zu tun, meinen Augen dagegen
diente er mit leichter Säure, so daß sie sich nicht geblendet fühlten,

aber gebissen. Danach verloren die Ohren den Zusammenhang mit
der Welt und wurden nach Längerem wieder halbwach am Geräusch
der Kaffeemühle aus der Küche, aber nur halb, sodaß ein andrer
ähnlicher Ton von draußen als gleicher Wert eindringen konnte.
Das Getrappel wie von Pferden, Reiterei aus der Ferne, Kaffeemühle aus der Nähe machten zusammen eine einzige krummgebo-
gene Linie aus. Damit war ich munter. Vor Reims wird kanoniert,
die Kathedrale ist mittendrin, und schon gellt das Geschrei über
deutsche Barbarei auf. Bei Verdun sind Sperrforts umgangen, und
auf der andern Seite des Erdballs haben deutsche und englische
Schiffe sich gegenseitig in Grund gebohrt, die Deutschen haben dabei das Meiste zertrümmert. Von Amerika kam ein Brief Amandas,
Amanda als Heldenweib sieht sich schon mit beiden landstürmenden
Brüdern wieder in Europa, warnt uns schon, sie zu verpassen. Von
Cassirer hörte ich, daß er als freiwilliger Automobilführer im Haupt-
quartier steht. Die Stille ringsum schlägt mir überm Kopf zusammen, ebenso ungestüm wie das wütendste umgekehrte Schlachten-
getöse. Auch von Dietzel bekam ich zu hören, er verträgt die Strapazen und muß zum 1. Okt. parat sein, ins Feld zu rücken.

24. September 1914. Gestern wurden wir wieder einmal mit einer
englischen Niederlage begnadigt, Unterseeboot U 9 versenkte drei
englische Panzerkreuzer bei Hoek van Holland. »Pathfinder« ist
draufgegangen, »Pegasus« in Sansibar durch »Königsberg« geknickt,
»Emden« erntet den Bengalischen Meerbusen von englischen Schiffen kahl.
Ich saß gestern mit* Herrn Schult im Ratskeller, vorher hatte ich
ihn mit Klaus in seiner Stube besucht, und wir hatten einträchtig zu
Dreien ⟨sein Cello⟩ und ⟨seinen⟩ Bau vorgehabt. Nun – wir zechten
mäßig, hetzten unsere Suada auf jeden Anlaß, wir gingen tigerhaft
voran und ließen manches Opfer halbverzehrt am Wege. Man
könnte bei dem Menschen eine biedermeierliche Gemütsfrommheit
mit einem Schmelz kühler Beschaulichkeit, fast wissenschaftlichen
Selbstbespiegelns drüberher buchen. Er kutschiert gelassen durch
Dick und Dünn und kommt ohne Spritzer durch alle Pfützen und
mit heilen Kleidern durch alle Gestrüppe. Ein sauberer Geist, offen-

bar ganz stubenrein, von der Sorte Jugend, die von jeher ein bißchen greisenhaft war, nämlich geläutert bis zur Durchsichtigkeit,
verklärt bis zur Langweiligkeit und tönend wie eine Glocke mit
einem unsichtbaren Sprung. Aber was will das alles sagen! Heute
mit Klaus zum Parumer See an einem echten und gerechten Alt-
weibersommervormittag, einem mit Seidengespinst, einem Über-
futter zarter Glanzwolle auf dem Boden, einem Gesehne von hängenden, längenden, suchenden, anklammernden Luftfäden, eisbahn-
glatter Seefläche und einem Gewimmel von Fernformen und Fern-
tönen. Hunde und Eisenbahnen scharrten und gruben Baue in der
hallenden Ferne. Enten und wilde Gänse zogen ihre lebendigen Ketten und gleiteten ihre Schwünge wie bei⟨m⟩ Knallen losgerissene
Peitschenenden unterm Himmel hin. Es scharrte und kratzte aus
ihrem Schwingschwang heiser und gleichsam winterfrostig hervor,
eingefrornes, stockendes Trompeten, aber ein Dreibund von segeln-
den Reihern heiligte sein plötzliches Erstehen in unendlicher Uner-
klärlichkeit mit einem Kreise des Stolzes, er zog einem Zirkelschlage
nach, den ein Wolkenbahnerbauer über den Himmel gemeistert
hatte. Starflüge wölkten sich und dehnten sich, als hätte der Herbst
sie im Gummigarn gefangen und schwenkte nun diese schwirrende
Federwolke zum Ausstäuben hin und her.

25. Sept. 1914. Mein Zustand ist sonderbar, seitdem das Herz seinen
sonderbaren Gang – über Knüppeldämme, über Steine im Dunkeln
– angefangen, ist der Krieg mir schwerer zu erleben geworden, ja
ich fühle ihn wie einen Alb über mir. Jeder Stoß an den bewußten
Ort hinter den Rippen könnte vom Aufprall einer Schußerschütte-
rung aus der Ferne kommen. Wirklich, er hat den besonderen Ruck
wie von einem kurzen, harten Knall, ist wie ein Widerhall des un-
endlichen Schießens, denn es bohrt unaufhörlich, Nacht und Tag,
in der Brusthöhle gegen mein Herz. Und all dies Kanonieren macht
mich ein wenig graulich. Ich denke, wenn es bei mir beim empfäng-
lichen Ort anschlägt, wenn die dumpfen Stöße kommen: es knallt
bei Verdun, bei Reims, bei Noyon, und kann dabei nicht mutig-
frisch sein. Ich muß denken, was bei mir so ängstigend anklopft,
das kann von keinem zuversichtlichen Finger kommen. Aber doch

ist der Zustand nicht verdrießlich, sondern eben sonderbar, und wenn ich sage, ich deute mir das Ticken und Rucken in den Bluthöhlen des Herzens wie ein leises Rütteln und Erschüttern von unermeßlichem Kanonieren in der Ferne, so will ich eigentlich sagen, daß mir mein gedrückter Zustand nicht als mein eigner erscheint, sondern als Miterleben tausendfachen Herzbrechens, so sehr man sich selbst fühlt, in dieser Zeit ist man dem Ganzen angewachsen. Die Vorstellung vom Anstoß durch den Druck einer Erschütterung kommt mir aus den Kinderjahren. Als nämlich auf der Elbe bei Schulau ein Pulverschiff aufflog, rüttelte es in derselben Zeit so heftig an unsrer Gartentür in Ratzeburg, daß mein Vater aufstand, sich bewaffnete und sein Haus und Garten nach Eindringlingen absuchte.

Klaus und ich kamen an einer Schießbude auf dem Rummelplatz vorm Gleviner Tor vorüber, und ich versuchte ihn mit Schießen. Er nahm das große Luftgewehr wie einen erstarrten Körperteil, der nirgends passen will, in die Arme, zielte und schoß Zentrum auf Zentrum. Um ihn begann es, rühmlich zu riechen, die ganz Kleinen sahen zu ihm auf und die Großen zu ihm nieder, aber nicht auf ihn herab; sein letzter – Gnadenschuß – galt dem Hauptmann von Köpenick, den er, als ob er ein Franktireur wäre, niederstreckte. Und dann heftete die Gewehr-Dame ihm eine Medaille an: »Dem besten Schützen« stand darauf. Und er fing ⟨an,⟩ eine Ahnung in seinem Herzen hin- und herzuwiegen, daß das Ding wohl von Silber sei. Dann verloren wir uns ins Freie und fielen dem Weg vom vierblättrigen Tage zu.

Heute Nacht um 3 rückte unser Soldat ab, er ist trocken wie immer und wird wohl ebenso unüberwältigt durch die Tage seiner Zukunft hindurchmarschieren. Als Mutter ihn frug, ob er eine Mutter habe und wie sie sich da hineinfände, sagte er: »Oh, das muß sie sich ja gefallen lassen.«

Als Klaus und ich auf dem Deichbogen heimwärts gingen, fing der Nebel überall in den Tiefen an, die Wiesen mit seinem Aussatz zu behaften. Wie die kleinen Bäume, die kleinen hübschen Eichen, Linden, Tannen, Ahorne, die kleinen Katzen und Hunde ihn zum Mitnehmen und Besitzen, Hegen und Mitleben anrufen, so freute er sich des keimenden Nebels. Das Dasein ist gewöhnlich, aber das Werden ist wunderlich – nicht, Klaus? – Daß Nebel wird, was nicht Nebel war, das ist der Angelpunkt seines Interesses, so deutet sich der Vater seinen Sohn, sieht Wegweiser stehen, die für ihn errichtet sind.

26. Sept. 1914. Nachts um 12 Uhr begab sich ein Artillerie-Ausmarsch durch unsre Straße. Es war bitterkalt und sehr dunkel, und was vorüberzog, das bestürmte mehr meine Ohren als meine Augen. Pferdehufschläge wie ein Sturz eiserner Hagel rauschte seinen Guß durch die Stille, die Geschütze schwellten mit Rammstößen ihrer Räder gegen die Pflastersteine wie verdrießliches Zetern auf und ab. Es war das wutverhaltene Räuspern aus metallenen Kehlen in den Eisenhagel hinein. Aber irgendwo saß auf einer Kanone eine Mundharmonika, und mir quoll, als ich sie hörte, eine Lust an diesem nächtlichen Murmeln auf, ich hörte Schwören von Eisengeräuschen, und die paar Takte der Harmonika enträtselten meinen Ohren ein Choralorgeln aus dem Donnerstrom hervor, der sich gleichsam verstohlen auf Zehen an meinem Fenster vorüberstahl. Menschenstimmen schwammen darin, zerschellten und erstickten im Drang der Flut. Aber eine Gruppe von Schreien, ich weiß nicht woher, rangen sich immer wieder an die Luft, erquälten sich Geltung gegen das eiserne Schwören: Schreie aus der kalten Herbstnacht, Begreifenwollen und Verstehenmögen nenn ich sie, Glaube-Liebe-Hoffnung-Gurgeln der Alltagsgewohnheit gegen die ergrimmte Verfinsterung eines so friedlichen Volkes. Blitzlichter aus elektrischen Taschenlampen brachen hin und wieder auf und rissen zuckende Stücke eines großen Leibes aus der Verfinsterung. Das war um zwölf Uhr. Gegen halb drei klingelte es an der Korridortür, das war der Kamerad von oben, der den unsern zum Abzug ins Feld wecken wollte. Der Wecker war auf drei Viertel auf drei gestellt. So begann der Aufbruch seine Zurüstung. Man hörte leise unsres Fehmaraners Waschen und Betreiben. Unten an den Seiten seiner Tür spannten sich Phosphorstreifen aus, und als ich zu ihm kam, blakten schon die Flammen des Kochers unter dem Kaffeetopf, und wir verstopften gemeinsam die letzten Hohlräume seines Blechkessels mit Zigarren. Am Abend schon hatte Luise für

Magengut vorgesorgt und Gelegenheit für Liebesgaben von andrer Hand und Art nur kümmerlich zugelassen. Bald brachte denn auch der Kamerad von oben seine volle Kriegsverfassung herab, und ich wechselte mit beiden die Abschiedssprüche und Antworten, und ganz ohne Trampeln räumten sie das Quartier. Draußen zeigte ich ihnen noch den Kriegskometen unter dem Großen Bären. Der Sternhimmel hatte ein winterlich dichtes Netz gespannt, und die Deichsel des Wagens senkte sich bereits dem Osten zu. Am Morgen gegen zehn Uhr stand am Bahnhof im Sonnenschein ein frischer Zug, dessen Schwanz ⟨sich⟩ fast bis an den Bahnübergang in der Rostockerstraße reckte. Artillerie und Artilleristen, aber in blauen Röcken, wurden eingeladen, Hufegestampf rollte schon dumpf im Leibe des Zuges hin und her, und Pferdeköpfe an den offnen Türen sogen die letzte Nase voll heimatlicher Luft.

Die Sperrforts südlich von Verdun sind zum Teil gefallen, die Deutschen gehen über die Maas.

27. Sept. 1914. Rauher Tag am Parumer See. Am Nachmittag hatte ich die Äpfel vom Baum genommen und mit Lust den Oktoberwind an den Rippen und Schultern gefühlt. Am Nachmittag war es am See fast novembrig. – Klaus und ich ließen ihn blasen, Schaum schlagen und die alten Weiden mit Armenhausfrostigkeit angrauen. Sie könnten einen jammern, die alten, uralten, kontrakten und spaltleibigen, dürren Onkels, aber mich erfreuen sie mit ihrem Hohn auf alle Glücksmoral. Diese Reste leben das Dasein von Gespenstern, im Humus, den sie mit ihrem Faulen im Leibe selbst anhäufen, grünen junge Fliedersträucher, und die Alten nähren mit halbem Spott und Erbarmen diese frisch erstanden⟨en⟩ grünen Eitelkeiten mit eigenen Säften – und leben selbst strauchelnd, im Sturz gekrümmt, ausgeweidet, knochengeborsten, von Wurm und Wettern zerklüftet, das Fleisch faul zum Zerbröckeln, mürbgereift in Widerstandsunfähigkeit gegen geheimsten Mord, – leben, erhalten ihre Krone und denken so wenig an Verzichten wie der Beglückteste.

29. Sept. 1914. Es ist noch immer so an der Maas, es scheint so, aber wir hoffen, daß diese Tage zum Letzten sehr wichtig sind. Es mauert

etwas Unsichtbares im Grunde, es soll ein Sieg aufgebaut werden,
ein Turm soll sich strecken, und dicke Mauern sollen sichern Boden
haben. Der rechte deutsche Flügel sollte vom Feind bei Bapaume
überholt werden. Es konnte aber nicht sein – man denkt wahrhaftig:
es konnte, ja durfte nicht sein, und darum geschah es nicht. Doch
hat man gefochten darum, wer weiß wie.

Nun haben wir auch den Feind gesehen, Klaus und ich. Sind zum
Gefangenenlager auf den Exerzierplatz bei Primerburg gegangen,
eine Heide, vom schwarzen Wald umzäunt, mit sägezackigem Drohen eingegattert. Von da kann man von der Stadt nur einen einzigen Stachel sehen, die Spitze des Pfarrkirchenturms, die aus dem
Wald heraufgeschoben scheint, und wenn nicht die Landsturmmän-
ner mit ihren Gewehren in kurzen Abständen vor dem Drahtgitter
ständen, könnte man an einen werdenden Rummelplatz denken.
Große Leinenzelte reißen die jenseitige Waldschwärze auseinander,
und man verbindet mit dem Anblick solcher sauber⟨n⟩ grauen
Würfel den Begriff von Gasterei und einer Not des Überflusses.
Man denkt an Schmalzgebackenes, warme Würstchen und schales
Bier – – und Magenschmerzen. Dich⟨t⟩ dabei, ohne daß ihre Ordnung ein Gedeihen verriete, gesellen sich einige längliche, oben
stumpfspitzig abgekantete Zelte mit hölzernen Querwänden, anzusehen wie Lastkähne, die zum Teeren umgewendet sind, und als
allerjüngstes Wuchergebild in dieser eiligen Zucht von schnellver-
derblichen Wohnstätten schließen sich die Gerippe großer Hallen
daran – das Ganze nennen sie »Hôtel de Russie«, weil es Russen
fassen soll. Drinnen auf dem Platze stehen Gewehrpyramiden, und
die Landstürmer selbst sind nicht weit. Ein Trupp grau-brauner
Leute, einige mit langen Mänteln, marschierten als Herde von Soldaten gehütet irgendwohin und gehen irgendwoher zurück. Aber
sie haben inzwischen irgendein weißes Gefäß, vielleicht ein Eß-
geschirr, jeder in die Rechte bekommen, und von Weitem könnte
man sie als eine Schar von Verwundeten mit weißen Verbänden
halten. Das ist der Feind, ein Stück vom Feind, das gedankenlose
Stück Werkzeug eines Zweckes, der uns die rechte Hand, wenn
nicht ein Bein dazu, abzuhacken dachte. Es können erst wenige da
sein, aber die großen Gerippe zur Linken haben gewaltige Bäuche,

und so werden es bald mehr werden. Und als wir zurück der Turm-
spitze zu waldwärts gingen, konnten wir an den Pfahllöchern die
zukünftige Umwehrung eines zweiten Lagers auf dem Heideboden
ablesen. Die Pfähle lagen schon neben ihren Gruben, und Klaus als
Tierspürer lobte die Gruben als Fallen für Feldmäuse und Mist-
käfer. Über Güstrow lagerte von Horizont zu Horizont und massig
wie ein längsgebrochener Fels eine langsam vorwärtsschiebende
Wolkenwucht, mörderlich anzusehen, wie der Splitter eines Welt-
körpers, den der jüngste Tag in seiner Hand wog. Ein Wolkenbruch ging aus drei Tinteneutern nieder, wie aus gesiebten Wänden
hervor, so dunkel strich es herab. Sonst war der Himmel klar, und
nur der untergegangenen Sonne gegenüber schwammen einige grau-
bläßliche Eisberge von Wolkenformen.

Gestern im stärksten Sturm ging ich durch die Heidberge und
zurück quer über die Wiesen bei Primerburg. Es war ein Waldver-
wüster von Sturm, es knallte ohne Aufhören in den Ästen, und
zweimal folgte auf den Knall des Brechens das Donnern des Stur-
zes. Man hört von fern eine unaufhörlich sich überstürzende Bran-
dungswelle, die Tannen kämpfen miteinander, vom Sturm besessen
schlagen sie wie Peitschenstiele aufeinander los, und die Wipfel
holen gegeneinander aus wie Totschläger. Auf der flachen Wiese
mußte ich manchen Schritt doppelt treten, um nur voranzukom-
men, und dann füllte sich die Luft mit einem Rußflockenwirbel von
Krähen, einem Quirlen von lebendigen Tintenspritzern. Die Krähen sind gewiß Sturmstimmungsgenießer, alle miteinander singen
sie die zweite Stimme in diesem schwelgenden Gesang, sie stäuben
hinein ins Orkanische, Leib und Seele, Flügelüberschwang und
Krächzgebrause und einen spitzbübisch höhnenden Jubel. Und sie
haben ihren Sturmsport, denn gegen Wind, dicht über der Erde,
wo der Luftstrom noch nicht faßt, senden sie ihr schwarzes Volks-
gewimmel einhellig voran, um unter dem Schutz hoher Bäume auf-
tauchend ihr ganzes Sein in die Gewalt der Luftbrandung zu geben.
Dann lassen sie sich schütteln von der Seligkeit einer Erfüllung,
dann sind sie ⟨der⟩ Sturm selbst in seinem Rausch, dann sind sie in
Schwarmekstase gehoben, leben darinnen ein Sekundenhäuflein und
senken ihre gesättigte Lust Haufe bei Haufen wieder zu Boden.

71

30. Spt. 1914. Antwerpen, Osowiec (Rußland) werden beschossen.
Vor den verbündeten Österreichern und Deutschen weichen die Russen. Gegen Abend erschien wieder ein Armeebefehl des Erzherzogs
Friedrich mit dem Motto: Der Sieg ist unser. Geweckt oder vielmehr zum Aufstehn gestachelt hatte mich der Extrablatt-Verkäufer.
Seine Stimme ist eine unleidliche Art von Lufterschütterung, der
kurze Wutschrei einer Bulldogge, die einen furchtbaren Peitschen-
hieb hinterrücks übergezogen bekommt. Und doch hat er, so oft er
hörbar wurde, noch nichts Böses ausgebellt. Seine guten Taten sollten seine Stimme längs⟨t⟩ bei meinen Ohren angenehm gemacht
haben, denn das Herz hat längs⟨t⟩ gelernt, von Hoffnungen stramm
voll zu schwellen, wenn er seinen wahren Drohschrei aus der Mör-
serkehle herausböllert.

2. Okt. 1914. Wie vielen Menschen mag der Krieg nun schon ein
gewohnter Sprech- und Gedankengegenstand geworden sein! Ich
wenigstens ertappe mich dabei, mich so mit ihm abzufinden wie
etwa mit dem Besuch Däublers, der auch keine leichte und doch
wieder eine Aufgabe war, in die man wie in eine Wetterungunst
und zugleich in ein mühsames, aber im Ganzen höchst wertvolles
Abenteuer hineinging. Man gewöhnt sich selbst an ein Erdbeben,
wenn es einen nicht grade mit augenblicklichem Verderben bedroht.
Es kann sogar langweilig werden, besonders in diesen Tagen, wo
die Erwartung in Zuversicht gut ißt und schläft und sich bestens in
Obacht nimmt. Da ist es schön, die ganze Weltgeschichte wieder einmal zu vergessen. Ich lese oder denke an neue Arbeiten und fühle
eine neue Lust an den Dingen zum Sieden gelangen. Es kann ganz
leise und verborgen aufwallen, aber es hat frisches Umschauen im
heimischen Bereich mit sich gebracht, man hat Trostvorrat in sich
selbst entdeckt. Dann klappt man ein Buch zu, läßt die Arbeit in
Gedanken ihren eigenen guten Verlauf nehmen – und ist wieder
mitten im Krieg. Das Abenteuer ist wieder abenteuerlich, das Erdbeben, wenn es bis hierher auch nur als Schwanken und Zittern
reicht, ist wieder eine Weltbegebenheit, die Erschütterung über-
läuft mich wieder, wenn auch durch die einzelne Zelle meines Städt-
chens der Wille zuckt, der das Knochenwerk und die lebendigen

Muskelberge des ganzen Organismus zum Stürmen treibt. Das Neustrelitzer Landsturmbataillon bewacht das Gefangenenlager. Die
Köpfe und Leiber dieser Leute sind ganz bürgerlich ausgebaut.
Mancher Leibgurt scheint ein Vorgebirge vor Absturz zu schützen,
an das Soldatische hat sich Gut-Essen und -Trinken und die beque-
meren Gewohnheiten herangemacht, Gewerbe und Beruf haben das
Roß mit den Anzeichen eines Nutztieres nicht verschönert. Wie
sie ihr gepriemtes Platt zwischen den Zähnen kauen, schieben sie
ihre Knochen in guter Ruhe voran und tragen ihre Flinten wie
Pakete mit Wurst und Käse, die sie ihren Frauen mit nach Hause
bringen. Wenn es dann aber heißt: »Gewehr über!«, klettert Zuck
und Ruck wie eine Katze mit drei Beinen statt mit vieren, stößt
sich wohl einmal am geschwellten Stamm, springt aber doch ohne
Poltern und Werkeln den Baum hinan und beim: »Marsch!« scheinen die Füße ein wenig zu schnaufen, will der Tritt sich wegen der
Richtung vorsehen und ein paar Steinchen von Spur zur Rückkehr
hinter sich lassen. Die Meisten haben Kinder, das spinnt sich an ihren
Füßen mit unsichtbaren zähen Fäden fest, Haus und Hof sitzen
ebenfalls wie schwere Päckchen im Rucksack, und kommt das Bäuchlein oder die knarrenden Gelenke dazu, so ist der Landsturmmann
ein Stürmer mit Bedacht. Von Hengstenberg aus Bremen bekam ich
eine Karte, er ist eine andre Art Landsturmmann als Sanitätshunde-
führer.

3. Oktober 1914. Heute Morgen gingen wir bei nasser Kühle auf
die Wiesen, um Champignons zu suchen, denn Klaus hat Herbstferien. Diese weiß-gelben Knollen waren meistens im Boden einge-
bettet, als hätten sie ihren polstrigen Leib vor unsrer Findewut
vergraben wollen. Hinter der Nebelbrücke halblinks gegen den
Pfingstberg zu fanden wir einige Fäuste voll und untersuchten sie
gewissenhaft auf die Kennzeichen ihrer rosafarbigen Blätter. Dann,
weil die Wiesen anfingen, fremd zu tun, wollten wir es mit dem
Wald und Steinpilzen versuchen und weideten zwischen den Stämmen, und so aus dem dunklen Versteck sahen wir eine Rekruten-
schar mit Karabinern am Waldrand über die hellere Straße marschieren, sie sangen das Reiterlied aus Wallensteins Lager, sangen

wie Studenten beim Kommerssingen, denn es waren wohl frisch-
flügge Güstrower Schüler oder auch Studenten mit mehr Takt als
Schwung, mit mehr Gesinnung und Frische als Freude am Tönen,
etwas schrill und ohne den männlichen Brandungsschwall von Sol-
datenkehlen. Sie marschierten dabei im windigen Morgen im hasti-
gen Tritt, der ihrem Lied den Brustton entzog, und mir glitt es
so durch den Kopf: die freiwillige Todesbereitschaft. – Als wir wieder rechtsab durch die Gasse in der halbhohen Tannenjugend gingen, hatten wir auf der Wiese die bunten Flecke der wiederkäuenden
Kühe vor uns, und in den Tannenpelz gedrückt auf der rechten
Seite wand sich ein weißes Fleckchen hin und her neben durch-
grauenden Zipfeln Zeug. Als wir heran waren, sahen wir die beiden Hirten im Windschutz der Bäume, wie sie zusammen die Zeitung lasen. Den Einen kannte ich, es war der jüngere, vom Frühling
her, als er seiner Frau, die aus der Stadt Mittagbrot herantrug, mit
dem Hund über die Brücke entgegenging und mit ihr am Graben
niedersaß, wobei sie dem Essen zusah. Der Hund fiel aus gegen
mich wie damals und wurde wie damals gescholten. Wir sprachen
ein wenig über das schlechte Wetter, und ich erfuhr, daß es Morgens gegen halb 4 Uhr sehr schön gewesen war. Heute Nachmittag
war es vollends »schlecht Wetter«. Schlecht Wetter und ich machten mit der Chaussee wie immer eine Harmonie aus. Es tobte sich
in Regenwettern und Winden aus, und ich rettete die gute Milde
aller dieser Wüstheit, die sonst den Feldern Trost gebracht hätte,
für mich allein. Ich lud auf, soviel ich fassen konnte, und ließ mich
bis weit hinter Bülowburg verlocken. Die nasse Schwere der Felder
war vom grauen Wolkendunst gelockert, und die Ferne hatte das
Land mit dicken Unklarheiten umwallt, wir waren ganz unter uns,
ich mit einigen hundert Metern Umschau. Bei all diesem naßkalten
Herbst stehen und laufen die Landsturmleute ohne Mäntel umher;
daß sie ihre Hände in den Hosentaschen bergen und ihren Nacken
zwischen den Schultern, wird ihnen kein Vorgesetzter mißgönnen.

Und die Schlacht? Barlach, Mensch, was geht dich die Schlacht an,
bilde dir nicht ein, daß du was damit zu schaffen hast, sie geht
ohne dich durch ihre Phasen wie der Mond, und sie entfaltet an
ihrem Ort unhörbar für dich ihre Weltwuchtigkeit, das kosmische

Geschehen rollt ab und kümmert sich den Teufel um deine vom Zeitungslesen blöden Augen. Die Schlacht hat bei Roye(?) einen deutschen Ruck vorwärts gemacht, bei Antwerpen zwei Forts in deutsche Macht gebracht, zwischen Toul und Verdun französische Ausfälle erdrückt.

5. Okt. 1914. Antwerpens Außenforts gehören nicht mehr Antwerpen, bei Augustow in Rußland sind die Russen geschlagen. Vom »Westen« werden Fortschritte gemeldet. Die kleinen deutschen Kreuzer versenken fleißig englische Schiffe, und ich habe heute ein Relief, die Gloriole der Weiblichkeit, geformt, und der Berserker Nr. 3, der jetzt dasteht und die Feuerprobe meiner gelegentlichen Blicke erleidet – er scheint zu bestehen, er scheint echt, denn so oft ich ihn zufällig, beiläufig, wie etwas Fremdes, das einem in der Fremde aufstößt, an mich kommen lasse, so oft ist der Stoß kein übler Schreck. Die Nächte waren kalt in dieser Zeit, und das warme Nachtlager hat etwas von Wanzenunheimlichkeit angesogen, die Selbstvorwürfe lauern in den behäglichsten Verstecken. Und so ging ich zu einiger Erleichterung von solchen Beschwerden auf den Markt zu Hartje und Lembke in den Laden und kaufte Wollsachen für Soldaten. Bei Behm am andern Ende der Marktseite werden die Liebesgaben fürs Regiment gesammelt, dahin ließ ich den Packen schaffen. Der Verkäufer, ungedienter Landsturmjüngling, sprach ganz flott und sachlich über die Schwierigkeiten bei der Aufstellung der fünf neuen Armeekorps, und als ich mich über seine Kenntnisse wunderte, die er nicht durch Belesenheit erworben haben konnte, berief er sich auf einen bekannten Oberfeuerwerker, der es Alles wissen mußte. Sogar Gewehre sind nicht genug da, die Landsturmleute müssen ihr Modell 88 abgeben und bekommen dafür noch ein älteres. Es lagen diese Teermäntel da herum, wo wir die Wollsachen aussuchten, und er gab an, daß eben die Landstürmer sich solche Mäntel kaufen, die dürfen sie draußen auf Wache tragen. Diese knittrigen, blechartig steifen Wettermäntel haben hierzulande Fischer, Fuhrleute und Alle, die bei ihrem Geschäft tagelang in Kot und Nässe aushalten müssen und nirgends untertreten können, die sind probat!

6. Okt. 1914. Der Extrablätterverkäufer hat wohl angenehmeren Verdienst gefunden als einen mit der Kehle. Man hat keine rechte oder linke Stimme zum Abwechseln wie bei Händen, Schultern und Beinen. Die Nachrichten, die es doch gibt, kleben an den Tafeln. So soll die gemeinsame Sache gegen die Russen gut stehen, in Kiautschou ist der erste Angriff abgeschlagen, Antwerpen krampft sich vor dem Fall, und die verbündeten Franzosen und Engländer wissen selbst nichts Anderes zu melden, als daß der Sieg erst in vier bis fünf Tagen erwartet werden könne. Alle diese Dinge zu notieren treibt mich eine Sorge an, aber sie sind damit nicht geschildert, schildern kann ich nur die Umstände meines Krieg-Erlebens. Natürlich habe ich trotz der Arbeit die Nachrichten-Lese in den Zeitungen nicht lau werden lassen, im Bahnhof zu finden bin ich zweimal täglich. Nur gibt es da jetzt buntere Genossenschaft als zur Zeit der Lähmung alles Müßiggangs. Mittags treten pünktlich einige Freiwillige zum Essen an, und zum Essen gehört solchen müdeexerzierten Leuten das ausschweifende Ausruhen von der persönlichen Hetze, sie stürzen in den Schwall des Nachrichtengedränges. Eine Frau mit Kindern erwartete ihren Landsturmmann – der Junge im Schillerkragen, der Vater in der blauen Litewka, und die Frau weiß ganz gut, daß ihr Mann vorläufig weit ⟨vom⟩ Schuß ist – und damit hat sie diese verteufelte Zufriedenheit, ein Gähnen des Gemüts, könnte ich in der Wut sagen, die die Menschen so langweilig macht. Diese hausbackene Nichtbesorgtheit um ihr Wohl deutet nichts Feines an – wenn sie nur nichts opfern soll, so schwimmt ihre Stimmung wie ein Fettauge auf der Suppe. Eine schwarzgekleidete, etwas kommandogewohnte Dame läßt mir durch den Kellner den Rostocker Anzeiger vom Tisch nehmen. Volleibige Herren schmausen am Eßtisch und kauen die Notwendigkeiten eines Geschäfts zugleich verdaulich klein, die ein Andrer, den ich für einen Notar oder Makler ansehe, in Papieren hin- und herfahrend, Auskünfte hervorschießend, Ratschläge einschließend, mit Zahlen bedienend, im Geschriebenen festmacht. – – Und am Nachmittag sahen wir mit den Kindern die Frau des Majors ihren alltäglichen Spaziergang bespringen – draußen im Wald konnte sie wirklich hopsen und rennen. Der Major ist seit Längerem unsichtbar hinter dem Vorhang des Welttheaters. Sie muß wohl gutes Mutes scheinen, sie darf ja nicht anders, denn wie soll sie den Kindern die Angst zeigen? Ich weiß, wie es tut, wenn die Mutter den Vater den Möglichkeiten preisgibt. Nein, sagt sie mit den Mienen, eurem Vater geschieht nichts, und wem sollen sie sonst glauben, wenn nicht der Mutter? Wenigstens der fette Junge macht gewiß, wenn seine Gedanken ebenso dicke Beine haben, keinen Schritt über seine Mutter hinaus, ebenso die Kleinste, Klaus' Schulstubengenossin, der die schweren Familienwaden ein wenig tief gerutscht sind. Aber das größere Mädchen scheint ein Doppelspiel zu treiben. Sie hilft, die Kleinen täuschen, und macht der Mutter ein ganz sorgloses Vertrauen vor. Ich wette aber, sie hat die Ahnung, daß Wolken über ihrem Hause mit dem Pyramidendach stehen. Klaus hat eine Lösung aller Lebensschwierigkeiten gefunden; auf Spaziergängen betrachten wir alles Geschehen unter dem Gesichtspunkt, daß er zaubern könne. Und nun laß ich ihn – wenn er müde ist und Alles erschöpft scheint – vorschlagen, »was er täte, wenn er zaubern könnte«. Als Letztes haben wir nun die Verwandlung in Tiere beschlossen, und so ist er ein Jahr lang ein Storch in Afrika und schreibt ein Buch über das Storchenleben, ein Jahr ein Hecht im See und schreibt ein Fischbuch, ein Jahr Frosch und macht ein Froschbuch – und so weiter, jedes Jahr ein Buch. Dabei ist er schon großartig geworden, für ein schlechtes Rad zaubert er sich gleich ein neues, ohne sich lange mit Zauberreparaturen aufzuhalten. Aber an den Abenden ist er vor Kälte müde und des Zauberns überdrüssig, dann spielen wir nach Tisch das einschlummernde Lottospiel bis Punkt 8 Uhr. Dann muß ich ihn noch zweimal in die Schlafstube tragen, er wirft seine Zauberlaune wie Hemd und Hosen von sich und zieht die Decke über den Kopf, dann haben sie Ruh, die Hosen und die Sprunggelenke seiner abenteuernden Seele. Heute war der erste Schultag des neuen Semesters. Am Sonntagmorgen, vorgestern, waren wir zu Fräulein Lisch, einer wahren Seele von Lehrtante, und ließen uns über den Schulanfang belehren, Klaus vor Bescheidenheit ganz unkenntlich. Wir hörten, daß der junge Döscher schon in Frankreich ist, und so sind sie zehn Tage gefahren, immer mit den Pferden zusammen im Wagen. Wie es in Frankreich steht, weiß man, und so weiß man auch, daß überm Döscherschen Hause diese unheimliche Stille lauert. Mutter und Tochter kamen aus der Kirche ins Stübchen, aber Herr Döscher blieb – als Adjutant des Kommandanten des Jugendtrupps – draußen bei dem alten Obersten von Buch, als gingen ihn die Sorgen nichts an.

7. Okt. 1914. Für zwei seiner Bleisoldaten hat Klaus von Karl Allerding einen wahren Schinder von Spiel-Browning eingetauscht. Beim Puppen-Schulz sprachen wir wegen Munition vor, wobei er klagte, daß es zur Zeit ganz schrecklich mit dem Pulver sei, die Kinder verknallen alles. So frißt der Krieg sich Wirkungen im Spielwarenlager. Dagegen wußte ich ihm einen andern Auswuchs zu nennen. Nachdem der Kronprinz für seine Soldaten nach Rauchware gerufen, gilt den Kindern das Paffen als echt soldatisch, sie haben sich kleine Pfeifen verschafft, und so sieht man oft ein Dutzend richtig schmökende Dreikäsehochs in Reih und Glied. Der Rauch hüllt sie in eine Alltäglichkeit des Kriegslebens, er verschafft ihrem Marsch den würdigen Dunst der rauhen und anstrengenden Gewohnheit, der ausdörrenden Staubigkeit, und ist ihnen wohl auch sonst willkommen als Ausweis von Reife und Ausbündigkeit. In dem Reinckeschen Schlachterladen wagte sich ein solcher Kriegsmann, der in den Schlachtpausen für seine Mutter einholen mußte, mit der Pfeife denn doch nicht wichtig zu machen, da mußte denn sein bevorzugter Bursche, ein Freund und Sklave von, denke ich, vier Jahren, draußen die Pfeife in Brand halten, und der versuchte es unter dem Gedroh eines prachtvollen Pflichtgefühls. Er verstand aber doch wohl nicht so recht die Mechanik der Aufgabe, denn kurz, als der große Schlingel dann den Feuerzustand seines Krauts feststellte, sah er fast ohne die Hoffnung zu ihm auf, dem Ehrenamt gewachsen gewesen zu sein – doch siehe da – es hauchte zwar nur noch, aber doch von richtigem Rauch – und es regte sich in ihm ein erstaunter Stolz. Vielleicht war es auch sein Glück, es sind wahre Fausthelden unter diesen Bengels, sie schlagen sich oft wie aus gottgefälliger Erbitterung. –

Nun gingen Klaus und ich auf die Weide, und während ich den Himmel und die Netzknüpfereien des Wolkengewebes im Faltengeschiebe der Windstille studierte, knallte Klaus seine Schüsse. Es

war noch sehr frisch, und die Kühle machte sich vom Boden an die
Füße, legte sich wie unsichtbarer Reif auf die Knöchel der Finger
und prickelte ein wenig im Nacken. Dann freut es Klaus, mit seinen
zwei warmen Pfoten eine meiner kalten zu umschlingen, und wenn
ich darüber schön erbärmlich tue, meint er, daß es aus Gier nach
Wärme geschieht. Es ist aber aus Vergnügen an seiner Behilflich-
keit und dem gelinden Großtun mit seinem Überschuß gegen meinen Mangel. – Puppen-Schulz ist voll von einer gewissen Zauberer-
Gravität, aber mit Lächeln über und über kandiert. Er ist ein erz-
heiliger Kinder-Petrus und sein Laden eine Onkelstube im Himmel
voll Kindergnaden. Im Schaufenster spielt ein Bleisoldatenkrieg, der
sieht sich so an, als ob Onkel Petrus mit den Engeln Fegefeuer oder
ewige Verdammnis spielt.

8. Okt. 1914. Am Morgen, wie ich im Bahnhof bei den Zeitungen
saß, kam ein Soldatenzug an, und die da ausstiegen, hatten lederne
Gesäße an den tüchtigen Hosen, waren also Reiter. Einige hatten
die Röcke von sich getan und bogen die starken Leiber auf die
schwachen Waschnäpfe nieder, die andern sammelten sich um den
Provianttisch und schmausten, wie es schien, ebenso sehr mit den
Zähnen wie mit den Augen, denn am Tisch waltete unverschüchtert,
als wären Soldaten Puter und Hennen, das bewußte, schon oft wie-
dererkannte Fräulein, diesmal nicht als Operetten-Marketenderin
maskiert, Guste, die selbstbewußte, sozusagen. Man hätte auch den
Klumpen Soldaten einem Bienenschwarm als Umwehrung ihrer
Königin vergleichen können. Der Zug hatte die Richtung nach
Westen, also Frankreich. Und dann nahm mich die Goldberger
Chaussee auf ihren feuchten Rücken, und die trübe Westweite be-
tropfte mich aus ihrer leisen Trompete. Ich wollte nämlich Rudolf
Junge entgegengehen, der, wie ich dachte, von Dobbertin über
Zehna zu Fuß kam, denn so hatte er mirs in Aussicht gestellt. Am
7. Kilometer hinter Gutow aber verlor ich die Zuversicht und kehrte
nach Güstrow um. Er ist, wie er schrieb, jetzt Architekt und Obstbauer zugleich in einer Siedlung bei Scharbeutz und zur Zeit bei
seiner Mutter in Dobbertin. Güstrow, von der Goldberger Chaussee gesehen, ist ein stattlich aufgemauertes, turmstarkes Örtchen. Die

drei großen Bauten scheinen nur ein geringes Gesindel von Straßen zu ihren Füßen zu haben. Dynastien und Kirche vor Zeiten haben ihre Monumente tyrannisch und doch wieder behütend als Felsen des Heils aufgeführt, ihre kristallischen Großformen zwingen die kleinen Kristalle der Häuser, um sie zu wuchern, sammeln sie in ihre Schatten und bedrohen den Friedensstörer wie mit Hörnern und Stacheln. – Mit dem alten Maurermeister Pierstorff hatte ich am Nachmittag eine Begegnung und gemeinschaftliche Kriegserbauung. Er sieht den langsamen Gang der Schlacht zwischen Aisne und Maas halbwegs als weise Absicht an, es muß Alles weidlich bereitet werden und zum guten Ende Zug um Zug gefügt. Und soviel ich weiß, wird nirgends am Gelingen gezweifelt. Das Vertrauen ist gesund und kann ohne Schaden einen Stoß oder eine harte Zumutung vertragen. – Manchen in grauer Uniform sieht man wieder mit Bandagen oder sonst zur Pflege für kurze Zeit der Heimat zurückgegeben. Sie gehen still einher, etwas bedrückt oder besser leise verwundert und betroffen, weshalb, ahnt man schon. Sie scheinen Zeit zu brauchen, ihre verwindwehten Vorstellungen wieder an ihre Stützen zu binden.

9. Okt. 1914. Als ich den Bahnhof nach der morgendlichen Zeitungsschau verließ, lag in der Luft ein gleichmäßiges Trommeln wie von großen Fingern verstohlen gegen die gläserne Himmelsglocke, ein Geräusch ohne Anfang und Ende, das man ebenso gut überhören wie bemerken konnte. Es war Artillerie, die aus der Straße nach der Kaserne beim Bahnhof einbog, ein gemurmeltes, langgezogenes Donnern, ein irres Grollen, ein Selbstgespräch des leidenden Hasses und eines schmollenden Widerstandes gegen einen Trieb. Ich weiß nicht, ob es zum Verladen ging, aber es sah so aus. Am Nachmittag gingen Klaus und ich zum Gefangenenlager. Diesmal sahen wir balkenschleppende, grau-braun ummantelte Russen, steppenbreite und wie von Steppenstaub gedämpfte Menschenherde in der Hut von Landsturmhirten mit ihrem Hund Knallrohr, Modell So und So. – Niemand kann mir besser sagen als ich mir selbst, wie ich das Russische betrachte. Es erübrigt sich also, soviel Luft zu holen, um etwa meinem Bruder Hans meine Grundgefühle einzublasen. Außerdem ist

heutzutage gar keine Frage, daß wir Feinde sind, sie und ich. Als
wir zurückkamen, kreuzten Rekruten mit Karabinern dieselben
Russen, wie sie hängearmig, pendelbeinig und lässig schaukelnd über
die Chaussee zur Abholung neuer Lasten gleich einer Walze in
schwerer Wucht doch leise auf breiten Sohlen zurückgeschoben
wurden. Die Rekruten sangen das Kameradenlied – – »Ich hatt' einen
Kameraden – Gloria, Gloria – Im Walde die Vöglein, die sangen
so – In der Heimat, in der Heimat«. Das mögen die geölten Rus-
senohren nun schon oft gehört haben, und natürlich vermißten sie
daran die Sangesgewalt und das seelische Gebraus, die Orgelbrunst
und das langhingezogene Hallen. Es heult nicht auf wie in dumpfer
Quallust – was ist das also für ein Singen? Es wird ihnen vorkommen, wie mir etwa das Pariser Gassenlied Anno 1898 vorkam – als
Unsang, als Prosa-Geplärre. – Wir ließen sie sich kreuzen und gingen selbst durch den Wald rechter Hand heim, durch den Wald im
Saft der herbstlichen Vielfarbigkeit, durch den bunten Dunst der
Ferne, durch die sandsteinfarbigen Buchenstämme, und kamen durch
einen Dunkelkeller von schwarzen Tannenstämmen, die eine Fin-
sternisdecke trugen. Ich voran, Klaus mit Gesumme hinterher. Wir
weideten die Laubwand mit Blicken entlang, und wenn wir gefragt
wären: »Seid ihr satt?«, hätten wir gesagt: »Meck, meck, wir sind
nicht hungrig und sind nicht satt, wir sind nur zufrieden!« – Zu
Haus aber schlug die Zeitung wie ein Donner ein: Antwerpen in
Panik, die Stadt wird bombardiert, man flüchtet, kämpft, es brennt
überall, und ich dachte an Klaus Groth⟨s⟩ Armeleute-Irrereden aus
der Vergangenheit:

> Wa mögt Ji so vertelln!
> Antwerpen brennt de Zitadelln!
> In Frankrik ward dat Solt so dür!
> De ganze Süden steit in Für!

Aber Herr Churchill erklärt: England wird nicht erlauben, daß Antwerpen erobert wird, und »New Daily Express« lästert frech: Es
ist ein Kampf zwischen Krupp und belgischem Menschenmaterial.
　Wie ist das nun eigentlich: Man fällt mit eins, zwei, drei, vier
großmächtigen Keulen über uns her und geigt sich selbst die Ton-

art der gekränkten Unschuld vor. Ich fasse mich oftmals an die Stelle, wo der Atemmangel gespürt wird, ich ersticke von der Vorstellung der unermeßlichen Andersartigkeit der Anderen. Selbst die Neutralen wie Amerikaner, Holländer, zum Teil Italiener sind tief empfänglich für diese abgegriffenen Geltungen von der bequemst verständlichen Humanität und Kultur, sie halten Alle die Pfoten hin und wollen Trinkgeld für einen billigen Fusel. Freiheit, Gleichheit, Brüderlichkeit werden als Gassenhauer herumgedudelt. Mystik ist unwiderleglich, aber dieses Alles ist schwindelhafter Aberglaube, eine Art Hochstapelei mit allgemein anerkannten Ehrerbietungen. Aber das ist noch nicht das Richtige, es beißt mich förmlich, dahinterzukommen, und so kann ich mir nicht helfen, die Auffassung der deutschfeindlichen Welt gleicht der Vorstellung von Lebenswürde und Wert, wie sie High-Life und Gesellschaftlichkeit gegenüber bescheidener und ärmlicher Lebenshaltung hat. Deren Form vermag den Wert ihrer inneren Bedeutung nicht zu zeigen, die große, glänzende Form triumphiert und behält Recht, ein Recht fürs Auge und fürs Gehör. Die Tiefe verbirgt sich und weiß nicht zu schnattern. Es ist von keiner Un-Redlichkeit die Rede, sondern von einer Unfähigkeit dazu, Unfähigkeit zu der Redlichkeit eines klaren Blicks. Es wird Alles advokatorisch angesehen zum Zweck, es auf ein formales, worthaftes und schematisches Recht zu verpassen. Die Meinung und der Sinn des Geschehens werden nicht mehr schlicht und recht ausgebreitet, sondern aufgespult und auf alberne Haspeln von Schmollerei, Eitelkeit, Hochnäsigkeit und Dickfelligkeit gedreht. Daraus kann man dann allerliebste Gestaltungen schaffen mit dem Anspruch, das Ding zu präsentieren, das Sein genießt keine Ehrfurcht, sondern man unterschiebt unversehens das Belieben. Und was ist das für ein Belieben? Mir scheint es in Wahrheit ein Belieben der Schwachköpfigkeit. Da wird die Korrektheit grausam beklatscht, und man meint die Korrektheit der Konvention, wie sie müßiggängerische und pfauenradschlagende Rotten aufgebaut haben. Die Korrektheit selbstverständlicher Menschlichkeit aber kann garnicht mehr gefühlt werden, der innerste Sinn reagiert nicht mehr darauf, sie wirken chemisch nicht mehr aufeinander. Man spricht da von Recht und meint einen Haufen Richtigkeiten, wie etwa ein Kul-

turneger sich tadellos kleiden und auftreten kann und den ganzen
Stapel Dressuren vollzählig besitzt. Man spricht von Kultur und
meint ein Gedränge von Umständlichkeiten, von Menschlichkeit und
meint Sattessen und Tanzvergnügen. Was stellen sich etwa die Amerikaner unter der Menschlichkeit von eins, zwei, drei, vier Groß-
mächten vor, die Deutschland zu gleicher Zeit am Rockzipfel fassen?
Sie bekommen eingeredet, daß Deutschland der Friedensbrecher
ist, daß Deutschland eingekreist, schon halb zerschlagen ist und am
Verbluten – und sie schreien nicht auf über das Unterliegen eines –
selbst schuldhaften Kämpfers, nein, sie finden es ganz in Ordnung
und sollten doch wissen, daß ein wirklicher Bösewicht so leicht
keinen so ungleichen Kampf anfängt. Da müssen doch mindestens
überflüssige Beihelfer sein, Leute, denen der Kram so paßt, daß sie
mit drauflos dreschen. Köln soll zerstört sein – kein Weh und Ach
ertönt, aber Löwen – da sprühen Funken der Empörung, da ist die
Kultur bedroht. Die spottbillige Gerechtigkeit schmeißt fidel mit
Steinen nach einem Kater, der es mit einem Köter aufgenommen
hat, wenn noch ein paar Bluthunde dazu heranbellen. Es gibt eine
Minderwertigkeit des Herzens, einen Zerfall und Selbstzerstörung,
die Magnetnadel des Menschengefühls verirrt sich, man verteufelt
sich mit Gott, man ist subaltern. Das tonangebende Belieben spielt
sich selbst den schlimmsten Streich und überschlägt sich vor dem
eigen⟨en⟩ Bedienten, verwechselt kostbaren Spaß mit einem un-
geschmückten Ernst. Vornehmheit müßte immer einfach sein, aber
nun bedient sie sich etwa der Sprache und Gedanken ihrer Köchinnen und Lakaien, die bei allen Vorgängen in der Welt eine Ge-
schlechtlichkeit oder eine Neidhammelei riechen. So erklären sie
sich den Zustand Deutschlands, wie ein Schuster oder Schneider sich
über einen Menschen hermacht, der sparsam mit Stiefeln und Hosen
ist. Wir sind ihnen Barbaren und wer weiß was sonst für Schächer,
weil wir es wagen, wir selbst zu sein, sie schustern und schneidern
in Gedanken an uns herum, und wir passen ihnen nicht in die Weltanschauung, ihre Ellen stimmen nicht an unsern Maßen. Sie halten
es nicht für möglich, daß wir in Frieden bleiben wollten, und so
komme ich auf mein früher oft Gesagtes zurück: Die Motive, die
man Andern unterschiebt, sind immer die eignen. Nach ihrer eig-

nen barbarisch-perversen Konvention bemessen, bemängeln, erklären sie sich uns. Uns halten sie für barbarisch, weil sie nichts Andres wissen. Unser ganzes Dasein ist ihnen unverständlich, also greifen sie zur Erklärung in ihren Busen und holen Raub und Überfall hervor. Vertrauen und Redlichkeit sind ihren schusterhaften Unterschiebungen unzugänglich, also meistern sie uns, besohlen uns, messen uns mit der Elle ihrer eignen Unredlichkeit, mißtrauen uns, weil ihr eigner Kompaß seinen Nordpol Vertrauen verloren hat. So gehts im Kleinen und im Großen. Wenn ein Geschäftsmann das Gebaren eines Künstlers sieht, verachtet er solche Kindsköpfigkeit, oder er glaubt, ihr eine besonders knifflige Geschäftspraxis eingeben zu müssen. Jeder will den Andern nur vom eignen Standpunkt gelten lassen. Und so finde ich das Verhalten unsrer Feinde subaltern auch darin, daß sie keine andern Kräfte bei uns vermuten, als sie selbst haben: Niederknuffenkönnen mit Übermacht, Wahrscheinlichkeitsberechnung mit Nummern, Rachsucht und also barbarisches Handeln. Sie wissen es nicht anders, denn sie kennen nur sich selbst. Niemand kann aus seiner Haut heraus.

11. Oktober 1914. Sonntag. Gestern war Herr Junge hier, gestern kam die Nachricht, daß Antwerpen gefallen. Es ist, als ob eine große Blase, ein Zeppelin, ein Ballon sich aufhebt, und die Augen und alle Sinne heben sich mit, man scheint sich selbst zu heben. Himmelfahrt, Erlösung von bängsten Wünschen. Es muß sein, es darf nicht anders – von da zur Erfüllung ist ein kleiner Tritt und doch ein Stück Himmelfahrt. Man hat noch gewaltig gekämpft. Gott sei Dank, daß die Deutschen noch kämpfen können.

Herr Junge ist also bei Scharbeutz in Klingthal Obstbauer und zur Winterszeit, wenn es wenig Gartenarbeit gibt, Architekt, Tischler, Bastler und zeichnet Vorlagen für Stickereien. Er ist dreißig Jahre und hat in seinem, meine Statur überragenden Turmhaupt die vegetarische Sanftheit und adamitische Schönheit wie aus dem Urzustand. Vollbärtig und dichthaarig, und über der Stirn hängt in den Haarbündeln ein Heiligenschimmer von abstechendem Hellblond. Sein kutschersamtnes Kleid läßt oben aus weichem Hemdkragen den kopfaufstemmenden Hals heraus, scheint aber hinter seinen

Wänden keine geräumigen Rippenfelle zu bergen; unten aus den
Kniehosen hinaus, aus dem Geschlinge von Falten, stoßen die dünn-
knochigen Unterbeine in ein paar breite Moorkähne von genagelten
Schuhen, man könnte denken, es hätten Tellereisen über den Knö-
cheln zusammengeschnappt, und nun rasseln die halbzerbissenen
Knochen miteinander in gemeinsamer Flucht davon. Genug, der
Obstbauer Junge sitzt als neuzeitlicher Apostel des natürlichen Idea-
lismus an unserm Tisch, ein bißchen sanfter Heinrich aus gutmütiger
Unbesorgtheit um die Auffassung der Welt von seiner Erscheinung,
ein Vertreter des Egoismus einer selbstgemäßen Lebensführung,
wozu Arbeiten im halbnackten Zustande hinter den Hecken seines
Landes, sommerliche Ernährung von Wurzeln, Brot, Erdbeeren und
allen roh eßbaren Kräutern, gesellschaftlicher Anarchismus und
etwas hausbackene Vernünftigkeit in allen, auch den heikleren
Lebenslagen gehören. Eine kühllächelnde Geste des Abschüttelns
aller Zumutungen zur Selbstverwirrung durch Zeitgerechtigkeiten
aller Art ⟨gehört⟩ dazu. Ich war ihm bis Zehna entgegengegangen,
aber mit einem mit der Kilometerzahl anwachsenden Unglauben an
sein leibhaftes Daherkommen auf der Chaussee, kehrte hastig um
und stieg hinab von der Zehnaer Höhe im Zehn-Minuten-Kilometer-
Schritt. Den Sauhirten zur Rechten und Linken wollte mein eiliges
Wiederkommen offenbar verdächtig erscheinen, ich dauerte ⟨sie⟩
in ihrer trostvollen Sicherheit vielleicht wegen meiner Gaunereile.
Die Säue fraßen sich in den Boden hinein der abgeernteten Felder
und ließen Morgen, Mittag, Vesper und Abendschmaus vor ihren
erdbeschmierten Rüsseln zu einem einzigen Tagesreigen werden.
Und kaum hatte ich bei Tisch meinerseits den Reigen mit vollen
Schüsseln begonnen, da traten draußen ein Paar genagelte Sohlen
auf meine Spuren, und im dunklen Korridor stand rucksackwuchtig
vornübergeneigt, samtbräunlich und bärtig Rudolf Junge. Heute
Nachmittag habe ich ihn bis etwa zum 7. Kilometerstein wieder
zurückbegleitet. Er hat also glücklich die Büroämter und Lehrer-
miseren mit einem einzigen, leisen Ruck seines gelassenen Tempera-
ments abgeschüttelt und lebt nach dem Motto: Adam grub. Dem
Klaus gefielen seine Nagelsohlen ausnehmend, und es sah ein Bißchen
danach aus, als ob er wohl eine Art natürlichen Zwang⟨s⟩ erlebte,

einmal in ähnlichen Schuhen in die Spuren dieser Sohlen zu treten. Sie befreundeten sich durch das Getast von Wurzelfühlern, wenn man so sagen kann, indem sie ihre Neigung gemeinsam auf Klaus' Blumentöpfe und Pflanzversuche niedersenkten. Es ist ja sonderbar, daß die leisen Sympathien mächtig und gelinde wirken, gerade bei Kindern, dagegen das zudringende Freundschaftserbieten wie etwa von Däubler keine Wurzeln schlägt. Da scheint den Kindern eine Gnadenlast aufgebürdet zu werden, die ihnen den Weg versperrt und die Luft abdrückt.

17. Okt. 1914. Mittwoch, den 14. sollte in Vorstandsversammlung der Freien Secession über Hodler beraten werden. Versammlung war aber nicht beschlußfähig, und ich setzte die Absendung meines Briefes durch: »Im Auftrage einiger Vorstandsmitglieder.« So wird er vielleicht revozieren. – Berlin: Frühermals, etwa 1900, sagte ich: »Berlin, du Donnerwort.« Heute bin ich zuweilen »Gast in Kunstgeschäften« und besuche meine Freunde gelegenheitsweise. Bei »Tante Mieting« hörte ich so allerlei vom Kriege. Lütt Mieting, jetzt 14jährig, hat tapfer am Bahnhof durchziehende Soldaten bewirtet. Ein alter, guter Oberst-Onkel hat, wie sie mit allen Andern als Elfenschwarm, nein, als Backfischwolke Labsal spendete, laut geklagt: »Ach ihr armen Mädels kriegt ja alle keine Männer, aber ich werd' euch einen kleinen Russen mitbringen.« Ist aber deswegen einmütig und empört stillgeschmäht, was er ja wohl nur wollte. »Aber«, sagte Tante Mieting, »wie muß es bei den Masurischen Seen gewesen sein! Soviele Deutsche haben das Schreien der ertrinkenden Menschen und Pferde hören müssen! Viele sind zurückgekommen und hörens noch immer, könnens nicht wieder loswerden und wünschen sich Kanonendonner, es zu betäuben. Man hat Musik dagegen aufgeführt, – und wo es anging, hat man, den Leuten die Qual zu kürzen, Maschinengewehre herangeführt.« *

Lütt Mieting kennt einen Kadetten, hat ihn lieb und sagt ihrer Mutter auf ihr mahnendes, ahnendes Fragen: »Ja, wenn er mit einem lahmen Fuß zurückkommt, habe ich ihn noch viel lieber.« – – – Was soll ich sagen von dem Mann, der in der Zeitung in den Verlustlisten seine vier Jungen tot findet und, die Zeitung in der Tasche, nicht zu seiner Frau heimwagt? Was zu den vielen hinkenden Offizieren, die ihren Stock halten wie die Hand des Bösen, dem sie mit Ekel anheimgefallen sind? Sie hoffen noch, sie werden ihn los. Bei Moeller-Brucks war eine heilige Halbstumme, die Stillberedte, die den ungeheuren Anspruch machen darf, nichts zu sagen, und doch mehr unterhält als alle Herrlichkeit der Welt. Nun, man weiß ja, Barlach, daß, wenn man weiß, wer Dostojewski übersetzt hat, ⟨man⟩ seine Luft zum Sprechen schonen darf.* Ich hätte gern wohl die ganze Nacht gesessen und auf Moellersche Fragen mit meinen Kugeln gekegelt. Es kam wohl vor, daß ich einmal Alle Neun warf. Dann – wenn Alles lachte – tat sies auch, versteckte aber ihre Miene mit Schamhaftigkeit, die mir bitter wohlgefiel. Gaul spazierte in seinem Atelier zwischen vielen Arbeiten wie zwischen hoffnungslos Kranken, pflegt und kuriert ein bißchen, aber – seine Unlust hat ja ihnen die Seuche gebracht seit dem Krieg.

In Güstrow spaltet sich die neblige Luft bisweilen und läßt wie ein Krähenfliegen, ein Schreien unsichtbarer Gänse ausbrechen, ein Reißen in den Nähten des dicken Luftmantels. Aber wer mag das Alles noch wahrschauen: Antwerpen, Ostende, Lille sind unser, in der Nordsee hat ein deutsches U-Boot den Kreuzer »Hawke« versenkt, die Schlacht von Lille, Dünkirchen bis Verdun steht, zwei Mauern lehnen sich lang, hoch und schwer gegeneinander, und welche wird über die andre stürzen? In Russisch-Polen bis Galizien hebt dasselbe an. Plötzlich sind Tannenberg, Gumbinnen, Alles, was bis dahin geglänzt hat, matt und klein geworden, und die Feuermassen der ungeheuren Entscheidung zwischen Österreich–Rußland und Deutschland brennen wütend ineinander. Der Ball, wie ein wildes, wundes Tier, wälzt sich hin und her. Man muß schon Worte brüllen, um sich Luft zu machen! Nun hat mich der Dr. Heilmann zur Mitarbeit an allerhand Kriegswerk in der Stadt aufgefordert.*

18. Okt. 1914. Österreichische Offensive glücklich, 15 000 Gefangene.

19. Okt. 1914. Vier deutsche Torpedoboote sind gesunken, das lasen wir auf dem Schulweg an der Tafel. Da hat nun der Tag seinen Dämpfer auf der Fiedel. Die Sonne mag scheinen, das Herz hüpft

nicht. Bei Dr. Heilmann traf ich den Studenten Maier und den Lehrer Dr. Beyer. Alle drei durften wir den Sprudel aus dem Heilmannschen Hahn und Faß aufnehmen, wobei ich aber als der Ältere und
bisher am wenigsten Gewalkte nicht umhinkonnte, bisweilen nach
der Uhr zu sehen. Er wollte sich darauf stürzen, aber er kann es
nicht, bei ihm versiebenmalsiebenfacht sich Alles, was zur Sache gehört, mit dem, was in die Nachbarschaft der Sache gezerrt wird,
wie ein Zahnräderwerk ineinander. Dagegen Herr Maier mit der
großen Mundgemütlichkeit des angehenden Pastoren und, glatzköp-
fig und kahlgeschoren von aller Haarigkeit oder Querköpfigkeit, an
abstehenden Ohren von jeder Zumutung gezwickt, die offene Miene
als einladende Unverschlossenheit, deren Jedermann sich gefälligst
bedienen darf, um den Hochstand der Eingeweide zu prüfen!!, –
Herr Maier, stud. theol., hat die Kinderhort-Damen und alle Wege
und Stege dieses Kriegshilfewerks am Schnürchen, dagegen Dr. Beyer,
mit Papier und Stift in der Hand, besonnen aufmerkend, verschluckte
Heilmansche und Maiersche Angaben, lauerte auf Wichtigkeiten mit
dem Blei, balancierte das grobe Gemenge von allerlei Unklarheiten
auf dem Papier und sackte am Ende alles ein zur Prüfung und Sich-
tung durch eigenes Erleben. Er ist der neue Sekretär des Kinderhorts. Ich sollte montägliche und dienstägliche Aufsicht im Kinderhort haben, also eine Art Hilfe für die Fräuleins daselbst. Und war
dann zur Einführung durch Herrn Maier am Nachmittag im Tivoli.
Da hocken und schlafen die Kleinsten im Lindengarten und werfen
sich mit buntem Laub und nassem Staub. Die Großen kommen nach
4 Uhr aus der Schule, setzen sich auf die Bänke und heben die kuge-
ligen Köpfe mit roten Backen über die Tischplatte und schaffen mit
geübten Pfoten Flüssiges und Festes, Kaffee und Kuchen an den
rechten Platz zwischen den roten Backen. Wo die Lippen ihren Anfang haben, nehmen die Speisen ihr Ende. Das sind die hungrigen
Mäuler der Krieger, und ich schrieb gestern an Frl. Tina: »Wenn
ein Soldat seine Familie behütet weiß, schießt er gleich ganz anders.«
Auf solche Art schieße ich vom Tivoli aus von jetzt an auf Russen,
Franzosen und Engländer. Es knallt nicht einmal, und ich bin immer
weit vom Schuß. Nach dem Kaffeetrinken hängen sie sich an kleine
Tische im Saal, vier hier zusammen, vier da, immer bei offnen Türen

zum Garten, bringen Tinte, Hefte und Schiefertafeln in Positur und lassen die Köpfe auf die Arbeit nicken, als ob ihre Nasen den Fingern den Weg weisen müßten. Das sind die Schularbeiten. Wo sie sehen, daß ich da einen Griffel gespitzt habe, müssen alle Griffel gespitzt werden, und so bekommt die Schule ihr Teil etwas heftig in den Mund gestopft. Dann stehen sie auf und spielen im Garten. Klaus war über diese ganz neue Mode ungläubig erbaut. Ich muß Rechenschaft legen über Alles, was ich verrichtet habe. Mit Herrn Völker muß ich mich wegen der Bewirtung der durchziehenden Truppen benehmen, er soll Hülfe brauchen.

20. Okt. 1914. (Erster Dienstag.) Englisches Unterseeboot in der Nordsee vernichtet. Japanischer Kreuzer vor Kiautschou durch eine Mine zerstört. Mir ist recht als Protestant zu Mut. Protest mit Blut gegen die ganze Welt. Und wenn die Welt voll Teufel wär!

Im Tivoli war ich zum ersten Mal als vollverantwortlicher Helfer. Es war Laubfallwetter, Regen und schwere Feuchte drücken auf fahle Herzblättchen, 1914 fällt in tausend, tausend mürben Herzen zu Boden. Im Saal toben wildgewordene Kinder, vom Halbdunkel eingeteufelt. Einige schreiben und rechnen und sind ganz in ihr Tun eingesponnen wie in ein Netz von Buchstaben und Zahlen, worein sich Lärm und Schall fängt, sie aber sitzen in der innersten geruhsamen Höhle. Einige strumpfstrickende und sichtlich vom Lärm abgestumpfte Helferinnen treiben sich im Wirbel um – und mir geht es nicht besser als ihnen, ich treibe Kleinhandwerk mit dem Einzelnen, aber den Schwall weiß ich mit meinen Künsten und meiner Stimme nicht zu übertönen. Brüllen heißt hier im Orkan ein Streichhölzchen anreißen. Dabei sehe ich mir die Einzelnen an: Da sind die Wüsten, die Süßen, die mit den Hampelmann-Gliedern und dem Krampfleben, die Strolche und ihre Sklaven, die Wichte und Wildlinge im unschuldigen Lärmdrang und ihre Eidgenossen, die nüchternen Abspinner ihrer Verpflichtung zu Artigkeit und Fleiß, die Tunichtgute, solange es hingeht, und ihr breiter Anhang. Aber Alle, wenn ich frage: »Wo is din Vadder?«, antworten: »In'n Kriech!« Alle sind Kriegersöhne, und ich bin nur so ein vom Gemeinschaftssinn beorderter Versuchskandidat zur Eindämmung der Verwahrlosung. So um die Kaffee-Erbauung lasse ich mir eine Tasse in der Kegelbahn servieren, gehe über die Bretter entlang und schaue rechts und links in herbstliche Gartenidylle, die aber ertrunken scheinen in wäßriger Dampf-Feuchte. Ich paffe halbgestohlenen Minuten des Alleinseins ins Gesicht – und die Kinder singen, singen »Deutschland Deutschland« und »Die Wacht« erbarmungslos, wie Wogendrang selbst. Das löst sich aus querfließenden Anfängen, aus Voreilen und Nachklappen immer erstarrender und hochsträubender zum krausflammenden Brand empor. Es klingt wie Erzgetöse, das noch braust und fließt, und dämpft sich beim Erscheinen der Kaffeekanne in einer erstickenden Stille. Bei zunehmender Dämmerung nachher wollte es ein gespenstischer Polterabend auf einer Hochzeit von Kegeln und Kugeln werden. Es gab kein Wüten, das diese Wut stillen konnte. Bald nach fünf Uhr schickten wir diese mädchen- und jungenhaften Wölflein in ihre heimischen Höhlen.

21. Oktober 1914. Herr Völker, den ich aufsuchte, um mich für die Verpflegungsgeschäfte im Bahnhof anzubieten, wußte nichts Rechtes mit mir anzufangen. Am Nachmittag holten Klaus und ich Herrn Schult von seinem Sofa und gingen zum Gefangenenlager, diesmal gruben, schaufelten oder karrten Rothosen im feuchten Wind des barschen Herbstes, und was sie tun, sollen ihre Winterwohnungen werden. Zimmergesellen und Maurer schaffen das Zünftige, aber die Engländer waren nicht bei Hand. Eine kleine Revolte, erzählte Tischler Büntzel, den ich auf einem Beileidsgang zu einer Kriegerwitwe von Schwägerin von der Schützenstraße ins Atelier lud – hat es unter den Engländern schon gegeben. Sie von ihren herrschaftlichen Nücken zu heilen, hat man sie in Schweiß gejagt, hin- und her-, auf- und abrennen lassen, bis die Beine wieder gehorsam und die gesteiften Ohren schlapp und müde waren. Dann ist ihnen eingeschärft, daß auf Widersetzlichkeit Erschießen steht. Sie sollen die wahren Rüpel sein, strecken Zungen heraus und treiben eine Dolmetscherei von Fratzen und Verachtungszeichen. Büntzels Sohn ist auf dem rechten Flügel in Frankreich Roßarzt und hat seinem Vater den Engländer als den wahren Feind angekreuzt. Bei Völker rumorte Herr Maier, ein andrer von den vielen, herein, der zufrieden war, daß sein Sohn den Krieg langweilig fände. Er hat sich einen Klubsessel aus Lehm im Schützengraben machen lassen, dort wartet er beßre Zeiten ab, wenn er aber mal aufsteht, hängt ein Teil des Klubsessels an ihm fest. Herr Völker seinerseits wunderte sich über die Kühlherzigkeit, mit der ein andrer Landsmann erzählte, wie sie ein Feld voll Franzosen langsam, einen nach dem andern, beim Aufspringen zur Flucht getötet hätten. Immer ein paar Sätze hätten sie riskiert und seien wie Hasen davon gehüpft. Und er spräche davon ganz gemütlich unbedacht. Die Bahnhofsverpflegung ist nunmehr vom Roten Kreuz übernommen, eine Schwester wohnt ständig im Damenzimmer des Wartesaals, auch Herr Schult wußte aus der ersten Zeit der Mobilmachung, wo die feindlichen Anschläge überall gespensterten, etwas Schwankhaftes an die matte Sonnigkeit seines Humors zu bringen. Sein Schwiegervater ist Förster und bekam den telefonischen Bescheid, ein verdächtiges, offenbar bombenführendes Fuhrwerk aufzuheben. Dazu wurden alle alten Knochen im Dorfe aufgeboten, die bejahrten Forstarbeiter auf die stöckrigen Beine gebracht. Und dem Feind wurde der Weg abgeschnitten, und es war ein Bauer, der seine Bienenkörbe von der Heide heimführte oder hinfuhr, die er mit einem Laken zugedeckt hatte. Daß er den Weg nach einer Karte suchte, hatte ihn so schwer belastet.

24. Okt. 1914. Heute trieben mich den ganzen Morgen Kriegsgeschäfte in der Stadt herum. Erst das Hauptgeschäft, einen Brief Nikos auf die Post zu bringen. Der arme Junge ist wieder einmal mürbe, will die Farm verkaufen und herüberkommen, und da ahne ich ja so durchdringend, daß der Krieg ihm selbst nur der Vorwand ist. Er mag wieder mal nicht mehr, er will etwas Andres – nur fort, nur irgendwohin, ist sein Stachel. Ich habe ihm gesagt, daß es verzweifelte Torheit wäre, seine Familie jetzt ins Wanderelend zu bringen. Aber was Niko will, ist wohlgetan, dabei muß man sich bescheiden. – Nach der Post zum Bahnhof und unter die Zeitungen. Das gehört zum Krieg mehr als alles Andre. Ein Grauer vom Regiment, etwa ein Feldwebel, saß da beim Bier und sah schaudernd die Verlustlisten. Er bot das Blatt ringsum zur Schau und strich über die gefallenen Kompagnien mit der Hand, als müßte er sie für sich

besonders aus dem Leben streichen, er schüttelte seinen Kegelkugel-
schädel von poliertem Hartholz und murmelte halb ein Seufzen,
halb einen Fluch. Dann sprachen sie, er und die beiden Bahnhofs-
regenten, vom baldigen Abrücken nach Frankreich, wo es ihm ja
heimeliger sein würde als in Rußland. Er sprach, während ich in
den Druckzeilen spionierte, von den mutmaßlichen Gründen des
Krieges, von »der höchsten Stufe der Kultur«, auf der wir ständen,
und wußte sein Gewicht überhaupt mit Allerweltsdurchdrungenheit
auf die Waage zu senken. In der Stadt, in allen Straßen kam es aus
der Marktgegend hervor, viele oder einzelne Landstürmer, alle mit
Paletots, Ulstern aus einem Kleiderladen überm Arm, die durch rote
Aufschläge vorn am Kragen zu Militärmänteln geweiht waren. Einer
zeigte dem andern einen besonders nobelschwarzen und segnete auf
Plattdeutsch sein gutes Glück. Ich traf Büntzel am Schaufenster bei
Hartje und Lembke, wo er mit einem Fensterputzer stand, und wir
sahen sie weiter und immer mehr vorübergehen. An Einigen, die
sich schon eingemantelt hatten, hingen noch die Preiskarten. –
Gestern hatte mir Mutter gesagt, daß das Petroleum knapp wird,
und so tat ich mich bei Papenbrook nach Spirituslampen um, die
aber erst Montag kommen sollen. Zimmermann aber bot sich an,
uns vom Kaufmann Doll, der noch Leuchtöl hat, etwas zu verschaffen, er als Kunde, wir Nichtkunden dürfen schon garnichts hoffen.
Für den Fall, daß dem Doll der ungewohnte Verbrauch verdächtig
werden sollte, riet ich Fräulein Zimmermann zu erklären, daß ihr
Vater plötzlich das Saufen angefangen und sonderbarerweise gerade Petroleum. Vormittags begegnete ich auch Herrn Engel, Herrn
Engels Onkel, des Kriegsfreiwilligen, dessen Adresse ich mir aus-
bat. Ich mußte aber in seine Wohnung, und da hatte er sie verloren.
So erzählte er mir wenigstens von den Karten und Tage⟨buch⟩blät-
tern seines Neffen, der seit 14 Tagen im Schützengraben liegt. Die
Bombe eines französischen Fliegers ist beim Fouragieren und Requi-
rieren in seiner Nähe geplatzt und hat die Pferde zerrissen, er selbst
aber hat sich, während die Pferde abgeschirrt wurden, auf seinem
Heuwagen die letzte Zigarette angesteckt. Der alte Herr war nicht
weniger Stratege wie alle Welt jetzt, und wir schwenkten unsre
Fahnen tapfer auf allen Kriegsschauplätzen. Vormittag aber noch

war Fräulein Frank, Herrn Engels Braut, mit der Adresse bei Hand, als gerade zu Tisch getrommelt wurde. Gebildet und gesetzt ist sie in gutem Glauben auf alle wirklichen Werte; die alten Möbel, die alten Häuser und alles, was man jetzt, wo die höchste Stufe erreicht ist, denn doch erkannt hat. Schwarzgekleidet und schlank mit rotem Gesicht und großen, funkelschwarzen, runden Augen. Sie wußte viel Schmeichelhaftes von Klaus' sichrem Urteil zu sagen, denn sie waren Bekannte geworden am Tage ihrer Verlobung. Herr Engel hatte ihn ihr im Überschwang zugeführt, mit Süßigkeiten gepolstert, und er hatte ihre Sachen sehen müssen. Kurzum – Künstlerkind durch und durch – basta! Nun, Herr Engel hat ein Feldpostpaket Zigaretten von mir bekommen. Aber ganz geheuer ist er mir nicht. Der Onkel bestätigte mir, daß er »ungedient« sei – da ist das tapfere Wort: »In 8 Tagen bin ich am Feind«, das er in den ersten Augusttagen sprach, eine kleine Reimerei auf eine Unwirklichkeit.

Deutsche Unterseeboote sollen an der belgischen Küste sein, wo englische Schiffe in den Kampf eingreifen. Da bei den Küstenkämpfen klingt etwas Neues an: ein Hallo, das in den Bezirken der Unbegrenztheit umfährt, ein Thalatta-Jauchzen der deutschen Millionen, ein Fußtritt gegen die englische Pforte. Zeppeline sind auch nach Westen gegangen.

25. Okt. 1914. Sonntag. Die Langeweile des trüben, nebelmilden Sonntagnachmittags guckte uns im Bahnhof in die Tassen, dann ließ sie uns auf die Wiesen und ging selbst zur Stadt zurück. Denn hier, wo die Leute der Erholung, dem herkömmlichen Vergnügen zuströmen, hier ist ihr wahrer Korso- und Bummelgang. Wir, Klaus und ich, sahen vom Pfingstberg nach dem Primer zu dämmernde Nebelräume hintereinander gestellt. Das weitende Walten der Kilometer auf dem östlichen Maßstab abzulesen, kilometerlange Farbenstufen mit dem Blick horizontwärts zu betreten, ist der Langenweile unverständlich, das sind ihr Schnippchen wie fremde Sprachen, da ist sie taub und weiß keinen Ton zu erwidern. Wir aber suchen uns die Taschen voll kleiner Knollen oder größerer, rosa gefütterter Champignonschirme von der Farbe ins Gelb geschossener, weißer Seide. Klaus findet die mehrsten, aber ich halte das große Messer zum Abstechen parat, und so wandeln wir auf der Ebene gegeneinander und auseinander, werden uns zum Schatten hinter den Mattscheiben der Dunstluft und lenken uns am unsichtbaren Gummiseil, das sich unermeßlich dehnen und über Jahre spannen und doch wieder zum Millimeterchen schrumpfen kann, zueinander. Und wieder faßt Klaus' warme meine kalte Hand, und wieder hängen wir den alten, immer frisch geflickten Geschichtenmantel um unsre Schultern, als heimeligen Schutz und Wärme in der weiten Finsternis. Aber vorher schon, als die weißlichen Pilzknollen noch frische Flecke auf dem Rasen gaben, hörten meine Ohren etwas vom Kriege, nach dem sie immer wachen. Die Jungens in den näheren Straßen zogen mit Hallo und Gesang um – und warum sollten es Erwachsene nicht in ferneren tun? Sie sangen den Soldatenvers, den ich mir schon als Kind bei den Ratzeburger Jägern erlauscht, den von dem tapferen Helden, der bei Mädchen schlafen und sterben kann – und dann »die Wacht – die Wacht am Rhein«. Aber die Kirchtürme schwiegen dazu, und was sie dann doch noch hören ließen, war kein Sturmgesang in die Zeit hinein, sie wimmerten und pochten hastig, nur mit leichten Tönen, und mahnten erbärmlich zum Abendgottesdienst. Und doch hing ein frisches Extrablatt an den Tafeln, ein freundliches Trostlicht im Düstern, die Botschaft, daß der Yser-Kanal, wo sie jetzt schwer kämpfen, von deutschen Truppen überschritten ist, daß Engländer, fünfhundert, gefangen wurden. Und so hat die Hoffnung wieder einen Bissen in den Mund bekommen und kann an etwas kauen.

26. Okt. 1914. Montag. Kleinkindertag. Im Garten unter den Linden auf dem feuchten Parkett der gelben Blätter exerziert der Landsturm. Sie machen Griffe und ziehen rostige und lose Schrauben an den Gelenken fest an. Die Zier der soldatischen Strammheit wird ihnen von Neuem über die krumm und feist gewordenen Rücken und Bäuche geworfen und steht der ganzen Kolonne, wenn auch nicht jedem Einzelnen, als wäre sie über Fleisch und Blut wie alltägliche Selbstverständlichkeit gewachsen, und nirgends macht mir die Zeit eine so überraschende Grimasse als in dem Landsturm. Die lächerliche Würde der einzelnen Mordsbäuche, über

denen die Litewka eine faltige Strammheit spannt, schämige Bäuche,
die auf alles Andre als die Möglichkeit, heißes Blei zu bergen, gefaßt sind, diese Rücken, die das saure Leben langsam gewölbt hat,
sie hat der Weltkrieg zu höheren Zwecken aus dem Gewohnten
herausgerufen. Bald fällt mir ein, Falstaff stände dabei und grinste
sein: »Sie füllen eine Grube so gut wie andere«, bald wundert man
sich darüber, wie doch das Ungeheuerliche dieses Zustandes dadurch
verborgen wird, daß die Allgemeinheit ihn fordert. Es sind mächtige Knochenbauten dabei, von deren Gesundheit das Wohl von
Familien abhängt, aber sie sind nun keine Säulen mehr, die ein
Hausdach stützen, sondern sind in die Schanze des Landes eingebaut,
wenn auch nicht am Vordersten. Das Hauptgeschäft hat alle andern
unterjocht.

Nachdem der Kinderhort seine Herde mit Kaffee getränkt und
mit Butterbrot gestopft hatte, wobei die hungrigen Hände sich über
die Tellerleere hinaus hochstrecken, begann die Schularbeit im neuen
Zimmer: Schreiben auf Tafeln und in Hefte, Lesen und Gesang-
⟨buch⟩verse lernen, und das Letztere ist fürchterlich, denn die Verse
sind in Erinnerungs-Vorratkammern irgendwo auf Rollen gespult,
nur nicht im Herzen oder in der Seele und werden auf Verlangen
hervorgeschnurrt und abgeknault wie Zwirn von der Rolle: »Sing-
betundgehaufgotteswegenverrichtdasdeinenurgetreu – undtraudes-
himmelsreichemsegen – sowirderbeidirwerdenneu.« Da war es mir
lieber, mit dem kleinen, bebrillten Spielmatz den Atlas aufzuschla-
gen und den Ort zu suchen, wo sein Vater im Felde steht. Dr. Beyer
war gekommen, denn da ich ihn Sonnabend vertreten, wollte er mir
wohl Montag helfen, und als wir die ganze Rotte endlich bei Licht
zur Entlassungsreife befördert und Kriegersohn und Kriegertochter
heimgesandt hatten, gab er bei einer Zigarre das Beste preis, das er
bisher versteckt gehalten hatte: Daß die englische Flotte an der belgischen Küste zum Rückzug genötigt worden. Sie hatten ihre Schüsse
weg und mußten abrücken. So hatte ich einen Gotteslohn für meine
Arbeit erhalten und ging ins warme Bad.

27. Oktober 1914. Dienstag. Es ist alles belangreich, aber man müßte
– könnte jede Minute beschreiben, jede Minute würde im Wortbild

ein neues Leben bekommen. Heute morgen schlief ich noch fest, als Klaus hereingesprungen kam, im Hemd wohlverstanden, und ängstlich zum Aufstehen mahnte. Es war Punkt acht Uhr, und er mußte Punkt drei Viertel neun zur Schule abrücken. Trostloser Vormittagsmüßiggang, dagegen ein Nachmittag, der nicht fragt, ob man sich auch unterhält, wie der Müßiggang: Kinderhort- und Tivolidienst. Die Knospes und die Fettings nahmen Blutrache aneinander, und die Folge war ein bockender Knospe fern vom Kaffeetisch in der Kegelbahn, eine Blutrache an dem allgemeinen Fetting, der ganzen Welt. Und noch andre Zerwürfnisse mit dem Hort oder seinen Ministranten ereigneten sich. Der kleine, bebrillte Spielmatz hatte schon die Bücher unterm Arm und war marschlings bis zum Tor gekommen, als ich ihn einholte, er pfiffe auf das ganze Kaffeetrinken, wenn er nichts bekäme, und so besorgte ich seiner beleidigten Selbstachtung Stuhl und Tafelrechte. Und zum guten Ende das kleine Püppchen, das wohl schreiben konnte, aber viel lieber weinte als las. Nein, die Welt war zu schlecht, in der es lesen sollte, da war es besser, die Hände in der Schürze zu verkrallen und dies feuchte Gemenge mitsamt dem Köpfchen auf die Tischkante zu verwühlen, dazu schmerzlich-weh allen Zumutungen und Einsprüchen die Jammerpfoten entgegenzustemmen. Zu allerletzt hatte sie den Federkasten vertan, und so war denn das Maß des Kinderhorts vollgelaufen. Wie die Engländer wohl im Geheimen ihre Jammerpfoten recken! Aus Indien, Ägypten, Südafrika kommen kleine Anzeichen größerer Verdrießlichkeiten. Im Norden Frankreichs ist Calais bedroht, wenigstens gesteht es zwischen den Zeilen und auch in dürrer Ahnungsbangigkeit unbemäntelt der englische Stil. Allplötzlich ist Calais kein vitaler Punkt mehr. Das ist die Vorderseite der Zeitungen, die Hinterseite aber bringt diese vielen Todesanzeigen mit dem schwarzen Kriegerkreuz, jeder Tag einen neugefüllten Kirchhof!

29. Okt. 1914. Donnerstag. Unser Neustrelitzer Landsturmbataillon kommt nach dem Osten, dafür kriegen wir das Bremische. So ist ein neues Leben in alle diese etwas klütenpeddrigen Soldatenbeine gekommen. Die Ausrüstung scheint, soweit man sieht, perfekt. Heute trugen sie alle rohlederne Schnürstiefel nach Haus, denn hier im Mecklenburgischen, wo sie von Hause allwöchentlich heimgesucht wurden, konnten sie sich zu Hause fühlen. Aber dieser Oststurm, in dem sich Alles voll schieferfarbige Feuchtigkeit sog, besorgt zum Abschiednehmen just das rechte Wetter. Die gelben Blätter munkelten ihr scheintotenhaftes Leben auf den Boden raschelnd hin und her und warfen im Windwirbel eine Abschiedsausgelassenheit über die Landstürmer hin. Eine bissige Narrheit kobolzte durch das Hin- und Hergewehe der wintergebeizten Luftkühlen. Es war wie ein Schauern grimmiger Lustigkeit auf dem Gesicht eines Mannes, der aber dennoch dabei ein Geschäft voll Verantwortung und Gefahr überdenkt. Die 163er, unsre Einquartierung vom Sommer, sollen sehr schwer gelitten haben. Überhaupt, es fängt an, bitterlicher ernst zu werden als früher. Es legt sich immer mehr auf die Seele, und der Wunsch zu siegen wird rücksichtsloser, schonungsloser die Antwort auf die Frage: Sie oder wir? Von Belgiens Südwestküste keucht es wie aus einem wütenden Ringen heran, Freund und Feind fallen sich an und widerstehen in tiefster Not des unerbittlichen Zwangs, zu wollen und das Können und Gelingen gegen die Übermenschlichkeit menschenmöglich zu machen. Ich kenne es, ich weiß, wie ein Mensch, der ein Ziel sieht, mit innerlichem Weinen seiner Seele und verbissenen Gebetmienen, mit Hadern gegen alle Güte und Vorsehung, die es sich einfallen lassen, ihm zu versagen, mit Hohn auf eigene Schon-Vorschläge, mit Wurmen und Selbstverhöhnung dennoch ringt. Es hat etwas vom Verzweifelten des Kindes, das über das verzögerte Gewähren in sich zerreißt. Hier – bei Nieuport, am Yser-Kanal heißt es, wir verschreiben deutsche Seelen dem Tode, bis der deutsche Wille erkauft ist.*

30. Okt. 1914. Freitag. Heute ist unser Landsturmbataillon abgerückt, es geht direkt gegen den Feind; mit Einem von ihnen, dem irgend ein »Professor« ein Glas Wein oder mehrere eingeschenkt hatte, kam ich ins Reden, während ich im Grünen Winkel auf Klaus wartete. Er gab an, wie es werden sollte, drei Lokomotiven, mit je dreißig Mann besetzt, gehen von Rastenburg langsam vorwärts, bis sie an den Feind kommen, denn er ist schon wieder im Land. Die

Freiwilligen hätte Hindenburg alle zurückgeschickt, die schreien
gleich »Mutter!«, wenn es ein wenig donnerwettert, sagte er. Und
mit 1000 Mann, solche, wie sie nun mal wären, wollten sie 10 000
Russen mit Leichtigkeit verjagen. Sein Prahlen hallte im ganzen
Grünen Winkel wider. Da tragen sie nun ihre Schmerbäuche, ihre
steifen Knochen, ihre runden Rücken selbst zu Grabe! Meistens sind
es wohl Familienväter.

Nachmittags war ich im Primerwald, im östlichen Sturm. Als ich
zurück über den Markt kam, wärmte sich der Jahrmarkt in Buden
und Lichtern vor all den Windecken und ließ den Krimskrams von
Festlichkeit behaglich schaudernd trotz dem Grimm des vorletzten
Oktobers aufglitzern. Vor dem Behmschen Hause strapazierte der
Verreißer Stimme und Witz, aber man wußte nicht, ob seine Stimme
vor Erkältung so heiser war oder ob sein dicker Schal ihm die Luft
abschnürte. Der Mann mit den warmen Würstchen dagegen ließ
den warmen Fettdunst für sich sprechen, ein billiger Juwelier
empörte sich über die Kaufverstocktheit seiner Kunden, als wären
seine goldenen Ketten ebenso viele Neue Testamente. Nur der
Photograph hatte schon abgewirtschaftet. Am Morgen hatte er den
Landsturm geknipst, Stück für Stück 15 Pfennig, und wenn er hinter seinem Apparat, ein⟨em⟩ Ding wie ein schwarzer Spinnenleib auf
drei langen Beinen, hervorzielte, schielte er so schrecklich die ganze
Mühlenstraße hinab, daß man denken mußte, seine lange Nase besorge hinter dem Kasten das ganze Photographiergeschäft aushilfs-
weise. Am Morgen hatte ich wiederum einen Packen Wollsachen
bei Hartje & Lembke für die Soldaten schnüren lassen, und Feld-
zigarren kaufte ich an der Turmseite des Marktes. Da war der
Händler in Uniform, hinkte noch ein wenig, hatte aber in seinem
Bart vom Felde eine frische brandblonde Männlichkeit mitgebracht.
Als ich eintrat, las er von einem Zettel den Kunden die näheren
Angaben über das neuste Geschütz, die bevorstehende Überraschung
auf dem Kriegstheater, ab. Von dem größern Wunder aber, so
schloß er, hatte ihm sein Gewährsmann, der wohl eingeweiht sein
mußte, nichts sagen dürfen. O wie gern glaubt man solchen Versprechen in solcher Zeit! »Sie schießen über den englischen Kanal«,
das blieb in den Ohren sitzen wie bernsteinfarbiges Harz, und da-

von hatte ich im Gaulschen Atelier in Berlin kürzlich auch schon
sprechen hören. Brave Nachrichten waren gekommen: Die Türken
lassen Schiffe gegen Rußland fahren, die Buren sind aufsässig, und
die »Emden«, mit einem vierten Schornstein maskiert, hat zwei
feindliche Kriegsschiffe in Bengalen versenkt. Aber am Yser-Kanal,
bei Nieuport und östlich Ypres geht es vorwärts, und wenn man die
englisch-holländischen Nachrichten dazu hält, scheinen die Deutschen eine Sturzwelle aufzuwühlen, und schließlich hat ein Zeppelin
Paris bombardiert.

31. Okt. 1914. Sonnabend. Ich ging nach Tisch, Herrn Schult zu
einem Gang im Herbstwind durch den Primer nach Oevelgönne
abzuholen. Er lag auf seinem Sofa und las das Hamburger Fremdenblatt. Aus dem Hamburger Fremdenblatt wurde mir ein Hebel, der
die ganze englische Welt in den Fugen lockerte. Die Buren sollen
sich nach Kapstadt wenden, die Türkei hetzt russische Schiffe im
Schwarzen Meer, englische Truppen bleiben von jetzt an in England, die Franzosen haben kleine marokkanische »Franzosen«, – der
Gott, der England wachsen ließ, der wollte vielleicht doch nicht lauter Knechte?! Wir gingen durch den Primer und* saßen im Oevelgönner Hauptzimmer, tranken Kaffee und schwelgten in Kriegsfragen und Antworten im Verein mit dem Förster. »Dabei«, sagte
Herr Schult nachher, »gibt man sich selbst immer viel zu sehr auf,
und darum sind die gedämpften und gesottenen Speisen aus solchen
Garküchen der Weltbetrachtung meistens unverdaulich. Man ärgert
sich im Grunde darüber, mit was für einem Hü und Hott die Leute
ihre Gedanken herumhetzen, und muß sich die Fähnchen eigner
Persönlichkeit dabei wie Plunder ausreißen lassen, denn sie wissen
nichts von den Farben und ⟨von der⟩ Bedeutung persönlicher Anschauung. Das trampelt zwischen Weltbegebenheiten herum wie
Kühe im Gras, frißt und rauft und schnaubt sein Behagen und Urteil aus breiten Naslöchern. Ein Mensch, der seine häuslichen und
Forstgeschäfte mit Muh bespricht, tut es auch bei den außerpersön-
lichen Anlässen zur Mitwirkung.«
Klaus lag schon im Bett, als ich ins Haus kam, aber er fragte doch,
und ich mußte noch vors Bett. Mutter spekulierte in türkischen

Kriegsfragen und hat Recht. Bei dem durchgängigen Klimpern mit allerlei Tönen auf dem Klavier jagen unlustige Gefühle in uns hin und her, greift aber einer mit allen zehn Fingern entschlossen in die Tasten, dann wallt es gleich aus uns hervor, rafft sich zusammen und beschwingt seinen Gang zum Strom.

1. November 1914. Sonntag. Ich wollte arbeiten, habe mir auch Papier zusammengekramt, aber ich konnte doch nicht. Bei der Ostwindkälte liegen die Heere draußen, und wir lasen unsern Smetse, den Schmied, bei Lampenlicht in warmer Stube. Wie hegt der Sonntagabend den Klaus in sich! Er knüttet an seiner Bandsteckerei und hört den Teufel mit Smetse reden, und die Geborgenheit hat ein Kätzchenschnurren in ihm aufgewunden. Ich lese in seinen Mienen, daß er sich ganz nahe bei uns fühlt, daß seine Gedanken sich nicht an den Gittern einer falschen Ordnung stoßen, und daß die Stille, die ihn umfängt, traulich aber nicht traurig ist, daß er Zutrauen zu dem Trost aus der Einsamkeitsmusik unsrer Stuben holt. Unsre Heere scheuchen mit Kanonenschüssen den Lärm über die Grenzen, daß der Friede bei uns in leisem Licht seinen sorglosen Müßiggang treiben kann. – Nach der Kaffeesitzung im Bahnhof waren wir aufs Champignongefild gegangen und hatten in dunkler Eisigkeit des östlichen Novemberatems mit Frostweh in den Fingerspitzen vergeblich unsern Bogen über die leistungsfähigsten Gründe gezogen. Immer mit Umschau nacheinander, wenn das Suchen uns einmal im Dunkeln so weit auseinandergezogen hatte, daß von Jedem nur noch ein dichteres Häufchen Weidegrau nachgeblieben war. Dann ließ ich ihn wohl glauben, ich hätte ihn in falscher Richtung verloren, und rief mit einem absichtlichen bißchen Angst im Schlunde seinen Namen, bloß um sein schnelles und tröstliches Lautgeben hervorzulocken und ihm den kleinen, wohltätigen Schauer zu verschaffen, wenn er das ängstliche Vaterherz erleichterte. An der Dollschen Ecke lasen wir dann noch das neuste Extrablatt mit der Nachricht von Vernichtung eines alten englischen Kreuzers an der belgischen Küste durch ein deutsches Unterseeboot. Aber die Überschwemmungen des Landes machen den deutschen Truppen das Leben sauer. Und der Ostwind bläst auch ihnen und den Kämpfern

in Polen auf die Hände und an die Ohren. Uns, die wir uns mit
erstarrten Pfoten gegen den warmen Ofen stellen, uns ist solch ein
Wind nur Erhöhung des Behagens. – Bettler stellen sich an den
Türen ein und beteuern bald so, bald so ihre Notdurft. Und ich, ich
denke an die Berlinischen Novemberabende, an kalte Ateliers und
hoffnungsleere Einsamkeiten, Bußtagsgrauen.

3. November. Dienstag. Wenn ich im Kinderhort bin, denke ich an
die Väter dieser Kinder, sehe ihnen auf die schlechten Kleider und
in die Gesichter. Auf ihre Schiefertafeln gebückt und in ihre Schreib-
hefte geduckt, malen sie ihre Selbstbildnisse, ohne zu wissen, was
sie tun. Die Tüchtigen schreiben über sich selbst nichts Unkluges
nieder, ihre Buchstaben sind wie Ameisen mit gut gebauten Kör-
pern, marschieren ordentlich hintereinander her, stoßen nicht, drängen nicht, verlieren keine Beine und Köpfe und wissen Weg und
Steg. Die der Unbegabten wimmeln wie Läuse, Flöhe und Mücken
durcheinander, man weiß nicht, ob sie stechen oder gestochen werden, ob sie noch saugen oder schon platt geschlagen und breit gepreßt sind, manchmal sitzen die Kleckse wie Spinnen in ihren Net-
zen, allerlei lahmgezappeltes Getier läßt in den Linien Köpfe und
Glieder hängen. Die zukünftigen Helden der Patzigkeit und Maul-
dreistigkeit geben ihren Federgeschöpfen oft keinen übeln Anstand,
wie ja die begabte Unnützigkeit meistens für sich einzunehmen versteht. Die Krakeeler lassen ihre Zeichen wie wurmkranke oder räu-
dige Köter haßsüchtig und widerbellerig zusammenstehen, spreit-
zen Schweife und Beine, geben eine Blähung von übler Gesinnung
von sich, trumpfen mit Breitspurigkeit auf und begehen untereinander förmlich wie aus Prahlerei allerlei Unnatürlichkeiten, indem
sie ohne Würde, aber mit desto mehr Anmaßung auf die bequem-
sten Plätze drängen und hier gegenseitig allerlei Verrenkungen ausführen, das Gleichgewicht der Ehrbarkeit fahren lassen, dafür aber
taumelnd und unflätig in gemeinen Gebärden wetteifern. Die kleinen Zerwürfnisse wegen »geklauter« Federhalter oder verschmisse-
ner Hefte stäuben so überhin. Mit dem Kaffeetrinken setzt eine
Springflut von Geschrei ein, und an den von Gaslicht erhellten
Arbeitstischen verebbt langsam der Schicksalsschwall und Strudel

von halbgezähmten Kinderseelen. Bei Nieuport sind die Deutschen
vor Überschwemmung zurückgewichen, bei Ypern schließen sie sich
langsam zusammen. Kiautschous Schicksal leuchtet wie das der Männer im feurigen Ofen von fern auf, nur daß sie da wohl von den
Flammen gefressen werden. Und diese feindlichen Flammen werden
die wenigen ungebeugten Seelen in sich saugen und durch sie als
Fackelgarben durch die Zeiten weiterleuchten.

4. Nov. 1914. Mittwoch. Ich war Morgens am Gefangenenlager, es
ist Krieg, und man könnte hier eine Nase voll davon erschnappen.
Aber erweichte und gerann nicht die Luft in Nebeln, war nicht die
Ferne voll von zarter Scham, hing nicht das Bewußtsein von Mild-
heit über allen Fluren, waren nicht die Regungen der fernen Wald-
linien von Unwissenheit aller Gegenwärtigkeit beschleiert, und
schien sie nicht aus der Erde emporgedunstet, ohne mehr von ihr zu
tragen als einen Hauch von Schwermut? Ja, ja, aber dort sind ja
schon die halbfertigen Baracken, die Winterdächer, mit Teerpappe
bekrustet, hocken wie große Falter mit schützenden Flügeln auf den
Holzwänden, und die drei Schornsteine eines jeden dieser Häuschen
stoßen ihnen durch den Leib. Die Fensterrahmen liegen an einigen
Stellen an den Wänden entlang und werden an andern schon gestrichen. ⟨Zimmer⟩leute tragen auf dem Dach dieser garnicht unwirtlichen Häuschen aus frischen Brettern und Balken all ihre zünftige Unverzagtheit zur Schau, bedonnern die dünne Bretterschicht
mit Hagel von Hammerschlägen, und andre verklopfen und ver-
sohlen die Wände. Landsturmleute wachen an den Zugängen, und
ihr Bajonett, wenn man naht, droht wie ein spitzer Zeigefinger des
Militärgesetzes. Es sind vier oder fünf an der Kante des Weges,
denn den Platz soll man wegen »der damit verbundenen Lebens-
gefahr« nicht mehr betreten. Nachmittags holten wir Herrn Schult
aus dem Pfeifenqualm seiner Stube und zogen zum Waldhaus. Und
hier verübte das Klavier sein lindes und doch wie Herzklopfen be-
drängendes Gehämmer gegen die Wände unsrer Kaffeegemütlich-
keit. Herr Schult und Klaus spielten abwechselnd, und Klaus bekam
diese Risse durch das ganze spröde Gerüst hindurch, daß ich dachte,

man müsse ihn wohl vor solchen verführerischen Betastungen be-
hüten. Seine Finger halten es noch nicht aus.

Zu Hause saß Mutter mit haßroten Backen über einem Zeitungs-
artikel über Englands welthistorisches Gaunergenie. Sie war gleichfalls gespalten und wünschte mir als Gute Nacht ein bissig-necki-
sches »Sleep well«.

5. Nov. 1914. Donnerstag. Unser Kreuzer »Yorck« ist auf eine Mi-
nensperre in der Jade aufgelaufen und verloren, dafür aber haben
deutsche Schiffe an der englischen Küste angegriffen und beim Rückzug durch Minen ein englisches Tauchboot vernichtet. Heute läuft
der Termin ab, daß in England die Deutschen in Konzentrations-
lagern freizugeben sind, wo nicht: ins Loch, Engländer in Deutschland! Ob sie es ausführen, die Deutschen? Die Engländer sagen:
»Nein, so was wagen sie nicht«, aber sie wissen nichts von den Deutschen, sonst hätten wir wohl keinen Krieg! Merkwürdig ist es, wie
wenig Haßkraft ich habe und wohl die meisten Deutschen. Mit den
Engländern, sollte man meinen, wäre es jetzt endlich klar am Tage
– zwischen uns kann es in 100 Jahren kein Vertrauen wieder geben,
was, sage ich: Vertrauen, nein, wir werden uns beachten wie [ein]
Mensch die Menageriebestie hinter den Traljen. Man weiß jetzt,
es geht auf Samtpolstern auf und nieder, läßt das Schweifende
pendeln, als taktiere es in gelangweilter Friedlichkeit irgendeinen
Operettenschlager und als sage ihm kein weiterer Zeitvertreib und
Regungen seines Gefühls zu, fern von Abenteuern ist sein Sinn, es
blickt mit so fauler Wichtigkeit beim Hin- und Hertreten über uns
hin, daß man schwören möchte, sein Magen knülle sich und winde
sich niemals in Freßbrunst bei unserm Anblick, und es gähnt seinen
roten Abgrundschlund gegen uns, als hätte ihm der Schöpfer die
weißen Reißzähne aus zartem Zucker gebacken, zu nichts als um
mit der Zunge daran zu schlecken. Jawohl, wir wissen Bescheid,
daß ihm alle diese zahmen Künste von den guten Eisenstangen zwischen ihm und uns kommen, und solche Eisenstangen zu besorgen,
sollte unsre Sorge sein, dafür müßten wir Gut und Blut schwit-
zen, Heer und Flotte strapazieren und diese unsre Werkzeuge mit
der Totensalbe bestreichen, mit der Erinnerung an alle die Gefal-

lenen und Verstümmelten weihen und mit dem Schwur verstählen:
Ihr oder wir! Glaube ich nun selbst an solche Raserei? Ich weiß
nicht, es ist mit dem Glauben eine heikle Sache. Ich dachte schon
früher an den kommenden Weltexport und seine zweifelhaften
Segnungen. Aber doch: mich hat von jeher das Englische gezwickt,
mir hat es die inneren Stacheln gesträubt, daß sie mich in die Eingeweide stachen. Die Weltbesitzer-Gemütsverfassung ist mir feind-
lich, die Tradition der Leute, die »es so weit gebracht«, hat einen
Unkunststil, und ich bin einmal Künstler von Natur. Was kann man
nicht alles Gutes von Russen und Franzosen sagen! Aber beim Engländer wird mir das Lobewort im Munde zur Nessel. Da ist Hoch-
form des Lebens, Vornehmmacherei wie Luxustierzucht, die mir
mehr Ekel im Leben erregt hat mit ihrem Kleider-, Gesinnungs-
und Zeitvertu-Katechismus, als ich nachrechnen möchte. Da ist das
Gegenteil von Freiheit, Bauen ⟨auf und⟩ Glauben an die eigne
Vortrefflichkeit. Denn ich glaube an die Unvortrefflichkeit meiner
selbst, nicht um sie zu hegen, sondern um der Liebe willen, die sie
erzeugt. »Wir sind allzumal Sünder«, und also geht durch unser
nicht verkalktes Herz dieses Ziehen und Brennen, das mehr wert ist
als alle gnädige Begönnerung der eignen Untadeligkeit. Ich als
Künstler weiß: Größe, Herrlichkeit, Glanz, Freude kommt als
Widerhall in mich, und dann ist mein Herz seiner voll. Er erschallt
in mir, es weitet mich, es quillt in mich. Das Unerreichbare wird in
der Sehnsucht als Keim in mir geboren, das Bewußtwerden des
Wahren. Aber ich, ich wäre zur Langeweile verdammt, und das ist
die schlimmste Höllenmarter, wenn ich mich für perfekt halten
wollte.* Und nun der Engländer! Fontane denkt: er sagt Christus
und meint Kattun. Ich weiß nicht, ob es wahr ist, aber es klingt
brav. Es ist aber viel schlimmer: er kennt nicht die Freude, denn die
Selbstzufriedenheit ist eine Art Selbstbefleckung mit Freude. Er ist
wie Smetse der Schmied, der sich dem Teufel für sieben Jahre
Wohlseins mit Schinken, Käse, Braunbier und guten Geschäften
verschrieben hatte und sonderbarerweise keinen echten Spaß von
den sieben Jahren hatte, denn die sieben Jahre waren eine Sack-
gasse. So steckt der Engländer in einem Sackirrtum, nämlich dem,
daß es ihm gut geht und daß er nur immer so weiter dabei bestehen-

bleiben dürfe. Wie es darin mit den Deutschen ist, will ich nicht
heranziehen, aber mir kann das Wohlsein nicht imponieren, ich
stoße mir an diesen Glaswänden zu schnell die Nase, zum echten,
sozusagen grenzelosen Wohlsein gehört die Freiheit, und weil die
Freiheit auch ein gemartertes, sozusagen erpreßtes Lügenwort ist,
so sage ich – ganz für mich persönlich – das Leiden-Können gehört
dazu – das Leiden-Mögen, das die Menschen biegsam und täglich
bereit macht, sich von Neuem aufzubauen. Sich selbst verwerfen
können bedeutet, sich selbst zu retten, verloren zu sein: sterben können mit der Kraft aufzuerstehen.

Nein, ich habe den Hut nicht schon hinterm Rücken verborgen in
der Hand, um England hinterher in der stillen Hoffnung grüßen zu
können, daß es mich gnädig auf die Schulter tippt und »Lieber Vetter!« sagt.

6. Nov. 1914. Freitag. Heute gabs Einquartierung. Feldgraue, die
Gefangene begleitet hatten – unsrer ist ein Rheinländer, und Mutter sagt selbst: »Ein Held ist er nicht«. Er hat von diesem Viertel-
jahr Feldzug genug und wünscht dringend, daß ihm ein früherer
Knöchelbruch, der ihm im Felde Molest zu machen anfing und [ihn]
ins Lazarett brachte, die Entlassung einträgt. Aber ein stämmiger
Bursche ist es, seines Zeichens Gastwirt und Ackersmann zugleich,
redselig, frisch verheiratet und 38 Jahre alt. Was sie gesehen hätten,
sagte er, könne Niemand beschreiben, und so war, was er vortrug,
wie alles Andre, was man hört. Ich dachte, könnte ich ihn, wie er
so vor mir saß, recht beschreiben, so hätte ich vom Krieg mehr gegeben als er. Er kam nicht aus dem Schützengraben, sondern aus dem
Lazarett, und seine Feldgeographie schlug sich mit Namen wie Lille
(spr. lille), Neuf Château, Armentières, Châlons usw. herum. Am
stärksten aber stach er mit dem Finger auf Challerange bei Reims.
Er sah nicht arg verhungert oder mitgenommen aus, und sein Hemd,
das er Mutter vorwies, ließ sich anschauen. Unter dem Rock saß
eine Zivilweste, die er zum Schutze des Magens in Frankreich angetan, ob er sie requiriert oder geschenkt erhalten, darüber wußte
er wohl selbst nichts Genaues zu sagen. Unterhose und Strümpfe
waren gut imstande. Sein Helm hatte ein Loch, das einen Andern

getötet hatte. Unser Schachspiel, auf dem Mutter Bier servierte, machte ihn ganz rege. Als Wirt muß man Schach und alle Kartenspiele aus dem Handgelenk leisten, erklärte er, und mit dem Schach hatte es seine besondre Bewandtnis, indem ein Lehrer des Dorfes seine Schwester darin unterrichtet habe, wobei er und der Vater, die zuschauten, nach und nach Einsicht und Lust bekommen, einmal einen Gang zu wagen. – Am Krieg hatten die schlimmsten Erscheinungen ihn erschüttert; einst hätten sie in einem Dorf Verwundete zurücklassen müssen, die von den Einwohnern ermordet, geschändet, zerstückelt wurden. Aber sie kehrten nächsten Tages wieder, und nun mußte das Dorf dran glauben, und sämtliche Männer wurden mit Ausnahme des Geistlichen, der mehrere Verwundete im eignen Hause bewahrt, erschossen. Das Henkerdasein hatte ihm nicht gefallen, und heulende Frauen und Kinder, die so einen armen Sünder nicht losgeben wollen, sich anhängen und ihn umwallen, waren die Schreckbilder seiner Erinnerung. Er stand auf von seinem Stuhl, ⟨faltete⟩ die Hände ineinander und spielte die zitternde Verzweiflung einer Frau auf den Trümmern ihres Hauses. Sie habe⟨n⟩ nichts zu essen, sagte er dazu, erst sind die Franzosen drüber hingezogen, dann wir, und nun sind sie froh, wenn sie von uns ein Stück Kommißbrot kriegen. Seine Rente von 21 Mark monatlich aus dem Knöchelbruch lag ihm sehr im Kopfe. Denn wenn er den ganzen Feldzug durchmache, erwog er, würde sie ihm vermutlich entzogen. Daß er aber im Felde daran untauglich geworden, ließe sich wegen der Fortzahlung günstig an. Nun war er herzlich froh, daß er vorerst in seine Garnison in Mainz geschickt wird, bei der Fahrt will er in seine Heimat einschauen, nach Weib und Haus und dem kranken Vater, von dem er seit vielen Wochen nichts weiß. Er hat einen derben Kieferbau als Grundquader des Kopfes und einen leise kasperhaften Mund, den, aus den Naslöchern hängend, ein blonder Schnurrbart rechts und links einklammert. Ein gutmütig diebisches Lächeln steckt bald hier bald da in dem Raum zwischen Auge, Backenknochen und Nase. –

An der chilenischen Küste hat ein deutsches Kreuzergeschwader englische Kriegsschiffe geschlagen!

7. Nov. 1914, Sonnabend. Am Morgen begegnete ich Herrn Schult.
– – Nun sieht er immer ein ganz klein wenig kopfhängerisch drein,
wenn man boshaft wäre, würde man sagen, er läßt die Ohren hängen. So sah er auch heute nicht anders als sonst aus, aber er sagte
doch: »Ich bin in gehobener Stimmung über unsern Sieg an der
amerikanischen Küste. Ein Schiff ist vernichtet, ein andres ist aufgelaufen und also auch verloren, das dritte im Hafen Coronel ent-
waffnet. Und das Alles den Amerikanern vor der Nase! Gut und
bravo!« Gewiß, wir sind alle in »gehobener Stimmung«. Aber ich
weiß damit nichts anzufangen. Es ist ein Rausch, und die Rausch-
zustände sind mir verdächtig, ich sorge lieber für eine erhöhte Nüchternheit, für Fassung und klare Augen. Man soll dem Aufschwung
nicht zuwider sein, aber man ⟨soll⟩ ihn am festen Reck machen, an
keiner faulen Stange. Meine wahre Gehobenheit ist eben eine gut
versteifte Nüchternheit.

Ich spazierte vor Tisch aufs Weideland, wo auf dem Pfingstberg-
gelände Landsturm exerzierte. Die Kommandos schienen aus den
Übungen hervorzuspringen, weil die Entfernung das Auge eher als
das Ohr bediente. Die blauen Raupen mit den Gewehrborsten schoben über unser liebes Champignonfeld hin- und herwärts, barsten
und schrumpften zu dicken Ballen, weiteten sich und schwangen sich
um ihren Kopf in vielbeiniger Eile. Hinter dem Pfingstberg ver-
tuschte der neblige Raum gleiches Zerren und Dehnen, Schieben
und Schwenken, aber hinterm Walde gab es offenbar ernstere Land-
sturmepisoden, Hurra und Hornsignale, und als ich näher kam, verzog sich ein dichtes, in sich drängendes und arbeitendes Gewimmel
über die Brücke in den Heidbergen. Als ich aber über das Hünengrab zurück bis zum Bahnübergang kam, stand ein loser Haufe in
Kundschafter-Ratlosigkeit und wußte nicht rechts noch links. Mich
fragten sie, ob ich nicht etwas gesehen, und als ich ihnen gern
die Feinde hinter der Brücke verriet, schienen sie gar nicht recht
befriedigt. Vielleicht war ihnen der Weg zu weit, und sie fragten allererstens, ob man von dahinten wieder in die Stadt kommen könne, worauf ich ihnen den Baumzug der Gleviner Chaussee wies, der über den Bodenwellen hinläuft, von da konnten sie
bis zum Mittagessen ganz gut wieder heim sein. Wie froh oder

verdrossen sie über meine Auskunft waren, bekam ich aber nicht zu wissen.

Wir müssen jetzt eine Spritlampe zur Aushilfe brennen, Petroleum wird ernstlich knapp.

8. Nov. 1914, Sonntag.
Tsingtau gefallen!
Tsingtau gefallen!
Tsingtau gefallen!
Aber in den Argonnen ist ein wertvolles Stück von uns besetzt. Es war ein Tag ohne Licht, ein toter Tag, ein Seufzertag, warm, aber dick in Nebel eingedampft von früh bis spät, und nach der Kaffeesitzung ging ich allein auf den Weiden in einem wahren Dikkicht von Dunkel. Bis dahin machte sich plötzlich Trommeln und Pfeifen, dazu Gesang der Wacht und des Deutschlandliedes hörbar. Grund für mich heimzueilen, auf diese Nebelwand zu, auf die ein paar Laternen gepflanzt schienen, das war Güstrow, und ich ging schnell, aber doch wie ⟨ein⟩ losgehendes Pferd, das ein mahnender Knebel im Maul zähmt. Ich fühlte die tiefgesackte Hoffnung plötzlich schmerzlich lebendig und merkte daran, wie im Lande gebetet werden muß. Denn solch ein Hoffen kann man nur Beten nennen. Ein paarmal wuchs das verheißende Singen beim Einbiegen in Straßen, die die Töne nach meiner Richtung lenkten, zum Gebrause, zum Überschwang, dann verfiel es schnell zur Stummheit und schien sein eignes Ja mit Nein zu verleugnen. Hunde bellten von ferne, und das schien dem betenden Ohre wie neues hastig-heftiges Aufflackern eines Jubelbrandes, – aber als ich von der Nebelbrücke in die Holl-Straße hinein sah, ließ ich mein Beten plötzlich schweigen, denn dadrin war nur Sonntagabend und keine siedende Siegesfreude. Und doch war die Nachricht von vorhin etwas Neues, es gab also doch ein Versprechen, ein Vertrösten. Es war kein bloßer Sonntagabend. Und war gewiß für die Truppen, die ihn erkämpften, ein großer Sieg. Für uns Spitzmäuse ist es nur ein bißchen Trost, eine Rettung vor der Sonntagsabendmisere. Den Umzug aber hatte der Güstrower Jugendtrupp gehalten. Davon standen noch einige mit Binden an den Ärmeln und besprachen im Schein der Laternen

ihre Taten. Die Jugend will Lärm und Schwung, und wenn sie an einem Tage, wo die Nachricht von einer gefallenen Festung kam, schweigen sollte, so denkt sie wohl: Nun grade, nur nicht duckmäuserig!

9. Nov. 1914, Montag. So ist der Krieg: Ich sitze abends bei einer hohen Sonne von Spritlampe, Mutter und Luise mit Zeitungen und Strickstrumpf bei einem Sternlichtchen von kleinkalibriger Petroleumlampe, in der unsre letzte Handvoll brennt. Da Mutter doch das Licht mehr braucht, um die Augen davor zu schließen, so ist die Verteilung des Lichts gerecht. Daß Luise mit ihrer Lampe bei uns drin sitzen muß, mag ihr genierlich sein. Mir kommt ihre freundlich-milde Breitbäckigkeit, ihre Mettwursthände, ihre Schultermächtigkeit doch wie ein Stück Jugenderwartung vor, sie steht noch jenseits der Erfahrungen und stellt sich als eine Abart von Mondsucht, aber eine rotbäckige, dar, die ihre Sucht handfest auf alle braven und lärmenden Freuden legt. Aber doch immer noch mit einem Erröten frommen Staunens, wie mir scheint, mit einem Schimmer dankbarer Rührung, mit einem Kinderglauben. Im Kinderhort war heute ein schwerer Tag. Die Jungen erklärten mir, wenn man ihnen Schokolade mitbrächte, wären sie immer ganz artig. Das war deutlich, und es ist wirklich nicht leicht mit ihnen. Zwischen dem, was sie nicht sollen, und dem, was sie wollen, können nur Mäuschen Platz zum Tummeln finden. Sie werden hereingescholten und ins Freie gewiesen, hier bis fünf Uhr, dort bis $1/2$ 6 geduldet, an einen Tisch verbannt mit ihren Schularbeiten und dann, wenn sie keine Arbeiten haben, hinausgelassen, bald aber wieder wegen ihrer Größe und Unhandlichkeit zu mir abgeschoben, wo nur die Großen oder Kleinen mit Arbeiten zuständig sind, einerlei ob rüpelig oder kätzchenbetulich. Unser Schulzimmer war militärisch zu einer Art Verbandraum, Revierkrankenzimmer, umbestimmt. Dazu kam draußen die reglose, eingedickte Wasserluft, sodaß der Park kein rechter Spielort sein konnte, und darum bewegte sich das Schreiben, Rechnen, Lesen und Sprüchelernen im Haufen an den Tischen ordentlich kopfüber durcheinander, aber am Ende halfen die großen Mädchen den Kleinen, und zu allerletzt gab es noch ein paar Stücke Schoko-

lade, und als ich mit dem Rest der Herde auf die Straße kam, traf
uns der Böllerschuß des Extrablattmauls, und er stand im Handel
mit einem Arbeitsmann, dem er die gewechselten Groschen auf die
Hand demonstrierte. Als ich herankam und mein Schatten auf die
Hand fiel, brummten sie beide, ohne aufzusehen: »Ausm Licht!« Ich
las inmitten der Kinder die drei fetten Botschaften. Erstens: die
englischen Schiffe sind wieder von der Küste gewiesen, wo sie den
rechten deutschen Flügel beschießen sollten. Zweitens: die Russen
sind nördlich des Wysztyter Sees geschlagen, ließen 4000 Gefangene
und 10 Maschinengewehre in unsern Händen. Drittens sind die
Feinde bei Nieuport wieder mal zurückgewiesen, wo sie vorstoßen
wollten. Bei Ypern geht es voran. Dann ließ ich das Blatt wie eine
Fahne in den Kinderhänden und ging mit der kleinen Hand einer
zähen Winzigkeit von Schulkind in der Richtung nach der Gertru-
denstraße davon.

10. Nov. 1914, Dienstag. Es sind schreckliche Berichte in den Zeitungen über die Lage der Kriegsgefangenen in Rußland. Unter
ihnen muß Hans sein. Und so wird wohl diesem Ordnungsmen-
schen die Wirklichkeit der russischen Revolution aufgehen. Wie
wünschte ich, daß ihm sein guter Mutterwitz ein getreuer Heinrich
gewesen sein möge, und ein wenig darf man ja wohl auf die russische Frau und den guten Freund Puls rechnen, daß sie ihn in der
Verlorenheit der Haft in den östlichen Provinzen, wenn er dort sein
sollte, nicht verloren geben.

Heute war wieder Kindertag, Alles in einem Saal, Schul- und
Tollraum und Kaffeetafel – eine Art Gummizelle für einen wie ich.
Aber es geht, man findet sich hinein, weil man muß. Man addiert,
subtrahiert und vor allem – dividiert die Exempel auf den Tafeln
nach und hat dabei an einem Ohr ein Dutzend verschiedene Gram-
mophone, am andern etwa ein Tongemisch von einer Kirmes-
rauferei und einer Schweineschlachtung. Man liest mit den Großen
und buchstabiert mit den Kleinen. Bei den Kleinen ist es ein Steck-
nadelsuchen im Dunkeln, bei den Großen ein Pflaumenschütteln.
Besonders beim Knospe, allerdings wohl ein Kleiner, aber schon ein
tüchtiger Pflaumenschüttler, den es beim Lesen walkt und der unter

Zuckungen vom Gesäß aufwärts durch die Kaldaunen hindurch liest, in den Schulter⟨n⟩ scheint es sich zu stauen, um endlich schmetternd durch die Kehle zu pfeifen. Die Schulstecklinge wie die Mieke und die Trude, vor allem die Anita, plätschern in ihrer Gelehrsamkeit mit lustigem Schwänzeln und bezwecken, die eine mit Äugeln, die andre mit Dauerbitten, Tribute an Schokolade oder andern Automatengaben. Die gesellschaftlichen, Kriegshilfe leistenden Fräulein gehen mit ihnen um, wie sie es sich von Prinzessinnen beim Besuch von Armenhäusern denken. Tun es und tun es so mit Abstand, als wäre es halbwegs doch anstößig und könnte sie so oder so einmal benachteiligen. Nur die größere und ältere, rotbäckige und schwarzhaarige Ruhige mit dem leise verdrückten, unanmutigen Gesicht und der schönen Gestalt, die ist am Werk mit beiden Händen, hilft und hält aus bis zum Schluß, bis das Gaslicht ausgedreht wird und der letzte Vers abgehört oder noch eilig ein Geschichtchen im Lesebuch von dem Zahnrad der Zunge gleichmäßig unverstanden abgeschnurrt ist. Dann häuft sich die Handvoll der Letzten an der Tür zum dunklen Park, ich steige auf den Stuhl und dreh ab. So geht die Sonne unter, und die Hühnchen gehen zu Stall. Das ist die Weltgeschichte, die ich vor Augen oder im Ohr habe. Die andre orgelt in einem spukhaften Hintergrund fortwährend, ohne Gnade und Ablaß, durch die Seele. Folgendes sind die Register, die heute von der Rostocker Zeitung gezogen werden: 11. Nov. 1914, Mittwoch: Unbeschreibliche Panik in England – Paris soll offene Stadt werden? – Neue Erfolge der Österreicher über die Serben – Fliegerbomben über Warschau – China gegen Rußland? – Die Offensive der Türken gegen die Russen an der kaukasischen Grenze – Große Erregung des gesamten Islam gegen England – Gefechte zwischen türkischen und englischen Kriegsschiffen – Das japanische Geschwader auf der Fahrt nach Chile – Der Druck des Dreiverbands auf Griechenland – Die Kämpfe um Ypern – Fliegerbomben über Dünkirchen – Gute Lage in Ostfrankreich. –

12. Nov. 1914, Donnerstag. Ich war mit Herrn Schult nach der Klues gegangen, zurück im schüttenden Regen aus raumloser Finsternis, in der nur überm Wald rechts das Licht vom Gefangenenlager sich

zum Berg ballte und schwächer geradeaus das von Güstrow hinter
den Heidbergen mehr dämmerte als aufhellte. Aber als wir näher-
kamen mit nassen Füßen und Knien, während der Regen von den
Hutkrempen rann und vom Ärmelsaum auf die Hände, sog der
nasse Weg den Schimmer aus dem Dunstraum der Stadt in sich und
ließ uns schwatzende Dunkelmänner auf einer blanken Feuchte wandeln. Aus dem Drogistenladen am Markt holten wir, während es
immer mehr vom Hut troff, hinter beschlagenen Scheiben die neu-
sten herrlichen Botschaften von Fortschritt bei Ypern, der Erstür-
mung von Dixmuiden sowie zwischen Lille und Ypern, der Beset-
zung von St. Éloi. Fahnen klatschten im Wind und wanden ihre
Farben durch Finsternis, wie die Freude sich durch die Seele wühlte.
Da haben die jungen Regimenter mit dem Gesang »Deutschland
über alles« gestürmt und gesiegt. – – Aber die »Emden« ist, von den
vereinigten Engländern, Russen, Japanern und Franzosen gejagt und
von einem australischen Schiff bekämpft, auf den Strand gegangen
und verbrannt. Kreuzer »Königsberg« in Afrika in einem Fluß eingeschlossen, während die Mannschaft sich verschanzt.

Abends. Nun soll ich für die »Kriegszeit« Blätter zeichnen, ein
Blatt – das war der kleine Finger, daran fassen sie mich und halten
mich als ganze Person fest. Aber es geht nicht, geht nicht, geht nicht,
ich sitze und kanns nicht schaffen. Anschauung fehlt – und wenn
auch – ich schaue etwas, das nicht für solche Lithographie taugt. Und
wenn das, so ist keine Ruhe, nicht die Gelassenheit gegenüber dem
Stoff Krieg. Basta für heute, vielleicht kommt es morgen. Quäl dich
nur ein bißchen, Barlach, es geht dir zu gut! Ja, so gut, daß ich mich
ekle. Ich bin mir selbst langweilig und habe Mühe, Mutter eine halb-
wege nicht beleidigende Miene zu machen. Besonders, wenn es sich,
wie so oft, um das Essen handelt, und bei dem Lob des guten Fut-
ters will mir ein Hohn zur Antwort aus dem Munde speien. Bei
Klaus ist es zu ertragen, daß er in den Schnitzeln des Tages herum-
fährt. Er soll es garnicht anders, die Erschütterungen der Wirklichkeit würden ihn aus den Fugen reißen. Aber bei Mutter empört es
mich. Heute Nachmittag ging es wieder über Niko her, und aus allen
seinen falschen Lebensentscheidungen wurde ein langes, langes Seil
gedreht. Schließlich verwies ichs ihr und verlangte ein bißchen mehr

Frömmigkeit gegen das Gewordene. Man könne ja nicht dafür, daß man ist, wie man ist. Nein, meinte sie, aber man müsse sich leiten lassen und einsehen können, daß... »Nein«, sagte ich, »grade nicht, wenn man keine Einsicht hat, kann man keine zeigen – –«, und am Ende machten wir ja Alle Dummheiten und sollten uns verwahren, nur die der Andern zu sehen. Da trennten wir uns, und am Abend war sie denn auch ziemlich eingelullt.

Es kommen herrliche Sachen vor, darüber, daß ich neulich ihr dauerndes Schelten mit Luise beanstandete, rannte sie vor dem Frühstück zum Haus hinaus, und gestern kam es ums Haar über den Mont Reinier zu derselben Affenkomödie. »Der Berg ist so groß, daß er von oben bis unten mit ewigem Schnee bedeckt ist«. Ich behauptete, der »ewige« Schnee fängt erst bei der Schneegrenze in gewisser Höhe an. Dafür war ich nun einer, der ihr nicht erlaubt, Dinge, die sie selbst gesehen, auszusprechen, und trumpfte damit hinaus. Daraus, daß ich nicht den Humor habe, solche Irrtümer einzusaucen und ihr die Erkenntnis ohne Demütigung zum Schlucken zu geben, sieht man, daß ich auch nicht anders bin als sie. Über den »ewigen« Schnee wollte ich schon zetern. – – Mit Schnee auf dem Mont Reinier geht es wie mit der »Woche«, als wir die Rechnung vom Krankenhaus prüften. Sie meint, die Woche geht von Sonntag (mitgerechnet) zu Sonntag (mitgerechnet). Ich meinte, daß sie von Sonntag zu Sonnabend geht und daß Sonntag eine neue anfängt. Bei ihrer Woche, die acht Tage hat, stimmte die Rechnung nicht, bei meiner stimmte sie. – Eine regelmäßige Meinungsverschiedenheit gibt es beim Spazierengehen über den Wind. Sie ersieht die Richtung aus der Stellung der Windmühlenflügel. Ich sehe nach den Wetterhähnen. Nun wird ja nicht immer gemahlen, und die Flügel stehen wohl noch gen Osten gewandt, weil Sonntag oder sonst Müllerfeiertag ist, während der Wind längst nach Westen gedreht hat. Draußen schnaubt der Krieg und im Hause die Unverträglichkeit. Was nützt mir der ganze schöne Haß gegen die Ungebühr der feindlichen Welt und die englische Speichelei, wenn ich mit Angst und Pein der häuslichen Verdrießlichkeiten gezwickt bin! Wir bespeicheln uns nicht gelinder als England Deutschland. Wir legen unter, besudeln uns mit kränkenden Formulierungen. Beim geringsten An-

stoß rollen wir Steine auf uns in den prinzipiellen Vorwürfen: »Ich
darf nicht mal was sagen...« oder »Du willst immer...« oder höhnisch: »Entschuldige, daß ich überhaupt den Mund aufmache«. – So
wird dann die Sache selbst hingelegt und Gift gespien. Bei alledem
ist im Westen wieder mit Erfolg gekämpft.

13. Nov. 1914, Freitag. Heute ist ein wild- und schauerliches Wetter, Sturm und Wolkenwüstheit durcheinander. Der Wind kreischt
in den Telefondrähten, wenn er sich darin schneidet, und man entdeckt, daß ein Übermutsgellen aus Kinderkehlen um windige Ecken
im Feuchtdunklen dem gleichen Lustkrampf entquillt. Legiert miteinander, schien Eins das Ende und die Fortsetzung vom Andern. Als
ich zum Vieruhrtee ins Haus kam, saß Mutter mit einem Schrift-
stück am Fenster und las mit schnappendem Odem. Es war ein Aufruf zur Hilfe für die Kriegsgefangenen in Rußland, und nun kannte
sie alle Möglichkeiten, und es war ausgemacht für sie, daß Hans
fror, hungerte, sich quälte mit aller Verzweiflung, wogegen ich sie
mit glücklichen Beispielen von wohlversorgten kriegsgefangnen
Hamburgern aber doch ein wenig zum Zweifeln brachte. Einerlei,
nun sollte aber der Brief nach Schweden geschrieben werden an den
Herrn, dessen Adresse wir Fräulein Schröder verdanken. Herrn
Moeller-Brucks Frau hatte meinen Text an Olga ins Russische übersetzt, und so wurde die Lampe in abenteuerlich-dämmriger Frühe
herangebracht, Klaus, den diese Kriegsnot kitzelte, stand mit am
Pult zu zeichnen und störte mich vorsichtig, um nicht zu viel zu
riskieren, bei meinem Sätzedrechseln an den Stockholmer Unbekannten. Endlich gingen wir in den Schauerabend hinaus und lasen
unterwegs die neuen Glücksnachrichten von den Kämpfen um Ypern
und Diximulden. 1800 Gefangene usw. Zu dem Text tanzte Klaus
vor uns her auf dem nassen Pflaster eine Begleitung und wirbelte
sich mit dem Wettermantel durch den Wind. Ich erkannte meinen
Jungen, die wüste Wildheit benebelte ihm den Kopf, und er stürzte
sich in ein Chaos von Tollheit überkopf, eine Tollheit, die im Durchhin von Wetter und Weltgeschichte aufschäumte. Ich müßte selbst
anders sein, wenn ich das nicht merken sollte!
Mutter und Luise sind abwechselnd auf der Fahnde nach Petro-

leum, heute sind noch zwei Fingerbreiten Petroleum im Lampen-
kelch, und die Dielenlampe ist 20 Minuten nach 9 verlöscht.

14. Nov. 1914, Sonnabend. Mit Klaus am Gefangenenlager läng⟨s⟩-
gestrichen, Franzosen, Engländer, Schotten, Russen in Mengen, ja,
wenn man die Anhöhen zuhinterst von weitem übersah, in wim-
melnden Massen. Klaus hatte sein Fähnchen mitgebracht, und wie
wir so an der Menagerie vorübertrotteten, fühlte ich mehr als einmal die Blicke hinter den Zäunen auf das Stückchen Buntzeug sich
sammeln. Es war ein langer Weg ums Lager – aber die Russen bleiben »Volk«, und die andern sind Spitzmäuse. Und können zum Teil
brave Leute sein auf ihre Art. – – Im »Erbgroßherzog« Sitzung des
Kinderhorts. Junge Damen (Helferinnen), Vorstandsdamen und
wir, Doktor Beyer und ich – – und Doktor Heilmann. Ja, mein
Gott, ich kann nicht jeden und jede malen, aber es war eben eine
Galerie! Doktor Heilmanns Witze und Zwischenfeuerwerk ist ganz
handwerklich, z. B. »die abwesenden Damen sollen aufstehen«. – –
»Die Groschen für Zuspätkommen der Damen sind für die Weihnachtsbescherung des Kinderhorts, nicht der Damen bestimmt« usw.
Wir tagten zwei Stunden, und mir fielen zuweilen die Augen zu.
Neuer Ort des Horts verlangt neue Organisation – Grüne Straße 19.
Hinterher verkroch ich mich im Ratsweinkeller. Da gibts nicht mehr
so viele Jungmannschaften. Ein Symbol von Försterkopf in Feldgrau, mehr Weiß- als Graukopf, saß mit seinem Leutnant in Land-
sturmverträglichkeit beim Abendessen, und in den Gläsern dampfte
wie flüssiges Kupfer der heiße Rum. Eine Sippe mit einem Feldgrauen in neuer Uniform in einer Fensternische, zwei oder drei
bombensichere Landsturmfässer mit goldenen Brillen, ich, der Stammtisch von fetten Güstrower Kellerratten umkreist, kamen dazu. Der
junge, frischgekleidete Soldat erzählte Feldabenteuer mit plattdeutschen Pointen, und man muß sagen, er hatte nur einen aufrichtigen
Zuhörer, der sein Vater oder Onkel sein mochte. Die Fräuleins am
Tisch schienen keinen Geschmack an solchen mecklenburgisch-breit-
beinigen Heldentaten zu finden. Der weißköpfige, feldgraue Land-
sturmhauptmann oder Major hantierte in erbaulicher Beglücktheit
mit den Resten seines Abendmahls und rückte den Kupferkelch ge-

lenkig in Mundbereich. Ich habe gestern aus alten Blättern eine Zeichnung zusammengestoppelt: drei Hexen mit darüber hinfliegenden Luftgeistern, wozu als Unterschrift kommt: Lügt, Stürme, lügt! –

Eine prachtvolle Zänkerei muß ich zum 12. Nov. nachtragen. Wir wollten nämlich einen Brachsen essen, und so wartete Mutter vor dem Tor, während Gaus und ich bei Fischer Niemeyer vorsprachen. Es gab aber nur Karpfen, und nahm ich einen Karpfen. Der Karpfen kostete mehr als der Brachsen, und so begann in der Großen Allee das Bohren und Bemängeln. Genug, an der Brücke hieß es: »Du schmeißt dein Geld weg«, und hinter der Brücke am Graben, wo der Jammer um die eine Mark in sinnloser Wut schäumte, hieß es: »So wirf ihn nur ins Wasser« – – und ich warf den zappelnden Karpfen in Papier in den Graben. Aber dann kehrte Mutter um, und ich ging mit Klaus weiter. Sie allein konnte ihn 〈nicht〉 aus dem abschüssig tiefen Wasserlauf bergen, ich wollte nicht mehr. Als ich nach Hause kam, war Mutter wohltemperiert und sagte zum Abendbrot: »Daß dus nur weißt, wir essen morgen Karpfen«, wozu ich antwortete: »Ich werde mich darüber nicht aufregen.« – – Wie sie den Karpfen wieder herausbekommen hat, ist mir nicht bekannt geworden. Alles um eine Mark!

Sie hofft, daß Hans in seinem »alten Park«, wo er Sommerfrische genoß, mit seiner Frau einen hohlen Baum oder ein verfallenes Häuschen gefunden hat, wo er sich verborgen hält.

15. Nov. 1914, Sonntag. Ein frierender Sonntag. Die Leute haben noch Lust und Geld, sich zu amüsieren, im Tivoli bietet »Direktor Thormälen« ein patriotisches Tingeltangel, im Lindengarten ist patriotisches Konzert, und als wir nachmittags vorbeigingen, floß dem Garten sein angestammter Vergnügungsadel aus allen Kanälen zu. Im Haus waren wir allein, da Luise ihren »Tag« hatte und ins Tivoli gehörte. Vor dem Abendbrot wurde gelesen, nachher Lotto um Äpfel gespielt. Es war warm und matthell bei der kleinen Lampe, und grade so vorm Frost durch einen kleinen, dünnen Aufschub und Wandschirm behütet, fühlten wir uns in dieser barbarisch gewaltigen Zeit ebenso im Zwielicht von Hoffen und Verzagen. Und selbst Klaus betrieb seine kleinen Künste mit den bunten Stiften leise und wie von Ungewißheit getröstet durch den friedlichen Augenblick. Keine Nachrichten vom Kriege, nur gut, daß wir auch einmal ein Unbehagen wie Frösteln mit unter unsre nächtlichen Decken nehmen müssen, es tut uns wohl, und wir wollen es auch gerne erdulden. Von Dietzel hatte ich Botschaft, daß er seine Feuertaufe erlebt und in den Vogesen, Schnierlach oder Diedolshausen, als Grenzschutz und Patrouillengeher steht. Daß mir das Lügenblatt für die Kriegszeitblätter gelungen scheint, ist ein ganz kleines Krötenregen von Zufriedenheit. Nur schien mir falsch, deutsch zu schreiben: »Lügt, Stürme lügt!« Es müßte englisch sein: »Lie storms lie!« Aber das paßt natürlich nicht für ein Blatt, das gekauft werden soll.

16. Nov. 1914, Montag. Siege Hindenburgs über die Russen südlich Stallupönen sowie bei Lipno und Klocko. Entscheidung bei Wloclawec mit 23 000 Mann Gefangenen und 70 Maschinengewehren und Geschützen. Wir kamen grade darüber zu, als aus der Hageböckerstraße ein Mann mit einem weißen Blatt einem kleinen Mädchen begegnete, deren Augen er mit dem Zeigefinger auf die wichtigeren Stellen lenkte. Dann kamen Schüler mit demselben Blatt, dann der einbeinige Schuster mit seiner Krücke und noch Viele, und Alle wußten offenbar schon etwas Großes. Wir mußten gehen, bis wir ein Schaufenster mit einem Extrablatt sahen. Farben regten sich auf dem Straßengrau, die Häuser ließen ihr Fürsichsein fahren und bekannten sich mit Fahnen zur deutsch-mecklenburgischen Allgemeinheit. Es ist wie Zeichensprechen eines Taubstummen, ein stilles Jubeln, eine sonntagsstille Feierlichkeit, die die deutsche Freude mit ihren Farben besonnt. – – Der Kinderhort ist umgezogen. Heute kamen wir zusammen, »Damen und Herren« standen in den Zimmern vorn und hinten, lobten, freuten uns, berieten und fühlten uns zu Hause.

17. Nov. 1914, Dienstag. Dienstag in neuem Kinderhort, aber o weh, wir sind mit unsern 70 Kindern in einen Käfig gesperrt! Der Lärm wirft sich von einer Wand auf die andre. Im Tivoli war es ein Schwall, der sich dehnte wie ein entlaßner Dampf, aber hier ist Hitzkasten selbst, und der Druck wird nur immer stärker. Wir müssen sehn, so oft wie möglich mit den Kindern ins Freie zu kommen. Mit vier der ärgsten Rüpel, die nebenbei ganz ordentliche Jungens sein mögen, holte ich das grobe Kegelspiel von Frau Reeps für Klaus, und obgleich er im ersten Schreck mit allen Vieren dagegen demonstrierte, war er angesichts solcher Veranstaltungen überwunden. Als dann jeder drei Kegel und der vierte die Kugeln auflud, schloß er sich an und nahm zuguterletzt sogar selbst zwei Kegeln. Die Viere wurden nun zu bevorrechtigten Besitzern, aber auch Verantwortern gemacht, und ich denke, sie werden auf ihren Kram passen. Ein Gewehr für Wettschießen um Schokoladenpreise ist auch schon da. Ein Häkelringspielbrett laß ichs mich kosten, damit der Kinderhort kein Kindergefängnis wird. – Ist man um den Osten vorläufig ruhig, hangt und bangt man nun wieder um den Westen. Ypern, Dixmuiden, das sind die furchtbaren Schlünde, in die wir Blut und Knochen schütten müssen, um einen Sieg darauf zu bauen. – Und die Türken mit ihrem Heiligen Krieg heben die Hände nicht bloß mehr zum Beten, im Kaukasus haben sie geschlagen und gesiegt.

Dieses schreckliche Zweifeln: Werden die Kräfte ausreichen?

20. Nov. 1914, Freitag. Seit gestern gibt es Frost, keinen harten, aber einen, der die Erde fest, die Luft glasig macht, der eine Eishaut über die Pfützen und flachen Gewässer legt und die Wiesen in Reif wie in Rauchwerk von einem backfischhaften Geschmack kleidet. Es macht die Flächen unnahbar wie ein unparfümiertes, aber lauter Frische ausströmendes, ganz ahnungslosestes Jüngferlein, wo man nicht weiß, ob es seine Richtigkeit hat mit uns, die wir es anfassen, streicheln und ein wenig in Unordnung bringen möchten. Diese Heiligkeit, ja Unwirklichkeit verlockt prächtig, die eigne Unheiligkeit und Dickfäustigkeit damit zu verzieren. – Nun ging ich am gestrigen Morgen durch alle rauchende Frostfrische über die Wiesen bis zum Pfingstberg und stand dort in der Stille und hörte die Geräusche, die 1914 mit sich bringt. Wie eine Klappermühlenferne tat sich der Osten auf, wo das Gefangenenlager liegt, wo viele Hände an den

Baracken eilig pochen. Man hört aber ein Ausstrahlen vieler feiner Sprünge in der glasigen Luft nur in einem einzigen Summen bei mir enden und wie in einen Mittelpunkt von Ohr zusammenstrahlen. Von links, von Norden her predigte ein Kettengedränge von spukhaften Tönen. Man konnte beinahe glauben, der Extrablattmörser bombardiere die Gegend von Dettmannsdorf bis zu den Kasernen; aber nur einen Augenblick, dann wars ein Vorbeten und anhaltendes Belehren in schallender Weitverständlichkeit, ein kommandierter Vortrag, ein Bericht auf 1000 Meter Entfernung in Portionen von je drei oder vier Silben, und am Ende wars doch nur ein Entfernungsmelden beim Geschützexerzieren. Als ich über die Brücke und näher kam, sah ich dann auch die Batterie und verstand die Predigt: 25 Hundert – – fünfundzwanzighundert – fünfundzwanzighundert – – –

Am Bahnhof gibt es jetzt täglich Züge mit Flüchtlingen aus Ostpreußen. Ein Soldat, mit dem ich an der Barriere stand, hatte Nachricht von seinem Bruder, daß die Russen tiefer ins Land kämen, als man erführe – er hatte geschrieben, wir sind hier zu schwach dagegen. Nun, wenn sie dann halten, ist Herr Völker mit seinen weiblichen Hilfsvölkern zur Stelle. Die Frauen und Mädchen, durch ein Blatt vor seinem Schaufenster aufgeboten, tragen ihm Körbe und Flaschen durch die Straßen zu. Besonders Kindermilch wird gewünscht, und dann stehen diese Entwurzelten, von der Scholle wie von einem Erdbeben Abgeschüttelten ratlos oder vielleicht mehr gelähmt vor der unbegreiflichen Wirklichkeit an den Spalten der Viehwagentüren, stehen und sehen ins Unbekannte hinein, das ihnen aus Körben Brot zusteckt und ihrer Bedürftigkeit eine gutmütige Helfergrimasse macht, eine Art Hilfe, die doch nur bis zur nächsten Station reicht. Ein Eisenbahner sagte, sie sollen nach Magdeburg, Andre wissen, daß sie ins Lockstädter Lager kommen, sie selbst wissen nur, daß es immer weiter in die Fremde geht, mag die Fremde auch Butterbröte und alte Hosen herausrücken oder wie ich ihren Kleiderschrank plündern. – Heute Morgen aber sah ich einen unendlich langen Zug halten, die Wagen seitwärts mit einem großen Rote-Kreuz-Wappen bemalt, während seine Oberfläche zur Belehrung für Flieger in ganzer Fläche zum Roten Kreuz im weißen Felde ausgestaltet war. Ich hörte: Ein Zug mit Schwerverwundeten, ich sah die Begleiter in leinenen Kleidern an der Luft stehen, Mannschaften des Roten Kreuzes hin- und hertreten – und manches Gesicht hinter den Tüchern aus dem Wagendunkel wie aus fremder Welt, entwurzelt und unheimisch im Leben, herausgespenstern. Ein Zug von Särgen ist weniger aufstörend; in dieser langen Wagenreihe war das Leben schauerlich verpuppt und stumm geworden vor der nahen Bekanntschaft mit seinem unheimlichen Gevatter, den man schon mit Namen kannte, der aber jetzt die Hand geboten und die Zähne zu hörbarem Grüßen auseinandergetan hatte. Es war totenstill in diesen hölzernen Grüften mit roten Kreuzen, ein vermummter Kirchhof hatte sich auf die Geleise begeben. So schreibt man das nieder! Aber man fühlte das nicht so in dem ersten Augenblick des Niedersinkens, man fühlte ein Mißverhältnis wie ein aufkletterndes Unbehagen vor einer Unlösbarkeit von Widersprüchen, wie man etwa im Examen vor einer schweren Aufgabe sitzt. Die Bahnhofsnüchternheit, die Selbstverständlichkeit der Welt rundum biß einem ins Eingeweide. So kribbelt es irgendwo hinter den Rippen, wenn ein semmelbackiger Mensch von Gott und Weltzweck schwatzt. Da treibt aus dem fürchterlichsten Kriege die beglaubigte Wirklichkeit heran, und man sieht nur einen Transport von Wagen vierter Klasse, der in der Mitte einen D-Zug-Speisewagen hatte, auf dem in großen Buchstaben stand: Küche. Als ich in den Wartesaal trat, schlappte ein Pfleger, der selbst wie ein Todkranker aussah, eilig an der Türe hin und her und schrie nach Zigaretten: »Er jammert schon ewig nach Zigaretten«, sagte er von einem Verwundeten – »ich soll für eine Mark bringen, zu 5 Pfennigen.« Als er mit mir durch die Tür ging, sagte er zu laut, so daß alle auffuhren – »Morgen, meine Herren«. Auch ein Betrunkner konnte sich so im Ton vergreifen, so auffällig auftreten, es waren aber bei ihm die Überwachheit in Furchtbarkeiten, die Ungebärde aus der Abgewöhnung von allem Eingelebten und Bekannten. Seine Bekanntschaften waren vom Krieg angedonnert, er hatte sich herbeilassen müssen, sein bißchen Friedenstag und -Woche dranzugeben, um der Zeit bei ihrem Rasen einen Zehrpfennig zu schaffen. Und so gehts wohl mehr oder weniger (uns?) Allen.

22. Nov. 1914, Totensonntag. Am Mittag fast warm und sonnig, am Abend und späten Nachmittag desto barbarischer, Ketzerwetter, denn solch ein Düsterkalt läßt die Haut schrumpfen und versengt mit seinem Hauch die Seele. Mutter jagte der harte Ost heim, Klaus und ich gingen auf den Kirchhof und rechneten ein paar Altersexempel an den Grabsteinen, wir erbauten uns an der Schönheit der großen Windmühle hart am oberen Ende des Kirchhofs, wie sie langsam ihr Flügelwerk im Schultergelenk zu regen begann, wie es sich herrlich und feierlich auf- und niedersenkte, niedersank und auferstand, Flügeltaktieren zu unhörbaren Posaunenklängen. So waren wir aus der Kirchhofsmißlichkeit errettet, denn die Mühle stand gewaltig und erzengelhaft vor uns, und wir fühlten uns nicht versucht, die Augen niederzuschlagen – und so gespensterte Klaus im Gräberdämmer herum und rechnete die Jahressumme an Kindergräbern selbst, das sind leichte Exempel, weiterhin im 18. Jahrhundert betasteten wir die Mächtigkeit von Efeubäumen und zogen unsre Füße über manchen uralten Grabhügel. Ach, die alten Toten! Aber die vielen jungen, die vor drei Monaten alle noch lebten! –

Ich mußte heute schreiben, denn mir brannte die Grausamkeit dieses Tages auf der Seele. Heute im Felde liegen, Tag und Nacht, wie unsre westöstlichen Armeen tun – das gibt Anspruch auf späte Tage. Das darf nicht umsonst gewesen sein, das darf nicht vergessen werden.

Ich sitze hinterm Ofen und lese das Leben des Taugenichts und Magisters Laukhard. Aber eins ist doch gut – man liest, daß der ungediente Landsturm nun bald gemustert werden soll. Ich fühle einen leisen Trost, grade als dürfte ich ein Unrecht sühnen, als dürfte ich mich reinigen von einem Makel.

25. Nov. Mittwoch. Montag und Dienstag Kinderhortarbeit, ein gebrochenes Kinderbein verschaffte mir die Bekanntschaft mit Dr. Wacker, im Gedenken seines Antrittsbesuchs, den ich nicht erwidert. Ich weiß nicht, ob man das muß, aber ich tue es nicht. Um das Schießgewehr kristallisiert sich eine schreisüchtige Kinderdankbarkeit und zeigt Ecken und Winkelformen einer Hordenfröhlichkeit, und den Heimweg begehe ich mit den beiden Rußbüldts, den zwei

Bösewichtern mit mitteilsamen Jungenherzen. Aber das ist Alles ganz gut. Es ist eben Alles anders, wir haben Winter, Schnee und Frost. Die warme Stube macht den Menschen sonstens fromm, Dank von Ofenwärme dünstet sonst von uns hinaus als Opferrauch in den Gnadenhimmel der allgemeinen Gütigkeit, man lächelt von innen weinerlich-freundlich und läßt die kalte Nacht draußen in ihrer ungemütlichen Gnadenlosigkeit allein fertig werden, wie eine vornehme Hochnäsigkeit sich in ihrer Kälte isoliert, aber heute – 1914! – Ich erstarre in Handschuhen bei meinem Ein-bis-Zwei-Stundengang auf der Chaussee bis in die Knöchel hinein, meine trocknen Füße halten mit genauer Not den zudringenden Frost aus den Stiefeln, es geht ihnen wie Menschen in einem lecken Boot, auf die Dauer würden sie ersaufen. Und nun haltet mit kalten Händen und Füßen, mit leerem Magen, in den obendrein meine vertrauten langjährig eingewohnten Schmerzen ihre Mauszähne wieder senken, gegen den Ostwind stand! Friert, hungert, kämpft, und eure Magenschmerzen versenken die Beine eures guten Mutes in einen Sumpf, aus dem ihr sie eins ums andre immer wieder herauszerrt und von dem sie immer wieder verschluckt und eingesogen werden!

¹/₂ 10 Uhr abends. Der Extrablattmörser knallt durch die neblige Winterlichkeit. Nachrichten von der Schlacht in Polen aus Wien: Ringen dauert fort, bisher 29 000 Gefangene und 49 Maschinengewehre – – jawohl, ihr Herren – mehr nicht? Damit kommt ihr uns ¹/₂ 10 Uhr? Offen gestanden usw. So dachte ich eine Sekunde!

26. November 1914, Donnerstag. Es ist manchmal ganz gut, hinterm Ofen asiatische Novellen Gobineaus zu lesen, wenn man dann das Buch zuklappt und einem fällt wieder die russische Niederlage bei Lodz und ⟨Lowicz⟩ ein, mit 40 000 Gefangenen, 70 eroberten Geschützen, 160 Munitionswagen, 158 Maschinengewehren, dann sieht das Alles aus wie vom Mond herab angeschaut. Rußland – ständig geschlagen! Das russische Weltreich, erinnert euch doch, Herrschaften, was Rußland in unsern Augen vor drei Monaten war! Wir sind jetzt zufrieden, den Sturz zur Erde, in die Sümpfe, das Umkehren im polnischen Dreck zu erfahren, zufrieden und haltens für ganz normal. Es ist graulich, wie man sich gewöhnt, fast ist es, als wüßte man sich den andern Fall, daß man uns unter die Walze kriegt, nicht vorzustellen. Ich war unter einem matten Seidenhimmel abendlicher Belichtung bei kaltem Südwind mit Klaus und Mutter wie so oft schon über die Schanze zur Nebelbrücke gegangen, von da querab über Deiche und Weiden unterm Halbmond bis ans Hünengrab. Ich kam zurück durch die Mühlenstraße und sah im Dunkeln das taumelnde Wunder der deutschen Farben sich im Winde schaukeln, die Seele ward in einen Zauber gebannt, es ist wie die »Übergewalt« eines gewissen, weit und breit berühmten Zustandes, gegen den kein Sträuben hilft, man muß es über sich ergießen lassen, still halten und untertänig sein. Und tut es gerne, seufzt bei sich zufrieden und gestillt, bis man wieder nüchtern geschüttelt und geschauert ist und doch gesättigt. – – In der Hageböckerstraße fragte ich den jungen Döscher nach seinem Bruder, der in einem belgischen Lazarett liegt, aber er wußte nichts Genaues. Herr Schult erzählte gestern auf dem Weg zur Klues von den Zerklüftungen des Lehrerkollegiums durch Kriegsstimmungen, daß oftmals der Direktor bei flauen Nachrichten verzweifelt und daß der Theologe und wahre und große Oberlehrer aus der Schweriner Straße in der öffentlichen Schulandacht auf ihn anspielt als einen »derjenigen unter uns, die Gottes treuem Beistand mißtrauen«. Ist aber einmal das Quecksilber aller Barometer aufs tiefste gesunken, dann ist ein bäuerlicher Kollege der Schütteler und Aufrütteler des Vertrauens.

In der Klues wurde tapfer gefochten, aber der Wirt war nachdenklich. »Denn wo«, fragte er, »sollen wir im Frühling, wenn das Getreide und die Kartoffeln alle sind, Nahrung holen? Darum soll die Regierung mit allem Nachdruck die Kultur von Frühkartoffeln empfehlen. Vier kritische Wochen können uns den Hals brechen.« Die Gefangenen sind mit ihrer Verpflegung zufrieden. Der Viehhändler, der bei Zimmermann mein Nachbar ist, hat die Lieferung von täglich 38 Rindern übernommen, und dafür ist er nach Dänemark gereist, um die Wege dieses Geschäftes zu bereiten. In den Zeitungen wird immer wieder vor Brotverschwendung gewarnt. Auch sollen Kartoffeln womöglich nicht geschält werden.

29. Nov. 1914, Sonntag, erster Advent. Beim Zubettgehen sagte Klaus: »Heute lieg ich in meinem Bett so gemütlich wie im Krötenloch« – er meint wie eine Kröte – – – und ich sagte: »Damit du das kannst, müssen Herr Engel, Herr Döscher und all die andern im Schlamm liegen und frieren.« Da stutzte er, ja, es schien, als begriffe er etwas, und wenn so ein Blitz bei ihm einschlägt, muß er tanzen wie ein Narr, und so zelebrierte er eine getanzte Dankmesse, bis ich ihm die Tollheit wie Motten aus dem Pelz klopfte. Zwei Nächte vorher war ich selbst nach erquickendem Schlaf in ganz stiller, tiefer Nacht aufgewacht und hatte verwundert meinen Friedenszustand betrachtet. Kein Feuer, kein Gebrüll, kein Kanonieren, kein Herz in der Brust, das sich in seinem dunklen Loch aufgestöbert fühlt und sich in Fluchtqual krank stößt, keine Not an die Not meines Jungen gekettet, erspart ist mir der Anblick meiner verstörten Nächsten, das Erstarren darüber, daß ich ohnmächtig einen Hilferuf hören muß, ohne helfen zu können. Das Alles lag in der angstfreien Lautlosigkeit und in der ungraulichen Dunkelheit, Sicherheit und Zufriedenheit. Zuversicht durchströmte mich, daß ich aufgetaucht aus Geborgenheit wieder hineinsinken dürfe wie in ein verborgenes Reich. Diese Umhegtheit wenigstens für Nachtdauer fühlte ich früher zuweilen in Friedenau, in den bösen Tagen, und man muß wohl den Unfrieden vor Tür oder Grenzen haben, um in Friedenau-Güstrow unter segnender Stille zu liegen.

Der Klaus erfuhr heute noch ein andres Aufklaffen seiner Vorstellungen. Wir hatten zum Kaffee Fräulein Klara Leben, eine hiesige Lehrerin, Fräulein Franks Bekannte, und saßen danach in der geheizten Weihnachtsstube, um Zeichnungen zu betrachten. Zu betrachten und zu besprechen, und über diesem Besprochenen überkam den Klaus für sich oder für seinen Vater eine Aufwallung aus unbekannten Tiefen, grade als ob es ihn schüttelte mit Ahnungen von geistigen oder seelischen Wichtigkeiten. Ich denke mir, er entnahm aus der Verhandlung, daß in seinem Vater so etwas wie ein bißchen unheimliche Hexenmeisterlichkeit stecke, die ihm aber doch, wenn ers einmal genau nehmen wolle, selbst nicht so ganz ungeläufig bleiben müsse. Damit rüttelte es ihn auf dem Kanapee und walkte ihn durch und durch. So war er denn für den Rest des Tages blaß und von einer stillgewordenen Erbautheit oder Frommheit leicht angebröckelt und aus der Wichtigmacherei der letzten Tage heraus. Der arme Dietzel liegt im Lazarett in Kolmar; was man fürchten mußte, daß er den Strapazen erliegen würde, ist wahr geworden, und das nennt man Herzerweiterung. Die Aussicht, die ich hätte, wenn michs aus dem gewohnten Hausfrieden hervorgewirbelt und in den Völkersturm gerissen hätte. Er schrieb mir, er hätte den Tonio Kröger von Th. Mann und ein Bild von meinem Berserker mit sich. Ich glaube aber, ich hätte nichts mitgehabt als eines der bewußten Büchlein, und ich glaube dazu, ich wäre mit einem bißchen Berserkerhaftigkeit gesegnet zu guterletzt im Willen doch wohl robuster und fröhlicher kopfüber ins Wüste hineingegangen, als er vermochte.

30. Nov. 1914, Montag. Seit einigen Tagen ist die Luft gelinde, und das ist wichtiger als die geschliffensten Sätze. Man geht hinaus, steckt die Nase in die Luft und fühlt doch nicht gleich Albfinger das Herz betasten, wie man eine Birne auf Weiche oder Härte prüft. Es versetzt einem doch nicht gleich den Atem, wenn man an Schützengräben und flandrisch-polnische Nächte denkt. Kriegsfreiwilliger Engel I schrieb als Antwort auf eine Zigarettenbegrüßung im Schützengraben – »im Schützengraben, 150 m vorm Feind. Seit drei Wochen habe ich nichts Andres gehört wie das grausige Zerreißen der Luft durch Geschosse, Tag und Nacht, Tag und Nacht ununterbrochen. Jede Stunde bringt neues Glück, neuen Schmerz, neuen Stolz, neuen Mord, und das Erleben jeder Stunde ist über die Maßen groß und tief. Es friert, und es liegt Schnee – – – ich werde Alles gut ertragen können, das weiß ich. Strapazen sind nicht, weil ich nicht *will*, daß sie da sind.«

In Polen sind frische Erwartungen auf Sieg erstanden, ein Abschlag auf die großen Erfüllungen in Gefangenen und Geschützen. Der Kaiser ist nach dem Osten gegangen, in Belgien prophezeien englische Blätter einen letzten Durchbruchsversuch mit frischen und gewaltigen Massen, neuen Erfindungen und Geschützen und schreiben uns Kraft und Zuversicht auf Gelingen zu. Anfang Dezember

planen wir, in Calais zu sein. Und Gott sei Dank, es klingt ein wenig
miesepeterich! Paris, heißt es, ist voll Grauen und Ahnung kommender Niederlagen. Man hat irgendwo gesagt, in Polen werde
Frankreichs Schicksal entschieden, und wenn das stimmt, so scheint
die Gottessäule zwischen Deutschland und Frankreich finster nach
Westen. Ich schrieb an Engel, daß mir die Einbildung, eine Vor-
postenexistenz zu sein, abhanden gekommen sei. So behaglich ich in
meinen vier Wänden lebe, so wenig Extrawände habe ich für mich
behalten. 1914 hat die Welt umgestülpt, eine andre Gelegenheit und
– Alle haben das, was man sich selbst zuschrieb – – nach dem Kriege
hoffte ich eine bessere Ehre für den Menschen, daß nicht der Erfolg,
sondern die Gesinnung gelte.

2. Dezember 1914, Mittwoch. Klaus hat schulfrei, denn im Döscherschen Hause ist Fritz Sturm an Masern erkrankt, und somit fällt der
Unterricht dieser Woche aus. Also geht Klaus mit auf meinen Morgengang zum Zeitunglesen im Bahnhof und weiter auf den Kanal-
deich. Es war Frühlingstag, und Junker Klaus fühlte alles Schönwet-
ter in den Eingeweiden, also springt er zwischen Himmel und Erde
auf und nieder, hin und wieder und kitzelt mit seinen Sprungfedern
bald den Deich, bald mit frischen Schrullen guter Laune in Wett-
eifer mit den Möwen unbedenklich den großmächtigen Himmel. Im
Schleusenhause begehrte ich für ihn zum Frühstück ein Butterbrot,
aber da es nur Schnaps gab, gingen wir zur Sandgrube und krümel-
ten der guten Mutter Erde an dieser sandigen Wunde ein wenig
zwischen ihrem Kieselgeschichte und zarteren Geschieben, die aus
der Tiefe an den Sonnenschein gebracht sind. Kurz bevor wir aus
dem Hause gingen, stieg der alte Upplegger aus dem Keller und
wußte von unserm Meier aus Fehmarn, daß er verwundet sei, eine
Karte von Karl war mit dem Vermerk zurückgekommen. Und Mutter hatte beim Schlachter einen der Leute von dieser Kompanie
getroffen, der mit einem Halsschuß im Lazarett liegt. Nach ihm
haben sie an der Yser schwer gelitten, der Rest sich ohne Offiziere
übers Wasser gerettet, »ohne Arme und Beine haben die Leute in
den Gräben gelegen.« *

4. Dez. 1914, Freitag. Warum schreibe ich? Doch wohl für spätere Tage, um mir die »Stimmungen« zurückzurufen. Daher die Pfahlbürgerwichtigkeiten in dieser monumentalen Zeit. Das ist nun wohl Unerläßlichkeit bei mir. An Geschichte und Geschichtsbetrachtungen rühre ich mit keinem Finger, aber wie die Umständlichkeiten dieser Tage schwammartig die Sturmfluten der Zeit aufsaugen, wie sie sich mit Weltgeschichte schwängern, wie sies überhaupt ermäggern, das zu wissen, werde ich vielleicht einmal neugierig sein. So kann ich meinen späteren Tagen nicht ersparen zu melden, daß Luise gestern wegen Kopfweh und Frost versagte und von Mutter zu Bett geschickt wurde. Befragt, verpaßte sie die Antwort oder verlautete im Piplapip-Ton ihre Bedrängnis. Mutter ging ihr mit Califig als Leibesöffnung und mit dem Maximalthermometer zu Leibe, und diesen Morgen besorgten wir unsre Wirtschaft mit herrschaftlichen Händen selbst. Das heißt, ich heizte ein, schlug das Bett auf, und Mutter feulte. Dabei ging sie systematisch und schulgerecht zu Werke, unter Beobachtung 〈aller〉 mühsamen Umstände und schien gut und gern gewillt, sich der Sauberkeit der Stuben aufzuopfern. Daß ich mein Bett fertig hatte, als sie daran wollte, schien ihr zu mißfallen, denn sicher hatte ich geschludert, aber ich denke, aus Liebe zum Frieden ließ sie es so hingehen. Als ich nach einem Morgengang mit Klaus heimkam, war Luise mit roten Wangenmassen wieder im Geschäft.

Aus der heutigen Zeitung schlug mir unter der Überschrift: »Aus den Schützengräben vor Ypern« so etwas wie die Wahrheit in die Seele. Diese Wahrheit heißt Brüderlichkeit aller dieser Männer, die in dunklen, kalten Nächten kaum einander sehen, die fröstelnd die Kalt- und Steifgewordenen ablösen, damit sie einen freien Tag hinter der Front verleben können, die im Vorbeigehen nur fragen: »Wer seid ihr?« ganz wie Brüder, bei denen Einstehen füreinander selbstverständlich ist, und wissen: diese dunklen Massen sind nichts anderes als wir selbst. Den alten Pierstorff traf ich und beredete mit ihm den Stand der Dinge. Er wußte nicht viel Besseres als ich – daß nämlich die Dinge wenigstens im Westen merkwürdig festsitzen, warum aber und wie das zu ändern sei, verschwiegen wir einander. Indessen hat der Reichstag am zweiten Dezember fünf weitere Milliarden bewilligt – nur Liebknecht hat verweigert, und ich muß sagen, ich habe kein Verständnis für diesen Heroismus. Ich glaube wirklich nicht, daß im Herzen dieses Mannes etwas steckt, was einen zwingen könnte, die Überzeugung zu achten. Das ist Stierkämpferausfall gegen ein Gewitter, das widersinnige Quäken auf der Pickelflöte, wenn Posaunen des jüngsten Gerichts zum Sammeln blasen, damit eine Zeit begraben und eine neue geschaffen werden soll. Auf den abendlichen Spaziergängen haspelt mir Klaus eine neue Dauergeschichte aus der Seele. Dann kommt er ganz fromm und betend und klammert sich an meinen Arm, als wäre es ein Pumpenschwengel und er dürfte das kostbare Grundwasser nur heben und fördern. Der alte Mooshecht, der in den letzten hundert Jahren ganz ausgehöhlt ist und nur noch als fingernageldünne Wand ohne Erinnerung existiert, soll wieder jung werden und seine Seele und sein gutes Gemüt wiederbekommen. Glücklich soll er werden, das ist sein erbarmendes Hoffen. Soll geschehen, Klaus! Wir wollen alle glücklich werden. Einstweilen ist das lustige Vogelnesterdorf der Pelzwichte im Schilf des Oevelgönner Sees, wo sie mit ihrem katzenkinderhaften Nachwuchs im Wind wiegen und ihre hängenden Schlauchstübchen mit Glimmerholz beleuchten, ein ganz netter Abschlag, sollt ich meinen, und Klaus meint es auch.

5. Dez. 1914, Sonnabend. Mit Herrn Schult im Waldhaus, und Herr Schult tastete mit mozarthafter Zärtlichkeit dem Klavier auf und ab über die aufgedeckten Empfänglichkeiten seiner Klaviatur. Das Mamsellchen im Waldhaus, nicht faul, läutete seinem Gemüte und seiner Bildung ein Liedchen, das schöne alte: »Muß i denn, muß i denn...« Aber leider verstauchte sie beim Treppensteigen auf und nieder der Melodie das ungelenke Füßchen, glitt aus und rettete sich nur hinkend ans Ende. Ein junger Herr mit goldner Brille, bei dem Frau Schröder und die Mamsell am Tisch zum Kaffee saßen, wohl ihr Vetter dritten Grades, tat danach seinen Gang zur Tonleiter, um auf ihr in Mozarts und Beethovens Himmel zu steigen. Er stieg, und wir, Herr Schult und ich, stiegen mit. Fräulein saß in unverschämter Gemütsruhe, horchte wohl, aber hörte nichts. Frau Schröder aber, die Soldatenstrümpfe strickte, schien zu fürchten, daß

beim Hämmern von dem teuren Klavier zu viel verschlissen würde,
saß steif auf ihrem Stuhl und machte den Mund so fest zu, als wollte
sie für Lebenszeit dem Reden absagen. Herr Schult aber zog mit
seinem Glas Grog zu mir vor den Stuhl und schilderte die Schauer
seiner musikalischen Rückenmarksbahnen. Er kam mir zu nahe, und
ich merkte wieder mal, daß mich als Älteren selbst bei Mozart-Beet-
hoven-Kienzlschen Entflammungen keine Bruderbrünstigkeit und
blühendes Blutgemisch anmuten. Vielleicht hatte Frau Schröder mit
dem Grollmonolog hinter ihren schmalen Lippen recht, vielleicht
Mamsell, die überhaupt nicht daran dachte, sich wegen der schamlosen
Stümperei zu beunruhigen, vielleicht Herr Schult, der die Himmels-
leiter munter auf- und niederfuhrwerkte, gerade wie der junge Herr
mit der goldnen Brille vortanzte, der dann auch freilich sehr brav
Sturm und Gesäusel mit sich führte und mit den Händen lenkte. So
klimpert der Friede weit ab vom Schuß. Sonderbar, in der Stille meiner Stube, spät Nachts, wenn Alles schläft und nur noch der Nachtwächter mit schlurrenden Schritten, als seufze ein Gespenst in der
Ecke, vor meinem Fenster vorbeischleicht, wie wenn ein Dieb die
Gelegenheiten erspähte, dann fühle ich den Krieg am stärksten. Herr
Rösler sagte in einer Feldpostkarte in »Kunst und Künstler«, daß
der Kampf, das Schießen und Kugelhetzen viel schlimmer sei als
man sich dächte – – – ja, ich kann mir das überhaupt nicht denken.
Der Krieg ist etwas Neues und kann sich aus Erfahrung und Vorstellung nicht materialisieren. Er ist mir wie ein plötzlich zusammen-
geballter zweiter Mond, der um die Erde saust und ⟨auf⟩ sie jeden
Augenblick irgendwo aufstoßen und sie zerbrechen kann. Aber er
fliegt für die Meisten in drohender Unsichtbarkeit und Lautlosigkeit
gespenstisch daher und schafft mit seiner Bahn einen mordschwange-
ren Hintergrund in Ost und West, denn da sind die Stellen seiner
gefährlichsten Erdnähe, und keine Täuschung darüber, daß wir,
wenn er nur die Rinde streift, nicht mit den Fernen zugleich zer-
brockt und zur Unkenntlichkeit zerstaucht würden! Furcht? Nicht
immer, oft ist es Gerinnen aller Lebensgefühle. Mag es nur kommen, soll doch im Tod unsres Staats eine Form zusammenrücken
wie ein Edelsteinkristall, unter der Wucht von Erdscherben erpreßt!
Wir vergehen, aber Gott sei Dank, wir erstehen wieder in neuer

Form. Zerschlagen könnt ihr uns vielleicht, aber das Ewige nicht hindern, unter Trümmern neue Organe zu bilden. Vielleicht hätte der Mordmond recht. Vielleicht ist es ein Handgriff der Schöpferfaust, aus der er geworfen ist! Aber, wenn ich, wie gestern Nacht, am Bett des würgenden Klaus stehe und ihn sorglich in seine frische Wolldecke hülle, dann fürchte ich den Krieg. Da ist überall rundum dergleichen leises, zartes Leben in Kinderbetten, und nun die barbarische Schöpferfaust? Muß ich nicht doch glauben, daß eine Teufelsfaust den Krieg nach uns geschleudert hat? Daß wir gottmäßiges Lebensrecht wie unser warmes Blutströmen enthalten? Und was für Bäche hat man uns schon davon vergossen, wie ist es uns schon entraucht und entspritzt!

8. Dezember 1914, Dienstag. Sieg bei Lodz und Durchbruch des russischen Zentrums, Rückzug der Russen und Verfolgung. Und Klaus hat die Masern, liegt ganz wie ein verhageltes Vöglein in seinem Nest, hat wenig zu sagen und zu pusten. Dr. Hoffmann gab mir zu bedenken, ob ich zum Kinderhort gehen wolle. Und der Kinderhort hatte mich nötiger denn je. Ungenügend beleuchtet, von Ausreißern durch die Haustür dezimiert, von einem Chaos kindlicher Eigensüchtigkeiten erfüllt, die sich im Raume drängen. Ein Chaos, in dem junge Damenhände dilettantische Ordnungsversuche machen, ein Chaos, das auf mich und die Flinte und die Schokoladenpreise wie auf einen Kompaß wartete. Aber sowohl Dr. Heilmann, den ich in seinem Kontor fand, wie Frau Dr. Wacker, die mir beim Weggehen begegnete, wollten mich nicht halten. So ging ich denn, halb traurig, halb wütend, in den Ratskeller, wo immerhin erst in der fünften Stunde Zivil und Militär das kleine Chaos genossen, in das man sich in all unsern geordneten Zuständen Gott sei Dank zeitweilig retten kann. Da weist der Geist, so aus den Gläsern dampft, mit seinem Zeigefinger die Richtung dahin, wo die Wunschlosigkeit seinen ruhenden Pol findet. Ach, denkt man nun mit leisem Seufzen der Erlösung, wie ist die Welt doch so groß, und wie klein bin ich und mein Hauptgeschäft darin. Nicht aller der Wichtigtuerei wert! Ein Plunder sozusagen! Und freut sich still und vielleicht sogar mit einem bißchen Lust, die man sonst nur in der Verkleinerung Andrer fühlt, daß das Leben und seine Hoffnungen keine so gar gewaltige Unternehmung ist und daß folglich die Verantwortung nicht sehr groß und das Gelingen auf der ganzen Breite des bürgerlichen Ehrgeizes keine unerläßliche Pflicht sein kann; man beruhigt sich mit der Anschauung des Sternhimmels, den jeder in sich hat, über die eigne betrachtende Winzigkeit. Man befriedigt sich und geht verträglich heim.

10. Dezember 1914, Donnerstag. Gestern lag Klaus im Maserfieber unter Decken wie ein halbversandetes, angeschwemmtes Leichlein, heute kräht er schon wieder und ist ohne Temperatur. Die Unnützigkeit meiner Tage hat ihre Krisis, die Laune morgens am Frühstückstisch kann unter einer Beschießung mit Granaten nicht schlechter sein, aber sie bessert sich in freier Luft. Heute waren Karten und Brief vom Zimmermannschen Soldaten Ernst Volk da, wo er meldet und beschreibt, bei welchem Patrouillengang er das Eiserne Kreuz verdient habe. »Haben ungefähr zwanzig von den Rothosen das Lebenslicht ausgeblasen« – – »würde ich Sie ein Bild senden. Denn ich bin mit Muff und Boa ausgerüstet. Habe eben zwei Stunden Posten gestanden im Regen – – – habe nämlich einen tadellosen seidenen, französischen Regenschirm. Jeder, der an mir vorübergeht, lacht sich, sogar unsre Offiziere. Will mich nicht rühmen, aber einer von den Wenigen bin ich, welche ihren Humor aufrechterhalten. Es geht mir tadellos« usw. »Einer von den Wenigen«!!! Aber noch weiter: »Die Franzosen liegen auf wenigen Stellen 200 m vor uns, begrüßen uns mitunter: Bon jur Musjöh! Schö wie drö ün Täß de Caffee –«

Aber nichts von Herrn Dietzel! Auf seinem Rückweg vom Lazarett oder Kaserne begegnete ich im Armsünderweg heute Morgen dem jungen Döscher, der seit einigen Tagen mit Blutvergiftung im Arm zurück ist. Sieht gut aus, der sonst zu spitzige, langschinkige Kontorist. Mehr Mann als junger Herr. Er wußte das Beste von den Marinetruppen, denn da gäbs nur alte Leute, und die gingen »ganz anders drauf«, und wo sie anrückten, kenntlich wie sie sind an ihrem blauen Zeug, rückten die Feinde aus! Daß man immer noch unentwegt an Englands Fell zu kommen gedenke, war ihm als

Überzeugung mit Brandeisen eingestempelt. Bei Blohm und Voß arbeite man Tag und Nacht, wobei niemand auch nur die Gelegenheit bekäme auszuplaudern, weil eben alles in der Werft ißt und schläft – an Vorkehrungen, über die er sich selbst nicht äußern wolle. Er sagt aber nicht, ob ers selbst wüßte, worüber er eigentlich deutlich werden könne, nur daß gegen England gehämmert, gegessen und geschlafen würde, schien gewiß. – – – Ihm hat man den Arm abnehmen wollen, der aber jetzt ganz vergnügt in einer leichten Schlinge als Rekonvaleszent richtig an seiner Schulter saß. Leider, erklärte er weiter, waren sie an der Yser zu schwach an Infanterie, da die jungen Regimenter zum Teil aufgerieben wären. Und als ich abends gegen 9 Uhr hier bei diesem Buch saß, vexierte mich ein Echo des Extrablattverkäufers, ich ging hinaus auf die Straße, auf den nackten Regenglanz des Pflasters in die warme Dunkelheit, aber es schienen nur unfugbeflissene Bengel gewesen zu sein. Kaum saß ich aber wieder, da entfaltete es seine unverfälschten Donnertöne mit nachbrummendem Kauderwelsch zwischen den Wänden der Straße, machte sich in empörender Schnelle bei uns vorbei und nahte auf dem Rückzuge schon wieder, als ich eben wieder auf der Straße stand. Es war ein Bericht über die österreichischen Erfolge in Südpolen und Galizien. 10 000 Gefangene. Gott und der Generalstab wissen, was das bedeutet, ich weiß es nicht. Vielleicht ein Stück Säule oder Grundmauer des Sieges, den sie mit uns zusammen erbauen. Ich wollte ja gern, Gott wolle es so wollen! – – Und ich soll für die Weihnachtsnummer der Kriegszeitung etwas Schönes machen. Und tue was? Gestern Klaus' Weihnachtsbuch: Roland und Elisabeth mit Erquickung an dem friedlich-christlichen Familienhumor gelesen. Am schönsten, weil ein bißchen grotesk, ist das Mäusepillenkapitel, wie das arme vergiftete Wurm, Elisabeth, nachdem sie alles Erdenkliche zur Kur geschluckt, glaubt, sie soll nun noch die ganze Schüssel mit Erde essen, an der der Arzt dem Vater die Auflösung der Pille vordemonstriert. Sodann die Bergedorfer Fahrt mit der Chaise bei Dunkelheit zurück, voll von der Wagenromantik mit Schlafen und Geschichtenerzählen, dem Gefühl des Rüttelns und Irrens durch Weltwüste und Nachtgraus, Einkehr am Hammer Baum oder Letzten Heller, ganz wie ich das kenne. Oder ich sitze, weil ich wieder im Ratskeller Grog getrunken, bei sonst einem Müßiggang hinterm Ofen. Und der Grund ist keine Faulheit, sondern Unlust zur Arbeit. Ich weiß, bei solchen Aufgaben, und sei selbst der Krieg Besteller, geht es an ein Raten mit Kohle, Verwerfen, Wegwischen bis spät in die Nacht, und so oft endet es mit trostloser Flucht ins Bett. Nun, im Ratskeller habe ich an Witzboldigkeiten des Kladderadatsch und andrer Blätter gesehen, was nicht zu machen ist, und das mag als ein Stück Vorarbeit gelten – und an diesem Buch ist zu sehen, wie ich bei mir jetzt mit der Zeit fertig werde. – Übrigens bringt die »Kriegszeit« die Lithographie meines Berserkers als »heiligen Krieg«. – – Was kann man außer Schießen doch mit den Kindern im Hort anfangen?!! Mit bestem Gruß Ihr ergebener E Barlach. – Schreibt man an sich, wenn man schreibt? Oder für sich – und wenn, was heißt für sich? Doch wohl nichts?! Denn wie weit ist man denn aufrichtig und bloß Berichterstatter und nicht Künstler? Ich denke doch im Geheimen, dies Tagebuch für den guten Seespeck nutzbar zu machen.

12. Dez. 1914, Sonnabend. Unsre Auslandskreuzer sind im Kampf gesunken. Wie viele und wo, das kommt nicht drauf an, auch nicht, daß man sie einmal verloren geben mußte, da sie doch ohne Stützpunkte, Häfen, Docks in geringer Zahl ihren vielen Feinden allzu sehr bloßgestellt waren. 2 oder 3000 Mann können ertrunken sein – ja, es stimmt herab, aber so ist man schon ausgepicht, daß mans ohne Krampf verschluckt. Es schmerzt, es beißt ins Gedärm, aber man verwindet es, Gott wie schnell. Klaus auf seinem Maserlager hat bei abziehenden Pusteln frischen Ausschlag von Quaggeln und Ungebärdigkeit, es geht ihm gut, und so weicht die Güte und Sanftheit von ihm. Am Tage des Maserausbruchs bangte es ihn ums Leben, und er zog ganz gelinde Auskunft ein nach dem Charakter der Krankheit, um sich beizeiten aufs Risiko einzurichten. Das ist nun vorbei, das Leben ist augenscheinlich in der Überhand, und so macht man nach Herzenslust Schwierigkeiten. –
Abends. Das Wetter ist ganz schlecht. Regen, Wind und Dunkelheit, wer da bei Abend hineinkommt, in dem erstirbt schnell der Wunsch, hinaus ins freie Land zu kommen, wo es noch dunkler sein

muß, was, nebenbei gesagt, nicht stimmt. Einerlei, das Tropfen-
sprühen, das im Lampenlicht der Straßen ein Lichtsprühen wurde,
tat mirs an, und ich fühlte eine Sehnsucht nach städtischen, hellen
und trocknen Räumen. Ging zu Herrn Schult und mit ihm in den
Bahnhof. Da erzählte er allerlei. Zum Beispiel, daß von eines Gefallenen letzten Schicksalen bei den Eltern nichts Andres bekannt geworden, als daß der Einzige, der zugegen gewesen, wahnsinnig geworden ist. – – Weiter aus seiner Jugend machte er einen Onkel
lebendig, dessen Frau beständig auf der Suche nach Rumflaschen
gewesen, die er im Haus, auf dem Boden, im Stall, im Backofen usw.
verborgen. Sie ahnte und fand, aber er versteckte von neuem, und
das Rätsel war nur, woher er etwas zu verstecken bekam. Das war
so: Eine seiner erwachsenen Töchter hatte das Einsehen und ließ
ihrem Vater durch einen Onkel besorgen, was er brauch⟨t⟩e. Sie
wußte, wie es da im Hause herginge, und hatte den Instinkt zu wissen, daß der Sprit, wenn auch ein böser, so doch immerhin ein Trö-
ster wäre, und so hatte sie ihrem Onkel zugeraunt: »Wat Vadder
bruckt, gif em, un wat dat kost, kannst Du mintwegen von de Arf-
schaft aftrecken.« Wenn er dann mit Korn, Heu oder Rüben in die
Stadt fuhr, fanden sich im Gepäck auf dem Heimweg Flaschen, die
nicht bezahlt waren. – – – Wir steckten eifrig unsre Nasen in die
Groggläser und posaunten etwas Tiefes über Religion und Chri-
stentum, und Herr Schult bekannte, es so zu machen wie ich auch
meistens, immer auf der Seite des Angegriffenen zu stehen. – – –
Draußen war ein Extrablatt und redete in schäumenden Nullen von
russischen Verlusten. Einschließlich der Gefangenen sollen in den
letzten Schlachten 150000 Mann in Polen eingebüßt sein. – –

14. Dez. 1914, Montag. Kinderhüttag! Oft, wenn man dazwischen
mehr wütet als waltet, weiß man nicht: ist man mehr Hirt oder
Hund, wenn zum Schießen aufgerufen wird, drängt es sich um mich,
hebt die Hände, als wollten sich mir zwanzig Zeigefinger in Mund
und Nase bohren. Auch die großen Mädchen schießen mit, eine
schießt mit zwei offnen Augen, – und trifft, und der Schielmatz
Hoffmann führt mit dem Gewehr eine ganze Komödie auf – er versteckt sich dahinter, daß es aussieht, als wäre es selbst lebendig und

er hätte es beim Vorüberstreichen gerade an seiner Nase gefangen. Dazu zielt er schielend ganz verzwickt mit halbschief vornüber geneigtem Kopf – – – und trifft auch. Wenn er das Schießen von seinem Vater hat, mag das Schielen bei dem mit draufgehen, denn vor einem treffsicheren Schielauge mögen Engländer mehr Respekt haben als vor einem apollinischen Bogenschützenblick. –
Eigentlich wollte ich das losgebrochene Eis heute weiterbrechen, denn gestern abend brachte ich ein paar gezeichnete Soldaten zuwege, aber ich habe doch das Brett wieder auf den Schrank gestellt. Denn heute wurden zum ersten Mal die aus dem Geburtsjahr 1870 aufgefordert, sich zur Landsturmrolle anzumelden. Also! Endlich! Wer die Möglichkeit anklingeln hört, wenn auch fern, ins Feld zu kommen, dem gelingen keine phantasierten Soldaten. 16.–20. Dezember ds. Jhs. vorm. v. 9–12 Uhr im Rathause, unten im Steuererhebungszimmer. Morgen werden zuerst Weihnachtsbäume verkauft. Klaus hat Mutter gesagt: Einen kleinen wollte ich kaufen, hätte ich gesagt. Das stimmt, und dazu habe ich ihm in den Dämmerstunden, wenn Mutter ihren Spaziergang machte und er in seinem Maserbett lag, allerlei Andres zu bedenken gegeben. So, daß diese Weihnacht kein Anlaß zu großen Geschenken sei, wo so viele Kinder ihre Väter nicht im Hause hätten oder gar so viele Väter ihren Kindern für immer entrissen sind, da wollten wir, wo wir warm zusammen in unsern Stuben sitzen, nur leise und bescheiden feiern. Er ließ es gut sein, vielleicht, weil er meint, daß es doch nichts nützt, nein zu sagen, vielleicht, weil er es für richtig anerkennt. – –
So schön wie die Keuchhustennächte waren die Maserdämmerstunden ja nicht, aber doch ging es ganz artig an. Er wollte von Erfindungen wissen, und so dramatisierte ich die Werdegänge der Dampfmaschine, des Buchdrucks, des Pulvers, des Zeppelinfluges, des Porzellans, des Kompasses usw., so gut ich konnte. Das lullt ihn ein, das faßt ihn mit schmeichelnden Wattepfoten an seine empfänglichsten Stellen, da geht zusammen Menschenschicksal und Weltbewegung in einem Atem miteinander. Da sind wir beide gewiegt und nicht bloß unterhalten, wie wenn wir das lästerhafte Spiel: »Ich seh was, was du nicht siehst« treiben, wo der eine den andern im Kreise, aus dem kein Ausgang ist, nach Belieben umherfahren läßt.

15. Dez. 1914, Dienstag. Bei Pape, wo ich Preisschokolade für die Schützen im Kinderhort holte, sprachen Frauen miteinander. Eine Alte mit Augen, die wohl feucht, aber schon tränenarm waren, saß, und vor ihr stand eine Jüngere und erzählte von einem Briefe ihres Mannes aus dem Feld etwa so: »Wenn nun erst die Friedensglocken von Turm zu Turm klingen – – aber Du mußt immer denken, daß ichs nicht allein bin, der hier steckt, da sind ja noch all die tausend Andern – mit die Lebensmittel ist es da im Jebirje nicht so leicht, und nun schreiben se sone Briefe, daß mans nicht för meglich hätt halten kennen...« Die alte Frau hört zu und macht ihre Augen so weit auf, wie sie kann. Man denkt, sie muß weinen, aber sie sind nur feucht. Sagen will sie nun auch was, denn die Junge hatte gefragt, ob sie Söhne im Feld hat: »Jo, veer« (denn die Junge ist Preußin, sie aber Mecklenburgerin) »de een is min Swigersöhn, äver dat is jo glik: de is in Rußland, een in Rostock, un twee stoht in Frankrik.« – –

Am Morgen hatte ich Stiefel zum Schuster Kruse getragen, die Frau erzählte, daß sie von ihrem Schwiegersohn am 7. Dezember Nachricht bekommen hätte: Immer noch ausm Schützengraben – und er schreibt so traurig, das wäre ja nicht schlimm, daß sie selbst getroffen werden können, aber das Elend, das Elend, das sie ansehen müssen. »Die Leute sitzen wie die Soldaten in'n Keller und kommen nicht aus den Kleidern und haben auch nichts zu essen. Von ihrem Viertelbrot geben sie ihnen noch was ab, selbst wenn sie mal selbst nich essen können. Das is doch zu traurig, man ein Glück dabei, daß der Krieg nich bei uns im Land ist.«

17. Dez. 1914, Donnerstag. Seit gestern haben wir wieder Einquartierung, Niehaus heißt er, ist Schlosser, hat Frau und zwei Kinder und gehört zum Bremer Landsturmbataillon. Er ist brav beleibt und ein anständiger Tischgast, man kann mit ihm reden – aber heute Morgen der Siegesbrüller! Deutsche Schiffe haben englische Befestigungen beschossen, eine Seeschlacht soll im Gange sein. Mein Gott, in dem stillen Güstrow schreit man Seeschlachten aus! Mitten in einen stillfreudigen, mattmuntern, frischerquickten Frühlingsmor-

gen hinein. Als ich auch zu Döscher ging, um Klaus sein Schulgeld
zu bezahlen, begegnete ich Herrn Schult, der von der Musterung
kam, natürlich war er »untauglich« und schien über diese flotte Sen-
tenz ein wenig mißmutig. Und so verging der Tag, am Nachmittag
spielte ich mit Klaus, der immer noch nicht hinaus darf. Er setzte
sich auf seinen Lebensthron, und ich mußte ihn bei den Beinen davon hinunter aufs Bett stürzen. Dann die Flöte ergreifen und einen
Trauermarsch blasen, worauf er schnell wieder lebendig wird und
wir zusammen im gleichen Schritt und Tritt ins Leben hineinmar-
schieren zu einem lustigen Quinquilieren. Und so weiter, wie der
Atem reicht zum Stürzen und Blasen. Dann kam Mutter und blies
uns einen andern Marsch: daß die Entscheidung in Polen gefallen,
die Russen überall auf dem Rückzug – und so winden sich die Fahnen den Abend und die Nacht über durch Dunkel wie Knäuel bunter Schlangen im Krampf geheimnisvoller Verzückungen, immer
und immer wieder strecken und ringeln sie die Leiber, daß man
sieht, das Blut brüht in ihnen. – –

10 Uhr. Halb 9 Uhr knallte der Ausrufer noch einmal mit der
Stimmpeitsche, und so holte ich mir sein geschwenktes Extra-Fähn-
lein herein: auch die Österreicher haben die Russen total geschlagen.
»Neuneinhalb große Siegesfeier auf dem Markt«, hatte der Mensch
noch gesagt –, mit Mutters Urlaub ging ich hin. Da stand also vorm
»Erbgroßherzog« die Menge und oben auf dem Balkon viele Offiziere, deren Einer eine Ansprache an die »Einwohner von Güstrow«
im Junkerton niederbrockte. Kurz, es gab eine Schützenfestepisode,
eine Kaiser- oder auch Bürgermeistergeburtstagsfeier mit Blech-
musik und Absingung aller Verse von »Deutschland, Deutschland«.
Kein Sturm, kein Ausbruch, keine Inbrunst. Aber was schadets! Es
hatte es doch sicher Jeder in sich, es läßt sich nicht hervorarrangie-
ren, »Einigkeit und Recht und Freiheit« – ja mein Gott, das sollten
drei Worte sein wie ein Gelübde, sie sollten übereinander getürmt
werden, daß dem Kirchturm der Platz eng wird, und die Echos der
Wände sollten sie miteinander zum einheitlichen Koloß verschmel-
zen. Dagegen war der Umzug am 21. August ein Lavasturz in Rauch
und Feuer, eine Befreiung von kosmischen Gewalten. Da war die
Volksseele unvorbereitet von einer Erschütterung heimgesucht, der

ihre Fassung nicht gewachsen war, da stiegen Millionen glühend heiße Schaumblasen mit Naturgewalt auf. –

18. Dez. 1914, Sonnabend. Wieder war Mutter Siegesbote, als ich mit Klaus in der Dämmerung zu Haus geblieben und in der Meerfestung von Tisch- und Stuhlbau Seeräuber bekämpft hatte: die »französischen Linien sind durchbrochen...« ganz so schlimm war es doch nicht, aber wohl ein unerwartet freudiger Schlag in den Rücken. Noch ziehen und wölben sich die Fahnen wegen des polnischen Sieges durch die Luft, zeichnen in allerhand bunten Bogen und Schleifen krause und wilde, schöne und majestätische Hieroglyphen der Freude auf das Häusergrau – und in Frankreich gehts gleichfalls glücklich vorwärts. Welch ein ungeheurer Schmerz wühlt der Welt durchs Gebein: denn auch die Spannung ist Leiden, und wie mögen die Franzosen, wenn das Hoffen in Ahnungsgrausen des kommenden Unglücks sich überschlägt, zusammenbrechen. Wie nagt in uns die größere Sorge, die wir um uns das Geheul und Gehetz der halben Welt hören! – Ich habe mehrere Nächte schwere Träume gehabt und habe mich einmal erwachend auf den Bettrand gesetzt und mit einer Art von Staunen über diese Spukwelt nachgedacht, die in einem sichtbar und hörbar wird. Da war eine Metzgerei von Pferden, deren einzelne abgetrennte Teile miteinander in grausiger Vertraulichkeit redeten. Ein Schuldgefühl geleitete mich durch viele Stationen, und immer wieder war das Bitterböse die Begegnung mit den Verlorenen und auf ewig von sich selbst, von eignem Glückhaben Abgeschiedenen... Ich war auf einmal verwundet und wurde mit einer Flugmaschine durch die Luft gefahren, kopfüber gerissen und unter Wirbeln an einem festen Punkt gelandet und von da in Leidensraume getragen, wo in vielen Zimmern Hunde mit Männerköpfen, aber in Felle und Decken gewindelt lagen. – Indessen, wenn man Träume beschreibt, begeht man schon Fälschungen. Man ist voll von Formvorstellung und erlebt schaurig tief, aber alle Gesichte gleiten mit Gefühlen ineinander, und eigentlich läuft alles auseinander und verwandelt sich in eine Art kristallisierte Unwirklichkeit, ganz blasse Regungen, die vernünftigerweise kaum gesagt und abgebildet werden können, werden zu wahren Blöcken von Gestalten, Nichtigkeiten werden unerträgliche Wichtigkeiten. – Klaus leistete unserm Landsturmmann vor dem Abendbrot ganz angelegentlich Gesellschaft, zeigte ihm seine Bilder und Bücher.

20. Dez. 1914, Sonntag. Feuchte Wärme und Dämmerungstraulichkeit hüllen uns in unserm Güstrower Weltwinkel ein. Klaus ging zum ersten Mal hinaus, und damit es in der windigen und betropften und lackierten Abendschauerlichkeit doppelt behaglich sei, nahm er sein Petroleum-Diebslaternchen, und wir gingen den Wall hinund wieder und beleuchteten den Weg mit der rötlich-gelben Trübe, die an solchen dunkelsten Tagen des Jahres immer noch Lichtähnlichkeit hat. Unser Soldat, der übrigens heute Abend im Schützenhause Weihnacht feiert, erzählte vom Gefangenenlager, als wir in der Vorderstube klönten, während Mutter hinten ein Beileid an ihre Henny schrieb, die ihren Sohn Fritz im Osten verloren hat. – »Die schwere Lungen- und Brustwunde machte ihm das Sprechen und Atmen so schwer, daß man nur immer beten konnte: ›Lieber Gott, erlöse ihn!‹« Sie muß »immer wieder weinen«. Der Landstürmer Niehaus findet es garnicht leicht, die Gefangenen zu behandeln. Wenn es zum Essen geht, drängen die Hintern nach vorn, sie aber müssen Ordnung halten und hastiges Aufrücken verbieten. Da hat denn so ein Landstürmer einen Engländer schon mit dem Kolben traktiert – – die Russen suchen immer zwei Brote zu erwischen und müssen nach Empfang mit hochgehobenen Armen abrücken, damit man sieht, daß sie auch nichts untergestopft haben. Und dann soll man nur verhindern, daß einer sich zum Essen nicht ein zweites Mal einschwärzt. Der Corporal sagt selbst: »Wenn Wenige essen, ist Essen gut.« Natürlich, sonst wird die Suppe dünn. Sie bekommen dreimal täglich Warmes. Schwer war es auch heute, wo alle gezählt wurden, die Bedrängten zu hindern, in die Latrine zu gehen. Sie machen mit Zeichen ihre Not offenbar, und wie soll nun der ungelehrte Posten wissen, wie es in Wirklichkeit bei ihnen ausschaut! Denn daß sie oft hingehen, bloß um stillsitzend eine Zigarette zu rauchen, ist erwiesen, und der Vorgesetzte ist nicht milde. »Sie sollen nicht raus.« Dagegen fragt Niehaus: »Sollen sie es denn in die Hose machen?« – –

Ein Belgier will wissen, daß in Bern Friedensverhandlungen im Gange sind. Ja, er weiß es bestimmt, wie bestimmt Niehaus es auch ableugnet. Jedes Volk ist sicher, daß das andere belogen wird.

Die Russen wissen ihre Hiebe zu verheimlichen. Schön, diese feierliche Wichtigkeit ihrer Umschreibungen! Welch behagliches Selbstverspotten, wenn es heißt: »Gewisse Truppen haben bestimmte Plätze neu besetzt«. Hier ist gewiß und bestimmt das Unbestimmteste von der Welt. Oder: »Wir haben den Deutschen unsern Willen aufgezwungen und halten sie in Polen fest«. Hoheit erlaubt sich würdevoll und verächtlich zugleich, die infamen Manöver Hindenburgs totzuhüsteln.

Mit Herrn Schult saß ich zum letzten Mal vor den Ferien im Bahnhof beim Grog. Und – gelinde wie immer – haspelte er die Schleuse seiner Alt- und Neuigkeiten auf. So hatte denn sein Wirt, Landstürmer in Rostock, von Matrosen in Warnemünde aufs bestimmteste erfahren, daß die Engländer im Kampf bei Cap Horn 8 Schiffe verloren hätten. Von einem Freund hatte er aus dem Felde einen langen Brief erhalten mit Anmerkungen, die ihm wertvoll erschienen waren. Er hatte seine Anschauung mit der Kriegsschilderung eines Briefes verglichen und gefunden, daß die Schilderung so wenig mit dem Wahren zu tun habe, als wenn man mitten in der Schlacht den Sternenhimmel oder die Abendröte bewundern wolle, und es wäre dieselbe Unzutreffen⟨d⟩heit in beiden Dingen drin, als wolle man das Lied: »Guter Mond, du gehst so stille« nach der Melodie: »Wer will unter die Soldaten« singen. Rechenschaft könne man sich kaum geben, und Erinnerungen aus dem Kampfe seien verschwommen und verzerrt und zu späterer Bedachtheit ungeeignet.

22. Dez. 1914, Dienstag. Beginn der französischen Offensive – – Joffre muß, denn in Paris soll die Kammer tagen. Der junge Döscher, der mir am Morgen, immer noch den Arm in der Schlinge, begegnete und mit dem ich zusammen die Armsünderstraße hinaufging, schien unzufrieden damit, daß man 270 Engländer gefangen hätte. Das müssen ganz frische Truppen gewesen sein, die das taten, sagte er – sonst murkst man sie ab – sie werden nicht mehr gefangen. Er

sprach simpel und sachlich davon. – Nachmittags Kinderhortüber-
druß, aber am Morgen bekam ich einen Brief von Herrn Engel.

Vor Fracy-le-Val, am 12./12. 14. Morgens.

*Verehrter Herr Barlach, glauben Sie mir: Nach dem Kriege wird
Alles wieder so sein wie früher, denn Vielen ist das Geschehen jetzt
nur Sensation. Die Wenigen werden weiter ihren schweren Weg
gehen müssen. Sie sollen später die Jugend erlernen lassen, ein wie
hohes Menschentum in uns ist. Nun wissen wir von der Mißachtung,
dem Nicht-verstehen-wollen unsrer Art im Ausland. Und die wir
hier draußen liegen, verrichten im Grunde nur die »grobe« Arbeit. –
Schrieb ich Ihnen schon, daß ich hier mit zwei Geschützen auf ganz
verlorenem Posten stehe und zwar freiwillig? Wir warten auf den
unausbleiblichen Sturm. Eines Nachts wird er kommen, und wir
werden unsre ganze Munition im Schnellfeuer auf die herandrin-
genden Massen bratschen. Aber das wird ihn kaum aufhalten, denn
wir liegen ja nur 60 m von einander entfernt. Und dann, ja dann
wird er eben bei uns sein. Wir haben unsre Pflicht getan, das ist
Alles. Und da liegen nun diese acht Mann, mein Bruder ist darunter,
und warten. Unser Geschütz ist der am weitesten auf Paris vor-
geschobene Posten. Schön sind die Nachtwachen, in furchtbar an-
gestrengter Art über das Geschütz in den feindlichen Schützengraben zu starren und einen breiten Mond über sich . . . Wissen Sie, wie
kalt und erbarmungslos Sterne sein können? Bei den Nachtwachen,
da man allein ist und nur die Luft ununterbrochen vom Lärm zer-
platzender Geschosse zerrissen ist, fühlt man es. – – Einmal gingen
mein Bruder und ich durch den schweigenden Mittagswald, der in
lauter Sonne lag, nach einem Schloß, das dem Präsidenten gehört:
Carlepont. Ein riesiger, weißer Empirebau. In dem liegen viele,
viele Helden beider Nationen. Im Schloß: welche höchste Kultur,
welche Raffinesse, welche Bibliothek! Aber wie sinnlos und grausig
zerstört Alles, und zwar von den Franzosen selbst. Niemals habe ich
so stark den Begriff vom Krieg gehabt wie damals. In einem Saal
hing ein zerfetztes Ölbild, Schäferszenen. Ich sah nach und entdeckte »Boucher«. Ein Flügel stand offen, unversehrt. Und in die-*

141

sem Chaos, in dem Tohuwabohu zerspellter Dinge spielte ich Cho-
pin. In einem Zimmer standen ein paar Samtpantöffelchen, schwarz
mit langen, gelben Seidenbändern, wie eben achtlos von graziösen
Füßen geschleudert. Nie werde ich diese Schuhe vergessen, rührend
standen sie da in all dem Grausigen. – – Einmal sprach ein Kamerad
mit mir. Wir bedienten das Geschütz. Da kommt eine Granate und
nimmt seinen Kopf mit. Der lag im Sand, noch Worte auf den Lip-
pen. Aber der Rumpf blieb, eingezwängt im Gestänge des Geschüt-
zes, aufrecht sitzen.

Einmal hatten wir Gottesdienst. Elf jungen Juden gab der Feld-
prediger, Rabbiner aus Berlin, gute Worte in einem zerschossenen
Hause. Das war vielleicht nicht so schön wie ein Feldgottesdienst
im Walde, den ich schon mitgemacht habe. Aber dies war ergrei-
fend: Da wurden elf junge Menschen gesegnet in den Worten der
Väter, die schon seit tausend Jahren Kraft gaben. Schmutzig und
entschlossen standen wir da. Und dann sprachen wir Alle das uralte
Kaddisch-Gebet zum Andenken und zur Ehre unserer gefallenen
Kameraden. Das sind einzelne, herausgegriffene Bilder. Das Ständige
bleibt: das Kugelregenbad.

Es ist halt so: es regnet, es regnet.

Sagen Sie Klaus, er könne ruhig schlafen, wir wachen. Und grü-
ßen Sie bitte den Jungen – – – u.s.w.

Ihr Bruno Engel

Herrn Döscher traf ich im Rathaus, und wir sprachen auch über
seinen Sohn. Nun – der erzählt eigentlich nichts, er wiegelt ab, sobald man ihn mit Fragen angeht, nur Einiges ist ihm entbröckelt –
wie etwa, daß man sich, um sich vor Kugeln zu schützen, hinter
Leichen birgt, die schon viele Tage im Freien gelegen haben, – daß
die anfahrende Batterie die schweren Geschütze über Leiber weg-
fährt. – – Und Klaus hat das Weihnachtsfieber im Blut, er schläft
Abends nicht ein.

Aber ich hatte neulich Nachts einen Traum, ich träumte, ich war
irgendwo in der Fremde, in der Verlassenheit, irgendwo draußen,
von wo man heiß nach dem Gewesenen verlangt. Solche Verlassen-
heitsträume habe ich oft. Früher, wohl in Friedenau, glaubte ich,

als Fremder vor der Tür zu meinem alten Atelier in der Fasanen-
straße im Regen zu stehen, vor einer jetzt fremden Behausung, und
empfand in dieser Leere den frühern Zustand, wo ich krank in dem
unwirtlichen, dunkelfeuchten Rattenloch hauste, als Fülle von Glück
und Sicherheit: Da war doch ein Kanapee, auf das man sich einmal
strecken durfte, dadrin war ein mageres Dasein, ein unsicheres,
furchtwachhaltendes, ich war aber nun ein obdachloser Fremder vor
der Tür eines ehemals besseren Zustandes. Dieserart war meine Not
in der letzten oder vorletzten Nacht, – und da dachte ich an Mutter
als an die Einzige, an die ich denken konnte, und klammerte mich in
Sehnsucht an die Absicht, ihr in die Ferne zu schreiben und in meiner Armut bei ihr Zuflucht zu finden, mütterliches Erbarmen mit
der Ausgestoßenheit von Friede und Genügen. Das war Alles, aber
es war bittersüß und wurde es noch mehr und überdrängender, als
mir bewußt ward, daß sie weit fort sei und ein Brief erst nach langer, unsicherer Fahrt zu ihr kommen könne. Als ich dann aufwachte,
wußte ich, daß sie in ihrem Schlafzimmer lag und zwischen uns nur
die Wohnstube sich breitete. Bei ihr im Kinderbett Klaus in ge-
nesender Ruhe, Krieg weit vor den Grenzen, und daß unser Dasein
unbedroht als gemeinsames Ganzes fester Besitz schiene. Ich fühlte,
daß ich sie sehr liebte und daß aller Verdruß nur Gerümpel und
Verstaubung bedeute, das man fortstäuben und abräumen könne.
Sieh, Barlach, so gehts! Aber diese verlassene Öde ist das alte Kin-
derleid in der Fremde, Heimweh nach der uranfänglichen Gebor-
genheit.

23. Dez. 1914, Mittwoch. Mutter ist krank und so hinkt der Haushalt auf allen Vieren. Er muß eben sehen, wie er seinen Weg macht.
Unser Soldat schwänzte das Mittagessen, es gab plötzlich ein feind-
liches Auto in der Gegend, und nun ging die erbauliche Leiter-
wagentaktik an den Eingängen zur Stadt wieder an, wie sie zu Anfang des Krieges zur Bekämpfung des französischen Goldautos gedient. Zu den freiwilligen Wachmannschaften gehörte nun auch
unser Niehaus, und zwar stand er an der Goldberger Chaussee. So
verging uns der Krankentag unter dieser Erleichterung, aber unter
Erschwerung oder Einschnürung durch die Kinderbescherung des

Kinderhorts im Tivoli. Am Morgen rauchte der Ofen, zwei Bäume
warteten der Auferstehung auf künstlichen Füßen, und die Damen
hatten rechts und links die Gabentische hübsch gleichmäßig bedacht,
etwas Nützliches, etwas Amüsantes, ein wenig Plunder und etwas
für den Schnabel, so gesegnet zogen sich mit Namenzetteln rechts
die Plätze der Jungen, links die der Mädchen hin. Ich machte mich
nützlich, legte roten Äpfeln Schlingen um die Stengel, grüßte die
Herrschaften rechts und links und versprach, zur Bescherung wie-
derzukommen. Nachdem ich eine Art von Lichtertanz auf der Steh-
leiter zum Besten gegeben hatte, zogen die Kinder mit Gesang vom
Hort in den Weihnachtshimmel ein, stauten sich mitsamt den Gön-
nern und Eltern und sa⟨n⟩gen ein andres Weihnachtslied, vornean
die Kleinen, die baß und schlechthin Erstaunten und Gläubigen.
Herr Maier aber, der Student, lenkte die Andacht und brachte sie
auf eine lustige Wiese mit Fragen und Einschiebseln. Zum Beispiel:
»Wer hat die bösen Russen verjagt?« Antwort: »Hindenburg!« –
»Und wen will Christus zu unserm Heil verjagen?« Antwort: »Den
Teufel.« Herr Maier: »Ja, den Teufel oder das Böse in uns.« – Vorher aber: »Der Vater, unser Vater, dessen Kinder wir Alle sind,
schickt seinen einzigen Sohn, und der ist gehorsam und geht.« Und
so ging es wie am Schnürchen, es ging wie eine Aufführung. Wir
beteten sogar, auch Knospe mit seinem roten, schlechten Jäckchen
legte die roten Pfoten zurecht und feixte darüber mit seinem Nach-
barbeter in bester Unzerknirschtheit. Auch Herr Doktor Heilmann
brachte die Hände ein wenig vornheraus, als wolle er Anstalten machen, sein Gebet demnächst und vielleicht, wenn er Zeit bekäme, zu vollziehen. Niemand betete, auch nicht Herr Maier, der
viel zu gut sprach, und sicher auch nicht der Landstürmer, der durch
die Scheiben des Nebensaals zuschaute, wo die Dekorationen für
die Soldatenfeier in vollem Werden waren. Ich ließ die Hände auf
dem Rücken, denn ich hatte meinen Baumanzünder noch in den Fingern und hätte nicht gewußt, wo ich ihn so schnell loswerden
konnte. Guter Gott, es ist gut für Dich, daß Du unsre Gebete nicht
brauchst. Wenn ⟨es⟩ so eine Art Stoffwechselgesetz gäbe, etwa, daß
unser »Gebetshauch« Gott als Odem diene, er wäre längst erstickt.
Und dann bekamen die Kinder das Wort, turnten tapfer aus der

Horde hervor, brachten ihre Verbeugungen zur Aufführung und
stachen ihrem Vortrag die Sporen in die Weichen, daß er sich in ein
paar Galoppsätzen ganz von Atem quälte. Aber nicht Alle, eine plattdeutsche Reuterschnurre z. B. machte sich ihr Geschäft so bequem,
als hätte ein Barbier das ganze Kinderhortpublikum an der Nase,
und tat sich so lang und breit wichtig, wie es Fritzing Reuter nur
hätte wünschen können. Der große Rußbüldt aber, gewillt, alle andern Hähne zu überkrähen, ging mit Siegerschritten auf den Plan,
stand und machte kurzen Prozeß mit uns Allen, er wollte uns offenbar etwas zeigen, sein Sonntagsanzug arbeitete wie ein Blasebalg,
und er trat ab wie das befriedigte Donnerwetter. Darüber schlän-
gelte sich Herr Dr. Heilmann zu mir heran und machte mir begreif-
lich, daß nun jemand etwas über die jungen Damen sagen sollte,
die mit soviel Liebe soviel Arbeit leisteten. Ja, Herr Doktor, das
dachten Sie wohl, aber ich antwortete ihm, daß ich nun gleich gehen
würde. Es begann nach all diesen spannenden Verzögerungen der
Erfüllung die eigentliche Bescherung. Nun mußten die Mädchen und
Jungen ihren Seiten zuwogen, nun wurden die einzelnen Namen
aufgeboten und jeder Einzelne der Herde auf die grünste Weide an
seinen Platz gebracht. Ich holte meinen Hut und ging heim, holte
Klaus und machte mit ihm Einkäufe. –

25. Dez. 1914, erster Weihnachtstag. Muß man von der Weihnachts-
feier reden? Diese Blätter sollen mir einmal das Hangen und Bangen
dieser Zeit heraufbeschwören. Und also muß dies ungefeierte Fest
unvergessen bleiben. Ich hatte Klaus schon beizeiten gedämpft, und
so war er gefaßt; daß ich einen kleinen Tannenbaum kaufen wollte,
hatte er Mutter gesteckt; und sein Vertrauen auf das Mysterium der
Weihnacht, auf den Zauber, der irgendwoher über die Welt strahlt,
ließ sich nicht erwürgen. Wie sonst saßen wir im Dom zur Weih-
nachtsmette, Orgel, Architektur, Lichterbaum nahmen uns in die
Mitte, und mir war fast, als wäre ich in diesem Hause der Spitz-
bogen und Gewölbe heimisch. Vor meinem Platz fanden sich bei
vorschreitender Feier ein Eisenbahner mit seiner Frau für einen kleinen Rest des abendlichen Licht-, Klang- und Form-Segens heran. In
der Uniform der Ruhezeit und Sonntage, mit einem Kopf, in den die

vergangenen Dienstmonate ihre Zeugnisse geschrieben. Er hatte nicht viel gefeiert, das sagte der Einsturz der Wangen unter den Backenknochen aus, das verrieten die Aufwürfe und Wülste seitwärts von Kinn und Mund, die Ergebnisse einer Wühlarbeit in den Muskeln, überanstrengter, unerbittlich angefeuerter Wille hatte Zeit gefunden, seinen Namenszug in die Stirn zu meißeln, und er setzte sich in den Kirchenstuhl ganz bewußt, daß der Überdruck von Pflichten des Krieges wie ein Tornister nur für ein Friedensstündchen von seinen Schultern genommen worden sei. Er mußte es gerecht finden, und er fand den Frieden, wo er ihn suchte. Es war gut und in Ordnung, daß er mit seiner Frau auf der Holzbank sitzen und lauschen konnte, die ewige Gerechtigkeit hatte ihm dieses Stück seines Rechts pünktlich zugeteilt. Ich hatte kurz vorher andre Augen gesehen, die der Frau Stadtfischer Niemeyer, deren Mann am Morgen $1/2$ 10 Uhr an der Fischwaage vom Schlage getötet war. Unser Nachbar aus der Plauerstraße, ein herzkranker Vielesser und Hochleber. Schon seit vielen Monaten waren seine Nächte Kämpfe um Luft und Schlaf, und die Frau hatte sie mit ihm geteilt. Er ist Seespecks dicker Bruder. Ich kam am Nachmittag, um einen Festtagsbrachsen zu bestellen und fand sie in der Stalldiele unterm Tor bei einem Arbeiter stehen und mußte als Holzbildhauer überlegen, welch eine Art Meißel ihr so tiefe Schnitte zwischen Backen und Augenlidern gestochen haben konnte. Sie stand wie eine ertappte Selbstmörderin da, und man konnte nicht sagen, wo in ihrem Wesen und Leibe so viel Kraft sich gerettet hatte, um das Sinken und Niederbrechen hintan zu halten. Daß Fischer Niemeyer gestorben war, ohne seine Angelegenheiten zu ordnen ungeachtet der Warnungen des früheren und letzten Arztes, war eine schwere Schuld, die er ihr im Sturz in zitternde Hände legte. Die soll sie nun erben.

Unser Soldat hatte seine Kompaniefeier. Wir waren allein, ich zündete unserm Bäumchen die Lichter an, das Bäumchen, das am Vorabend, wie immer seit unserm Güstrower Leben, von mir aufgeputzt war. Aber sonst war es ein leises Fest für mich und Mutter allein gewesen, wovon Klaus in seinem Bett nichts wissen sollte. Diesmal mußte Luise Mutter das Knüpfen des Konfekts so gut abnehmen, wie sie verstand, und Mutter ließ ihre ohnmächtigen Hände bald davon. So war es kein Fest, sondern ein Geschäft gewesen. Aber der Festabend wurde doch ein bescheidenes Fest. Klaus ergriff sein Gewehr mit Freude, und später saß ich mit ihm hinterm Baum und las ihm beim Lichterschein das Mäusefest und die »Rike Fro« aus »Roland und Elisabeth«. Der arme gute Junge hat so viel Fluch und Segen auf sich! Ein reichlich ungeduldiger Vater soll ihn vorwärts geleiten, und eine schwache und kränkliche Großmutter soll ihn hegen. Aber er hat auf seinem blassen, schmalen Gesichtchen Glauben, Sehnsucht und Vertrauen. Herr Kriegsfreiwilliger Engel I wacht über ihn von Frankreich aus. Und der Krieg rast weiter, und doch ist Weihnachten kein Plunder! Wie mögen die Stürmenden und Wachenden im Osten und Westen einen Heimatswert in sich glühen fühlen! Den Nachmittag des ersten Festtags verbrachten wir bei Fräulein Leben, morgen wollen wir nach Rostock oder Warnemünde an die See.

26. Dez. 1914, zweiter Festtag. Wir waren in Warnemünde sozusagen an der Front. Über die Mole fauchte Nebelatem und schob seine Eisigkeit wie beizendes Übelwollen heran. Wir froren, aber Klaus hatte keine Gnade, nicht mit sich, nicht mit mir, wir mußten, wie wir die zwei Torpedoboote hatten einfahren sehen, nun auch noch die Manöver des grauen Reichsdampfers abwarten, der sich beim Näherkommen mit einem zwinkernden Blitzsignal das Lotsenboot herangeboten und nun, nachdem diese menschliche Laus von Lotsen dem Walfisch über die graue Flanke gekrabbelt war, eine langwierige Dreharbeit auf derselben Stelle ausführte, bis er sich endlich mit dem Schnabel hafenwärts fand und wie auf Filzpantoffeln vorsichtig hereinschob. Hart an der Spitze, hoch wie am Rand eines Abhanges, spießte wie ein frecher Schnabel ein dünnes Kanonenröhrchen in die Luft, und das Schiff schien alle die Matrosen wie untätige Schmarotzer zu dulden, während es selbst und allein seinen wäßrigen Weg durchs Wasser roch oder ahnte. Hinten aber, da standen, mit Schwimmkörpern auf dem Deck ruhend, zwei Wasserflugzeuge mit den Kennzeichen Kiel 5 oder 6. Vorher im Hafen hatten wir ein wahres Original von Fahrzeug gesehen. Vorne spitz und hinten spitz, Segelboot mit tonnenrundem Deck und durch einen angströhrenförmigen Schornstein zu einer Art Vorversuch der schiff-schaffenden Natur zum Dampfboot gestempelt. Ob lebensfähig oder nicht, das Experiment nannte sich am Bug »Frosch der Vierte«, und es versteht sich, daß Klaus ihn ins Herz schloß. So hatte er schon viel erlebt, Kiel 5 und Frosch der Vierte. Nun wollten wir ins Warme zum Essen, aber noch vorher durften wir ein Wasserflugzeug in der Ferne mit andern Sonntagslungerern entdecken. Es hob seine Flügel vorsichtig übers Wasser, aber sein Schwimmleib tauchte tief hinein, so kam es leicht geschaukelt langsam heran und bog, als wir endlich hinter Glasfenstern nach der See im Warmen bei der braunen Pilz-suppe saßen, um den Molenkopf. Wir schlürften mit Augen und Zungen beides zugleich. Nach Tisch spazierten wir zwei Stunden am Strand, sahen den Leuchtturm bewacht und an der Galerie in mitt-lerer Höhe als Lugaus selbst, der seine Matrosen und Fernrohre zum fleißigen Gucken anhielt. Um 4 saßen wir hinter andern Scheiben nach dem Hafen wieder im Warmen beim Tee und sahen so aus dem oberen Stock über die östliche Mole weg und über die Bucht bis an den Graaler und Müritzer Strand und auf den mattdunklen Pinselstrich der Rostocker Heide als Horizont. Als die Fähre von Gjedser, mit Lichtern wie mit glühenden Metallknöpfen bepanzert, hereingeträumt war, wollte der Wirt die Vorhänge schließen, wozu ich eine entfernte Andeutung von Verbitten einlegte. Doch erklärte er mir ganz freundlich, daß es eben nötig sei – der Lichtschein solle nicht auf die See winken – und so fanden wir beim Gang zum Bahn-hof die ganze Wasserkante von Häusern verdunkelt. Wo Laternen brannten, waren sie gegen Norden und Osten maskiert, und nur der Widerschein gegen Hauswände so wie das dünne Lichtgesicker durch die Vorhänge hatte so etwas wie eine schwache Witterung für lungernde Blicke von der See. – – Viele landfeine Blaujacken kreuzten in den Straßen, und die jungen Wikingersöhne, die vom unsichern Leben diesen Abend auf Abschlag in lebenslustige Hände bekommen, hatten im Gegensatz zu Liekedeelern ihre Schätze jeder für sich in Schlepptau genommen. Doch am Ende durfte man auch von Todeslust reden, man wußte das, wenn man sie sah, sie hatten sicher ihre Kanonen feuerfertig in sich, aber sie hatten nichts einzuwenden, daß ihnen das Schicksal, bevor sie losbrannten, diese Art Herzstärkung gönnte. Einen Beschnapsten habe ich nicht gesehen, sie schienen wahrhaftig keinen »Lütten« nötig zu haben, sie waren blank und hatten frischgesalzene Haut wie gebadete Robben, die nur grade an der Luft trocken geworden waren. Diese gesunden blauen Jungens! Aber auch diese kernfleischigen Männer, diese Leute mit den leicht gewölbten Brustbreiten, mit den wohlgesetzten Schulterstücken und den langen Beinen, die im schmalen Kreuz zum festen Gefüge zusammengedrungen sind, um das Hüftgelenk sicher zu verankern und damit das Gebäude der Rippen zur Brust hinaufzustemmen!

30. Dez. 1914, Mittwoch. Nun sollte ich etwas über Krankentage schreiben, Mutters Alterszoll beim Einbringen ihres Inventars in den Winter. Kinderkrankheiten sind Erbauungen, die von alten Leuten sind voll Ärger, man kommandiert und schickt, ruft, um wieder wegzuschicken. Man sorgt sich und will doch nicht befragt werden. Man beansprucht und will doch nichts, als wieder leistungsfähig werden, kurz – Gnade mir Gott vor Altersschwächen! Oder doch, sie sollen kommen, aber sie sollen meinen Nächsten nicht wie Kratzteufel auf den Hacken sitzen, abseits, abseits stecken die Übel und seine Träger – und doch wieder nicht, so ist man nun mal, allein diese Geduldsproben sind richtige Versuchungen, man unterliegt einmal, dann erringt man einen Scheinsieg, und das ganze Gegrimmel macht sich wie Ungeziefer bemerkbar auf einem vierschrötigen, baßbellenden Untier von Kriegszeit.

Heute abend wollte ich nicht zugestehn, daß ein bewußtes Bild Mutters aus Amerika hexenmäßig schlecht sei, so viel Runzeln hätte sie nicht, sagte Mutter – einerlei, nachdem ich Josephs kürzliches amerikanisch abgefeimtes Bildnis verworfen, was Mutter schon mißbilligte, billigte sie keineswegs, daß ich das bewußte von ihr (das ich garnicht kenne) für möglicherweise nicht schlecht hielt. Soweit gedieh der Spaß, und dann war die Dammhöhe erreicht, und nun lief der längst fällige Vorwurf über. Etwa so: »Ich kann Dir nicht alt und häßlich genug sein«, oder: »Du willst, daß ich wie eine Hexe aussehe.« Preisfrage: wer von uns war der Tor? – –

Bei Tischler Büntzel habe ich heut eine halbe Stunde verklönt. Sein Sohn ist immer noch in Flandern, Veterinär mit Offiziersrang. Der Vater macht Fenster und andre Tischlerarbeit fürs Gefangenenlager, unser Bremer Landsturm ward ans Ohr gezupft, unbeliebt, wie er ist, mit seinen Hafenarbeite⟨r⟩n legiert, die, so sagt Büntzel, den Belag nicht mit Gabeln, sondern mit Fingern aufs Brot häufen. Grobe Leute, die in der Baustraße in der Polackenherberge verkehren und betrunken und läuseverdächtig ihren Wirten ins Haus kommen. Dagegen hat es jetzt eine stramme Verfügung gesetzt, nach 9 Uhr dürfen die Wirte an keinen Soldaten mehr Getränke geben, oder er muß seine Urlaubskarte zeigen. – – – Eigentlich habe ich nicht mehr Ruhe, Alles gelassen hinzumalen wie früher, etwa heute Büntzels Walzenschädel mit dem Gesicht eines freundlichen Petermännchens von ehrbarem, bürgerlichem, gewerbsfleißigem Kasperletheater-Tod. Oder die Fernen meines Spazierganges – endlich einmal wieder durch den Primer nach Klues – den Wald von ferne wie ein Gespinst aus der Luft, in Reihen niedergeschlagen zu losen Dunsthäufchen, die ein rascher Windstoß von ungefähr auseinanderwirbeln könnte. Aber es fehlt mir dazu. – – Ich las in der Zeitung von einer Weihnachtsbescherung im Felde: »Es ist schon so, wir haben alle geflennt.« Denn das »Stille Nacht, heilige Nacht« haben sie nicht zu Ende singen können. – Ich weiß, ich weiß, heiliger Geist, Du hast mich in solche Tiefen der Seligkeit so oft gestoßen! Ich gönne es den Burschen und beneide sie darum. Zerschmelzen vor einem Überdrang heißt – man soll nur einen recht starken Vergleich finden – heißt, daß die stille Seligkeit der Welt den ganzen Lärm ihrer Not durchzittert und so durchdringt, daß sie gelähmt verstummt. Sie lähmen uns ein paar Sekunden und geben uns durch schmale Ritzchen ein paar Tröpfchen Ewigkeit. Man kann gewaltige Eindrücke bestehen, aber man vergeht vor einem Windhauch. Bin ich ein Dummkopf, wenn ich sage, so fühlen wir ein paar Mal die wahre Wirklichkeit. – –?

Aber über Allem: es wird weitergekämpft in Rußland und Frankreich, Belgien. In der Weihnacht stürzten die Engländer sich auf Cuxhaven, aber die Wacht an der Elbe war wach. Sie scheinen den größten Teil ihrer Flugzeuge eingebüßt zu haben, dazu sind von

Zeppelinen Schiffe getroffen. Der Rest hüllte sich in die Nebel der Nordsee – – –.

31. Dez. 1914, Silvesterabend. Mit Klaus holte ich einen Brachsen, da waltete an der Fischwaage Frau Niemeyer schon eifrig ihres Amtes als tüchtige Witwe, und Ali half ihr als guter Sohn anschreiben, einsacken, geldwechseln und dem Brachsen den Schädel einschlagen, was bei solcher Art Tieren nicht zum Tode zu führen scheint, denn das letzte Mal, wo Mutter krank war und Luise den Brachsen zur gemeinsamen Besorgung brachte, sprang er ihr mit einem gewaltsamen Schwung fast ins Bett, und heute, als ich ihn Klaus einen Augenblick zu tragen gab, ersah er wieder die Gelegenheit zu Kapriolen. Klaus mußte aber zugreifen, weil ich an mein Portemonnaie wollte, um einen Groschen fürs Extrablatt herauszuholen. Wir waren vor kaum einer halben Stunde durch die fahnenlose Stadt gekommen, hatten einen frostigen Weg über die Wiesen gezogen und beim Aufholen gegen die Mühlenstraße wehende Fahnen im Abend entdeckt. Da bogen wir um, und da knallte es auch schon: »Extrablatt, Extrablatt!« Es waren die Angaben über Gefangene und Kriegsbeute seit den Tagen von Lodz: 56 000 Mann, über 100 Geschütze und über 300 Maschinengewehre. Soldaten standen dabei und griffen dem Mann in sein Blätterbündel, zankten mit ihm, wie er wehrte, lachten und rumorten durcheinander. Wir gingen mit Fisch und Extrablatt fürbaß. Dann zündeten wir noch einmal die Kerzen des Tannenbaums an, schossen nach der Scheibe und hatten Mutter bei uns, der es wohler war wie vor einer Woche und die sagte, sie könne sich nun einmal freuen. Wir trieben unsre Scheiben- und Lichtschießerei mit einer gelinden Unsachlichkeit, grade als ob es uns beiden, Klaus und mir, nur aufs Zusammenspielen als aufs Schießen ankäme. Durcheinander die Stimmen treiben, Faxen gellen lassen, Bruder Lustig markieren und doch das leise Glück in den Winkeln erkennen, ohne es zu beschreien, so gingen die letzten Abendstunden dieses weltgeschichtlichen Jahres 1914 verstohlen aus dem Hause. Es gab auch Schießprämien, für Luise, weil sie das Gewehr in die Hand genommen hatte wie ein Teufelchen mit brennesselartiger Behaarung – ein Stück Marzipan, für Mutter als besten

Schützen ein Stück Tannenbaumkonfekt, für Gaus aus keinem Grunde etwas Gleiches. Mutter, glaube ich, war recht angetan von ihren Leistungen, sie empfing den Preis, wie man eine gerechte Würdigung entgegennimmt. Es schien ihr beinah als ehrliche Folgerung, ihren Verdienst nun auch noch zu beweisen dadurch, daß sie die Schokolade aufäße, aber dann – nein – dann wollte sie ihres Ranges nicht stolz sein, und so gab sie es denn dahin und sagte: »Wir wollen es doch alle zusammen aufessen.«

Ich habe Frl. Tina geschrieben, daß ich eines Tages nach Lübeck ihr entgegenfahren würde. Sie wollte nämlich hierher kommen, mich für den Fall, daß ich eingezogen würde, vorher sehen.

1. Jan. 1915, Freitag. Ich ging am Abend auf der Schweriner Chaussee mit einem Mann, der hinter mir herkam, als ich ihm schon vorbeigekommen war, wie er mit dem Schirm den wütenden Ostwind abwehrend vor mir beiseite trat in ⟨jenem⟩ schwerbeinigen Hockschritt; wenn man zugleich sonst Geschäfte erledigt. Nun hatte er aber seinen Schirm zusammengeklappt und war zu meinem leisen Ärger besser auf den Beinen als ich. Es war bitterlich kalt, aber bei Allem war wie eine Art Trost ein Regen im Wind, der auf dem harten Boden zu Eis wurde. Ich hatte zum ersten Mal diesen Winter einen Winterpaletot und gefütterte Handschuhe an, und doch fraß sich der Ostwind hindurch. Ich zog die Handschuhe aus und schlug mir die Hände um die Schultern, und als das half, ward mir bei meinen Gedanken an den Krieg ein wenig wohler. Der Mann, der im Dunkeln im Schritt und Bau als Verkörperung des Plattdeutschen anzusehen war, hielt sich neben mir und sagte: »Wat de Jungs woll bi dat Wäder in Grawen makt?« Und dann sprachen wir weiter von den Jungens – und wenn er zuerst wohl nur seinen einen gemeint hatte, so meinten wir weiterhin unsre Alle. – – Ja, da haben sie nicht nur die Russen vor sich im Osten, sie haben einen Mordsfeldherrn, einen Heerscharenanpeitscher, einen Tschingis-Khan aus Asien, den Winter, vor ihren Flinten und wissen nicht einmal, mit was für Kanonen sie ihm zuleibe können. – – – Ein Extrablatt: Fortschritte in den Argonnen!

7. Jan. 1915, Donnerstag. Gestern mit Klaus in Rostock, um einen Dompfaffen anzuschaffen. Heute Morgen am Bahnhof war die frische Kriegsjugend auf der Ausreise, frisch in Grau und forsch im Gehaben. Es geht endlich los – die Kapelle des Bremer Landsturms stand auf dem Bahnsteig und blies Abschiedsklänge, und als ich darüber fortging, hastete Fräulein Vermehren an mir vorbei: »Sie spielen ja schon«. Also war es höchste Zeit, sie wollte wohl ihren Pensionär, früher Schüler, auch meinen Gelegenheitsgast, jetzt ins Feld rückender feldgrauer Held, noch einmal grüßen. Ich ging noch einmal an den Bahnübergang und sah die Jungen ihre Beine breitspurig aus den offnen Türen hängen, während im Wagendämmer hinter ihnen die Pferde sich in ihrem engen Spielraum regten. Wie ich später bei Meincks hörte, ist ihr Friedrich nun auch mit fort – nach Breslau, um in Bälde nach Polen zu kommen. Die von heute Morgen gehen vorerst ins Lockstedter Lager, denn es werden, heißt es, acht neue Armeekorps formiert.

Unser Niehaus, Landsturmmann mit Frau und Kindern, wie er sich auf der Karte unterzeichnete, als er seine Rückkehr vom Urlaub anzeigte, – überliefert immer neue kleine Lagergeschichten. So hatte er mit einem alten Fuhrmann gesprochen, dessen Sohn aus Frankreich schreibt, daß die Franzosen schon ziemlich mürbe sein müßten, denn sie liefen bei jeder Gelegenheit zu ihnen über. Bis jetzt, mitten in diesem schneesottigen Winterwetter, haben die Gefangenen noch immer in ihren Zelten gewohnt. Heute, sagte Niehaus, seien fünf Särge hineingebracht. Nur etwa 2000 Mann sind schon in den festen, heizbaren Baracken, darunter Engländer, die die erste Nacht benutzten, um in die Kantine einzubrechen, dafür sind sie nun wieder ins alte kalte Zeltlager zurückgekommen und – sagt Niehaus – der Feldwebel, der sie leitete, habe ihnen, ich weiß nicht warum, tüchtig etwas mit einem Peitschenstiel übergezogen, so daß der, dens traf, sich unter den Hieben gekrümmt hätte. Es kommt ein halbes Landsturmbataillon zur Verstärkung, und darüber, weil nun neue Quartierlasten in Aussicht stehen, gibt es in der Güstrower Zeitung erregte Zwischenrufe. – – Der Krieg! Die Deutschen 40 Kilometer vor Warschau, die Offensive der Franzosen ist abgeflaut, die Deutschen haben in den Argonnen Boden geschafft.

8. Jan. 1915, Freitag. Sündflutwetter, und noch liegt ein wenig Schnee in schmutzigen Resten auf den Straßen, Sturm schlemmt sprühregennasse Luft durch die Straßen, und der Mittag ist ein dunkler, er hat sich einen Dämmerabend angefärbt. Man dankt beinahe Gott, daß an der Front nichts Wichtiges vorgeht, daß den Heeren keine Taten zugemutet werden außer der ungeheuren – im Feld zu liegen mit Nässe, Schlamm, Gestank, feuchten Kleidern, mit Öde und Grau fertig zu werden.

9. Jan. 1915, Sonnabend. Unser Niehaus ist entschieden kriegsmüde; als er heute nach der Wache am Kaffeetisch saß, war ihm die verfrorene Munterkeit deutlich anzumerken. Er wünschte dringend, daß der Krieg bald vorbei sein möge, er glaubt auch nicht mehr, daß wir siegen werden. Es kann nicht anders sein, solch ein leidlich durchspickter Familienvater schickt seine Seele auf keine andern Pfade kundschaften, als wo die lieben mäßigen Glücklichkeiten gewohnheitsmäßig traulich-trocken hocken. – Aber »Emden« No. 2, die Mannschaft der zusammengeschossenen »Emden« auf ihrem alten Dreimaster »Ayesha« mit ihrem alten Mörser und einigen Kanonen, 50 Männer hoch, die denkt an keinen Frieden und pfeift auf alle Kaminecken in der Welt. Sie verlängert den Ruhmespfad der »Emden« in grader Linie. Sogar Mutter und Klaus freuen sich.* – – Bei Meincks war heute mittag Ladenklatsch. Friedrich hatte telegrafiert, daß sie nunmehr feldgrau eingekleidet würden, und in Kurzem ginge es nach Rußland. Und nun die russischen Wege bei Regen! Man zeigte mir einen Stapel Feldbriefschachteln, die eine Dame soeben ausgesucht – das schickt sie ihrem Mann oder Sohn nach Rußland, sonstens sie dort verhungerten, da auf den Wegen nichts gefördert werden kann, auf der Bahn nur Munition geschafft wird und – »180 Wagen mit Lebensmitteln stehen an der Grenze und können nicht hinein«. Die Kanonen, sobald sie nur kurze Zeit stehen, versinken im Schlamm, und die Leute ziehen sich gegenseitig heraus. In dem Schlamm sieht Frau Meinck ihren Friedrich auch schon. – – Vom hiesigen Gefangenenlager hatten Offiziere gesagt: »Schlimmer können unsre Gefangenen es in Feindesland auch nicht haben.« Sie liegen größtenteils noch in Zelten, und beim Essenholen stampfen sie im unermeßlichen Moor. In den Argonnen gab es erfolgreiche Kämpfe für uns, in Polen trotz dem Wetter 2000 Gefangene, »Deutsche stehen 20 km vor Warschau«, schreiben London News.

11. Jan. 1915, Montag. Bin ich auch kriegsmüde? Mein Magen wohl, er spielt sich auf, als hätte er seit August nichts als Saubohnen bekommen. Im »Felde« wird er kopfstehen, und selbst wenn dies Feld ein Wachtposten in Güstrow oder Warnemünde wäre. –

Heute Morgen ließ ich, gegen Ost und Frost wandernd, die Sonne über den Heidbergen vor mir aufgehen. Beim Heidengrab, wo die dichten Tannenbüsche vor Wind schützen, steckte ich meine Zigarre an und entfaltete die Güstrower Montags-Extraausgabe. Aber gegen Abend war es schon wieder warm und naß. Eine vier Geschütze starke Batterie trabte auf der Chaussee gegen die Heidberge, und es klang wie ein Rasseln von Steinen in einer Blechdose. Pferde, Männer und Geschütze wurden, wie auf unsichtbare Stange gespießt, vom Wald eingesogen und eingeschmolzen, nur das Gerassel ward wie ein unverdaulicher Rest wieder ausgespieen. O, der elende, wunderbare Krieg, wie preßt er unsre Federn zusammen, daß sie wie erdrückte und gemordete Stücke um uns stehen. Aber wir spüren doch die geheime Gewalt, ein Quälen und Drücken. Sie sollen doch wieder entbunden werden und aufschnellen.

Im Osten ist Ruhe, Ruhe im Schlamm, im Westen fortgesetzte Erdrosselung der französischen Offensive. Wir fühlen es so. Die Andern sehen es wohl anders, aber wir glauben: Durchbrechen werdet ihr nie, wo ihr euch heranmacht, wird euch der Hals abgedreht.. Herr Hartje, den ich im Ratsweinkeller traf, behauptete, es werde im März enden. Ich gab ihm die verbrecherische Zähigkeit Englands zu bedenken wie eine Zahl in der Berechnung aus dem Hexeneinmaleins, eine Maske von Zahl, mit Scheidewasser gesalbt und mit einem Maul von Giftzähnen, die frißt die andern mit schändender Unehrlichkeit an, laugt Sinn und Rechtlichkeit aus ihnen, legiert sie mit Bösem und münzt sie zu Unberechenbarkeiten um. Aus der Gleichung soll jemand eine Lösung gewinnen!

Im Kinderhort klagte Frau ... über das abbröckelnde Interesse. Sie scheint ihren gewaltigen Vorbau voll Hingabe und Freudigkeit 〈gefüllt zu haben〉. Aber wenn sie ihre Wucht kommandomächtig zu den kleinen Krabautern niederstürzt, dann faßt sie jähe Furcht, und sie reißen blindlings aus. Sie verzweifelt und schilt und regiert mit grobem Holzlöffel in diesem brodelnden Kochtopf von kleinen Empfindlichkeiten. Der Kinderhort ist halt keine Schwadron. Ich fahre gelinder zu und fahre besser. Heute gab ich die Parole aus: Für gutes Schreiben werden Preise gestellt, und hei! machten sich die Mädchen über ihre Hefte! Aber auch die Schmierfinken taten ein Mögliches, ja, der allergrößte, der Rußbüldt, gewann einen fetten Happen. So ist am Schluß halb sechs Uhr immer ein Händestrecken gegen meine Nase, als verteilte ich beim jüngsten Gericht das Gebäck der ewigen Seligkeit.

12. Jan. 1915, Dienstag. Sturm im Wasserglas – Kinderhortdrama. Als ich nach Haus kam, ging Mutter aufrecht zu Fuß durch die Stuben, ja, sie war draußen gewesen, hatte wieder Lebenssinn. Gestern Morgen arbeitete 〈ich〉 an einer Lithographie für die »Kriegszeit«, da schalt sie mit Luise in der Küche und sank danach aufs Sofa, mußte Wein haben und lag den ganzen Tag und halbes Heute matt danieder. – – Klaus war mit Niehaus, heute wachdienstfrei, spazierengegangen und saß vor dem Abendbrot bei ihm auf dem Sofa und zeigte ihm Brehms Tierlebenbilder, erläuterte auch Längen und Breiten, ein blasses Bübchen, recht erbärmlich anzuschauen. Morgens, ehe es hell wird, wasche ich ihn neben dem frisch angebrannten Ofenfeuer, das seinen Schein durch die Naslöcher der Klappe auf den Boden haucht, das gefällt uns recht; wenn er dann in den Büxen steckt und eigenhändig das Werk vollendet, ziehe ich vorm Kämmen die Uhr auf. Inzwischen darf Luise, bis an das Büxenstadium streng ausgeschlossen, die Schlüssel alle drei abgedreht, das Frühstück auftragen, oder 〈wir〉 gehen in die Weihnachtsstube, wo der Soldat schon gefrühstückt hat. Dann bringe ich Mutter ihre Tasse und Gebäck, und so gelangen wir in Muße auf den Schulweg. Der Schulweg führt durch den Grünen Winkel, und da, an der Katzenstraße, trennen wir uns, ich übern Markt, durch Enge- und Armsünderstraße zum Bahnhof, – er zu Döscher. Unser Abschiedsgruß ist nicht zärtlich, ganz beiläufig, er geht seines Weges, und ich emp-

finde es jedesmal wie ein Symbol – wie damals in Lichtenrade seine
ersten Schritte hinter dem Kinderwagen. Auch jetzt sieht er sich um
beim Vorwärtskommen, aber nicht mehr triumphierend und schel-
mierend, sondern mit einem magenschmerzlichen Gesicht, in alt-
kluger Blässe, ein bißchen besorgt um die Zukunft, aber ohne Umschweif oder Verzögerung. Denn der dicke Junge, der blödsinnig
ist, lauert ihm und den andern Dreikäshochs noch immer auf, und
heute gestand er mir, daß er oftmals, wenn er »den Jungen« im
Grünwinkel hochkommen sieht, über den Markt und durch die
Hageböckerstraße heimgeht.

Es tropft schon wieder auf die Fensterbank, und der Widerschein
der schlechten Beleuchtung liegt wie glänziger Schweiß auf dem
Pflaster. – – Bei Soissons wollen die Franzosen Boden gewonnen
haben, in den Argonnen behaupten wir es von uns. Stille in Polen.

14. Januar 1915, Donnerstag. Bei Soissons Grabenstürme, Franzosen
gefangen. Und solch frischer Neubeginn des Krieges als Antwort
auf die französischen Angriffe auf der ganzen Front. – Morgens und
Nachmittags, Abends mit Klaus (wie weiland ich als Junge mit Dr.
Barlach auf Praxisgängen und -fahrten) war ich hin und her im
Städtchen bei Kriegerfrauen zur Erkundung ihrer Zustände, denn
am Sonnabend ist Vorstandssitzung des Kinderhorts.

Wie sonderbar steht die Frau des Lumpenhändlers Habicht, die,
um den Hund des Geschäftes zu ernähren, das Geschäft fortführt,
in ihrer ziemlich großen Abzahlungspracht von guter Stube. Ohne
obere Vorderzähne, ganz ansehnlich, aber mit dem Gelächel des
Bewußtseins, daß ihre sanften, dumpfen Lippen dabei zur Augen-
falle werden und daß man sich nebenbei ohne große Mühe hübscher
so als ernst ausnimmt. Frau Wienhöft erkannte ich unter ihren
Tüchern an der Ähnlichkeit mit ihren Kindern. Diese beiden, der
Junge und das jüngere Mädchen, haben diesen Mund, um den die
gute Seele immerfort, weil sie sich offenbaren muß, ein Fähnchen
schwenkt, ein Fähnchen von Sonnenscheinseide. Die herzliche Güte
läuft immerfort über den Rand des breiten Mäulchens, man weiß
oft nicht, ist es wahrhaft deutscher oder slawischer, man könnte sich
einen dahin, daß Deutsch und Slawisch – von beiden die arglose

Herzhaftigkeit, die Kerngüte sich auf diesen Gesichtern nacheinander suchen, sich verstecken und haschen. Aber der Mutter war alle deutsche und slawische Jugend vertrocknet. Der Mann war an Wundstarrkrampf im Lazarett gestorben, ein eineinhalbjähriges Kind saß auf ihrem Arm, und ein größerer Junge warf die Milch vom Stuhl, die er eben geholt hatte. Nun panschte das Kleine, das sie niedergesetzt, in den Milchsee, und sie fuhr mit Zank auf den Jungen los, ließ aber schnell ihren Zorn verwehen und gab ihre Antworten her. Die zwei mittleren Kinder waren zum Kinderhort zum Essen, sie hatte ich in der Hollstraße beim Kommen schon gesehen. Es sah schlimm aus, eine Elendshöhle, ein Graus mit gesträubten, grauen Haaren und Magenschmerz – ja, das ist so meine selbstverständlichste Verelendung in diesen Tagen – im Leibe. Sonnenscheinseelen im Kellerloch oder Rumpelkammer. Was bin ich für ein großartiger Herr in den Augen dieser Leute und was für einer in meinen eigenen! Man braucht viel Humor!

15. Januar 1915, Freitag. Luise macht Streiche, $^1/_2$ 6 Uhr läßt sie den Wecker laufen, zündet Licht an und schläft behaglich im rosigen Schein, bis daß ihr Herz und Sinn sich zum zweiten Mal vom Zufall erwecken läßt. Ich, der ich den Wecker rasseln höre, werde allzu früh wach und muß $^3/_4$ 7 Uhr an ihre Tür klopfen, damit nur das Haus in Gang kommt. Während der Zeit verbrennt das jetzt – ach, so rare – Brennöl. – – Am Nachmittag und Abend machte ich einen schwermütigen Gang unter den verkohlten Wolkenbalken des abgebrannten Himmels, die im Weststurm flogen. Westen und Osten lagen auf meinen beiden Waagschalen und hielten sich die Waage, aber die Waage war ich selbst. Wie heißt es irgendwo in der Edda: »Waagebalk das beste Floß...?« Mir schien das beste Floß aus den verbrannten Himmelsbalken mit meiner Seele kläglich zum Schiffbruch zu eilen. – – Und doch – bei Soissons ist der Sturm wieder vorwärtsgegangen, nirgends ist an unsrer Linie gerüttelt, nirgends ein Sprung, kein Bröckel. Aber was für ein überflüssiges Dasein ist das meine, und dabei kann man noch nicht das Maul halten und greint es irgendwem in die Ohren. Vor Dover sind zwei deutsche Unterseeboote gesehen. – Und plötzlich fällt mir ein, da man von sich auf Andre schließt, unsern Kämpfern müßte es am Magen so nagen wie mir, das müßte freilich eine kotzjämmerliche Armee sein, denn mit Magenweh im Leibe nimmt man keine Siegerpose ein und spart alle Hurras, gerade als ob sie statt in der Kehle im Magen gebildet würden.

16. Jan. 1915, Sonnab. Ladenklatsch beim Buchbinder Meinck: Friedrich ist noch in Breslau, also hat man noch nicht die tägliche Sorge um sein Leben. Er war nicht mehr zu halten, die jungen Leute würden schon obsässig. Der Kasernenwust und Stalldienst, dafür, meinten sie, wären alte Weiber gut genug – Roßäppel pflücken! Und diese Unteroffiziere! Kürzlich hatte es geheißen: »Ihr Schweinigel!« Da hatte sich Friedrich an den Nebenmann gewandt und gesagt: »Du, wie de lot wi uns den Bort afnähmen, denn bliewt dat Swin na!« Der Arzt, der ihn früher als herzkrank gekannt, hatte ihn nicht tauglich heißen wollen. Aber er, Friedrich Meinck, Künstler der Bucheinbände, hatte: »Nichts da!« gerufen, und – nun rückt er demnächst ins Feld. Einer von den Jungen ist noch zurück, weil er etwas am Bein hat, das ihn hindert. Aber er tut ganz wüst. Schon hätte seine Mutter kommen müssen, ihn zu begöschen.

Unser Niehaus war heute Morgen unpaß und schwänzte Dienst. Gestern gegen Typhus geimpft (zum 2. Mal), hatte er sich von einem Kameraden zu einer Flasche Bier einladen lassen, und nun schien es nicht auszumachen, ob das Bier oder die Impfung oder Beides an seinem schlechten Befinden Schuld hatte. – – Bei – wie Mutter sagte – »denkbarst schlechtestem« Wetter machten wir zu dreien einen Vorstoß nach der Plauer Straße, um Seemann Nr. 11 wegen Petroleum anzufragen. Der Händler ist eingezogen und hieß die Kunden durch die Zeitung, sich bei Seemann in die Listen eintragen zu lassen. Da wir aber keine Kunden waren, wurden wir nicht eingetragen. Die Frau erkannte aber Mutter als Frau Doktor und ließ durchsickern, daß wir wohl welches kriegen würden, wenn wir im Laufe der Woche wieder schicken wollten. Also eine Wirkung früherer Nachbarschaft. Als wir bei Niemeyers Hause (und unserm früher) im Dunkelsturz des Regens vorbeitrappten, dachten wir früherer Zeiten. »Tante« Schuchard sparte wieder Petroleum

und saß im Dunkeln, und Herrn Niemeyers Tonnengewölbe von
Bauch hatte endlich und für ewig Ruhe vor Speis und Trank in seinem Erbgrabe in Waren.

17. Jan. 1915, Sonntag. Im »Erbgroßherzog« war gestern Vorstandssitzung des Kinderhorts. Der Krieg versetzt mich in sonderbare Ge-
mächer – wie solch Vorstandssitzungszimmer im »Erbgroßherzog«
ist. Dr. Heilmann schaukelt wie immer auf blumigen Unsachlich-
keiten, mahnt aber unausgesetzt zu Strenge und Ernst. Ich möchte
mich auch an den Damen rächen, aber ich bringe es nicht heraus.
Es würde Porträts kosten, die sind mir zu teuer, ich müßte den
Acker der Erscheinungen mühsam bearbeiten, bis sich eine Ernte
hervormachte. Es lohnt nicht. Ich schlief wieder ein mit dem läh-
menden Bewußtsein, ein untergeordnetes Stück Überflüssigkeit zu
sein. Sogar Frau Senator..., die Mutter ist, saß in ihrer Blutjugend
wie in einem zarten Pelz gelangweilt da. Vielleicht wartete man
darauf, daß ich Leben in die Bude brächte. Aber ich fühlte weder
Hieb noch Stich in mir danach. Als ich mit Frau Scherping davon-
ging, hatte ich unterm Arm ein dickes Bündel der Kinderhortakten
zur Bearbeitung der einzelnen Fälle, nämlich auszufinden, wo eigentlich die wahre Bedürftigkeit säße und wo wir sparen und uns erleichtern könnten. Also los! Diesen Abend las ich eine zusammen-
hängende Schilderung des Feldzuges in Polen. Ein Schicksalsgewoge,
das auch mich und den Klaus samt Mutter und Haus in seinen Strudel gesogen hätte, wenn der Titan, von dessen Leib ich ein Zellchen
bin, von den Andern zerschmettert wäre. Aber kein Bild! Es hat
über mir zusammengeschlagen wie ein Wogenschwall von Donner
– nicht doch, ich bin versunken im polnischen Schicksalsschlamm, das
grausam-unendliche Marschieren umschließt mich wie der Luftdruck
einer ungeheuren Spannung, wie ein fühlbares Geschehen für mich,
ein fürchterlich entsagungsreiches, mich hart betreffendes Wollen
und sogar Müssen zu meinen Gunsten. Ich bin betroffen, außer
Atem sozusagen. Sie haben ihre Herzen nicht geschont, während
meins in guter Ruh gleichmäßig im Schlaf schlagend sich erholte.
Sie sind die bösen Wege hin- und hermarschiert. Sie haben angegriffen und [sind] zurückgegangen, sie haben wieder angegriffen und

in sich ein Beharren geformt wie der Schöpfer eine Welt, haben sich
verhunderttausendfacht, mit rätselhafter Kraft, sich selbst ihr bißchen Ich in ein allgemeines Großes mehr eingegeistet als eingeleibt
und sich von der rasenden Brunst des Ganzen willig und freudig
treiben lassen. Ich, der ich so oft dachte: Freude ist das Ziel aller
Welt, Freude ist das allgemeine Ende und zugleich ewiger Anfang –
ich ahne die Tiefe der Lust, die in den deutschen Herzen geschluchzt
und gebebt hat. Das Leben, das eine Berührung mit dem Jenseits
scheint, stärkstes und höchstes Leben und doch eine Erstarrung!
Aber aus welcher Unfreiwilligkeit ist diese Lust, diese Brunst her-
vorgezwungen! Was für Schmiedehämmer haben gräßliche Schläge
gewagt, um aus so vielen kleinen Herzen solch ein Titanenherz zu
schweißen! Schläge, die ebenso leicht Alles zerschlagen konnten. Du
mußt, du mußt, du kannst! Du willst nicht, du bist zu zart, bist
zu gut? Doch, nein – du irrst, du weißt nicht, wer du bist, eigentlich. Du versiehst dich in deinem Wohl- und Wehedasein. Dein
Leben, das dir kostbar schien, ragt aus der Bürgerenge unsichtbar
mit einem Ende in eine andre Welt, wie Tasten einer Orgel an ein
Werk langen, wo sie Riesen an Ton- und Seelengewalt zu Sklaven
und Dienern machen. Was ist das bißchen sichtbares Schwarz-Weiß-
Getue – nein, der unsichtbare Donnerschall, den ihr schafft, das seid
ihr in Wahrheit. Ihr seid mehr, als ihr wißt, aber damit ihr euch
bewähren könnt, glaubt es, und zum Glauben gehört der Sturz über
Kopf in die Kurage zum Göttlichen. Nur die allerletzte, allergrößte Gewalt kann dazu spornen. Um aus euch solche Kräfte her-
vorzuhaspeln, müßt ihr die Berührung der absoluten Kraft gefühlt
haben. Ihr seid wie Granaten, walzenförmige Körper, die, in ihr
Jenseits geschleudert, ihre körperlose Gewalt erleben, aber der Leib
muß gesprengt, das enge Dasein hergegeben werden. Was werden
das nur für Menschen im Frieden sein, die so übermenschlich aus
sich heraus gestürmt und gewütet haben? Kann man sie belohnen,
können sie wieder eng und friedlich vergnügt sein, zufrieden??!

18. Jan. 1915. Zwei Karten von Dietzel und E. Volk, ein Brief von
Bruno Engel, alle drei am 13. 1. 15. in Frankreich geschrieben.

Vor Carlepont, am Abend des 13/1 15

Lieber und verehrter Herr Barlach, Sie haben mir zwei Briefe gesandt, und Ihr liebes Gedenken hat mich nicht nur erfreut, sondern mehr noch gerührt. Von Tag auf Tag wollte ich Ihnen »antworten«, aber es ging nicht, es wurde beim besten Willen nichts daraus. Am 21. 12. begann ja die französische Offensive, und seit dem Tage haben wir schreckliche Kämpfe. Am genannten Tage setzte bei unserer Stellung der Angriff ein, den wir zurückwiesen. Zweimal war der Feind in unserm Schützengraben, zweimal haben wir ihn wieder herausgeschmissen. Unsere Gräben waren gefüllt mit Toten und Verwundeten. Es war über alles Beschreiben grausig.

Am Heiligabend hatten wir Ruhe. Wir hatten einen kleinen Baum und haben alte und liebe Lieder gesungen. Dann hab ich das Weihnachtskapitel vorgelesen, diese stille und rührende Geschichte von der traurigen und herrlichen Geburt eines großen und guten Menschen, und wir Alle haben Sehnsucht gehabt und Heimweh –

Die Festtage verbrachten wir in Märschen und Arbeit und Schmutz. Nun gehöre ich zur 4. Batterie, sonst bleibt die Adresse unverändert.

Es regnet unaufhörlich, es gießt seit Tagen. Wir »schlafen« in großen Wasserlachen. Seit dem 25. habe ich außer Kaffee nichts Warmes im Mund gehabt. Wir stehen von morgens um 5 bis in die sinkende Nacht am Geschütz, in Regen und Kälte und feuern. Wir fallen abends durchnäßt und frierend aufs nasse Stroh, tot, unfähig zu denken. Es gibt ja auch nur einen Gedanken: Durch und siegen um jeden Preis – alles Andre versinkt. Wir versinken bis an die Knie im Schmutz. Mein Bruder hat das rechte Bein am Knöchel zweimal gebrochen, und er hat unsagbare Schmerzen, hervorgerufen noch besonders durch die Primitivität der ersten Hilfsmittel, heldenmäßig ertragen, ohne einen Laut von sich zu geben, imponierend tapfer. Er kommt wohl bald nach Hause, nach Bützow.

Lieber Herr Barlach, ich kann Ihnen nur trockene Tatsachen aufzählen – jedes weitere Wort erstirbt. Man kann einfach nichts »erzählen« oder »beschreiben«, die Erlebnisse und Eindrücke sind zu groß. Sie können das gewiß verstehen. Dies werde ich nie vergessen: Hunderte von zerfetzten, zerschossenen, halbverbrannten Men-

schen in den vor uns liegenden Drahtverhauen, 25 Meter vor unserm
Geschütz. Soweit ließen wir den Feind herankommen, da verwik-
kelte er sich im Stacheldraht, und wir feuerten mit Kartätschen dazwischen, jeder Schuß enthält 500 Kugeln. –
 Lieber Herr Barlach, ich habe gerade in diesen Tagen oft an Sie
denken müssen und an Ihre Stellungspflicht. Sind Sie zu irgend
einem Posten ausersehen? So tief auch die Erlebnisse wären, die Sie
als Mensch und als Schaffender empfangen würden, und so intensiv
Ihre große Kunst sicherlich durch diese Eindrücke befruchtet würde,
so wünsche ich Ihnen doch nicht, daß Sie zur Front kommen. Ich
kann nicht sagen, warum, es ist Gefühlssache.
 In der »Kriegszeit« sah ich bislang eine Ihrer Zeichnungen: »Lügt,
ihr Winde, lügt« – sind noch mehr erschienen? Sie sagen, daß Sie
sich oft zu Zeichnungen für das Blatt zwingen müßten. Darf ich
offen sagen, daß mir fast alle Zeichnungen in der »Kriegszeit«, vor
allem die von Liebermann, diesen Eindruck machen? Und ich kann
mir nicht helfen: Ich habe das Gefühl, als ob Ihre »Reuter-Presse«
lange vor dem Krieg entstand, etwa als Bild zu einem »inneren
Macbeth«, und als ob die Überschrift erst später hinzukam. Aber es
ist möglich, daß ich irre.
 Sie mögen sich leicht denken können, daß in diesem beständigen
»Arbeiten« alles Gefühl für früher Notwendiges langsam abebbt.
Man lebt von Stunde zu Stunde – das ist das beherrschende Gefühl.
Aber wenn mal ein Ton von dem zu mir kommt, was im Innern
rührt, ein Bild oder eine Musik oder ein Vers, dann ist Heimweh
da und eine tiefe Sehnsucht. Und darum muß ich Ihnen danken für
die Zeichnung und muß Ihnen tief danken für Ihre Worte.
 Grüßen Sie bitte Ihre Frau Mutter und Klaus!
 Ich grüße Sie in stetem Gedenken!
 Ihr Bruno Engel

19. Jan. 1915, Dienstag. Im Bahnhof hinter der Zeitungsdeckung
erlausche Kriegsgespräch zwischen dem Wirt Herrn Hagemann und
einem Güstrower, bei⟨de⟩ sind unsichtbar, nur ihre Stimmen füllen
den Raum mit gestaltloser Menschlichkeit. Der Bürger erzählt, daß
sein Sohn ihm nichts andres als Allerweltsallerlei von Körper- und

Seelenbeschaffenheit schreibt, aber den Hamburger Verwandten, die bekommen den Krieg faustdick aufs Butterbrot – und er von den Verwandten. Dazu psaltert Hagemann ein allgemein einstimmendes und gutheißendes: »Man kann sich hier ja garnicht vorstellen...«, aber der Bürger, dessen Zähne man wohl nicht sieht, aber der sicher Haare darauf hat, unterbricht ihn und beginnt seine Schauermär auf Hagemanns Seele zu laden. Ich – dessen Seele den Atem anhält – verstehe nichts wörtlich, nur ahnend, wie etwa man das Stöhnen und Schreien Leidender versteht, ohne daß man etwas niederschreiben könnte. Ich sitze ganz still und höre aus der Bürgerstimme eine Scham zittern darüber, daß sie sich so entblößt, solche Erschütterungen bekennt, die wohl ein Menschentum aus den Angeln heben können. Und doch hängt der Bürger in seinen Angeln, bleibt in seinem Gefüge, und am Ende verschließt er das Geschehnis irgendwo im dunkelsten Keller. »Ja«, antwortet nun wieder Hagemann aus der sicheren Büffettecke hervor, von wo er einen Zipfel von dem Zucken der Weltseele hat lüften sehen: »Man kann sich von hier garnicht vorstellen, wie es da zugeht«. – – Und es geht so weiter: der Bürger beichtet eine Begegnung mit dem Spukgeist seines Bodens, denn offenbar sind die Erlebnisse seines Sohnes für ihn so überwältigend wie Geistergrausen und Gespensterschreck – und Hagemann »kann sich nicht vorstellen«. Offenbar reicht es bei ihm nicht zum Grausen, er schluckt das Ungeheure, weil es ihm in einem normalen Eßlöffel, in einer Unterhaltung am Büffett, vorgehalten wird wie sonst die geklönte Alltäglichkeit. Oder ist seine Form zu sprechen so zur Plappermühle geworden, daß er nur einen einzigen, den Berufston, darauf mahlen kann? Vielleicht ist in seinem Bau ein Gewölbe eingestürzt, vielleicht haben die Grundmauern Risse, aber der Kalkbewurf, die Fassade, ⟨ist⟩ in gutem Bestand geblieben? – – Das große Erdbeben in Italien, 30 000 Tote – wir hörten es wohl, aber es klingt an uns vorbei, wir nehmen es nicht auf – ich nicht. Engel I, Kriegsfreiwilliger, der im Regen seine Tage am Geschütz verbringt, schießt und friert und hungert, in Pfützen schläft und am Weihnachtsabend seinen Kameraden das Weihnachtskapitel liest, der steht mir in seinem schmutzigen Mantel vor Augen. Dazu die Toten, die 25 m vor seinem Graben im Stacheldraht hängen, die anstürmenden

Franzosen, in deren Massen sie Kartätschen hageln – – und denke an den Glücksschauer, als ich damals mit Klaus aus der Nähe den Kaisersalut schießen hörte und dachte: wenn die Kanonen anfangen, dann beginnt der Ernst, und das Geschwätz hat ein Ende.

21. Jan. 1915. Heut wie immer an solchen frühen Schultagen wurde Klaus bei brennendem Ofenfeuer angezogen. Das ist gemütlich. Draußen war harter Frost und kalter Ost. Auf dem Schulweg sahen wir noch vor der Schützenstraße zum ersten Mal seit langem einen Zettelankleber hantieren – ein Extrablatt! Vorgestern Nacht hatten drei Zeppeline über England Bomben geworfen. Man möchte sagen: Großer Gott, wie gut! England in der Mache, England wird der Nerv der Vorderzähne gefühlt. Ob viel, ob wenig Schaden – sie fühlen uns auf ihrem Pelz und wissen nichts dagegen. – –

Der Abend ist jetzt recht kriegsmäßig bei uns. Schon lange sitzt Luise bei Mutters Lampe, Zeitung lesend oder überm Nähkram. Ich zusammen in meiner Stube mit Niehaus, der ein paar Tage Schonung hat. In der Weihnachtsstube ist jetzt sein Schlafraum, denn oben streicht der Wind durchs Fenster. Gegen 9 Uhr nimmt er seinen Kamillentopf und beschließt sein Landsturmtagewerk mit dem Einatmen von Kamillendämpfen. Am Nachmittag war ich als Schlittschuh-Mentor mit Klaus auf den Klosterwiesen, es war wohl ein lustiges Hinspringen, aber im harten Wind ein gewaltsames Eisvergnügen, denn der Wind störte den bequemen Anfang und machte mit seinem Drängen und Stoßen das glatte Eis noch unsicherer. Das scharfe Mondbeil war ganz ohne Scharten, ein entsetzlich drohendes Fallbeil über der Welt, und der harte Wind geht erbarmungslos wie ein Todesurteil über Alles hin. Aber die robustere Jugend atmet ihn wie Frische und tanzt auf stählernen Sohlen, ihrer Ahnung droht kein Böses, sie sind lustig und ohne Bedenken und danken ihrem Gott für den vernünftigen Frost. Ich halte mich bei allem Magenweh an die Bomben auf englischem Boden, die sind glühende Stärkungstropfen, die mir Dr. Tag verschreibt unterm 19./20. Januar 1915.

24. Jan. 1915, Sonntag. Der Frost ist vorüber, nun haben wir altsilbriges Tauwetter. Es hängt wie Ahnung und trübe Süßigkeit in der Luft, das bißchen Wärme stumpft das Eis und überzieht den knochenhart gefrorenen Boden mit leichtem Filz von Weichheit, also daß man treten kann, ohne daß es im Stiefel beim Anstoßen an vorstechendes frostiges Erdreich von den Zehen aufwärtsschaudert. Das Eis spiegelt nicht mehr, sondern hat den Dunst der Trübe vom Himmel wie ein dünnes Gewebe über sich gezogen, und wie dem Eis gehts mir. Vor einigen Tagen besah ich den von Herrn Schult geliehenen Band Rembrandt und fand mich zwischen Allem plötzlich Auge in Auge mit der Saskia im Hut. Und nun? Mein Gott, aus solchem Gesicht strahlt die Lebenssonne, die solchen Leuten wie Rembrandt auch ein bißchen von dem ewigen Aberglauben der Jugend zugestrahlt. Ich fühlte die Erinnerung an diese spärlichen Zeiten letzthin so heftig! Spärlich müssen sie sein, aber gewesen sein müssen sie. Vaterunsergläubigkeit ans Leben! Sieh, sagte die Saskia, es ist vorbei – es war einmal – das Leben hatte einmal sanfte, kleine Hände und reichte dir Seligkeiten damit zu. Und ehe du sie so recht fassen und streicheln konntest, verschwanden sie auf immer und ewig. Und nun, das Leben, das Rembrandtleben, ist mächtig, rauh und traurig. Aber weil es immer mächtig ist, ist es immer schön – nein, nicht lustig, nicht fröhlich, aber schön! Aber mit sanften Händen schenkt es dir nichts! – – Aber erst heute Abend, als ich mit verklammten Händen nach Haus kam, streichelte sie mir der Klaus mit seinen warmen sehr sanft und freundlich, hat also das Leben keine sanften Hände? Müssens denn durchaus Liebfrauenfinger sein, die dich kraulen! – – Der Klaus war aber auch guter Dinge, am Morgen nämlich hatten wir uns auf dem stumpfen Eis ergangen und dabei einen Maulwurf im harten Geleise des Wiesenweges gefunden, der sich aus seinem Loch verloren hatte. Das Grundwasser steht natürlich auf den überschwemmten Wiesen hoch, und von oben deckt der Frost das Maulwurfsrevier wie mit Panzern ab, da ist ihr Tummelplatz zwischen harter Kälte und schlammiger Nässe eingepreßt. In demselben Wagengleis fanden wir einen zweiten Maulwurf und bereuten bald, ⟨daß wir⟩ sie mit einem bißchen Begucken und Zappelnlassen am Genickfell hatten davonkommen lassen. Das sollte am Nachmittag anders werden, und so ging es mit Mutter an denselben Ort, und ein Eimer mit etwas Erde war auch dabei, zu

Hause aber wartete ein größerer mit Erde und mühsam aus Winter-
erde gegrabenen Matten, d. h. Regenwürmern. Aber kein Maulwurf
weit und breit, dafür aber auf einem Schuttberg ein Uhrgerippe, ein
wahrer Räderwerkwunderschatz von gerümpelgewordenem Wek-
ker – eine Bescherung für Klaus. Damit verbrachten wir den Abend,
alle Räder zu lösen, die Feder aus rostiger Verschmutzung ans Licht
zu heben, Messing- und Stahlteile säuberlich zu scheiden. Eine Lust
für Klaus und eine für mich. – – Gestern und heute las ich in meinem alten Kinder-Jünglings-Kingsley, wie deutlich erinnere ich mich
des Augenblicks, als ich einstimmte in das Gebet: »Wie lange, Herr,
wie lange!« Der Tod war mir in Hamburg auf der Gewerbeschule
eine Gnade und Trost von Gedanke, so weit war ich damals entfernt
von dem, was ich wünschte. Gottlob, ich habe die Sehnsucht ergrün-
det! Und in dieser Sehnsucht war ich mit einem Geist wie ⟨dem⟩ des
englischen Pastoren von Eversley verflochten. Heute las ich das von
seinen letzten Tagen und dachte daran, wie schön ich solches Leben
gefunden, gewissermaßen sinnlich-anschaulich wie eine gut gebaute,
gut verlaufende Kurve. – Gestern las ich das 5. und 6. Kapitel Seespeck. Soweit bin ich nämlich damit, es ist das Däublerkapitel. Muß
es nicht einfach im Klang sein? Bin ich stark genug, einfach etwas
sagen zu können, ohne ledern zu sein? Ich will es ja – und so möge
es immer besser damit werden! – Und dabei steht östlich und west-
lich der Krieg vor den Toren!

25. Januar, Montag. Das Silberwetter – ein Hängen zwischen Frost
und Tauen – hält an. Heute Morgen störte ich Herrn Völker beim
Lesen der Extraausgabe über die Seeschlacht bei Helgoland, aber er
war gleich bereit, mich zu hören, obgleich ich ihm vorschlug, vorerst
zu Ende zu lesen. Die Engländer haben also den Kampf abgebrochen, ein Schiff verloren, ebenso wir! Herr Völker und ich sprachen
im Hin- und Hergehen längs der Breite des Markts über städtische
Dinge, und ich bekam nun den ganzen Segen aus einer Art von
Krater bürgerlicher Empörtheit über städtisches Fehlregiment über-
geschüttet. Dahse und Kluge, die beiden Bürgermeister als Torhüter
der allgemeinen Mißwirtschaft, der Kämmereipfuhl, der Senatoren-
gestank. Alles in Form glühheißer Lavareden – immer im Auf- und

Abgehen längs der Nordseite des Markts, während Rathaus und Kirche, Haus und Luft mit einem leichten Aussatz von Nebel beschlagen war und eine Ahnung von Feuchtigkeit im Raum hing und bei aller Dünne ihren freundlich-herben Duft in die Nasenhöhlen drängte. Dr. Heilmann ist der Bestgehaßte am Ort – warum? Weil er selbständig vorgeht und z. B. den Kinderhort auf die Beine brachte, nicht etwa aus der Taufe hob, denn am Schönreden und Taufen ließ es die Hilfskommitte nicht fehlen. Sodann, weil er als Jude eifersüchtig gehaßt von den andern Oberjuden ist, dem Senator so und so. Herr Völker selbst scheint ein mißliebiger Bereder und Bespeier von öffentlichen Schäden zu sein, einer, der jede Gelegenheit zu Protokoll gehen läßt und aus jedem Stein des Anstoßes einen Funken schlägt, ohne daß es dem Stein dabei wohl zumute wäre. Auch bekam die Organisation der Wollwoche eins auf beide Backen. Dazu die Kriegerfrauen, die da kommen und patzig ohne Dank ihre Unterstützung verlangen, die, wenn Andre Fleischkarten haben, sie auch beanspruchen, ohne sich sagen zu lassen, daß Andre dafür oft kein Bargeld kriegen. Er berechnete, daß die Familien so oft – besonders im Winter – besser dastehen als sonst. Ein Hauptesser, der Mann, ist im Feld, die Frau hat jetzt monatlich 12, jedes Kind 6 M, das macht für eine große Familie 40–50 M, wo die Frau mit ihren Händen etwas dazuschafft und Brot, Milch und Fleisch auch oft holen lassen kann. Die Kinder oder ein Teil wird im Kinderhort gefüttert – –, na, so soll es ja sein – mindestens, aber es sieht den Herrschaften leider nicht unähnlich, wenn sie ihre dünnen Wichtigkeiten hörbar zur Nase hinausblasen. – – Es ist wohl richtig, daß viel verborgene Bedürftigkeit im Stande der höheren Lebensgewohnheit sich bitter quält und keinen Ausweg weiß. – Nun, es scheint, als ob die Herren Engländer, von der deutschen Flotte angegriffen, eins auf die Nase bekommen und unwillig retiriert hätten. Das muß viel Ungemach aufwiegen, sollte es! Herr Völker zeigte mir auch die Listen der rückständigen Mietzahler, denen von Stadt wegen geholfen werden soll. Und endlich – heute Morgen mit Klaus auf den Eiswiesen – hat es auch den Maulwurf erwischt. Im Eimer, mit Erde bedeckt, trugen wir ihn heim, setzten ihn aber in unserm Garten auf ein Stück ungefrorenes Land und sahen ihn, schnell gefaßt, einen glänzenden Rückzug in die Heimat der Tiefe antreten. »Der freut sich«, sagte Niehaus, der nach Tisch mit uns hinausgegangen war.

Im Kinderhort wälzte heute Frau J. ihre vordere und hintere Wucht stürmisch wie immer. Ihre unbezweifelbare Güte macht gegen die plattdeutsche Kinderherrschaftlichkeit mißverständliche Ausfälle, und ihre Sorglichkeit wütet wie ein Gewitter. Nein, gnä' Frau! Mit Geschrei lockt man nicht, aber sie weiß es nicht besser.

26. Jan. 1915, Dienstag. Heute morgen brachte das Extrablatt den Bundesratbeschluß von der Beschlagnahme des Getreides. Als ich von Klaus abbog und über den morgendlichen Markt ging, stand in einer Art von Geschlagenheit, einen toten Hasen mit dem Kopf zur Erde baumeln lassend, der fette Wildhändler Berg vor der Extra- ecke, er und noch einige Leute. Sie lasen oder hatten gelesen und suchten sich nun zu orientieren, als wäre ihnen der Kompaß im Kopfe verwirbelt. Berg sah scheinbar einen dicken Nebel rundum, in seinem Bauch mochte eine Seekrankheitsahnung an den Innen- wänden längs tasten. Offenbar hatte einer etwas gesagt wie: »Nu geiht dat Verhungern los.« Wie es bei Leuten verständlich ist, die Zwang zur Mäßigung schon als Todesstrafe ansehen. Aber eine Frau brachte zu ihrer Zunge ihren Daumen in Aktion. Man konnte Anzüglichkeit gegen eine bestimmte Person auf keiner Bühne besser mimen. Sie sagte: »Wenn min Mann dorbi immer to drinken kriggt, dann geiht dat liker an«.

Dieser Brief von Dietzel trägt den Poststempel: Lezey, 24. 1. 15 11–12 V.

24. Januar 1915

Lieber Herr Barlach!
Besten Dank für Ihre Briefe, für die Cigarren im voraus, sie werden bald eintreffen. –
Was ich über das Militär in L. gesagt hatte, weiß ich heute nicht mehr; ich kenne nur noch meine Ansicht jener Zeit. Sie hat sich wohl geändert; doch nicht vollständig. – Hier werden große, kräf- tige Männer von den Strapazen krank, da können Sie sich denken, daß ich nichts zu lachen habe. Die größte Plage ist der Tornister. Ohne diesen wäre alles noch einmal so schön. – Im Schützengraben

ist mehr Wasser als Romantik. Patrouillen sind interessanter. Meine letzte will ich Ihnen berichten: sie führte ein Unteroffizier. Es sollte untersucht werden, ob das uns gegenüberliegende Dorf vom Feinde besetzt sei. 300 m vor den ersten Häusern blieb der Unteroffizier zurück, leider nur aus Feigheit. Mit den zwei Mann führte ich die Patrouille weiter. Früh 8 Uhr, als es schon hell war. Ich zerschnitt (mit einer Drahtschere) 5–6 Telephonleitungen und etwa 30–40 Hindernisse (Stacheldraht). An zwei Bäumen hatten die Franzosen zwei täuschend nachgemachte Soldaten (aus Stoff) festgebunden und zwar so, daß bei ihrer Berührung im Dorf (Wachlokal) eine elektrische Glocke ertönte. Diese Figuren warfen wir in den vorüberfließenden Bach. Die Franzosen schossen auf uns in einer Entfernung von 10–12 m (!), ohne zu treffen. Der Erfolg: der zurückgebliebene Unteroffizier wurde zum Eisernen Kreuz vorgeschlagen, wir andern erhielten je zwei schlechte Cigarren. Drei Tage später (natürlich zu kurz für die aufmerksam gewordenen Franzosen) versuchte ein Leutnant meine Patrouille (die allgemein als verwegen besprochen wurde) nachzumachen. Erfolg: er und ein Mann gefangen (letzter schwer verwundet), ein Mann tot, ein Mann leicht verletzt und entkommen. – Hätten wir an jenem Tage, da ich die Leitungen etc. zerschnitt, einen Angriff vorgehabt, so hätte ich das Eiserne Kreuz bekommen, so nicht. Noch weiter: man sagte mir: »Sie haben Pech gehabt: Wären Sie verwundet worden, so wären Sie zum Unteroffizier befördert worden!« Dabei hatte sich außer mir niemand zu dieser Patrouille freiwillig gemeldet. Prachtvoll:

verwundet = Unteroffizier

unverwundet = 2 Cigarren

aus Feigheit zurückgeblieben = vorgeschlagen zum Eisernen Kreuz. Allerdings hat jener Unteroffizier Bericht über diese Patrouille dem Leutnant ohne Zeugen gemacht. – – –

Was ich Ihnen da alles schreibe! Das Vaterland ist mir schließlich doch nicht das Erste und Letzte. Ich bin wie der Fisch ohne Wasser, d. h. ich leide unter dem Mangel an geistiger Beschäftigung. Jetzt habe ich mir wenigstens Bücher kommen lassen (als Wachhabender darf ich 24 Stunden lang nicht schlafen). Lesen Sie Kolbenheyers »Pausewang« (Verlag Georg Mueller, München), wenn Sie wieder

einmal lesen wollen. Mir fällt grade jetzt das Buch ein, das ich vor
etwa vier Jahren gelesen habe. – Ich glaube, ich werde krank. Mein
Körper wird versagen. Ich möchte gern bei Ihnen sein. – Wissen Sie,
daß ich auch zum 2. Mal freiwillig ins Feld bin? (ich war auch zum
2. Mal garnisondienstfähig).
Ihnen Allen herzlichste Grüße!
Ihr Dietzel

Ich habe ihm gleich geantwortet, daß ich nichts von Schützengra-
benromantik wissen will, daß der Krieg mir das Beispiel einer Er-
hebung von der unsittlich-egoistischen Subjektivität bedeutet, bei
der es, besonders beim Künstler, immer heißt: Ich und aber ich, eine
ewige Wollust in sich selbst, daß ich ein großes Bißchen Mystiker
bin und durch den Krieg das Gefühl erlebe, daß es ein Allgemeines,
Großes, Elementares gibt. Und wie das so weiter ausgeführt werden
kann. Er wird ja nicht mitmachen. Geht es wirklich ums »Vaterland«? Ist das Vaterland nicht vielleicht ein Hilfsbegriff, eine Krücke?
Doch nicht ganz, denn es darf nicht untergehen, was in deutscher
Sprache geschrieben ist, und nicht verloren werden, was auf deutsch
und nicht anders gedacht werden kann. Ich und mein Haus kann nur
auf deutsch bestehen. Ist die Gefahr so groß? Ja, es scheint so oder
droht, wir würden, besiegt, ein Stücklein werden, die Kolosse würden uns langsam zerfetzen, gerade im Frieden mit Beeinflussungen
und Aufsaugung. – – – Sonntag treffe ich mich mit Frl. Tina in
Lübeck.

27. Jan. 1915, Kaisers Geburtstag. Heute siehts aus wie ein großer
Sieg, womöglich zugleich in Ost und West. Aber nein, der Kaiser
wird 56! Mutter und Luise sitzen und zupfen Charpie, Luise, sagt
Mutter, macht es grade so wie Klaus, der aber hat das Spiel aufgegeben, denn für ihn ist es ein Spiel, dafür spielt er ernstlich mit
irgendeiner Schießpusterei, bläst seinen Stöpsel überall hin, springt
mit den Hacken von den Stühlen auf den Boden und erfüllt die
Wohnung mit Hauch und Hallo. Dann kommt Niehaus von der
Wache zurück, und so begrüßt er den – Mutter sitzt, und niemand
will ihr helfen, Luise muß auf und hinaus in die Küche, da orgelt

sie auch schon die Kaffeemühle für Niehaus' Vesper, und Mutter
erklärt, daß Klaus keine Ausdauer hat. Na, beim Fädchenzupfen
nicht, das stimmt.

28. Jan. 1915, Donnerstag. Bitterkalt, Schnee, ich habe für Dietzel
ein sogenanntes Wärmöfchen geschickt, ein zigarrentaschengroßes
Blechbüchschen im Tuchbehälter, da hinein kommt in ein Röhrchen
eine Glühkohle, daumendick und ebenso lang, die gibt die Glut ans
Blech, und so, durch die Tuchhülle, zieht sie immer weitere Kreise.
Man soll das Koboldchen auf den Magen oder ⟨das⟩ Herz legen,
kanns in Händen halten oder sonstwie listig anwenden – und die
Wärme, die es schenkt, verdient schon den Namen. Ich ging mit
frierenden Händen in den gefütterten Handschuhen bis zum Heidengrab und fand die Wiesen so lakenhaft kahl, wie meine Phantasie es immer gern hatte. Aber wo ist die Phantasie? Ist sie nicht ein
bißchen abhanden gekommen, erstickt der Kriegsrauch auch dieses
geliebte Herdfeuer? Denn wo die Phantasie mit uns ist, wer kann
sagen, daß er in der Fremde sei? Wildenten hatten ihre Fußspuren
auf den Schnee des Ufereises gepatscht, weiterhin sah ich sie vom
Wasser aus den Schaum ihres Flügelschlages aufstäuben, und Rebhühner wie ein Traubenschuß Granaten wurden aus einer Boden-
tiefe herausgeschleudert. Karnickel machten ihre Kratzfüße auf dem
Schnee, und bei meinem Näherkommen sog das Tannendunkel sie
mit magnetischer Plötzlichkeit in sich hinein. Das Heidengrab lag in
Andachtsstille im dichten Schwarz unter sanftem Flockenfall.

Neue Landstürmer, properer als die Bremer, stampfen in den
Straßen zu ihren Quartieren. Sie sind in Feldgrau und scheinen jün-
ger und schlanker. – – Mutter hat einen Anfall von Opposition
gegen den Krieg. Ottfried Fuchs in Dresden, noch nicht 18jährig,
hat sein Fähnrichsexamen gemacht und rückt ins Feld. Sie sagt: »Die
Väter sollen ihre Kinder beschützen, es steht schlecht um uns, daß
die Kinder in den Krieg sollen. Mögen doch zuerst diese dicken
Landstürmer heran!« Ich antwortete: »Diese Dicken haben Familie,
Ottfried Fuchs ist solo.« Aber sie findet es doch nicht recht.

30. Jan. 1915, Sonnabend. Bei La Bassée die Engländer, bei Craonne Franzosen geschlagen, die Deutschen ganz dicht vor Warschau – ja, so liest man es und hockt hinterm Ofen. Draußen schaudert die Vollmondnacht. Klaus sagte auf dem Eis der Domwiese: »Der Mondschein prickelt auf dem Eis.« So ist es. Es graust einem. Ich habe nie »Winterschport« getrieben, aber diesen Winter sehe ich die Jungen auf dem Eis mit sonderbarem Gemisch von Empfindungen. Ganz recht, sie amüsieren sich, aber Donnerwetter – sie lernen den Frost verachten. Es ist wahr, man wird warm, aber wenn man sich getummelt hat, fällt man müde und hungrig in sein warmes Zimmer und läßt auf des Leibes Haut Ofengrade und Frischluftbrennen sich mischen und die Seele in diesem Bade behaglich schwimmen und ruhen. Indessen stehe ich wie der reiche Mann da, und wie er vor seinem Gewissen auf einige Pfennige Almosen verweist, bringe ich den Kinderhort heran. Das ist wirklich kein Spaß – und so ist es schon richtig damit. Ein Almosen, ein Scherflein Beitrag zum Krieg. – – Frau Kirchenrat, die die Treppe aufwischte, sagte mir heute Morgen einen Gruß von Hartmann, unsrem rheinischen Feldgrauen – er ist zu Hause und bis zum Juni beurlaubt. Bis zum Juni!

1. Februar 1915, Montag. Seit gestern oder vorgestern sind die sämtlichen Gefangenen in festen heizbaren Baracken. Hohe Zeit wars, aber – – daß unsre Soldaten täglich ihre drei Male warmes Essen im Felde haben, ist nicht anzunehmen. Und Zelte sicher auch nicht überm Kopf, also welche überflüssige Sorge um diese Leute hier! Na, Anstand – aber nun ist er ja besorgt!
Also gestern mit Frl. Tina in Lübeck. Gott, Frl. Tina, was sind Sie! Ich verzweifle, es zu sagen, weiß keinen Vers auf Sie. Wo bleibt die Anmut – ja, aber Ihre Sprache, Ihr Ton umfließt wie leises – man weiß nicht recht, ob Weinen, ob Lachen, alle Welt. Es gibt einen Vers von Ihnen, der wieder aufklingt, wenn man Ihre Stimme hört: »Der Seele Seelchen tanzet leis – –« Was, als wir uns plötzlich am Bahnhof bei Ihrer Ankunft sahen, was empfanden Sie wohl? Ich empfand einen Stoß, ein Leiden: so also hat es Ihnen mitgespielt. Sie selbst wissen es vielleicht nicht mal und zu Ihrem Glück. Aber natürlich, das Telefonamt muß etwas verderben, innen oder

außen, oder vielmehr, etwas am Gestaltetwerden hindern, und so rettest Du mir einen Teil von Dir ins Freie. Ob es mir anders geht? Einerlei – wir spazierten über den beschneiten Wall und kamen von der Domseite in die Stadt, und immer dachte ich: es ist ihr schrecklich, und darum war es mir so. Sogar unser Mittagessen im Ratsweinkeller war noch meistens ein Paradespeisen. Dann die Breitestraße im sonntäglichen Treiben und Schneegetriebe – bis zum Burgtor und zurück in die Schiffergesellschaft – wo sie denn glücklich an der Eichenplanke am Zeppelinsplatze saß. Und da – beim Kaffee wurde es etwas besser Ein Abenteuer von Mensch – und sie in stiller und scheuer Badachtsamkeit – hatte doch einmal geschrieben, daß sie zu den Lustigen gehöre. Das habe ich nicht gemerkt. – Vom Kriege wußte sie allerlei, sie wußte, daß die Soldaten im Felde um die Englandfreudigen, die Raufbolde und Englandwütigen, die herzhaft einen Stoß in Englands Herz wagen wollen, vermindert seien. Aber alle, vielzuviele hätten sich gemeldet. Nun sollen sie üben, England zu strafen. – Eisen, sagt sie, wird knapp. Da ist aber ein Mensch mit Namen Seligmann, der schon einmal eine Nacht unter zwei toten Russen zugebracht – der eine Erfindung zu⟨r⟩ Metallgewinnung gemacht, aus Stoffen, die in Amerika gekauft werden – und so ist er deswegen drüben gewesen. Sie wußte von verwundeten Bayern in Segeberg, die so heftig getanzt haben, daß ihre Wunden aufgesprungen. Ein Arm- und ein Beinkranker hätten gerauft.

Heute Morgen kam die »Zeitung« von Engel und ein Brief von Dietzel. Dietzel ist wiederum im Lazarett und hat sich um einen neuen Posten beworben. Er wird Beobachter auf dem Flugzeug. – – Durch die Soldaten wird Gold eingebracht. Die Landsturmleute bekommen für 40 M. Gold einen Tag länger Urlaub. Pape*, dessen Stirnfalten und Augbrauenhebungen wie von unsichtbaren Gedankenmaulwürfen hochgewühlt werden, gab an, nach dem Kriege sollte alles eingegangene Gold frisch geprägt werden und die mit alter Prägung sollten statt 20 – 10 M. gelten. Na, Herr Pape, ich wundre mich nicht, daß Sie sich wundern. Aber ich billigte alles. Seine schmeichlerische Gutgläubigkeit steckt an. Seine Schwatzhaftigkeit lungert wie ein rauchlustiger Bettler auf jeden weggeworfenen Stummel und dampft den Straßenkot freudig mit dem hundertfach zerkauten Abfall von Hoch und Niedrigs Munde. Ja, auch fremde Spucke zwischen seinen Lippen ist ihm willkommen, wenn nur die Neuigkeit brennt und die Zunge beizt.

6. Februar 1915, Sonnabend. Berlinmüde, wieder einmal! Was ist da viel zu sagen! Es war wie immer – verdienstvolles Zeitverbringen und Klappern mit den blanken Weisheiten in den Taschen. Eine Nacht mit Gaul, Kraus und Zille, eingebrüht in Berlinische Faunischkeit Zilles. Aber auf der Reise, als wir dem ersten Vorposten der Berliner Abendzeitungen begegneten und ich die Blockadeerklärung an England wie ein Dampfpfeifsignal in den Ohren und wie Brandstempel auf dem englischen Fell in den Augen spürte, konnte ich mir nicht versagen, diese neuste Seite Weltgeschichte beim Weiterblättern den drei Schweden zuzuwenden, die mit mir reisten, und ihnen Zeit für⟨s⟩ Lesen zu geben. Ja, Frl. Tina, der Seele Seelchen tanzet leis!

Wir saßen bis nach 2 Uhr am Kurfürstendamm, erst hier, dann anderwo, erst bei Zilleschen Geschichten, wobei man nicht wußte, durch welche Schlitze seine Augen in was für Höllenkammern des Erdenlebens zu blicken gewohnt sind. Man verträgt einen Puff, aber man fühlt endlings so etwas wie einen Gefühlsschlaganfall im Leibe zucken, einen Ekelkrampf.*

Von Cassirer erfuhr ich, daß er Tags zuvor zu einem Familientag in Köln gewesen. Ritter Paul vom Eisernen Kreuz und Benzinleutnant! Er gäbe dem Kriegszustand noch eine Frist von einem Jahr! Und da draußen nennen sie die Feldprediger – – – Komißjesus.

9. Febr. 1915, Dienstag. Ein Schreckenstag, der Krieg wie ein Alb sitzt über einem, man wankt damit umher, und wo man sitzt, steht und geht, ob im Kinderhort, auf der Landstraße im Kot und gegen kaltfeuchten Wind eilt – er ist da. Aber am Abend saß ich hinterm Ofen, müde und satt, und las im Lear und bekam wieder Kurage. Heut gabs von den beiden Fronten gar keine Nachrichten, wohl aber von einer andern Front, vom Suez-Kanal, wo die türkische Vorhut glücklich Engländer bekämpfte.

Gestern von Herrn Engel einen Brief, den ersten traurigen. Traurig ist er, weil er sich beim Fehlen seines Bruders unter rohen Burschen fühlt – nicht landsknechtderben – sondern eher gefühlsduselig charakterlosen. O Engel, mir will schwanen, Sie wollen versagen! Am Morgen hatte ich mit unsrer Hauswirtin Frau Schwiering und ihrer Schwester Frau Allerding eine Besprechung. Es ging um die Einquartierung, die sie bisher uns überlassen – und wir – wir legen die Sorge um diese Dinge jetzt in ihre Hausbesitzerhände. Und sie hält sie bangend und nicht freudig überrascht und ließe sie gernstens fallen. Der Krieg ist ihr ein säuerliches Mittel, ihre Mienen *verfinstern ihr ohnedies drohblickendes Gesicht noch mehr*, verdrießliche Nüchternheit beschattet und befruchtet sie mit keiner süßen Last, schon mehr mit Leibweh, ⟨das⟩ ihr Blähungen bereite⟨t⟩. Und sie darf die Frucht erst beim Ende des Krieges ausstoßen. – – Es schien nun doch, als ob ihre Schwester ihr dies Mißgeschick gönne, ihr Wehklagen und Schuldigmachen schlechter Zeiten sie erbose, ihr Geschrei über »die armen Hausbesitzer« ohne Beifall hörte. Es schien, als zankten sie sich zuweilen – diese zwei groben weiblichen Bässe, und ich schloß aus dem Pröbchen in meiner Gegenwart auf manches Gewitterblasen unter vier Augen. Aber über Eins sind wir Eins, über den Polizeisekretär Köhn und die Servisdeputation. Da hatte man der Frau drei Leute angekündigt, während ihr Mann sterbenskrank lag – und selbst des Arztes energisches Protestieren gegen die Belegung dieses Quartiers war wirkungslos gewesen. Diese ekelhafte Selbstsucht, dieses Gemaul über Ruiniertwerden durch die Lasten des Krieges! Diese Erbitterung um die Mundwinkel! Und dabei, wenn von alten Leuten die Rede war, dieses Aufwachen aus Verdruß! Dann verzieht sich die grobe Miene – nicht ins Feine – aber doch ins Erbaute, grade als stecke ihr jemand eine tüchtige Zigarre zwischen die Lippen, und sie söge und schmöke in plötzlicher Erkenntnis guter und löblicher Dinge.

12. Febr. 1915, Freitag. Es verlautet etwas von 26 000 gefangenen Russen, der Kellner flüsterte es mir beim Abschied im Bahnhof zu, Herr Hagemann, der mir aus der Stadt entgegen kam, machte mir ein Geburtstagsgeschenk damit, und im schlechten Licht der Straße las ichs am Anschlag. In die Zeitung war es noch nicht gedrungen.

Aber was fragen die Russen nach 26 000 Mann?! Ein Pfiff, ein Feder-
streich, und das Doppelte wälzt sich in die Lücke. Indessen, die Aus-
züge aus russischen Zeitungen, das Raunen des Chorus klingen zag.
Es geht die Rede von einer rückwärtigen zweiten Befestigungslinie;
die artilleristische Überlegenheit der Deutschen, ihre verfluchten,
nichtsnutzigen Verstärkungen machen den Russen den Platz zu enge.
Der Atem wird dem raumfrohen russischen Heere zu knapp, wenn
es die Luft mit dem deutschen teilen muß, und der Edlere gibt be-
kanntlich bedeutend schneller nach als der zudringliche Westling.
Keine Woche mehr bis zum Beginn der deutschen Blockade, ja,
hier wird *uns* der Atem schwer, es preßt uns etwas am Herzen, es
ist mir in Gedanken wie früher vor dem Gerichtstermin, dem man
Tag für Tag näher in den Schattenbereich trieb. Er droht und ver-
spricht, Glück und Mißlingen lauern hinter Mauern. Die englisch-
irische See ist mit Schranken umsäumt, und hinter den Schranken
will der Kläger dem Angeklagten den Prozeß machen, das Welt-
gericht soll ein Urteil finden.

13. Febr. 1915, Sonnabend. Die Stare sind schon zur Stelle, auf den
Wiesen steht das Wasser über dem harten Grunde und auf dem Eis
die Pfützen. Die Fahnen flattern hoch im Wind, die Winterfurcht-
barkeit hat einen hippokratischen Zug im Gesicht und die Russen-
gefahr gleichfalls. Das Mammut hebt ein lahmes Bein hoch und tritt
mit den drei andern leise auf. Es spricht in offiziellen Berichten vom
erfolgreichen Widerstand auf dem Rückzug. *
Schon gingen wir heut, Klaus und ich, im hellen Nachmittag unsern Wiesengang, es fror ein zartes Grädlein oder zwei, und Klaus
präparierte aus dem Pfützenwasser die ersten Eiskeime, die sich, um
bewundert zu werden, ein paar Augenblicke in unsern Händen ge-
duldeten. Da sind die spröden Flächen Durchsichtigkeit wie erstarr-
ter Hauch an stärkeren Leisten und diese gezähmten Eisschößlinge,
winziges Farnkraut, zu Messerspitzigkeit im Frost gehärtet und mit
scharf gezähnter Schneide und schlank gestrecktem Rücken, die halten wir gegen die Luft. Das sind die Sägen, mit denen leises Unbehagen so fein in die Eingeweide schneidet, daß kein Blut folgt und
nur eisiges Frösteln aufschauert – –

14. Februar 1915, Sonntag. Der Frühling kommt wie ein Weich-
werden eines strengen Charakters unter Kindheitserinnerungen, die
Sonnenhelle tastet überall nach Veilchenweiche. Klaus hatte einen
Anfall von Männerzorn, es trieb ihn nach Tisch hinaus, und Luise
mußte ihm die blaue Jacke aus dem Schrank langen, damit er sich
mit den andern Jungens herumtreiben konnte. Zum Tee trumpfte
er nur kurz und herrisch herein, und ich ging mit Mutter allein. –
Überall auf weichen Wegen gab es ein Taumeln und Tanzen sonn-
täglicher Kleidersäume und weißer Frische überm Morast, *die Sauberkeit hütete ihre Herde vor Flecken,* um sie hinter den Kaffee-
tischen in der Gleviner Burg, im Waldhaus oder auch im Lindengarten, Schabernack und Grenzburg zur ersten Frühlingsschau zu
bringen. Einzig an den vielen Soldaten konnte man an der Unschuld
der Zeit Verdacht hegen, aber vom Weltkrieg hätte sich keine Seele
etwas zu ahnen getraut. Beim Zurückgehen war der Abend einge-
graut, und mir eröffnete sich der Zusammenhang von grau und graulich. Wenn die Schatten umgehen, ersteht in der Seele die alte heid-
nische Gespensterangst. Die Angst, unter der, je dichter das Dunkel
um uns hängt, immer mehr das innere Licht, das Ahnen wie ein
Gebet an das Geheimnis aller Dinge aufglimmt. Man möchte etwas
von dem Unerklärlichen enthüllen, wenn das leibliche Auge im unklaren Dämmer vergeblich an den Dingen tastet. Faust fühlte wie
ich, wenn er die freundliche Lampe in seiner engen Zelle anzündete.
– Klaus, voll von Jungensseligkeit, war schon mit Mutter bei der
Lampe, und nach Tisch lasen wir von Joseph Speckbachers Heldentaten und seines Sohnes Andreas Streichen. Daß im Kampf ein Vater
seinen Sohn wegen unangemessener Dreistigkeit schlagen muß, um
ihn zum Zurückbleiben zu bringen, ist gewiß heutigen Tags eine
gute Geschichte für Kinder. – – Wie oft seufzt Mutter ihr Stoßgebet
um Hans, und mir ist auch recht unheimlich, andre Gefangene haben
von sich hören lassen, man irrt zwischen Furcht und Hoffen und
muß sein Lämpchen Zuversicht immer und immer wieder frisch an-
stecken.

17. Febr. 1915, Mittwoch. »Die neuntägige Winterschlacht in Masuren«, so heißt es heute Morgen. Klaus hatte es erlauscht, wie Frau

Lücht es Luise steckte. Aber es war nur von 50 000 Gefangenen die Rede. Die Fahnen, als ich nach dem Frühstück hinaustrat, schienen Sonnenfarben, durchs Prisma deutschen Glücks gebrochen, und das Extrablatt, das ich kaufte, machte kurzen Prozeß mit allen Zweifeln. So ist Ostpreußen frei, der russische rechte Flügel lahm, wo nicht zerquetscht, so ist vor unserm deutschen Dasein das russische Mammut auf die Vorderbeine gebrochen. Nun zerfleischte es mit wütenden Zähnestößen den Boden, und wir atmen Sieg wie einen frischen Luftstrom, während es Blut aufgibt und den wüsten Ort seiner Niederlage, einen Ort, den der Sieger selbst mit Ehrfurcht betrachten könnte, mit Kot besudelt, denn heute ist die Entrechtung der Deutschen in Rußland vom Zaren genehmigt, Grundbesitz verboten, Pacht und andre Rechte gewisser Zonen aufgehoben.

Gestern der Kinderhort hat mich fast umgeworfen. Da ist jeder Tritt der Holzpantoffeltrampler in den engen Räumen wie ein Pistolenschuß, Glaube, Liebe, Hoffnung, alle drei trompeten ihre Allerweltsgewalt aus Kindermäulern heraus. Dieser Orkan umgibt mich zuweilen wie eine Mauer, härter und stärker als Stein und Eisen. Wenn ich dann ohnmächtig hindurchwinke und die Schultern ziehe, weil ich vor Geschrei keinen Ton höre, will jedes dieser Geschöpfe, die man wahrhaftig wie zum Hohn die »Unmündigen« nennt, um sein Wort zu stärken, mit verdoppelter Liebesgewalt seine Hoffnung in mein Ohr schwören und glaubt, die Aussicht seines Heils und Anliegens nur zu verbessern. – – Am Vormittag desselben Gestern lockte mich Kanonendonner vors Tor. Vorm Frühstück schon war die Jungmannschaft mit Gesang hinausgestampft zum Scharfschießen, grade wie im Sommer über die Fläche des Parumer Sees. Gegen elf stand sie noch im Schnee, die langen Zylinder von Beinen, die dünnen Hüften und rührend jugendlichen, oft jungenhaften Schultern in frostiger Mantellosigkeit hart vor dem Stoß des winterlichen Westwinds auf der Höhe vor Bülowburg. Mir im Wintermantel dünkte das Warten im Auf- und Abgehen schlimm genug, sie tanzten, wo es sich machen ließ, vor der Kälte wie Hasen hin und her, und es sah von weitem lustig aus, sie froren aber hinter ihrem Kanoniertuch ganz erbärmlich. Und nun schoß es – wie damals. Ganz wie sonst diese herrlich böse Gewalt des Drohens auf dem

Wege zum Ziel. Es gurgelt durch die Kehle eines kilometerlangen
Halses vom Schuß zum Einschlag und erbricht sich als Blitz. Wieder
die Antwort des krepierten Geschosses wie das Zuschlagen eines
starken Scheunentors in der Nachbarschaft – und als ich heimging,
kam es als drittes Echo zurück von den Wänden der ersten Häuser
wie Aufstoßen, die Erleichterung eines drucküberladenen Urwelt-
magens.

18. Februar 1915, Donnerstag. Die Zeitung wiederholte heute Abend
einen dänischen Artikel unter der Aufschrift: »Der letzte Tag der englischen Seeherrschaft«. Heute stand auch die deutsche Antwort auf
die amerikanischen Einwendungen gegen unser Vorhaben mit England in den Blättern – Gott sei Dank, möchte man sagen, es ist, als
ob ein horniges Stück Sorge, ein drückendes Hühnerauge sich leicht
vom Herzen löst. – Amerika bekommt die Absicht zwar noch einmal weitschweifig erläutert, aber zu nichts Anderm als nochmaliger
Versicherung dessen, was geschehen wird und geschieht aus Notwendigkeit und Überzeugtheit ohne jede amerikanische Erlaubnis.
Gott im Himmel! Ja, so sagt man, man fühlt sein bestes und letztes
Ich und sagt Gott. Man atmet tief die selige Luft seiner letzten
Wünsche und seufzt vor Glück: Gott sei Dank! – Als Jungen hatten
wir nach dem Tode meines Vaters zwei Vormünder, und so gut sie
es meinen mochten, so unnütz und verdrießlich war ihr Zutun bei
allen Dingen. Solche Vormünder, solche bösen Onkel und Familien-
wächter, daß man nur ja nicht zu hoch hinausstrebe, sind uns England und Amerika. Diese Vormünder haben es auf die Mäuler gekriegt, wir handhaben – Gott sei immer Dank – unser Mundwerk
eigenmündig, wir fühlen uns für unser Vorwärtskommen selbst ver-
antwortlich.

Goldschmied Commentz stand wie ein Wachtelhündchen vor seinem Hüttchen und wedelte mich freundlich an. Ich fragte nach seinem Sohn – nun, der ist jetzt in Frankreich, hat viel zu schaffen, sie
dreschen Korn und nehmen Rüben auf! Der lange junge Döscher,
die Gardelinie in gelassenem Stolz beugend, kam an uns vorüber,
und wie mir schien, nun endlich ohne die schwarze Armschlinge,
von Friedrich Meinck weiß ich seit einigen Tagen nichts Neues, Pier-

storffs Sohn ist noch immer wohlauf, auf seinem Hofe hörte ich heute
von der Werkstatt aus ein Schwein schlachten, und wie es so in
Todesnot den Schreck seiner schweinernen Seele in Gebrüll auf die
Nachbarschaft ausbreitete, lief seine Frau angegraust ins Haus. Aber
weiter von den Güstrowern im Felde! Herr Engel schrieb zum
ersten Mal in gelinder Ratlosigkeit, denn da ihm der Bruder fehlt,
steht er fremd und erkältet unter seinen Kanonenbrüdern, Bühring,
der Photograph, hat seinen Posten unter der Tür neben dem Zeitungsladen geräumt, vielleicht nur vor Frost und Regen, nicht aus
Überdruß und weil ihm das Warten auf gute Botschaften langweilig
geworden, so habe ich ihn lange nicht nach seinem Sohn fragen können. Von Frau Schröders im Waldhaus Söhnen sind zwei leicht verwundet gewesen, und sie hatte während der kurzen Ruhe im Lazarett selbst ein bißchen ausgeruht, und nun war sie von Neuem auf
Alles gefaßt, ja, sie sagte ganz ergeben, es möchte wohl noch einmal
Winter werden, bevor es Frieden gäbe. Von Kaufmann Reise las
ich,* daß ers Eiserne Kreuz bekommen. Schuster Kruses Sohn oder
Schwiegersohn ist wieder draußen, ich weiß nicht wo. Fettings aus
dem Kinderhort Vater ist Unteroffizier in Neu-Breisach, Zinka seiner in Rußland gefangen und schreibt, daß er bei trocknem Brot und
Wasser das Leben habe und solchergestalt sein Glück gemacht hätte,
gewissermaßen. Die Rußbüldt haben zu Hause was Kleines zube-
kommen, und letzthin waren daher nur der jüngere und die Trude
im Kinderhort, denn Walter, dieser Lümmel und Großmaul, müsse
die Mutter besorgen, und so sah ich ihn gleich darauf mit der Petro-
leumkanne wichtigtuerisch längs der Lindenstraße seine Bequem-
lichkeit spazieren führen. Der Vater ist in Frankreich. Der junge
Allerding ist bei der Munitionskolonne, fürchtet aber, in die Front
zu müssen, so sagte Frau Schwiering, denn, erklärte sie, er weiß ja,
was er einst für seine Mutter tun müsse. Frau Albrechts Sohn, der
Frau, die bis dahin im Kinderhort die grobe Arbeit tat, ist zur
Arbeit für die van Tongelsche Fabrik beurlaubt, und sie sagte: Er
erzählt nichts, nur daß es nicht schön sei, hätte er gestanden. Und
schließlich: Mein Zigarettenreservist Ernst Volk, der hier im Sommer mit den 163ern einquartiert war, schrieb ganz ergeben, daß sie
wohl bis Paris nicht mehr kommen würden, nur die Engländer

möchten sie noch gerne verhauen und dann – heim! Die Entschei-
dung – die fiele in Rußland. Neues gäbe es nicht, nur jeden Tag
Schießerei en gros. Aber es sind noch viele Andre, wie die beiden
Hirsch, deren schwarzbärtiger Bruder, sonst Buchhändler, jetzt die
Delikatessen des brüderlichen Geschäfts verlegt.

19. Febr. 1915, Freitag. Ein milder Tag, der Frühling wie leises Fie-
ber schwächt und erweicht mit süßer Ermattung die Zeit, ein trüber
Niederschlag hängt überm Boden. Ein trister Tag, denn das bißchen
Arbeit, das geringe Zeichnen, mein Odem in dieser Zeit, stockte einmal ganz. Ich stehe vor meinem Blatt in der Werkstatt, nehme die
Kohle zur Hand und sauge an der Zigarre, aber alles Tun und
Regen der Hand endet bald mit Hinlegen der Kohle. Und da wende
ich mich ab, als wäre mein Weg verrammelt, hebe den Fels, als wäre
Bizeps- und Herzmuskelleistung ein Ersatz für versagtes Gelingen,
hantiere am Ofen oder salbe mir zur Auffrischung das Gesicht. Dann
stehe ich wieder vor dieser höhnisch-weißen Leere und weiß sie
nicht zu füllen. Der kleine Klaus, auf dem Schulweg, zappelig wie
ein krampfhaft abschnurrender Kreisel, versagte vor seinem Teller,
und weil es mich zum Hadern mit seinem glücklosen Zustand reizte,
schaffte ich ihn mit rauher Hand ins Bett. Mein Gott, ich bin ja auch
der Vater seines Magens, aber der ist längst mündig und spottet
meinem Zureden, ich bin Vater seines Lebens, aber sein Leben macht
ein schiefes Maul zu meinen Erwartungen, und was ich ihm vorbete,
kauderwelscht es falsch nach. Gestern bei Regenwetter saßen wir
wie oft im Winter länger als sonst beim Tee und fingen, statt zu
spazieren, an zu lesen. Immer wie seit kurzem aus Frl. Lebens Kin-
derbuch. Zuerst vom alten Dessauer und fanden da sein schönes Gebet vor der Schlacht bei Kesselsdorf: »Lieber Gott, hilf mir, aber
wenn Du mir nicht helfen willst, so hilf wenigstens den Schuften
von Feinden nicht, sondern sieh, wie es kommt!« Dann vom zarten
Mozartknäblein auf der Wiener Konzertreise, wie ihm der Vater
zuredet, sich beim kaiserlichen Hofe nicht zu fürchten, und wie er
antwortet, er fürchte sich nicht, aber er wäre bange, daß niemand
da sein möchte, der Musik verstände. – – – Guter Gott, was für
Zeiten! Zwei Zeppeline sind im Sturm vernichtet. Rußland blutig

und immer blutiger geschlagen, im Westen versuchen sie vergeblich, uns zu überrennen, in den Karpaten frieren sie im Schnee und kämpfen hart, in der Bukowina schmelzen die Russen im Feuer des österreichischen Angriffs. Ostpreußen verwüstet, England wird die Schlinge um den Hals zu legen gesucht. Japan benutzt die gute Gelegenheit, China die Faust vor das Gesicht zu heben. Der Güstrower Bahnhof sieht manchen dieser langen Züge mit den roten Kreuzen, wo man hinter den Fenstern der Wagen die Verwundeten auf ihren Betten liegen sieht.

21. Febr. 1915, Sonntag. Man greift zu den Extrablättern wie nach Selbstverständlichkeiten, ich – heute. Es graust einem nicht mehr in Ungewißheit, man schüttelt sich nicht zwischen Zagen und dem andern Bereitsein, von etwas Beglückendem überstürzt zu werden, – ich zahle den Fünfer und entfalte das Blatt, ohne Hast; frage auch nicht das Mörsermaul, wie der kaufende Landsturmmann tat, erst lange nach dem Inhalt, statt den Mund zu und die Augen aufzumachen – ich gehe weiter und lese – ich – heute, fast in Pomadigkeit. Ein englischer Truppentransport ist versenkt – 2000 Mann. Soso – also! Das war am Morgen. Gegen Abend nach dem Tee besahen wir Kränze in den Schaufenstern, Kränze für die Pastorin Pries. Mutter schließt, sie ist am Kummer um ihren Fritz gestorben, ich gebe zu bedenken, daß es eine reelle Krankheit gewesen sein könnte. Mit Klaus weiter durch den nebelkalten Sonntagnachmittag, Frost in den Zehen und Fingerspitzen, Frösteln im Genick, als wäre der Sonntagrest nur eine Galgenfrist, so ohne Zutrauen zur Gegenwart. So hören wir auf der Weide den Jugendtrupp in Pickelflötentakten piepvogelartig in die Kriegszeit hineinzwitschern. Wir sehen seine Reihen sich im Nebel hin- und herschieben und staunen vom Geländer des Weges einen wahren Pubertätsparademarsch an. Es geht am lockern Schnürchen, Trommeln und Pfeifen, Tritt und Ruck, aber unreif wie ein Schüleraufsatz, von Unsicherheit heimlich erschüttert, ohne das Gedröhn der genagelten Stiefel, ohne die Schicksalsgewalt der Männlichkeit. An der Ziegelei schon war uns ein Soldat begegnet, ein deutscher, aber englisch von Ansehen, und wir hatten uns die Sonntagstrostlosigkeit durch seine Erscheinung romantisch und

abenteuerlich vergüldet. Offenbar ein Spion! Diese Vorstellung war
der Funke, der in das Pulverfaß von Klaus seiner stockig und nebel-
feucht gewordnen Phantasie fiel. Ich aber – zu was war ich nütze,
als vor ihm das Feuerwerk abzubrennen? So erzählte ich also, während der Tag in Nebel und Nacht langsam ertrank, die Chronik des
Güstrower Spionageversuchs. Bestechung, Übertölpelung, Austern-
essen, Kaviarspäße, Fallenlegen, und zwar auf Klaus' Anweisung
englische Schlaudummheit vorausgesetzt, die der überlegenen Laus-
bubenpfiffigkeit guter deutscher Gesinnung aufläuft. Das Bahnhofshotel faßte eine Schnarch-, Weck- und Belauschungsintrige, und das
Rathaus, als wir endlich auf dem Markt waren, sah den Spion glücklich geliefert.

24. Febr. 1915, Mittwoch. Schon wieder ein englischer Transport
versenkt, die deutschen Unterseeboote verzinsen sich. – Und nun
wissen wir auch die Ergebnisse der Winterschlacht in Masuren:
100 000 Gefangene, 150 Geschütze, unermeßlich viele Maschinengewehre und Kriegsgerät. Die 10te Armee ist vernichtet. Wir müssens glauben, wir glauben es. Wir lassen die Blöcke ein bißchen hin-
und herpoltern im Gehirn – 100 000, 150, und bilden uns ein, wir
wüßten nun etwas von der Wirklichkeit. Sie haben schwere Geschütze nicht in Sicherheit bringen können und darum eingegraben
oder im Wasser versenkt. Von 250 000 sind nur Reste übriggeblie-
ben, schön, schön, man rechnet mit bequemen Größen. Wir wissen
Bescheid. Wissen wir, wie es riecht, wie es aussieht, wie es klingt?
Nein, garnichts wissen wir, es ist ein elender Selbstbetrug. Unser
Wissen hat so wenig von der Wirklichkeit wie eine Schokoladen-
zigarre von Kuba. Nur eins: die Züge mit den roten Kreuzen an
jedem Wagen, durch die dem Tode Zug um Zug bei der Partie um
Leben und Sterben menschliche Figuren aus den Händen gespielt
werden, – die seit einigen Tagen in Güstrow aus dem Osten einfahren und nach einigen Minuten Halt nach Westen weitergehen! Aber
haben sie nicht etwas Unwirkliches trotz de⟨n⟩ sichtbar auf Brettern
hinter Fenstern liegenden Menschen? Ist es nicht wie eine Erscheinung auf der Kinobühne, Beides ihr Kommen und Gehen, hat keinen Zusammenhang mit unsrer Welt. Es sind Soldaten aus der Win-

terschlacht, was weißt du von Winterschlacht, Unsoldat! Redest
wie ein Tertianer von Liebe, wie ein nüchternes Kalb von seinem
Onkel, der ein Kampfstier war, ein Stinktier vom Frühlingsodem.
O ja! Man steht und stiert hin auf diesen Rettungsschacht. Im Schütteln eines Gebirges von Gestalten haben Urgewalten ein Neues geformt, und aus Trümmern hervor hat es sich gewunden wie ein
lebendes, Leben aufsaugendes Wesen. Ich dachte flüchtig: Nun
zeichne! Aber schon im Entstehen zerschmolz der Vorsatz, das ist
es nicht, was Kunst vom Krieg haben kann. Ich müßte nicht Männer
zeichnen, sondern die Gestalt ihres Tuns, ihres Müssens, ihres Wol-
lens. Die Zeit will Form bekommen, also bilde die Zeit! Schaffe Rat,
guter Geist, schenk mir in Linien, was ich ahne, sende mir einen
Kahn, damit ich auf dem Ozean schiffen kann, da ich sehe!

26. Febr. 1915, Freitag. Buß- und Bettag, ein echter, wie sie mir alle
vorkommen, und unliebenswürdig, ganz wie die Sonne dieses Tages:
ohne Wärme, mit einem rechten Judaskuß von Bestrahlung, aber
mehr Biß als Kuß. Gottselig heiter, aber auf englische Art sonntäg-
lich, gleichsam pharisäisch ruhend zwecks Heiligung des Gebots auf
einem Ruhekissen des guten Gewissens, gestopft mit Disteln und
Dornen, aber der Haltung zu Liebe, und weils so schicklich ist, heu-
chelt er himmlische Ruhe bei allem verbissenen Grimm.

Nichts Neues auf beiden Fronten, so lasen Klaus und ich auf den
Geschichtstafeln unsrer Zeit am Aushang vor der Post. Und so
konnten wir, *nur* froh des Bettag-Endes, aber immerhin froh, heimwärts gehen. Wir waren mit Mutter am morschen Eis des Unergründlichen Sees gewesen, da, wo es sonst immer wärmer als im son-
stigen Deutschland ist – aber heute hatte die gerbende Heuchelei des
Wetters, die kalte Hoffnungslosigkeit, die äußere Erbautheit bei
innerstem Welksein, die beizende Kühle, die die Haut mürbe und
runzelig macht, das ganze englische Schöngetue ohne ein einziges
Englein von Gefühl selbst diese Südzone ergriffen. Da, wo wir »so
viele heitere Stunden« verbracht hatten, wie Mutter sagte.

Aber gestern waren die »Damen und Herren« in den »Erbgroßherzog« geboten zur Beratung über die Brotfrage und ⟨ihre⟩ Folgen
für den Kinderhort. Denn jetzt wird das Brot nur gegen Brotkarten

verkauft, und Brotkarten bekommen die Familien, wir, die wir Kinder aus Familien versorgen, nicht. »Damen und Herren«, ich, der ich schon früher als Fräulein im Kinderhort unterschrieben habe, war neben Dr. Heilmann der einzige Herr. Es wurde viel von Heilmann, desto weniger von Andern gesprochen. Vielleicht hätte die Eine oder Andre Mut und Luft genug zu einem Wörtlein gefühlt, wenn nicht der »Herr« alle Luft sozusagen durch seine Worte entartet hätte, sodaß es in fremden Hälsen über rostige Stimmbänder und durch gänsehautrauhe Kehlen zu streichen schien. Auch war es das Klügste, was Dr. Heilmann wußte, nämlich daß die Kinder ihr Brot selbst mitbringen müssen – wohlgemerkt, ihr richtig gewogenes, nicht zu vergessendes, nicht vor der Zeit zu fressendes. Wir werden sehen, wie es geht, die Mütter sollen für das Brot je eines Kindes unter 6 Jahren 20, über 6 Jahre 25 Pfennige wöchentlich ersetzt haben. – – Dr. Heilmann ist nicht nur Organisator, sondern auch Dichter, so hat er dem Monument, dem umstürmten Turm des niederländischen Dankgebets ein Zwillingstürmchen aus Pappe nachgebaut, eins, das er nicht unter den Scheffel stellen mochte. Es wurde im Abgeordnetenhause nach dem »Tag« und »Kladderadatsch« vom Minister des Innern von Loebell zitiert, und heute wurde es uns eröffnet, vom Verfasser selbst, daß, was, durch wen das Alles geschehen. Der Verfasser war froh und glücklich. Ich ging dann in den Rathauskeller. Das Gedicht beginnt so:

> Wir mieden, den Frieden der Völker zu stören,
> mit Waffen zu schaffen uns heiliges Recht.
> Wir ließen verspotten von feindlichen Rotten,
> was Ehrfurcht gebietet dem deutschen Geschlecht.
> Sie sannen und spannen mit neidvollen Ränken,
> mit Lügen und Trügen ein feindliches Netz – –
> – – da brauset und grauset ein fürchterlich Zürnen...
>
> – – – –
>
> Wir bitten inmitten der Welt voller Feinde...

Aber genug! Ich saß also danach im Ratsweinkeller! Am Tisch der Bombensichern hinter einem Wagenrad von Kalter Schüssel zwei junge Kanoniere, zwei Rekruten aus gutem Hause, die auf ordentlichen Fraß halten und jung genug sind, sich das Liebäugeln mit den Bissen nicht zu verbeißen, der eine ein wahrer Goldjunge, einen zufrieden lächelnden Löwenhunger im Auge, der keineswegs die simpelhafte Treuherzigkeit herausbiß, die ebenda in anmutiger Sittsamkeit, sogar ausgemacht jüngferlich, bänglich und kecklich zugleich ihren Ort hatte. Sie durchackerten ihre Schüssel und ernteten zu gleicher Zeit in die gezähnten Scheuntore, als sie aus ihrer Selbstvergessenheit von einem eintretenden Leutnant aufgestöbert wurden. Er winkte, und sie saßen wieder, und dann – setzte er sich zu ihnen. Der Goldjunge rückte ihm eilig das Wagenrad von der Nase ab, ganz so mit einem Verlegenheitshuschen von Lächeln über die Wangen, wie es Holbein der Jungmännerherrlichkeit und der frommen Art seiner Zeit vielleicht geben konnte. Der Leutnant hatte wohl den gleichen Familienhorizont wie sie, sie ihrerseits mochten die Leutnantsachselstücke schon im Protzkasten versteckt halten, er war vorgesetz⟨t⟩lich erhaben zwar, aber doch immer mit der einen Gönnerhand auf ihren Schultern und nach bestem Ermessen Kamerad, in einer sonderbaren Art von Vetternschaft, die in der gemeinsamen Häuslichkeit doch einen eingebrachten Salon für sich allein bewohnt. Seine verpfuschte Gnädigkeit war befehlshaberisch und zauberte einen Sonnenschein über diese Rekrutengesichter, wie ihn jede gute Kinderstube lehrt. Man exerzierte Familien- und Eßgegenstände, und des Weitern ließ der Herr Leutnant die beiden vetterlich aufmerken, daß da und da – er nannte einen Namen, den ich nicht verstand – Typhus sei, – da, anderwo nämlich, hätten wir Pocken – und hier – in Güstrow nämlich, so mußte ich verstehen – die Cholera! Aber darum ließen die Beiden nicht etwa von ihrem Wagenrad ab, höchstens drehten sie das leckerste Häufchen Speise seiner Scheibe in bequeme Reichweiten. Übrigens ist gestern unser Niehaus, wie überhaupt die Kompanie, im Tivoli gegen Cholera geimpft.

Nebenan breitete eine respektlose Gutgelauntheit sich mit den Ellbogen an den vier Tischkanten aus. Ein Zahlmeister gab aus einem Notizbuch einen gereimten Ohrenschmaus oder besser: einen scharfgemischten Ohrendrink zum besten; der Herr Dolmetscher So und So im Landsturmkittel und die andern Herrn Zahlmeister ließen sich diese überhitzten Reime eingehen, ohne zu mucken. Es ist sonderbar, was für Gift man anstandshalber sehen und hören kann, nein, muß. Nur beim Magen, ja, da hört das Allerweltsrecht auf, da darf man: »Nein, danke!« sagen. Dann sah ich im selben Ratsweinkeller den alten, immer noch munteren Geheimrat Tod. Erst war es ein alter Herr, freundlich und helläugig, munter und gefällig im Überlassen von Plätzen und Stühlebesorgen für Andre. Er hatte einen weißen Schnurrbart und weißes Haupthaar, fast ein wenig flott bei aller Greisenhaftigkeit. Hinterm Schnurrbart und unter den Backenknochen hatte⟨n⟩ das Lächeln und der Vollzug einer Freundschaftsgrimasse während eines langen Lebens ein Gärtchen der Lustigkeit in Fältchen angelegt und eine Schatzhöhle, mehr eine wohlige Mulde für Grundgütigkeit ausgetieft. Er trug tiefschwarzes Zeug und hatte aus der schwarzen Krawatte ein dünnes goldenes Schlänglein von einer Nadel hinab zu einer andern gleichsam am Busen wohnen. Solange war es noch ein alter, gefälliger Herr, bis ich seine Augen sah, Kaninchenaugen, voll von der sanften Erbarmungslosigkeit, mit der ein weichfelliges Tier einen Christusmord in sich fassen würde, wenn es nur ohne Lärm, Staub und Schießen abläuft. Seine Augen hatten, so begriff ich, der geheimen Menschenschlächterei – aber ohne Messer – eines langen Lebens zugeschaut, die sein fleißiges Gehirn unter dem würdigen Schlohweiß des Schopfes verrichtet hatte. Und nun, da wir Krieg haben und unsre vielen tausend Toten, ohne daß wir es photographieren könnten, plötzlich alle bleichen Finger aus der Erde reckten und auf ihn wiesen, wußte ich plötzlich »sein Nam und Art«. Da sah ich auch, daß sein flotter Schnurrbart aus einem Oberkieferknochen herauswuchs, weißer als das gelbliche und leicht angemürbte Schädelbein, und daß sein ehrwürdiges Schopfhaar auf dem harten Rund des Knocheneis perückenhaft ein bißchen lustig schief gerückt war. Ein Lebegreis von Tod, ein freundliches, stühlerückendes und plätzeabtretendes Männchen mit Näschen und Auge wie Grünfutter schnupperndes Kaninchen und dabei Geheimrat und guter Familienvater. Kein Blutstropfen beschmutzte im ganzen langen Leben den schwarzen Gehrock mit seidenen Aufschlägen, alle seine Geschäfte wickelten sich still und flink in Federstreichen ab, und er denkt garnicht an Blut und Tränen, er

sieht sie nicht, seine Augen wissen garnicht, was Blut ist, seine Ohren
haben keinen Seufzer, sein Näschen keinen Verwesungsgeruch gespürt. Er ist kein Schlächter und kein Mordpatron, dieser Geheimrat
Tod. Sein Gehirn wellt in leisen Zuckungen, es krampft in ihm ein
gelindes Ziehen – und die halbe Erdkugel überzieht sich mit röt-
lichem Moos, verfilzt sich mit einem feuchten Geflecht von Grauen
und Sorge. Alle die winzigen Herzkämmerchen ersticken daran. Und
die Säure der Verwesung dunstet und schlemmt ein feines Säftlein
hervor, grade die richtige Hefe, die der betriebsame Alte für eine
seiner kleinen Wohlbekömmlichkeiten und Abwicklungen braucht.
Blut – Sterben – Massengräber – Tränenmeere – was für unverständliche Worte! Für ihn heißt es Amtsverwaltung und Hoch-
betrieb, nichts weiter.

27. Febr. 1915, Sonnabend. Das Brot ist ausverkauft; als ich nach
Hause kam, bot sich mir eine Faustvoll an, sie hatten nichts dazu
bekommen. Was konnte ich, da diese Faustvoll morgen vielleicht
von keinem Armvoll ersetzt wird, anders tun, als ein paar Karten-
blättchen kunstvoll abschneiden, damit ich vor Mutters Augen doch
davon aß! »Na, Mutter«, hatte Klaus gesagt, als sie den Sorgenspieß
nach ihm spießte, was denn werden solle, wenn das Brot so rar würde
– »dann eß *ich* nichts!« Ich kam später zum Abendbrot, denn ich
hatte Dr. Heilmanns Erbauungspredigt an die Kriegerfrauen ange-
hört, ein Droh- und Schmeichelvortrag, eine Mischung von Stim-
menfang und Kriegsartikelverlesung. Sie waren eingeladen, unsre
Pläne wegen der Brotversorgung der Kinder mit unsern Verfügun-
gen zugleich zu hören, und es war ein Meisterstreich von ihm. Denn
am Morgen waren Frau von Oertzen und Frau Dr. Wacker und ich,
gestaut voll Verneinung, bei ihm gewesen, um die Maßregeln überhaupt zu hängen. Daß die Frauen die richtige Menge Brot in den
Kinderhort liefern, rechtzeitig für die 60 Mäuler und Mägen, von
rechter Sorte, und die andern unumgänglichen Nichtigkeiten, schien
uns zu viel Vertrauen. Wir meinten, da es für das Kindermaul 3
Pfennige den Tag ausmacht, so könnte man das Brotgeben gut und
gern den Mütterhänden überlassen und nur etwa den Kinderhort
für ein stärker sättigendes Mittagessen verpflichten. Damit waren

wir nach Beratung im Hort in der chemischen Fabrik aufgetrumpft. Aber der Dr. war in Geschäften gestört worden und hatte uns auf das englische Sprichwort: »Wo ein Wille, ist auch ein Weg« verwiesen und den Plan, wie er gefaßt war, verfolgt sehen wollen. So wurden die Frauen schlechthin benachrichtigt, daß sie Geld für das Brot, das sie von morgen an liefern müssen, ersetzt bekämen, und mit dieser Erklärung für den Kinderhort die ganze Frage, ob oder ob nicht die Brothäkelei überhaupt gut sei, ausgelöscht. Nun saßen wir Verschworenen im Halbkreis, und er diktierte seiner Stenographistin ins Papier, daß so und so mit Frau So und So Folgendes... und Frau Witthöft bringt Montags um 11 Uhr Brot und bekommt Sonnabends auf der Fabrik für 3 Kinder 75 Pf., und so mit Abweichungen und Vereinbarungen für die andern Frauen. Nun läuft es den Weg oder verläuft sich nach drei Tagen im Graben. Alle Mäuler wollen ihre Schnitten zur Vesper, aber Mancher hat vielleicht kein Brot geliefert.

Die zehn Frauen standen, und der Kinderhort saß, nur der Dr. nicht. Sie nahmen alles hin, Drohung und Verheißung. Drohung, daß bei Nichtbefolgung die Kinder verwiesen werden müßten, und ließen sich die Lösungen einiger Schwierigkeiten, Lösungen, die mir falsch schienen, wie Schlingen über den Kopf werfen. Und zum Schluß sagte der Dr.: »Nun wollen wir hoffen, daß bald Friede wird, dann brauchen wir nicht so viel zu reden.« Stimmfang, aber Volkstribungebärde.

Und in der Welt, in Asien, brennt die Fackel schon, die die andre Hälfte der Kugel in Brand setzt. Japan rüstet, Amerika spitzt die Ohren, und es geht um China. Die Luft – nicht nur die Güstrower heute – geht scharf und beißt. Es heult draußen, und ich fühle beim Schreiben die Kälte von meinen Schultern kriechen.

2. März 1915, Dienstag.
»Nach Mitteilung der amerikanischen Botschaft in Petersburg befand sich Herr Hans Barlach bei Abgang des Berichts in Untersuchungshaft in Charkow wegen Beteiligung am Flottenverein.

Der Leiter der Zentral-Auskunftstelle für Auswanderer.«

Wir lasen kürzlich, daß diese Untersuchungen niedergeschlagen
wären, eine Notiz mit der Überschrift: »Bessere Behandlung der
Deutschen in Rußland«. Ich denke – nein, sehe immer: Einzelhaft,
kalte Zelle, langsames Zermürben. Wegen Beteiligung am Flottenverein! Nun ja, wenn jemand durchaus hängen soll, so gehts auch an
einem Kleiderständer, und – wenn die Zeit einmal toll genug wird,
wird man mir die Ohren abschneiden, weil ich nicht hören kann, daß
Schnee weiß ist, oder die Augen ausstechen, weil ich nicht weiß, warum ein Liter kein Thermometer ist. – – Ich weiß noch, daß ich vorm
Gefängnis in Charkow stand und Gesichter, von Gitterstäben der
Fenster zerschnitten, gleichsam ausgestrichen sah, mit Kreuzen gezeichnet.

4. März 1915, Donnerstag. Gestern stand in der Zeitung ein Aufruf
an freiwillige Krankenpfleger. Das ließ mich nicht los. Nur der Gedanke, ich könnte es wieder, wer weiß warum, von mir weisen, war
unerträglich. Es mußte sein, es scheint mir die letzte Gelegenheit,
ein bißchen aus dem Schlaf herauszukommen und die Luft der Zeit,
von der man bisher doch immer nur träumte, selbst zu schlucken.

5. März 1915, Freitag. Abschiedsgeschäftigkeit trieb mich heute Morgen durch die Stadt. Ich war beim Schuster, beim Manufakturisten,
beim Buchbinder, auf der Bank, bei Frau Döscher, hier und da.
Manchmal freilich kommt so etwas wie ein Trost, aber ein dünner,
altetantenhafter, dessen Betulichkeit mehr empört als beruhigt, ein
Trost: sie werden dich nicht brauchen. Dann wird der Chinese in
mir fühlbar und versteckt sein Herz wie ein unauffindbares Osterei
zwischen den Güstrower Gassen. Da fühlt man sich als Teil von all
diesem und kann am Losreißen keine Freude finden. Aber im Ganzen: Gott sei Dank, ich komme an frische Luft. Eine schöne Dokumentenmappe kaufte ich bei Meinck, eine mit mehreren Fächern, da
sollen alle unsre Versicherungen, Testament und Standespapiere
hübsch auf dem Haufen bleiben, daß, wenn es einmal heißt: rette,
was du am nötigsten brauchst, ein Griff an den bewußten Ort ge-
nüge. Am Nachmittag knatterten wir durch getauten Schnee, den die
Bodenkälte zur großen Eisschuppe gehärtet hatte, durch die Stadt.

Und so brachte uns unsre Ziellosigkeit zum Kirchhof, »Wohin wir kommen gegangen, das ist unser wahres Ziel...« Alle Gräber waren, alle Bäume mit dem kalten Aussatz beschlagen. Der Erzengel, die Mühle, stand mit regungslosem Flügelwerk, als zweifle er selbst, ob es grade jetzt angemessen sei, die warm beerdigte Schar zur Auferstehung aufzurufen, am liebsten hätte er sich selbst tief gebettet. Einige Rechenexempel las Klaus mir von den Kreuzen – wie üblich, uns schienen mitten im Lande der Toten das Kleinkinderviertel und selbst in winterlicher Starre und Vereistheit die Kindergräber wie eine Spielhorde durcheinander zu wimmeln, – aber auch das Geheimratsviertel, die efeubewucherten, in Rost verfallenen Reste des gestorbenen 18. Jahrhunderts mußten übergangen, d. h. es mußte darüber hingegangen werden. Die Alten – das sind Klaus seine Freunde, die 90Jährigen – aber auch 65 ist ein schönes Alter, besonders, wenn es im vorvorigen Jahrhundert erlebt worden ist.

In der Champagne greifen die Franzosen noch immer an. Heute heißt es: Tausend tote Franzosen liegen vor unsrer Front. Unsre Notlage, wie sie ihnen vorsteht, ist ihr Stern. Da winkt ihnen das Heil, und so rennen sie sich die Köpfe ein. Amerika hat uns und England seine Gedanken über Mittel zu allgemeiner Handelsfreiheit in Lebensmitteln – wie zugestanden sein muß – in verhaltener Tonart hören lassen, und Deutschland hat seine Vorschläge mit einigen Abänderungen gutgeheißen. England aber nicht. Es will uns aushungern, und es will im Verein mit Frankreich wütender beißen als vorher und verbellt dabei die Neutralen, daß es einen allgemeinen Auflauf gibt auf dem Krammarkt. Englische und französische Schiffe beschießen die Dardanellen. Bis jetzt ohne handgreifliches Ergebnis, d. h. handgreiflich wohl, aber nicht zermalmend und nicht die beiden Meerengenarme lahmend. Nur auf die Pfoten haben sie geschlagen, der Bizeps und Trizeps beiderseits ist noch nicht angerührt und will seinerseits auch einmal einen Schlag wagen.

6. März 1915, Sonnabend. Dr. Eisenbart ist gnatterig. Sein Bart ist vereist, und im Winde knistert und bröckelt es von den Bäumen. Dr. Eisenbart, der Kriegswinter, der Weltdoktor, der sie auf seine Art kuriert, zwirbelt mit harten Frostfingern in dem glassspröden

Haareis. Rund- und Spitz-, Bausch- und Buschbart, alles Geäst ist im heutigen Regen und kaltem Ost ins Eisgrau gewachsen, mit grauem Eis ausgeschlagen. Die Bäume haben nach Osten von Regen und Ostwind gemeinsam geschmiedete Panzer, und unter den Sohlen zerspleißt der mürbe Schmelz des Bodens. –
Klaus war zum Wolfgang gebeten, dem achtjährigen Geburtstagsprinzen von der Prinzenschule. Ich – ach – ich Chinese! Wie freue ich mich über die Frist, die Frist von ein bis zwei Tagen, vielleicht noch einigen mehr, bis zum Abrücken – na, ins Feld! Das Feld ist der Ort, wo ich den vierwöchentlichen Krankenpflegerkurs erhalte, und heute – vorläufig habe ich einen Fragebogen ausgeschrieben. Frage: aus welchen Gründen nicht gedient? Antwort: wegen Herzleiden. Frage: was sonst für Schwächen? Antwort: gelegentliche Herz- und Magenbeschwerden, die der Doktor nervös nennt. – Und Nikos Frau schreibt und fetzt einen Zettel dazu: »Falls wir Krieg mit Amerika bekommen und wir Alle untergehen« (oder doch so gemeint) »laßt Euch Alles ersetzen, was wir verlieren. Nämlich Wert der Farm (Josephs Besitz) 2.500 Dollars, Vieh, Gerät, Inventar 1500 Dollars. 1000 Dollars auf der Bank unter meinem Namen German Saving Bank Broadway Boloum Str. Brooklyn N. Y. City, Bankbuch Nr. 167 327.«

7. März 1915, Sonntag. Nun sei dieser Tag das Ende des Tagebuchs. Es möge ein stärkeres Erleben kommen als das, was man mit zufriedenem Lächeln um die Mundwinkel hier auf den Seiten in Wort und Wortbild umsetzt. Erleben, das alles Darstellen umbringt. – – Dieser Sonntag war wieder friedlich und aufgeräumt melancholisch. Es schneite stark, und schon beim Waschen brachte der Blick in den weißen Staubfall tröstende Einschränkung. Diese Schleier hängen zwischen uns und der Ferne, also bleiben wir bei uns, lassen uns genügen beim Mittagstisch an Geschmatz und Geschwätz, beim Tee an Geschichtenlesen und hinterher einem bißchen Frieren und Fußwaschen in der Unschuld des unermeßlich reichen Himmelsweißes. Im Dämmer mit einem bißchen Schäkern und nach dem Abendbrot mit dem Lotto. Klaus sein Mäulchen klappert wie ein Mühlrad, und seine Neugierde ist ebenso rege und schöpft unermüdlich neuen

Inhalt. So lagen wir nach Tisch zu zweien auf meinem Bett und besahen den lieben, alten Brueghel und besonders diese Blätter, die man zollweise wie Hexenhäuschengeknusper anbröckeln und im Munde schmelzen lassen kann, eine Welt auf der Handvoll Papier.

21. März 1915, Sonntag. So gehts. Der 7. März sollte mein letzter Sonntag sein, und nun findet mich der heutige noch im Ort. Und die Frist mußte schon willkommen sein, denn der vorige schickte mir eine Halsentzündung und bestellte mir zu Montag den Arzt ins Haus. Wie war das gekommen? Hatte ich nicht am Freitag Nachmittag mit aufgeknöpftem Mantel im Tauwetter Schneewaldwege gewandert? Das Frostgrauen war aus der Welt gewichen, die Luft war in Genesungsschweiß gesunken, ein Erleichterungstraum hatte sie erlöst. Der Wald lag vor meinen Augen auf dem frischen Laken, das kein Leichentuch mehr war, wie ein langer Wolkensack voll durchschimmerndem Himmelsblau. Ganz getröstet fuhr der Blick drüber hin, denn er war kein Hungerkäfig für Waldtiere mehr, nicht mehr abgesperrt von glasigen Frostwänden, jetzt dunstete er Wohnlichkeit und Gastlichkeit, und ich war durchhingeschlendert und hatte wie in weiße Wolle die Füße in den morschen Abwinter- oder Frühlingsschnee gesenkt. Eine Frau stand abseits und sammelte unter dem Abfall von geschlagenen Bäumen. Als ich näher kam, fragte sie nach dem Jäger und sagte, sie hätte mich von Weitem als solchen angesehen. Nein, ich hatte nichts davon bemerkt, und sie konnte weitersammeln. »Wi derfen hier gornich söken.« So muß sich die Armut und dazu mit schlechtem Gewissen mühen. Als ich von der Klues zurückkam, überholte ich auf der Landstraße andre Holzsammlerinnen und erkannte Frau Fetting; der Mann im Krieg, die Kinder im Hort, sie holte Brennholz im Wald und hatte keine bequeme Mühe dabei. – – Aber später war es wieder aus. Wir hatten den wütendsten Schneefall dieses Jahres, und der Wind hetzte und biß wie ein toller Hund. Ich mußte den Hals ins Zimmer sperren. –

Der Russe ist wieder im Land, hat Memel besetzt. Der Reichstag hat getagt, und wieder haben einige Sozialdemokraten als Übereuropäer geräuspert und gespuckt. Der Beifall kommt natürlich von jenseits der Grenze. Über 7 Milliarden sind auf die 2. Kriegsanleihe gezeichnet. Englische und französische Schiffe vor den Dardanellen gesunken, englische und französische Angriffe im Westen abgeschlagen. Viele englische Schiffe von U-Booten gestochen und gestorben. Das Würgen geschieht weiter in den Karpaten und die ganze Front herauf bis Memel. Wallfried und Junge müssen nun ihrerseits auch die Flinte zur Hand nehmen, zwei sonderbare Soldaten, sollte man denken, aber wer weiß, was der preußische Unteroffizier für Meisterstücke aus ihnen macht! Hans Lucht ist aus der Masurenschlacht wieder nach Wiesbaden beurlaubt. Gelenkrheuma, leicht erfrorene Hände, Herzschwäche hat sie ihm beschert. Der junge Ottfried in Frankreich hat mehr Glück. Eine Bombe begräbt sie Alle, wie sie zusammenhocken, aber er trägt nur eine Beule am Kopf und einen Riß in der Hose davon. Der Riß in der Hose scheint die Familie arg bestürzt zu machen, denn Luise Schenck berichtet es zum zweiten Mal, und ich mußte an das frische Kriegerchen denken, das sich beim Abgang zur Front im nagelneuen Kriegsglanz und -glauben bildlich empfahl. Ganz durchsetzt von Ungegorenheit und ungeschoren von irgend welcher Bedenklichkeit. Eine possierliche, milchbärtige Gravität auf der aalglatten Stirn und mit Lippen, die im Geheimen den Schokoladenzigarren mehr abgewinnen können als dem brennenden Kraut. Noch nicht 18 Jahre alt und – – nun doch schon im Feuer gehärtet! Ich schrieb an Engel, daß der Krieg mir vorkommt wie ein Schollenbruch in der halbwegs festgewordenen Erdkruste. Wie eine Eiszeit – nur daß wir unsre Äcker retten und – wie steht es mit unsern Herzen?

22. März 1915, Montag. Mit Klaus in den besonnten Straßen spaziert am Morgen. Die Läden wurden abgeweidet und der Klingklang behorcht, der von vielen Lauten, die alle durch besonnte Räume streichen, der in der Luft liegt wie erwartungsvolle Lust, man braucht nur zu rufen, dann sprüht ein zwitschernder Schwarm ins Licht, man braucht nur zu zeigen, dann gluckst ein Lachen auf aus überladnen Herzen – aber der kitzelnde Finger müßte die Kanone losbrennen. Neun Milliarden auf die Kriegsanleihe gezeichnet, Memel befreit, Paris bombardiert, ebenso Calais. – Ach, was für eine Jammergeschäftigkeit ist dieses Aufschreiben. – – – Aber nach der Ebbe des Kinderhorts schob mich der frühlingshafte Abend aus der Stadt auf die Chaussee, der Frieden, an den man glaubt wie an einen Aberglauben, hatte sein Geschäft auf den Feldern, überm Parumer See und am Himmel, als sei es seine alltägliche Gewohnheit. Ich ging hindurch wie durch einen Spuk, aber einen Spuk der Notwendigkeit, ein alltägliches Wunder, hinter dem die alltägliche Vergangenheit verstaubte und in einer Ecke zum vergessenen Gerümpel wurde. Man wagte kaum zu hoffen, und nun, da alle Erfüllung kam, grade vom Himmel nieder, läßt man sichs schmecken, obgleich es Manna heißt, wie Roggenbrot. Man lernt sein Teil, man versteht, daß Gnade Recht wird, man nimmt Güte hin wie Notdurft, aber man lernt auch die Notdurft verehren, Gottes Geben und Gönnen im täglichen Brot empfangen. Unser alltägliches Roggenbrot und das alltägliche Erschauern unsrer Seele gib uns heute! – –

¾ 10 Uhr: Der Brüllochse mit Extrablättern tobt durch den Abend: Festung Przemysl in Ehren gefallen – Amen.

23. März 1915, Dienstag. In den Halswehtagen las ich Goethes »Campagne in Frankreich 1792«, wo die verbündeten Preußen und Österreicher etwa bis dahin kamen, wo die Deutschen jetzt seit Monaten stehen und bleiben. Dann die »Lehrjahre«, und das war schön, dann »Macbeth« und finde dankbar, daß die Großen uns ihre Spuren gelassen haben. Als Maß für unsre Schritte? Ach Gott, natürlich – und doch sollen wir in unsern Zeitschuhen gehen, am besten ists, man denkt nicht dran, wer vormals war. Nur, daß ich mirs nicht leicht werden lasse, darf ich mir bezeugen. Morgens vor der weißen Leere der Blätter ⟨zu⟩ stehen und die Leere weiß zu lassen, Tag für Tag, ist schlimm. Es soll und soll etwas Gutes entstehen, und kommt es nicht, versagt es sich, so mag man arm bleiben an Taten. Ist es die fehlende Ruhe? Ja, es ist wohl Inbrunst, aber nicht die freudig-kühle Zuversicht am Werk. Es bettelt sich schlecht, wenn man selbst geben soll und nicht weiß, woher nehmen!

Ich sollte einmal die Hortkinder konterfeien! Voran die vier Fischers, die zwei älteren mit der hämischen Selbstherrlichkeit, die – wenn man nach etwas fragt – ein Trotzgrinsen der Antwort voranschicken, grade als spuckten sie aus, ehe sie ein faules Bißchen Umschweife machen. Dann die kleineren, zwei buttnäsige Bastarde von Vertrauen und Teufelskameradschaft. Die Habsucht zielt beim Schießen für sie, sie sind förmlich stranguliert von Gewinngier. Nun aber die Rußbüldts! Auch vier,* in Elend gehegt und feierlich von Bleichsucht in der Wolle gefärbt. Grete, der kleine, behende Jammer, wirrhaarig und zutraulich, aber der Jammer hockt vor ihrem Seelchen, ohne daß sie ihm die Hand gönnt, sie ist voll Zuversicht aller guten Dinge in der Welt. Ihr umsichtiger Habebald von großem Bruder, Industrietäufling und Heldenmaul, ein Sozialdemokrat in der Westentasche – –. Daneben die be⟨n⟩achbarten Eßweins, zwei tüchtige Anfangsstücke Bürgerlichkeit, die schlauen Lumpensammlerkinder Habicht, der größere Fetting mit seiner Allbetulichkeit, hängohrig und in allerlei Künsten eingelernt mitsamt seinem g⟨l⟩äubigeren und noch in Gutkindlichkeit, aber auch Dickfelligkeit eingewickelten Brüderchen. Weiter die frech-anlässigen Schumanntöchter, von denen die größere einst eine ordentliche Barlachsche Ohrfeige kriegte, mit ihrem gut geprägten, nicht heiteren und anmutigen, aber wildgemeinen Gesicht, hartköpfig und gedrungen, eine zukünftige Macbethsche vom Hinterhof und ein Racker von Verleiterin und Bestimmerin von Männern. Aber es sind zu viele für heute!

24. März 1915, Mittwoch. Klaus war den ganzen Nachmittag mit Mieke von oben, an der er jetzt hängt in Ermangelung der Lisabeth, im Garten bei Sturm und Drang beim Spielen mit Schaufel und Pflanzen. Sie gaben ihre Seele her und gruben sie, wie es schien, der Frühlingserde in den Schoß. Mir scheint, diese glucksenden Spieltöne in der stinkenden Pferdestallecke dahinten loben Gott mehr als hundertmal Halleluja-Psalmensingen. Gott sei bedankt, daß wir soviel Verstand haben, keine Schwarm-Hymnen englisch zu näseln. Nach dem Tee ging es zum Unergründlichen See durch einen tränenfeuchten Spättag, dem das Frühjahranfangsglück nach dem ersten Schluchzen in leises Verschwimmen zwischen seligem Staunen und Bangen umschlug. Klaus überdrang es am meisten und fuhr ihm stracks in die Sprunggelenke. Dann schmeichelte es ihm die Mütze vom Kopf und häutete ihm den Mantel vom Leibe. So trug er sein

stolzes Genick und den zerzausten Schopf, die Flinte auf dem Rük-
ken, durch die Büsche. Mutter kehrte am See um und sah uns nach,
wie wir nach dem Gliner See auf die Wiese um die Ecke bogen.
Ich dachte, sie könnte denken: So ist das Leben, solch ein Abschied
kommt einmal heran und geht vorüber, und dann trifft der Abschied
den Vater, und er sieht den großen Klaus von sich abstreben hinter
einem besseren Ziele, hinter herzlicher geliebtem Neuen her. Dann
steht er und hofft, er möchte noch einmal umschauen und winken.
Ja, es bittert sich im Herzen der Wunsch, er möchte rufen, daß er
zum letzten Mal seine Stimme hört. Sie rief, aber ich winkte nur
zurück. Vielleicht hat sie auch das nicht gesehen. Wir aber zogen
durch die Wiese, sprangen über Gräben und wühlten durch das Fett
des Ackersaums unsre Sohlen. Er fand im Schneeloch am Rain, eben
aufgewacht und noch halbträumend in Winterbetörtheit, eine erste
Dödi-Kröte, er ließ mich die gedrehte Mittelsäule eines halbzerstör-
ten Schneckenhauses bewundern, er fand den Tag voll Wunder, aber
ich, weil wir beim Rückgang die kommenden Fröschlein vorausge-
erspähten, die einmal unter unsern Sohlen verzappeln werden, wie
sie es im Vorjahr getan – ich erzählte von der Froschplage und den
andern ägyptischen Plagen, ich las nach Tisch eine Frommelsche Kin-
derwundergeschichte, und dann fuhr noch das erste Frühlingsgewitter daher. Diese Abschiedsahnung kann mich mit Sauersüße richtig
plagen, aber es ist eine Gottesplage, ein Segen, denn er bringt mir
den süßen Besitz und den Wert der Gegenwart in meinen allernäch-
sten Bereich. Er legt mir eine Wärme eng ans Herz, – und das bin
ich Mensch genug, als Gut und Glück zu fühlen. Aber sollte nicht
auch *der* Abschied einmal natürlich und leicht werden? Muß ich
zurückbleiben in der Leere? Bei Gott und Teufel, nein, das wäre
schlimm, das ist der wahre Schrecken des Alters. Nein, anders – ich
muß mich von ihm lösen, er muß beim Geringeren, beim Leben, das
ich überstanden, das sich entwertet hat, das ausgehöhlt und zur
Schale geworden, einstweilen zurückbleiben – der Mist wird auf die
Felder gelegt, unsre Nahrung übers Jahr wird in der Tiefe geahnt
und beschworen. Die Mühlenflügel scheinen schon auf Wind zu hoffen, immer noch Engel, vom Himmel auf die Erde gesenkt als Ver-
wandler der Erdfrucht in Kraft und Deutschtum, denn deutsches

Mehl soll Deutschland erhalten. Deutsche Engel, ihr Mühlen! Und deutsche Engel kommen vom deutschen Gott. –

Ein Teil des Weges von der Schwerinerstraße zur Heilmannschen Fabrik ist eingezäunt, und heute sahen wir Schüler dies harte Stück Land zu einem Schützengraben aufwühlen, – mit Hacke und Schaufel buddelten sie hinein und warfen das Lockere hinauf, daß es Fruchtland gab, so zog sich der wühlende Schützengraben von hinten nach vorn. Morgen besorgt Mutter unsre Saatkartoffeln, damit soll alles Gartenland bekeimt werden. Luises Stärke soll es vollbringen.

25. März 1915, Donnerstag. Klaus bekam Ferien. Sein Zeugnis lag, als ich zum Tee heimkam, auf dem Tisch, denn es war bestens geraten, und ich durfte beim Lesen eine Bewunderungskomödie anstellen. Ihm ging es nahe, er hatte seine Vorzüglichkeit zwar schwarz auf weiß, aber daß er *solch* ein Ausbund war, mußte ihn doch überraschen. In den Karpaten wettert eine Schlacht. Die U-Boote scheuchen die Milchkühe von Englands Weide.

27. März 1915. Sonnabend. Die Heidberge lockten uns gestern Nachmittag. Aber schon beim Ausziehen gebar die Luft wie Verheißung einer weißen Zukunft ein paar Schneepünktchen vor unsern Augen. Es wird schneien – aber Winterlandschaft gibt es nicht mehr, wies ich Klaus an zu glauben. Und als wir dann vor dem Wald hinter den Bäumen hervor die Schneemauer stehen sahen, die Welt jenseits der Wiesen im Schneepuder versinken, spottete Klaus meiner und verwies mich auf diese echte und gerechte Winterlandschaft. In der Gleviner Burg überfiel uns ein Hagelwetter, ein weißer Wolkenbruch, und über Nacht und Abend mantelte sich die ganze Welt in Pelz. Es taut und schneit miteinander, und heute Abend ward die Luft klar und kalt, der Schneemorast erstarrte und knusperte unter den Sohlen. Das Alles wäre im Ofenhockergemüt erbaulich zu hegen und zu beschwärmen, wenn nicht das Andre, das Zeitgemüt, sein Heim und Lager in Schützengräben hätte. Da hört das Schnurren und Spinnen, das behagliche Schaudern und Frösteln von selbst auf. Man hat es wie einen Krebs im Leibe, unheimlich und zerstörend, obgleich er nicht grade nagt und schmerzt. Aber er ist da und greift um sich. Und Alles, was einen ärgert, ist Opium bei diesem faulenden Vorgang. Der Kinderhort lindert ihn einige Stunden, und solange sein Wüten und Reißen in der Seele liegt, schläft das Zeitentsetzen, das Verzagen in einer unheimlichen Leere. Ein paar Männer saßen beim Grog mit an meinem Tisch, sprachen von diesem und jenem und seufzten etwas vom Kriege: »Es sitzt fest, man hört nichts.« – – So sind wir, wir können das Wirkliche nicht kennen, wir wissen nicht, ob es vor- oder rückwärts geht, und was wir erfahren, schmeckt wie ein Bissen, der unserm Dasein Lust und Leid schaffen kann, der Magen wird es dereinst offenbaren.

28. März 1915, Sonntag. Hans schrieb: Vom 28. August 1914 bis 31. Januar 1915 war er gefangen, befreit ist er nach Birsk, Gouvernement Ufa, Malv Ilenskaja Nr. 26 verschickt. An Mutter gerichtet. Olga wird auch kommen – und noch Andres über Olga war gesagt – aber der Zensor hatte seinen Strich drüber gepinselt –. Nur das Eine konnten wir feststellen: die Ärmste war auch einen Monat in Gefangenschaft. 5 Monate Haft! Es versteht sich, daß Mutter erlosch bei dieser ungeheuren Vorstellung. Wie ein Würgen an einem zu großen Bissen den menschlichen Leib alarmiert, so ängstigte es ihr Bewußtsein. Sie schluckt noch heute Abend dran. Und nun die Antwort, die wie der Brief durch Vermittelung des deutschen Hilfsvereins in Stockholm geht! Der Zustand, wo sie reif zum Kuvertieren ist, wird zur Zeremonie erhoben, die ihr Recht haben muß. Heut Abend so weit, und morgen zur Post. Wir stecken ihn jetzt ein, wir schicken ihn an den deutschen Hilfsverein, wollen wir dies und das dazu schreiben? Der Brief wechselt aus Mutters Korb auf meinen Schreibtisch. Ich muß beim Beschreiben des Kuverts nach der Adresse sehen. Mutter·muß »ihn« aber wieder lesen. Wo ist »er«? Ich frage, und Mutter verlangt ihn von mir zurück. Er ist wirklich wie ein Dokument aus dem Jenseits. Eine Handschrift wie ein Rezept des Schäfers Ast gegen eine Krankheit, die kein Dr. med. behandelt. Aber ein Wunderdoktor versteht sich drauf.

(Ende ³/₄ 9 Uhr Abends.)

24. April 1915. Sonnabend. Am 20sten Musterung im Schützenhaus: Fleisch- und Knochenschau. Alle die 40–45jährigen Unausgebildeten standen da nach 8 in frühnebliger Morgenfeuchte. Zuerst ward nach dem Alphabet und nach der Jahreszahl, die Alten voran, aufgerufen, und ich hatte Nr. 17. Dann schickte man uns ersten 20 hinein. Wir trotteten schaflings durch den Tanzsaal, wo seinerzeit Klaus' Beine wackelten, als der Propeller des Luftfahrzeugs anlief und die Vorhänge im Sturm wirbelten – dann in einen zweiten Raum mit Stühlen an den Wänden und einer Waage und Meßapparat inmitten. Und nun stieg das nackte Elend aus den Kleidern. Rechts von mir ein Doktor, der sich den Bauch beklatschte und glaubhaft versicherte, der hätte ⟨ihn⟩ viel Geld gekostet. Links ein Dünner, den der Dicke einen Hering nannte. Die männliche Hälfte der Ehe, die ich immer die Inseratenehe nenne – er stand auch plötzlich unter dem Messer in ganzer Unverhülltheit. Selbst eine Inseratenehe sollte auf solche Grundlage ⟨hin⟩ als unvernünftig geschieden werden. Ein Ehetheater, eine Komödie zwischen solchen Kulissen! Der Dicke, der bis nachts 3 Uhr gezecht hatte, neckte sich mit dem Wachtmeister, dann gab er Gelenkigkeitsproben zum besten, legte die Füße hinter den Kopf oder stauchte die Nase auf die große Zehe, nachdem er das Bein auf den Tisch gelegt hatte. Wir bekamen Alle unsre Größenzettel, und die Kameradschaft begann leise zu spinnen, die einmal Alle oder die Meisten in ein Netz festweben soll. »Vor 25 Jahren konnten sie uns nicht brauchen« – sagte der Dicke, und der Hering ehrte es als das Natürlichste, was man sagen konnte. Nun verschwanden die ersten Nummern in einer Art pechdunkler Grabespforte und nach kurzem Verweilen erstanden sie aus demselben Dunkel. »Infanterie« – raunte es im Raum von Bekannten zu Bekannten, und »Gardefeldartillerie« rieten die Freunde als Schmeichelwitz. Nun war der Hering drin, nun folgte ich. Es war das Gastzimmer mit dem Schenktisch, wo wir ins Gericht kamen. Am Tisch ein älterer Jägeroffizier mit Eisernem Kreuz, halb zu den Mustermänner⟨n⟩ abgewandt – er und einige Zivilherren und feldgraue Militärs. Ein junger Mann im Leinenkittel auf rüstigen Beinen winkte das Fleisch und Bein zur Schau heran, begaffte die Mundhöhle und setzte sein schwarzes Röhrchen auf die Brust, dann noch ein paar

Schritte hintenherum, und gleich klappten ein paar Buchstaben und Zahlen im Aushebungs-Kauderwelsch. Dann bissen vom Tisch ein paar Worte zu und spieen das Urteil aus. Der General setzte das Messer an und formierte den Menschen mit einem Schnitt zum Soldaten, »Infanterie« hieß es bei mir. Auch der Hering war in einen Zukunftinfanteristen verwandelt. Ebenso gings dem Dicken. So hatte uns die Kameradschaft schon in eine feste Strippe eingeschlungen. Als wir die Kleider wieder am Leibe hatten, hatte uns der Weltkrieg im Rachen. Wann er uns schlucken wird, darauf warten wir.

Nun ist die Karpatenschlacht mit Wintergreuel und Eisgrimm leise zu unsern Gunsten gewandt. An 500 000 Mann haben die Russen in einen Abgrund geworfen. Keine Lyrik jetzt, Barlach! 500 Tausend. Das Wort ist genug. Eine Eiszeitkatastrophe! Aber bei Ypern haben wir mit Wucht angegriffen und Engländer und Franzosen geworfen. Zwischen Mosel und Maas haben die Franzosen ihre Offensive losgelassen. Auch hier ohne Erfolg.

Der Kinderhort tobt sich jetzt in der Friedrichshalle aus. Wir spielten in warmer Sonne und rannten uns – ich, die Mädchen und die Kinder – müde Beine. Es ging zu wie beim Picknick. Heute ists wieder kalt. *

25. April 1915. Sonntag. Osterblumensonntag im durchsonnten Gehölz. Aber es ist Anno 1915! Schadet nicht! Eine Minute darf man, wies der Klaus tat, – in sich selbst still geschaukelt – die Zeit, in der man lebt, und den Raum, das ist das Verhältnis zu Allem rundum, zu Vorzeit und Zukunft, vergessen. Wir waren am Graben, beim Suchen, beim Weiden über den belichteten Osterblumenteppich im Holz, da, wo man immer im Stillen ist, wir waren das, was man widerspruchsklingend Außersich- und darum erst ganz Man-selbst-sein heißen kann. So mit dem Wassertöpfchen in den Händen, für das er zwei Wasserflöhe gefangen, auf müden Beinen heimgehend, sonntagssatt, war Klaus so fromm, wie man nur geläutert werden kann. Nicht lustig, eher leidig, aber gestillt. – – Ich lese die Jean Paulschen »Flegeljahre« und heutigen Sonntags: »Den Sonntag eines Dichters«. Mein heutiger war der Sonntag eines Vaters. Unser Einquartiersmann ist verabredetermaßen von Frau Plaß besorgt. Es ist »Quartier ohne

Verpflegung«, aber doch, wenn die Soldaten abends kein Essen bekommen, weils zu der Zeit ihres Dienstfreiseins keins mehr gibt, dann
kocht eben die Quartiersfrau, bloß, daß sie nicht bezahlt bekommt.
Als vorgestern die Landwehr einrückte, fragte mich eine Rotte nach
der Langen Straße und wo der Maler Behrens (?) wohne. Ich fragte
dagegen, ob sie denn keine Nummer bekommen hätten. Sie antworteten: Gewiß. Schwerinerstr. 27, aber dort hat man sie weggeschickt,
da sind bloß »feine Häuser« – unwirscher Landsturm und mit Grund!
»Nu geiht dat Söken all wedder los«, riefen sie den Andern zu.

Zum ersten Mal seit langem gab es wieder ein Extrablatt. Schon
vor der Post pflückte ich die guten Früchte, gleich ein Bündel, eine
ganze Handvoll. Und im Anschlag der Straßen waren sie neu und
wieder willkommen und zu Haus noch einmal. Engländer und Franzosen, beide im Verein, haben sich schlagen lassen, bei Ypern und
Combres. Fast möchte man sagen: wir danken euch dafür, als täten
sies aus Gefälligkeit. Als wärs nicht deutsche Gewalt, sondern Gnade
und Güte von sonstwo, die den Sturm zum Stürmen brachte.

26. April 1915. Montag. Wunderwetter ist, Schwalben fliegen, Ka-
stanien quellen gewaltig, Spinat grünt auf dem Mittagstisch, auf den
Äckern und Gärten stochert Mann und Weib in der Erde. Klaus
drängt auf neue Sommerschuh, und ich spüre das ganze gelinde Wunder bei jedem Atemzuge im Hals, an den winterüber so frostigen
Fingern, hinter den Ohren und im Nacken. Aber bei Ypern sind weitere tausend Kanadier gefangen: zusamt 5000, Senegalneger, Engländer, Turkos, Inder, Franzosen, Kanadier, Zuaven, Algerier, »ein
sonderbares Volksgemisch« grifflacht der amtliche Bericht. Ich
würde sagen »England and so on«. Bei den Berichten über die Karpatenschlacht ergrauste und erstarrte das Gefühl, jetzt bei den flan-
drischen Botschaften wird der vorige Sommer wieder rege. Bei solcher Sonne gab es schon ähnliche Nachrichten – – und doch graust
etwas hinein, die Frage: ob es dauert, ob es das rechte Ende erzwingt.
Die Franzosen haben die Kampfpflicht bis ins sechzigste Jahr hinaus-
gedehnt. Was die können, können wir letzten Endes auch – aber vorläufig haben wir noch die 45jährigen – – zu Hause. Was wird uns
dieser Sommer bringen!

Das Fräulein, examinierte Kindergärtnerin, scheint einen guten Magnetismus durch den Kinderhort zu strömen. Er tut mir gut. Die gelehrten jungen Damen wissen meistens schlecht mit dem Jungvieh fertig zu werden. Die heutigen sitzen abwartend inmitten dem schwärmenden Volk, die Andre aber springt und schwingt mitten drin und durch Alles hin. Lärmt selbst für ein Dutzend, aber der eine Lärm macht den Andern zahm, und da mir der Lärm, wenn er aus solchen Zähnen und Lippen kommt, nicht zuwider ist, so zähmt er mein Unbehagen, auch eine Art Toberei im Gemüt, ebenso brav, als gehörte er mit zum Kinderhort. Zum Kaffee wird gesangreich einmarschiert, Brot wird nicht eher angefaßt, als bis Kaffee in den Tassen ist. Es ist dumm zu schreiben, aber diese Art Weib kuriert meinen Magen, es macht mir die Stunden zum Ruhelager. Sie ist unelegant, hat tüchtige Hände und viel Fleisch, und der Kopf ist wohlansehnlich, im Profil sogar für eines Bildhauers Auge, aber doch ohne Geist bei aller mutwilligen Gemütlichkeit. Aber ich seh sie doch an und bin zufrieden mit Schauen, obgleich das unbestochene Auge dem Gefühl nicht zuredet. Und nun zu der Andern, der Heiligen. Da kam vor einer Woche ein Brief an Mutter von ihr.* Sie erbat die schwedische Vermittlungsadresse, die wir bei einem russischen Brief an Olga, den Frau M. B. uns freundlichst aufschrieb, benutzten. Sie wollte an ihre Schwester schreiben. Es durfte aber keinerlei Deutsches als Herkunft des Briefes ⟨erkennbar⟩ sein – und so, da dies unerreichbar ist, schlug ich ihr einen andern Weg in Verbindung mit einem entfernten Verwandten in Schweden vor. Sie antwortete – erschreckt, überrascht und dankbar, so fremd in dieser Welt, so verloren und befangen,* daß es rühren konnte. Ganz Seele, ganz Geist, ganz Empfindung, das Gegenstück von der Andern. Gesund, aber nur Gesundheit in irgendeinem Jenseits, sonnenscheu. Briefe, die nach Schweden nur geöffnet gehen dürfen, können garnicht geschrieben werden. Sie dürfen auch nicht ans Vaterhaus gehen, nur der einzige Oberpriester Filimon Snamenski an der Isaakskathedrale in Petersburg darf angegangen werden – und so ist mein Weg ungangbar. Aber heilig ist sie! Alles in ihr braut Entsagung, Hang zu Güte und Gnade löst sie auf, Fleisch und Schwere haben sie verlassen.

Klaus tritt den neuen Sommer auf neuen Schuhen an. Das erste Paar war gekauft, und auf dem Rückweg mit Mutter war er schon im Grünen Winkel, als der große Zeh zu drücken anfing. Da wurde eiligst mitten in der Straße das neue mit dem alten Paar vertauscht und zum Laden zurückgeflogen. Eine größere Nummer war dann die rechte, und immer noch beim Gehen wird der Zustand der Sohlen geprüft. Das letzte Maß Neuheit und Schönfärbigkeit gepriesen, das dem beginnenden Verschleißen widersteht.

27. April 1915. Dienstag. Mir fiel ein, jemand müßte ein Buch Inventur schreiben: »Kulturinventur«. Kein Ankläger und kein Parteigänger unsrer Zeit, sondern ein Liebhaber des Art-Habens überhaupt. Es ist sehr schwer. Er müßte von Apotheker-Waagen Messerspitzen voll pulverisierten Schattens an Gefühl und Vorstellung abschreiben können. Er soll mischen können und aus keiner Entrüstung schwärzer schatten und aus keiner Vorliebe sonniger sehen, als sein natürliches Gerechtigkeitsgefühl zuläßt. Darauf kommts an bei solchem Vertrauensposten, er muß zugleich lieben und hassen, beides ohne Zwecke. Er muß die Dinge schlechthin, fast ohne sie auf die rechte oder linke Seite zu schieben, sehen; so sollte ein rechtes Bild unsres »Barbarenzustandes« erstehen, und ob ich recht oder unrecht habe, aus kleinen Dingen mit geringen Unterschieden würde das Bild seinen Wert gewinnen. Im Großen spielt Soll und Muß seinen Baß, der kommandiert und reguliert, daß beim Handeln sehr oft nicht auf das Gerner- oder Ungerner-Wollen abgezogen werden kann. Im Kleinen sind wir frei, da brauchen wir nichts zu fürchten, da werden wir selten gescholten, kein Gesetz und keine Nachbarschaft bewacht unsre Kribbellaunen, die winzigen Betrügereien, die unverantwortlichen Diebstähle, die Roheiten, für die die grobgewohnten Augen zu stumpf sind, die Übereilungen, die wie mit Taschenspielerei verborgen bleiben, weil die Ohren nicht scharf genug prüfen, nicht rein genug unterscheiden. Und das Alles dürfte nicht aus dem Hinterhalt erlauert werden, man sollte nicht auf Jagd gehen, nicht dies oder das beweisen wollen. Es könnte ausfindig gemacht werden, wo wir Barbaren unsre wahren Feinheiten, wo wir unsre hoffnungslosen Unverbesserlichkeiten tragen. Ob da, selbst wo gelogen wird, nicht ein

Kälteschauer Unbehagens graust, ob unterm Bravsein nicht doch die Zufriedenheit mit sich brüchig wurde, ob vornehm und nobel neben der oberflächlichen Bedeutung nicht noch eine tiefere haben. Ob das Gute und Selbstlose veilchenhaft blüht und da ist, weil es Wurzeln hat, wer weiß woher und wozu – ohne Dekoration und Eitelkeit. Sehr, sehr schwer. Denn wer, der das Wirkliche ergründen will, schiebt nicht überall sein eigenes Müssen unter; wer motiviert nicht meistens aus sich heraus, sucht also statt des Wahren das Bekannte! Ich sehe oft einen blutjungen Leutnant mit Eisernem Kreuz in bescheidener Majestät – man könnte sagen – beschämt einhergehen. Um ihn zu malen, müßte ich sagen: stolzieren, denn so sieht es von weitem aus. Beim öfteren Anschauen schiebt sich der Stolz zur Seite, und an seine Stelle tritt der Respekt vor der sehr wohl erworbenen Würde, die aber immerhin ein wenig lastet und daher umständlicher vorgeführt wird, als ein Älterer, des Ansehens Gewohnter, für nötig fände. Der gute Ton verlangt aber, daß mit einem Gut, das allgemein, besonders heutzutage, anerkannt wird, nicht geprotzt werde. Wir brauchen keine Mammut-Manieren, Herr Leutnant, aber wir bringen den unbesorgten Schritt, als wären wir ganz ungesehen, noch nicht natürlich heraus. Ihn müßte man zu Hause, im Stübchen, sehen. Was wir sind, sind wir noch nicht mit Haut und Haar, wir achten uns, aber wir kennen noch nicht die feine Grenze, wo wir die Selbstachtung schlechterdings in der Tasche behalten müssen und wo wir ein Zipfelchen zeigen müssen. Schon bei diesem Jungen werde ich nicht fertig – er ist mir ein Unbekanntes.

Meine Nächsten kenne ich wohl besser, aber was fange ich mit den zahllosen Unbegreiflichkeiten an, die wie Blitze aus heiterm Himmel niederfahren? Ich selbst scheide als Beispiel aus, das Beschämende an mir ärgert mich, aber niemand kennt es, und so kenne ich das Gleiche an Andern nicht. Wir alle möchten scheinen, was wir gerne sein wollen. Wir kritisieren und fordern das Beste vom Besten und lassen uns nicht einfallen, es zu verzeihen, weil wir selbst noch unmündig sind; unsre Vernunft, noch kindisch, noch pubertätshaft, spielt sich erwachsen auf, und von Andern verlangen wir wohlbejahrte und festbewährte Reife. –

Im Kinderhort haben wir heut wieder wild gerannt. Es kost sich gut mit sympathischen Leuten, das sind die, zu denen man Zutrauen hat ohne Grund aus purem Glauben. Und kosen nenne ich hier, sich gemein machen in einer Gemeinschaft gleicher Gemüter. Aber freilich ist es eine Gleichheit der besonderen Gelegenheit.

29. April 1915. Donnerstag. Die Gletscherbrüche in den Karpaten sind verstummt. Dagegen grollen und poltern die Frühlingsgewitter am Ypernkanal. Das »Völkergemisch« versucht vergebens, den deutschen Blitz und Donner zu ersäufen. Und an den Dardanellen hat sich eine frühzeitige Walpurgisnacht, eine klassische Blocksbergfeier aufgetan. Die Teufelei scheint im vollen Flor und wird sich wohl über die Mainacht des Ersten ausdehnen. Aber schon hat die Ermattung des Tanzes das Hexengeschwader und Landungskorps der Verbündeten ergriffen, und der Türkenteufel spuckt in die Hände, um auf bewährte Blocksbergart dem Fest ein so gutes Ende wie Anfang zu geben. Ich las gestern Däublers »Hesperien« und ward in mir die italienische Welt und Wunder gewahr, saß dann schnell hin und schrieb ihm. Aber vom Italien des Werkes kam ich auf das Italien 1915 und sagte ihm, mir scheine, als warte es nur auf die Gelegenheit, uns einmal den Eselsfußtritt zu geben. Und daß ich bei aller Liebe für Italien, käme es doch so weit, dem Italiener zuliebe meine Flinte nicht höher halten würde, als unbedingt richtig ist. Ja, gestern Abend war ich sehr tapfer. Heute habe ich aber Magenschmerzen.

Buchbinder Meincks Sohn ist von Frankreich nach den Karpaten gekommen und mit seiner Munitionskolonne auch die Kanoniere und ihre zugehörigen Geräte.

Lazarettzüge kommen von Osten, stille Wallfahrer zu einem Heilsort. Wogegen die Gesänge der ostwärts ausfahrenden Truppen einen Neubeginn des Sommers 1914 versprechen. Sie hielten im Wallen der sonnigen Morgenluft, winkten und schrieen ganz wie in unbedenklicher Vorfreude und Erwartung irgendwelcher Großherrlichkeit. Als ob Alles, was kommen wolle, willkommen sein müsse. Als sei im Osten der Vorhang einer schwindelerregenden Zukunft zu fassen. »Wir gehen einer herrlichen Zukunft entgegen«, hätte der Baron der apostolischen Gemeinde gestern in den durchhellten Sonnenschein rufen können. Und man hätte ihm geglaubt. – – Und so

haben wir – wir beiden Deutschen, Klaus und ich, gestern Nachmittag
in den Wiesengräben Sticklinge gegriffen und auf den Wiesen wie
Sticklinge eines blauen Ozeans, wo er am tiefsten ist, unser Hin und
Her gehabt. Die Sonne schaute von Oben wie das zufrieden strah-
lende Gesicht des deutschen Gottes, der uns vielleicht fangen wollte,
vielleicht nur füttern oder unser Tun und Gebärden sehen. Seine
Mienen sind bei der Natur unserer Sticklingsaugen und beim Schauen
aus so unermeßlicher Tiefe nur verschwommen ⟨erkennbar⟩. Aber er
bannt uns auch auf dem Grunde in den Segen seiner Strahlen. Er bedenkt uns doch mit den Rosen seines Lichtgemüts. Er füttert uns mit
seiner Gnade, daß wir satt werden in der Seele. Und als wir uns so
satt fühlten, suchten wir in der Gleviner Burg Futter für unsre
Mäuler.

Freitag, d. 30. April 1915. Wir waren mit Mutter unterwegs. Beim
Gärtner Küstner sprachen wir vor, um 5 Schuldpfennige zu bringen.
Er kam aus seinem unsauberen Loche, stand sonderbar abwesend
und ließ – diesmal ganz ohne Lachen, wie versiegt und verwüstet –
seine alten hohen Schwäbelklänge wie aus rostigen Angeln kommen.
Fuhr mit der Hand über die andre und schien überhaupt diesmal
nicht aufgelegt, weder zu Geschäften noch zu Gesprächen. Mutter
fragte nach Spinat. »Ja«, sagte er, aber mit Unsicherheit und Gleich-
gültigkeit – »ja – am Ende bin ich morgen noch da – ja, da können
Sie noch mal welchen haben«. Und stand wie vor einem Berg, der
ihm plötzlich vom Himmel herab auf den Weg des Lebens gefallen
war – der Garten sei verkauft, er wüßte selbst nichts Bestimmtes,
aber er hätte es von Leuten im Vorbeigehen vernommen. Das klang
wohl ganz vernünftig, obgleich ich eine Enteignung ohne sein Davon-
wissen überhaupt nicht als Ding mit zwei Beinen erkennen konnte.
Aber dann sagte er weiter – so recht nebenher und gleichsam im
Selbstgespräch: »Und ich soll dann nach Gehlsheim«. Wir fragten,
was Gehlsheim sei – »Irrenanstalt«, sagte er ruhig und leise und sah
bei Alledem immer unbestimmt umher. Ich dachte: verrückt. Und
Mutter wohl auch! Das hätte er auch auf der Straße gehört, gestand
er. Nun rupfte er uns noch ein Bündel Radieschen. Und dann ging
er wieder in sein Loch. Seine Frau ist tot, da hatte er noch eine Ziege.

Die Ziege verlor er auch, da hatte er noch den Hund. Den Hund mußte er wegen der hohen Steuer abschaffen, nun hat er nur sich, und das ist zu wenig. Kochen wird er kaum, für einen arbeitenden Freiluftmenschen schafft die wöchentliche Brotkarte zu wenig zwischen die Zähne. Wer weiß, was das Eigentliche ist. Mutter glaubt, er wird sich aufhängen. Sie wollte schon unsre dicke Luise zu ihm schicken, um mit ihm zu quasseln und so zu trösten. Jemand muß ihn heiraten, ist ihr Befund – es gibt forsche Frauenzimmer genug, die Lust dazu haben. Liebe Mutter, ich will dir etwas sagen: Die Verschlagenheit, der Ehefalle zu entgehen, wird in gewissen Jahren ⟨der⟩ Fluchtfertigkeit des Tieres gleich. Man äugt, man sichert, man ist immer sprungbereit. Das Hasenherz zuckt zu allererst bei jedem verdächtigen Geräusch in die Beine. Der Forsche deiner Frauenzimmer steht der Trieb, den Frauenzimmern den Rücken zu kehren, entgegen. Ein Trieb, der peitscht. – – Unter den gefangenen Russen, die Klaus und ich vorgestern in Priemerburg sahen, war ein Zigarrenstummelfreund. Wenn er solch ein braunes Endchen erspähte im Hin- und Hertreten, blitzten seine Augen, und als er mich am Tisch mit viertelsweise aufgerauchter Zigarre sah, stellte er sich in der Nähe auf den Anstand, wonach ich nicht zögerte und wegwarf. Gleich darauf stand er auch bildsäulenhaft beruhigt und rauchte fort. Ich verstand ihn und wußte, daß seine russische Seele nun für kurze Zeit in⟨s⟩ Schaukeln kam. Ein andrer war ein Schnapsfreund, dem die bunten Likörgläser der Ausschankbude das Blut bewegten. Er zeigte und verlangte zu wissen – wie der Dolmetsch übersetzte – wieviel er koste. Aber er bekam nichts. Sie hatten neu⟨es⟩ Schuhwerk an den Füßen, doppelfingerdicke Holzsohlen unter Lederhüllen, sonst gingen sie, standen wie braune Holzfiguren oder lagen beim Warten auf den Zug in ihren verknitterten und verwelkten alten Mänteln. Bei Ypern wollten die Verbündeten Luft schaffen, aber bisher konnten sie die deutschen Wände nicht brechen.

3. Mai 1915. Montag. Der Kinderhort wird wild, das zahme Schießen hat jetzt schnellen Verlauf, dann beginnt das schnelle Laufen. Frl. Steingräber geht durch, sogar auf den Baum hinter den Musikpavillon geht die Jagd und von da aufs Dach. Selbst dahin folgten sie mir, und als ich mich auf entfernte Äste ⟨hin⟩ausdrückte, schickten sie mir einen Baumaffen von Jungen nach, mich zu fangen. Es muß aber damit enden, denn man rennt die Kinder über den Haufen und beispielt ihnen eine wahre Wüstheit. Ich ging mit dem sonst strengen Fräulein, Blumen in Händen, nach Haus. Da kam ein Junge mit Extrablättern. Bei Ypern voran, in den Argonnen voran, die Russen fliehen auf Riga, in Galizien ist die russische Front gebrochen. Die Sonne schien, und fast konnte man sagen, sie strahlte Fahnen in die Straßen hinein, aber es war kein ruhiger Sonnenschein, sondern ein farbiges Flammen, die deutschen Farben loderten im Wind. Aller Sturmgeist der Lust hatte sich in bunten Fallen verstrickt und warf sich mit Gewalt hin und her – die Soldaten standen überall und lasen. Der Maurer Pierstorff begegnete mir und schüttete die Augen voll unfaßlicher Gerüchte auf mich. Sein Sohn war in der Klues gewesen diesen Nachmittag und hatte dort die amtlichen Meldungen an die Postagentur aufgefangen: daß der gefangenen Russen 200 und darüber, ich weiß nicht, wieviel – Tausend seien... Klaus nach dem Abendbrot, sitzt bei Mutter im Sofa unter der Decke und verlangt in dieser Jahreszeit der Halbhelle etwas vom Dr. Mephisto berichtet, und so gab es diesmal die Geschichte von den Stiefeln, die er bei Schuster Kruse bestellte. Lacht er, so lacht es bei mir!

4. Mai 1915. Dienstag. Siegesmai, die Sonne bricht sich nicht in Regenbogenfarben, sondern in deutschen und österreichischen. Sie scheint, sie siegt. So wars vorigen Sommer, solang die Sonne strahlte, erst im Winter begann die Bängnis und die Schützengrabenwinternacht. Der Kinderhort! Ja, da gehts lustig her, die Gestrenge führt ein geniales Sturm- und Drangregiment. Eine Posse gab es, als ich auf der Leiter des Baumes stand, um das Schaukelseil zu knüpfen, reichte sie mir eine Schnecke hinauf, die ich als vermeintlichen Bonbon – scheinbar – verschluckte, und der Kinderhort sprühte Vergnügen. Ich aber schickte ein paar Rotznasen mit einem Groschen ab, mir einen Pfefferminzschnaps zu kaufen – sie brachten aber eine Tüte Pfefferminzbonbons. Was blieb mir übrig, als sie dem Kinderhort in den Mund zu schütten, aus der Tüte einzutrichtern? Erst dem Fräulein, dann den Gören. Und wie es schien, waren Alle damit einverstanden. Später saß ich mit Herrn Döscher im Ratskeller. Er fragte mich, ob ich auch etwas davon gehört habe, daß Dernburg in Amerika mit dem Auftrag reise – den Amerikanern alle Munition abzukaufen! Darüber grauste mir die Lust an dem Gedanken längs dem Rücken. – Schwarz-weiß-rotgeränderte Extrablätter verkündeten die vorläufigen Siegespfänder: Über 50 000 Gefangene, 38 Geschütze, 90 Maschinengewehre oder mehr! Und um das frankobritische Herz Ypern krallt sich eine Hand. Man fühlt: Ein Umschwung, ein Losbrechen des hochgewälzten Felsens ins Tal. Die Vehemenz, die um Füße und Zölle dienen mußte, darf von oben her schalten und wüten, die Gewalt verbrüdert sich der Schwerkraft, die mit geheimnisvollen Armen aus den Planeten herauflangt und stürzen und zermalmen hilft. Ist es eine Lust zu leben, wo mit soviel Freudigkeit gestorben wird? Gewiß, aber es muß verdient werden, der Luststurm muß ein Meer von Wert und Würde erschäumen lassen.

6. *Mai 1915. Donnerstag.* Der Abend ist so leer. Ich versuchte, Däublers »Hesperien« zu lesen. Aber er schaufelt und schaufelt und wirft nichts hoch, was mir dienen könnte, meine Leere auszufüllen, die »Flegeljahre« von Dietzel sind beendet, ein Exrablatt, später als die Zeitung, fing ich aus dem dämmrigen warmen Abend wie einen riesigen weißen Nachtfalter mit Reihen schwarzer Muster. Er soll mich trösten; was er bringt, muß es tun, es darf nichts geben, was er besser vermöchte. Und also steht es so: Neue Vorstöße bei Ypern, große Erfolge im Walde Ailly mit 2000 gefangenen Franzosen, bei Combres siegreiche Abwehr, im Westen. Im Osten Weiteres, die Russen aus den Karpaten nötigendes Siegen in Galizien, fortgesetztes Eindringen in Rußland gegen Mitau, Libau unter Abwehr russischer Angriffe zur Vereitelung Hindenburgscher Pläne. So siehste aus, möchte man berlinern. Hindenburg möchten sie fassen, mit Schwämmen über seine Kreide fahren. Aber wir fürchten kaum noch, daß, wo Hindenburg steckt, Nikolajewitsch erfolgreich seine Semmel bäckt, ja, sind sicher, daß Hindenburg die Semmel speist und den Bäcker zerschmeißt. Gewiß, man sehnt sich, an große Männer, Sendlinge und rettende Heilande zu glauben. Man tut es mehr als gern, man eilt dem Glauben zu, aber gewiß auch – es ist ein Wirbelsturm von

Kraft und Glück um Hindenburg und seine Soldaten, und in den Wirbel reißt es unsre Seelen und glühendes Harren und Erwarten wie in einem Kraterschacht hinauf. Da gibt es kein Sträuben, der Atem, der vorher stocken wollte, wird in den Jubelsturm gezogen, Glaube und Vertrauen lodern zum Himmel. Oder gelinder gesprochen, weniger psalmiert: Der Name Hindenburg ist ein Meistername. *

Und d'Annunzio hat seine Italiener in Quarto mit dem Feuerzünglein gestochen, daß sie tanzen und rasen. Mich will bedünken, als Antwort auf den Beschluß zum Kriege sollte Deutschland von einem zum andern Ende in Hohngelächter ausbrechen. Vor kurzem hörte ich, daß unser Flensburger Landsturm, der seit dem 25. April mobil ist, von hier an die italienische Grenze kommt. Und ganz zum Schluß: Mit allerlei Griffen ins warme Moor der Wiesengräben haben Klaus und ich heut Nachmittag ein Fläschchen Stecklinge gefüllt. Bei schwüler Südwitterung unter lauwarmem Wolkengehänge, das außer wenigen leicht hinabgeschüttelten Tropfen keinen Regen durchließ. An diese Ufer längs der dünnen, flachen Gräben sind wir unserm Fluch entwischt, das Geschirr ist von uns genommen, Zeit- und Bürgerordnung klaffen auseinander, und wir schmarotzen voll Belieben durch diese wie grade für uns ausgesparte Freiheit hin. Ich mag wohl einmal über die Nebel hin in die alte Welt hinüberspähen, wo helle Frauenkleider über den Rasen schlüpfen, als wären sie frisch aus den Puppen gesprungen, wo der uralte ewige Tanz bald matter, bald hitziger von immer neuen Beinen taktiert wird – oder ich sehe die farbigen Noten, die Fahnen, über der Kaserne gegen den Himmel stechen und mir mit Zeichenwink posaunen. Klaus sieht von Allem nichts, er sieht Moorschlamm und Stecklinge. Am Abend sollten Mephistos Studentenstreiche ihn unter der Sofadecke begruseln, (denn, wie jeder weiß, haben Mephisto und Goethe in Leipzig zusammen studiert), aber Mutter fuhr wie einen märchenhaften Heuwagen eine kindersüße Traurigkeit mit fröhlichem Ausgang davor, und so war Mephisto für diesen Abend abgesperrt.

7. Mai, Freitag, 1915. Primer! Buchendom, maigrünes Himmelsgewölb, getragen von buchengrauer Säulenpracht. Und doch, was war

das für ein andres Erlebnis, als mir das Alles zum ersten Mal im
Fuchsholz, im Buchholz in Ratzeburg als Kind aufging. Ich weiß es
noch und werde es nie vergessen, meine Augen wußten nichts von
Farbe und Form, aber die Herrlichkeit in diesem Allen ging durchs
Auge. Da leitete es bloß, jetzt sieht es, und die Herrlichkeit bleibt
draußen. Damals fromm, staunend, ahnend, verehrend ohne Wort
und Dogma, jetzt mit Schlagwörtersicherheit und Advokatenaus-
legung den Eindruck annagelnd und zubereitend. Ich ging durch den
Wald und wußte, ja, ⟨so⟩ sieht es bei Sonnenschein im Mai aus,
ich war zufrieden mit mir und dem Wald wie ein Kritiker mit einer
bewährten Aufführung. Was habe ich überhaupt noch zu erwarten,
weiß ich nicht ungefähr, wie es bestenfalls abläuft, mein Leben? Was
soll ich dabei, was hat meine Seele hier zu tun, die einmal beten
konnte ohne Wort und Dogma? Soll sie jahraus, jahrein ihres Wer-
tes überzeugt Behagen und Zufriedenheit ausschwitzen? Beten heißt
bei mir, das Wahre, nein, das Unaussprechliche erkennen, nicht betteln, nicht quasseln, nicht beschwatzen – nein, wissen: So ist es also
– heilig sein. Oder gibt es einmal ein Beten wieder, ein anderes, nicht
schlechteres? Dieselbe Art Gebet wie der stürmende Weltkrieger
gegen eine Feuerhölle, denn da muß er etwas ahnen von der all-
großen Herrlichkeit. Vielleicht eine schwere Lebenslast, die man dadurch tragen kann wie der hüpfende Bengel seine Laute, den ich heute
abend zeichnete. Daß man weiß wie Herrgott-Schöpfer am 7. Tage:
es ist Alles gut und also auch das scheinbar Schlimmste??! Zum Kaffee saß ich still im Sonnenschein vorm Wirtshaus in der Klues. Zwei
große Raubvögel zogen Kreise im Himmel, ich sah sie neben dem
Hausdach mückengroß die ersten Hälften absegeln und weiterfah-
rend im Stein verschluckt werden. Dann schien es, als ob ein Boden-
loch höher hinauf sie wieder ausblies und den frischen Halbkreis ab-
fegte. Bei Primerburg stocherte eine arbeitende Kette Rothosen,
von Landsturmhirten gehütet, mit Schaufeln in der Erde. Da soll der
frisch gerodete Waldboden als Kartoffelland umsonst an Unbemit-
telte übergeben werden. Die Franzosen ließen es behaglich angehen,
es war mehr Kur- als Kulturbetrieb. Einige hockten dazu auf der
Erde und ließen den Sonnenschein walten. Die Andern hoben ihre
Häufchen herauf wie gelangweilte Strandgäste noch ein paar Schau-

feln voll Sand ohne andern Zweck bewegen, als um den nahen Augenblick, wo die Eßglocke bimmelt, ohne Beschwerde zu erreichen.
Denn sie könnten, wollten sie mit Graben innehalten, noch einmal
vor die fatale Frage gestellt werden: Was fangen wir nun an?

8. Mai 1915. Sonnabend. Am Morgen zur Bahnhofsitzung – wie immer noch – eröffnete mir Herr Hagemann, daß den Bahnhof Telegramme passiert hätten, wonach die Lusitania versenkt worden sei.
Es stimmte, aber erst nachmittags durfte man es schwarz auf weiß
lesen. Nach der Kinderhortvertagung erwischte ich Mutter und
Klaus, Mutter als Sonnenscheinwandlerin, Klaus als Schiffslenker an
der Nebel bei der Kuhregelstelle. Beim Weitergehen über Weideland
und über die zweite Nebelbrücke vertieften wir uns zwischen Gräben
und dem Hirschkäferöwer, da, wo wir im vorigen Jahr aus dem mo-
dernden Baumstumpf die jungen Hirschkäfer holten. Wie ich so
ging, ließ Klaus plötzlich hinter mir seine ganze Schreigewalt aus.
Erst klang es wie Triumph – ein gefaßter Hirschkäfer konnte es ihm
erpreßt haben, aber nach der Stärke des Lauts mußte es einer von
Rattengröße sein. Er hob aber, wie ich umschaute – verzweifelte
Arme hoch, und nun war es richtiges Jammergeschrei – er war in
einem Graben eingemoort, und der schwarze Schlamm hing an seinen
Beinen. Als ich ihm aber mit dem Messer die häßlichsten Klumpen
abgestrichen, klärte sich seine Jämmerlichkeit zusehends und tröstete
sich mit dem Triumph des Abenteuers und dem der Heldentat. Nun
leistete er das Größte im Schildern des Hergangs, und zurückeilend
heimwärts an meiner Hand brach die Fröhlichkeit nicht ab. Das Geschäft des Waschens und Umziehens im Hause brachte einen weiteren
Genuß außergewöhnlicher Vorgänge. Und da er wirklich von dem
zwar sonnenvollen, aber nördlich kalten Wind leicht durchfrostet
war, so fand er sich unter der Decke auf dem Sofa in berechtigter
Wohlgehegtheit. – – Die Zeitungen brachten neue Weltkriegsüber-
raschungen. Libau ist genommen – die Russen der Karpatenarmee
sind in Bedrängnis. Bis jetzt sind an 70 000 gefangen. – –*

10. Mai 1915. Montag. Die Kinderhort-Staubluft bekommt mir gut.
Heute spielten wir – drei Mädchen, die Kinder und ich – Schule. Der

Lehrer war der »Große Ohde« in ratlosem Spielerernst. Zum Schluß
sangen wir »Deutschland, Deutschland« und marschierten rundum.
Eigentlich waren wir herzlich selig. Merkwürdig, welche dionysische
Wut und Inbrunst in den Mädchen lauert. Gott ja, auch in uns, so
alt wir werden, wir wollen außer uns sein, wir wollen Alle einander
fressen und verschlingen und fressend verschlungen werden. Heute
Abend war der Generalstabsbericht wieder nicht heraus. In der Zeitung war sein Platz weiß geblieben, und ich war nach Tisch noch einmal hinein in die Stadt zu kundschaften, da klebte vor der Expedition
die Erwartung, die Nachrichten, die kommen müssen, saugen die
Menschen an die Quelle, sie verstocken sich gegen Gott und Bürger-
gewohnheit und sind berückt von einem Dämon, der ihnen Hoff-
nungszweifel, Langmut und Bitterlust einbläst. Es war kalt, aber die
Soldaten saßen unter den Türen. Der schimmermatte Abendhimmel
beschlägt uns schon mit Ahnung der Sommernacht, grünlich in seinem Leuchten, glasig, voll unendlicher Durchlässigkeit aller Lebens-
süßigkeit für die unersättlichen Menschenherzen. Am Philippsweg
hatte ich Winke und Zurufe eines ostwärts stürmenden und schwer
schnaufenden Truppentransports bekommen und beantwortet. Wagen und Leute, bekränzt und bemalt wie anno 1914 mitten im Au-
gusttaumel. »Sie gehen schweren Strapazen entgegen«, überlegte
Mutter bei Tisch, und ich antwortete: »Sie gehen einem großen
Erlebnis entgegen, das alles Bürgertum übertrifft, und das zu fühlen,
hebt sie über sich«.

Die Amerikaner rasen. Die Lusitania hat eine Anzahl Angehörige
einer unverletzlichen Geschäftsnation mit auf den Grund genommen.
Die englische Admiralität bestreitet, daß das Schiff bewaffnet war, als
Grund für Torpedierung wird von uns zunächst einmal die Ladung
von 5400 (?) Kisten Munition signalisiert. Der Menschenwürde ist
wieder einmal der Hals umgedreht, wir Deutschen mit Mörderfäu-
sten haben dem edlen Schlund die Luft abgedrückt. Indessen ist über
die Börsen- und Schiffahrtsgewalten eine Schreckgewalt zusammengeschlagen, der Torpedo hatte einen moralischen Zwillingsbruder
und sitzt am gehörigen Ort nicht schlechter als ⟨der⟩ körperliche.
Über Kultur, Humanität und »Kültür« rede ich überhaupt nicht
mehr mit. Dieser Wind bläst durch dürre Blätter. Diese Begriffe sind

auf den Hund gekommen in ihrem Saft und Kern, wie andre, ehemals vornehme und strenge Werte. »Braut« ist heute gleich Verhältnis, bräutlich ist danach jede Schmierfinkin ohne jede Ziererei und Aufschub, »freie Liebe« hat den schönen Dingen frei und Liebe den Rest gegeben. »Freie Liebe« ist von der Bergspitze der hohen Auffassung, von der Höhe auf die Hundemoral hinabgebracht. Wer von »denen« von Kultur redet, meint pfui Teufel was für einen Mischmasch von Smokingzwang, Haut-, Haar-, Zahn- und Nägelpflege und Beobachtung von Zunftformen beim Skalpieren des lieben Nächsten. Kunst und Literatur geben zu Importen und Cognac etwas zum zermahlen zwischen die Kinnbacken her. Eine Christusmiene am Marterholz, aber bitte: Der Christus hat sich doch die Locken beim Friseur ordnen lassen und natürlich hat er studiert und ist Oberlehrer – also solch eine schmerzvoll-süßmaulende Christus-Visage aus der Verwandtschaft der Schafe ist nach dem Gefühl der Amerikaner und Engländer das Gesicht, mit dem wir uns das Fell über die Ohren ziehen lassen sollen. Kristschen Költschör! Nein, Herrschaften: Wenn Christus wiederkäme, nach Goethe würde er in Rom ans Kreuz geschlagen und nach mir in Amerika seines Lockenskalps beraubt. Über Kultur kann man nicht mehr streiten heutzutage.

11. Mai 1915. Dienstag. Trauerfeier für den alten Herrn D. Der Pastor stand schon parat und schien das Wort schon nicht mehr hegen zu können, als ich den Frauen beim Sarg die Hand gab. Dann sprach ein wahres Zeilenschindermaul von Diener der Kirche Christi: »Der Hä – ä – är – – –! Ä – – ä – a – r!« Diese Worte und andre stellten sich mastig vor ein Dutzend andre, das kaut man nicht einmal, sondern vielfältig wieder und nimmt es immer und immer wieder in den Mund. »Die Sta – abest – s – stunde schlächt uns Alle einmahhhl!« Dann brachen die Träger mit dem Sarg fast die engen Türrahmen entzwei, der alte Herr schien sich mit Händen und Füßen gegen das Grab zu wehren, und auch auf dem Wagen kam er polternd mit schweren Stößen in seinem engen Häuschen sicher nicht ungerüttelt und aus der bequemen Stellung, in die man ihn zum ewigen Schlummer gebracht, schon so bald rauh gestört. Und so ging es im Frühlingssonnenschein unter Glockendröhnen schwarzverschalt durch

Güstrows Straßen bis zur »Neuen Welt«. Von hier sollte der Wagen allein weiter nach Röbel gehen, eine echte Todesfahrt zwischen Saaten und Sonne durch für einen alten Landmann. Ich unterhielt mich mit meinem Nachbarn im Gefolge zuerst über das gute Ende des Alten, dann über den Krieg und auf dem Rückwege mit dem Umweg über die zerstörten belgischen Städte über Städtebau – und fand ihn hierin so gut beschlagen, wie man es nicht besser hätte wünschen mögen. Es stimmt, daß mir in diesem Land die meisten Bekanntschaften zum Guten ausschlagen, man ist eben doch zu Hause und gehört dahin, wo man ist, obgleich es sich oft ganz anders anläßt. Als wir an der Friedrichshalle vorüberkamen, war der Kinderhort gerade flügge geworden. Die Rangen sprangen patschhandlustig heran und riefen mich namentlich an, ich setzte aber dem erwarteten allgemeinen Hallo eine kalte Fremdheit entgegen.

15. Mai 1915. Freitag. Eine warme Südwestgewalt wälzt sich über uns her. Endlich Regen, seufzen die sattgetränkten Felder! Der Wonnemond atmet stark mit weichem Odem. Es ist Luft und Lust aus der Brust der weiten Welt, aber die weite Welt hat Jugend im Blut. Es drohte den ganzen Tag, halb verhieß es als ein Hochzeits- oder Polterabendgepolter Gewitter, und der Sturm verheißt aus der weiten Welt Gewitter und Verhängnis.

Amerika murmelt grollend Protest wegen Lusitania, und Italien speit Lavaschlamm, fast schaut man sich um, ob keine Lapilli fliegen. *

Am gestrigen Himmelfahrtstage kam die Wehmut des Alters über Mutter: »Vor 49 Jahren fuhren wir mit Vater, Pastor Müllers und Henni Bliedung auf dem Süden-See. Von den Allen lebe ich nun noch allein.« Das war, bevor sie sich verlobten, als der junge Dorfdoktor Barlach sich dem hausstandfremden Fräulein Luise Vollert bei den alten Müllers näherte. Sie hatte ein Jaconettkleid an, und der Pastor fragte: »Luise, hindern die vielen Spitzen Sie wohl beim Himmelfahren?« – Fräulein Schröder war wieder einmal halb blind, aber immer von schmatzender Geschwätzigkeit zum Tee. Sie gestand, gegen das Verbot zu Ostern aus reinem Weizenmehl Kuchen gebacken zu haben. Mit Frau Schwarz zusammen ist es vollbracht, sie haben ihre Türen abgeschlossen, um sich vor Überraschung zu sichern, und dann den Kuchen in den brennenden Stubenofen geschoben. – – Zu Pfingsten wollte Frau Schwarz der Begierde schier wieder erliegen und erneut in böser Kumpanei zum Backverbrechen schreiten, aber Fräulein Schröder hatte widerstanden, erstens, weil der Ofen nicht mehr geheizt wird, und dann wegen der beschämenden Heimlichkeit. – Von Frau Schlachtermeister Reincke hörte Mutter, es seien von Berlin 200 Zentner Fleisch mit der Anweisung gekommen, hier gekauft und verbraucht zu werden. Aber nicht nur das Fleisch, sondern des Fleisches Zustand, der nicht der beste sein solle – wenigstens die hiesigen Schlächter und ihr Mann selbst wollten nichts daran wenden. Im übrigen tat es ihr schon leid, es überhaupt gesagt zu haben, und sie hatte dann den aufgedeckten Wahrheitskarpfen zurück in trübes Wasser ihrer unklaren Rederei geworfen.

Unser Soldat kam gestern gegen Abend heim und bat um den Wecker, da er am frühen Morgen aufstehen mußte. Ich fragte nach seinem Abendbrot, und er verneinte, es bekommen zu haben. Wegen des Feiertags hätte es nichts gegeben. – – Wenn die Frau nicht einmal etwas schicke, käme man schon garnicht aus. Er hätte sich etwas in der Stadt besorgt. Wir schickten danach den Klaus mit einer Schüssel als Nachtisch hinauf und erfuhren, er habe oben mit Brot und einer großen Kruke Butter gesessen. Morgen fahre ich nach Hamburg. Dietzel hat in Munsterlager ausgelernt und kommt demnächst in seine Garnison zurück und von da sehr bald ins Feld. Es ist also für ein Zusammentreffen und Scheiden das rechte Wetter.

Der Mephistophelische Dämmerabend mit Klaus und Mutter unter einer Decke auf dem Sofa nimmt seinen Fortgang. Goethes und Junker Satans Studen⟨ten⟩streiche finden beifälliges Publikum. Daß Mephisto in seiner Doktorarbeit die Nichtexistenz des Teufels beweist, sieht ihm ja ganz ähnlich. Er trifft mit Goethen, der aus Frankfurt anreist, vom Brocken her in Jena zusammen und reist in einer Postkutsche mit ihm weiter nach Leipzig. Seine Großmutter hat ein feuerflammend rotes, für den Höllengeschmack indes mattvornehm getöntes Kleid genäht, und wie sie in Jena zur Wirtstafel treten, Mephisto seinen Überrock wegläßt, kann Junggoethe sich nicht verbeißen zu sagen: »Der reine Junker Satan«, worauf dieser sich hastig umwendet und flüstert: »Aber nicht weitersagen!« – Im Leipziger Kleinparis nun sind Beide dem vornehmen Anspruch nicht gewachsen und sehen sich nach einem gemeinsamen Schneider um. Gestern der Sonntagnachmittagsausritt, wobei Mephisto es an Verblüffung der ehrsamen Leipziger nicht fehlen läßt, indem er nämlich den Gaul, der nicht stehen will, von hinten faßt und ihm dabei der Schwanz in der Hand bleibt. Der schlägt nun eigenmächtig um sich und wedelt und strudelt den Sonntagsperücken in die Gesichter und Haarbeutel. Zurück vom Rosental zäumt er, da der Gaul wieder nicht pariert, am Schwanz auf, macht so sein Roß lenksam und galoppiert zum abermaligen Staunen der Zeit rückwärts durchs Tor. Zu denken, daß der Anblick, wenn auch nur in der Schilderung, Klaus erfreute!

17. Mai 1915. Montags. Zur Reise nach Hamburg stieg ich zu zwei Offizieren, Feldkameraden, hinein. Der eine in Zivil war offenbar auf dem Parkett eines Ministeriums so gut zu Hause, wie ers in der Erdhöhle in Flandern gewesen war, der andere, in Uniform, Ritter und Reiter, wollte demnächst wieder hinaus. Die Russen sind mürbe, sang der ⟨erste⟩, der die Schlachten Gornice-Tarnow mitgefochten, und sang es immer wieder. In Hamburg hinein stieg ich wie ein Gespenst. Ich ging die Treppen der Kapellenstraße in dem Hause hinauf, in dem ich bei Frau Pahl oben mit Hans Hudemann gewohnt, und sah das Fenster des Kämmerchens, dessen einziger Luftweg eine Klappe nach dem Lichtschacht war, hinter dem ich in der Enge und ersten Fremdheit, – ja, Erschrecktheit und Angedonnertheit durch die Großstadt – 1888 – ein paar Tage wohnte, bis meine Stube frei wurde. Und dachte an das Gedicht von Petermann, das mich auf den tröstlichen Schoß genommen und zum Ausweinen wie an ein göttliches Herz gebettet hatte. Es sollte wohl ein bißchen Unterhaltung sein, denn ich wollte noch nicht ins Bett, aber es war so eng dort, daß ich gar keine Wahl hatte. Also höchstens konnte ich sehen, ob sich einige Zeit mit dem Buch totschlagen ließe. Da stieß ich auf die Sehnsuchtsruhe des Weberknaben: Rübezahl! Das Wunder des Hoffens, der Glaube ins offenbare Nichts hinein zogen mich durch ihre Räume. Aber beim Andern, dem Versagen, dem Sterben der Hoffnung, der

Zerstörung des Keims im Seelischen – ich sah erschüttert seine Schönheit. Aber wie? Ich fühlte: die Heimat ist nicht hier, nicht in Schönberg, nicht in der Kapellenstraße, nicht das Rechthaben und -behalten, das Gelingen und die Erfüllung der Wünsche ist das Wünschenswerte. Was aber? Vielleicht ist das Sehnen und betende Harren vergleichbar dem pflanzenhaften Streben zur Sonne, sie brennt und bewirkt im Verein mit dem Zellsaft wichtig Neues. – – Dagegen war ich später mit Dietzel in Hamburg kein Gespenst, sondern Zeitgenosse. Schon werden grün die Brombeerhecken ... und: wir fuhren nach Finkenwärder und froren auf dem Wasser. Wir gingen ein Stück Deich entlang, saßen später beim Grog im Vorderschiff, ließen die Zeit beim Gespräch über das unsterbliche Leben in der Weinhütte verebben und lagen nach 12 Uhr in unsern Betten. Er will zum dritten Mal nicht aus dem Feld zurückkommen. Seine Mutter ist somnambul, und er beansprucht ein kleines Erbteil daran. Er wird bleiben, ist seine Ahnung. Die Wirtschaft in Munsterlager hat aber nichts mit Ahnungen zu tun: Das Essen ist meistens ungenießbar, dafür aber die Preise in den Kantinen zu hoch. Oft essen sie nicht, weil die Früheren Alles kahlgefressen haben. Dazu der »Alte«, der nachts nicht schläft und dafür tagüber in schlechter Laune wacht: »Sie Rindvieh – – ich jag Sie vom Platz, Sie sind unfähig« – – – Das sind so die schmückenden Zutaten seiner Rede. Dietzel fürchtete sich vor ihm wie wir uns vor der Rechenstunde bei Tiek am Wochenanfang – und es war auch schon Sonntagabend. Ich stellte ihm die Vorzüge seiner Lage vor: Mit dieser Woche ist alles Elend vorüber, und er kann sich als geistiger Mensch darüberstellen, wir als Sextaner duckten davor unter, und er gab zu, daß die Offiziersfüße nicht besser versohlt werden als die der Aspiranten. – – Heute Nachmittag las ich: Salandra in Italien bleibt. Das ist mit größter Wahrscheinlichkeit der Krieg. Und wir sind ohne Sorgen, und das heißt, wir sind ohne Murren bereit, die neue Last zur alten zu legen. – Aus Athen wird gemeldet: Deutsche Unterseeboote im Mittelmeer. Bei Ypern sind die Deutschen ein Stück ostwärts gegangen – ostwärts heißt im Westen: rückwärts. Aber im Osten geht es östlich voran – die Festung Prz-s-myl sieht schon deutsch-österreichische Befreier. Martha schickte einen Brief, den sie von Hans bekommen: Seine Frau ist wieder fort von ihm, um sein Eigentum zu verkaufen: Bis zum 14. April muß Alles aus deutschem Besitz erlöst sein, und das will wohl nichts Andres bedeuten: es muß verschleudert werden.

18. Mai 1915. Dienstag. Noch nach der Zeitung ein Extrablatt: »Die Riesenbeute der verbündeten Armeen in Südosten.« Nach dem amtlichen Bericht des österreich-ungarischen Generalstabes hat sich die Summe der in der ersten Hälfte Mai eingebrachten Gefangenen auf 174 000 Mann erhöht. Dazu kommen 128 erbeutete Geschütze und 368 Maschinengewehre.

Mutter war bei Küstner gewesen und siehe – er war wieder der Alte, wenigstens das Lachen war schon zurück. Weiter war sie bei Frau Habor vorgegangen, die allein in ihrem Häuschen in der Bachstraße saß in der Küche mit Schwarzbrot und Speck, dazu einen Napf mit Kaffee. Ihr Mann ist auswärts an der Arbeit, verdient Geld und sendet pünktlich, was sie bedarf. Nur mager sei er geworden, hatte er geschrieben – wenn er die Luft einzöge, bliebe nicht viel von ihm nach. Und Frau Habor hatte es vorgemacht, aber das Nichts von Rest zu verdeutlichen, war bei ihrem Umfang nicht gelungen. Er kommt mit der Brotkartenportion Brot nicht aus, es geht ihm wie Allen, die von Brot hauptsächlich leben. Küstner nimmt nun doch seine Hühner zu Hilfe, ihr fleißiges Legen geschieht gleichsam unmittelbar in seinen Magen hinein. Über die Note Amerikas an Deutschland waren wir beide, Mutter und ich, einerlei Ansicht: Gerede, Ausrede, Verlegenheitsspruch. Uns däuchte, die deutsche Regierung müßte ganz kurz zurücksagen lassen, sobald der Hungerkrieg der Engländer gegen Frauen und Kinder sich ende, wäre der ganze Apparat der jetzt abgeschafften Anstandskriegsregeln wieder zünftig. Bis dahin möge man sich nicht darum kümmern, was wir gegen englische Schiffe unternehmen. Unser Schritt antworte lediglich den englischen – – Aber wie sie gegen die Deutschen in England wüsten! In England, in Kapstadt und der ganzen Kolonie. Und der furor der Italiener schnaubt schon gegen deutsche Konsulate und Gesandtschaften.

19. Mai 1915. Mittwoch. Ich wollte, ich könnte, ich möchte, ich dürfte meinen Maiwaldgang von heute Schritt vor Schritt besingen, Maigrünes Buchen- und Birkengewölk, -gespinst, -gesprüh im dunkleren und höheren Tannenwald malen! Aber es ist nicht wahr, ich weiß nichts davon, habe nur dann und wann ein schläfriges Auge darauf geworfen, wenn es sich vom Weltkrieg abwandte. Nur zwischendurch sah ich den pfingstgrünen Wald. Und mag er so schön sein, wie er will, er kann nur einen bescheidenen Rang unter den Werten der Zeit beanspruchen. Armer schöner Maiwald 1915! Übersehen wie ein mißgeschaffnes Aschenputtel!

Die schmückenden Beiworte klappern nüchtern, der Klingklang ist seiner selbst überdrüssig. Schöne Maigedanken waren es heute, eher Brockengespensterträume! Womit bevölkerte ich die grünen Gebüsche, die laubigen, lauschigen Gehege? Pst! Es hieß in Sexta: amendum, am, um, esse, jetzt heißt es: Spuck es aus, es schmeckt zu Anfang wie Bonbon, aber nachher macht es übel und lächerlich. Und dazwischen ein Blitz, der heißt: Älteres Semester, sieh dich im Spiegel! Und doch: Die Worte, die im Groben das Zarte bekennen, die Gedanken, die wie aufgejagte Rebhühner wohl entfliehen, aber immer wieder das alte Feld suchen – die sind meine Verhängnisse diesen Mai 1915. Der Kinderhort ist ein Wartezimmer vom Hörselberg geworden. Aber wohl nur über Mai. Laß es gehen, Barlach, es ist so hübsch. Man spielt Schule, und wir sind Schulkinder: Emmy und Ädenst! Wir stoßen uns mit den Ellbogen und verklagen uns beim Herrn Lehrer. Ich bekomme für Köster, der sie verdient, zwei Ohrfeigen wie Katzenpfötchenschmeichelstreicheln und darf mir von *meiner* »Schluckolade« ein Stück aus *ihrer* Hand wählen. Heute störte ich als armer und leider etwas betrunkener Mann die ganze Schulklasse. Ich ward eingeladen zu sitzen, fand aber keinen Platz und bat im Landstreicherjargon: »Kann ick mi nich bi *de* Diern upn Schoot setten?« Was ich nicht durfte. Dann verklagte ich die Diern und prophezeite ihr von ihrem Vater »wat ant Mu – u – l«. Die Diern überregiert zuweilen den Hort, und ich schau dumm drein und hör dämlich zu. Sie bekommt Briefe in den Hort gebracht: Na, da sorgt sie dafür, daß ich weiß, er kommt vom Bruder, oder läßt da andre auf dem Schoß liegen, daß ich bequem erkenne: die Aufschrift ist von Frauenhand. Und doch ists Kinderspiel. Sie liest der Freundin vernehmlich stückweis daraus vor und setzt sich mit dem Rücken gegen mich aufs Pult und strampelt vergnügt mit den Beinen und signalisiert mit den Beinen Geschwisterliebe und Kindlichkeit und Unschuld. Jawoll: Kindlichkeit! Ich möchts gern glauben. Indessen offenbaren sich überraschende Neigungen zu ungewählter Geselligkeit. Meister Pierstorff jun. wird – da er vorbeiradelt, angerufen, sie läuft ein Stück hintan und steht, als ich morgens einmal kam, mit *ihm* zu schwatzen, und ich sehe, ohne hinzusehen, sein vertrauliches * Lächeln. Oder am Reisemorgen-Sonnabend – da fand ich sie nicht im Kinderzimmer, ging auf gut Glück ins Gastzimmer und fand sie mitsamt den Wirtstöchtern am Tisch bei zwei Soldaten. Als ich kam und nur einen Schnaps verlangte, um gleich wieder zu gehen, stand sie schnell auf und war ein wenig rot geworden, kam auch gleich hinterdrein, unaufgefordert, und setzte sich dicht heran zu mir. Warum sollte sie nicht bei den feldgrauen Jungens sitzen? Etwa vor mir?! Mir altem Esel! Aber warum blieb sie nicht sitzen, bloß darum, weil ich ein bißchen Autorität im Kinderhort bin und sie meinen Tadel wegen Amtsversäumnis vermeiden will? Und soll nun die eklige Alterseifersucht auf selbstverständliche Jugendzusammengehörigkeit auch von mir wie von Andern vor mir und nach mir selbstbeschämend auftragiert werden? Bewahre! Aber was wäre zu tun außer einem schnell überrumpelnden Streich, der mir vielleicht gelänge, aber nicht liegt? Freimütigstes Freilassen ihres Beliebens, gewiß, und stete Bevormundung meines Herzens, nein, stete Schuljungenverweisung an mich selbst: Kahlkopf, fahr aus, und mach gute Miene zu jedem bösen Spiel! Genug für heute! Ich denke an den langen Zug mit roten Kreuzen, der heute Morgen langsam wie ein einziges schmerzerpreßtes Stöhnen an mir vorüberkeuchte. Man steht und sieht die Reihe nicht ab, man steht und wartet, bis der letzte Wagen mit seiner Schmerzenslast erscheint, und fühlt sich verschont und beschämt.

Italien verbrüht sich im Heldenwahnsinn. Bethmann-Hollweg hat im Reichstag alle österreichischen Konzessionen sozusagen an die große Glocke geschlagen! Das Alles! Und doch wollen sie Krieg – Kinder, ihr spielt ja mit geladenen Pistolen.

20. Mai 1915. Donnerstag. Ich soll, wie Gaul mir vorschlägt, für das Rote Kreuz einen Hindenburg in Eisen machen. 23 cm ohne Sockel.

Es steht sogar geschrieben, daß ich eine Sitzung bei Hindenburg durch Vermittlung des Roten Kreuzes erhalten würde. Ich will natürlich, so was soll man wohl wollen! Im Osten irgendwo haben die Russen vorgestoßen, sind aber rückwärts gekommen. Franzosen haben vergeblich angegriffen. Die Engländer bei Festubert haben unsre Front durchstoßen, gewiß – ein Loch wie ein Stecknadelkopf, aber es klingt auf dem Tamtam ebenso gut wie der Durchbruch der galizischen Front in Länge von 150 km. *

22. Mai 1915. Pfingstsonnabend. Vorfestliche Kaffeesitzung am einsamen Schattentisch in Oevelgönne. Weidewaldgang nach Seelengrün. Oder nicht doch mehr Erinnerungs- und Hoffnungslustweg? Aber ich schreibe ein Kriegstagebuch! Mutter hörte, als sie an der Regelstelle mit Klaus beim Milchtrinken saß, eine Frau klagen: »Schrecklich – nu is de Mann von de ok follen!« Mutter: »Haben Sie einen Verwandten verloren?« Die Frau: »Nee, de Melkfru«, und zu ihrer Nachbarin: »Glöwst Du, dat ick Lust hew – reintomaken?« Einer norddeutschen Hausfrau, die vor Pfingsten nicht reinmachen will, ist der oberste und Haupttrieb ins Herz getroffen. Sie ist wirklich und wahrhaftig, ist in den Grundfesten erschüttert. An Däubler wurde gestern Abend ein Brief halb fertig, eine Antwort auf seinen Picasso-Aufsatz. Ich bekannte, daß ich von den Hymnen, Bannern und Blumen der italienischen Rede Nasenstüber bekomme, daß ich den italienischen Rausch verstoße – an dem Däubler selbst doch sein Teil hat. Daß ich, wo ich, wie im Picasso-Aufsatz, keine Einfachheit finde – nicht mit weiterfahren kann, daß ich um die Ecke von Erkenntnisgrübeleien keine Kunst erkennen will, daß ich für P. kein Auge habe. – – Aber ich wage den Brief nicht abzuschicken. Es ist zuviel Absage an Däubler darin – –

23. Mai 1915, Pfingstsonntag. Mit Mutter am Unergründlichen See. Ihr fiel bei zu erzählen von einem Neujahrsabend, da hatten Vater und Onkel Heinrich beim Wein von »hohen, heimlichen Dingen« lang und breit gesprochen, Mutter aber bei einem Glas nüchtern aufs Ende gewartet. Spät nachts wurde von Ratzeburg zu Wagen nach Schönberg gefahren und, weil Karsten schlief, im »heiligen Land«

kreuz und quer rundum geirrt. Dr. Barlach nach soviel Neujahrs-
punsch schlief ebenfalls, und als ihn die junge Frau aufgeweckt hatte
und geklagt: »Karsten schläft« – – hatte er ganz verstört und abwesend geantwortet: »Das ist Karsten nicht.« – – Und so waren sie
denn bei Tagesanbruch in Schönberg angekommen. Es war aber bei
aller schönen Sonne starker Ostwind in der Luft, und Mutter war
ihm auf dem Rückweg entgegen gegangen. Als Klaus und ich etwas
später heimkamen, lag sie mit Fieber auf dem Sofa und hat das Fieber
immer noch.

Morgen wollen wir – Klaus und ich – nach Rostock. Klaus und ich
und Fräulein S. Denn die wußte ich am Sonnabend nach dem Wald-
weg in der Stadt aufzupirschen, und so gab es eine halbe Verabre-
dung. *Vielleicht ist sie mit.*

24. Mai 1915. Pfingstmontag. Erst gegen Mittag stellte sich heraus,
daß Mutters Fieber Ebbe hatte, und so sahen wir ein, daß die Rostocker Reise doch noch vor sich gehen dürfe. Frl. S., die gegen 10
Uhr nicht am Bahnhof gewesen (ich!), ging vor uns her und trat in
einen Blumenladen. Wir machten uns am Bahnübergang ein wenig
unnütz, und so geschah es, daß ⟨sie⟩, als sie nachkam, unsrer ansich-
tig wurde. Aber sie bekannte keine Reiselust, ihr Vetter war gefallen
und ein zweiter verwundet in Gefangenschaft. Ich nahm es für gewiß an, daß sie mit den Blumen zu Milhans wollte. Gut, so reisten
wir alleine. Im Zug saßen zwei Herren, ein Ungar der eine, bis über
die Ohren im italienischen Problem. Ein Diplomat hatte ihm gesagt:
Italien bricht die Treue, Deutschland wird die Antwort geben. Prinz
Ruprecht ist der Kommandant der Südarmee. Er schilderte seine
abenteuerliche Fahrt durchs überkochende Frankreich nach Lausanne
im vorigen August. Dort las er die ersten Hiobsposten – Hamburg
zerstört, Bremen in Brand usw. – und brach überwältigt nieder: »Ich
weinte, das ging nicht anders, aber dann kam die deutsche Grenze,
und ich sah alle diese Ruhe und Gewalt und sagte gleich: Das ist der
Sieg.« Er prophezeite den Neutralitätsbruch Frankreichs gegen die
Schweiz, als Pendant zu Belgien.

Und nun betraten Klaus und ich den Rostocker Boden und befuh-
ren die windige Warnow.* Wir landeten am selben Steg wie am vori-

gen Pfingsten, gingen in demselben lichtdurchflockten Lindengewölb hinan und saßen im selben so deutschen Pfingstheiligtum von Kaffeegarten wie damals. Und wäre nicht Klaus mein Treiber gewesen – ich säße vielleicht noch da und hüpfte mit Blicken den Vögeln Gesellschaft im windfrischen Laub, höbe die Augen zum Strohgiebel hinauf und hülfe dem Blühen des aufbrechenden Apfelbaumes, die Zeit erfüllen, wäre Nummer Drei neben Strohgiebel und Blütengipfel. Aber wir ruderten in den Hafen, um die Schiffe im Kriegsquartier herum, und lobten ⟨einträchtig⟩ ihr turmhaftes Nebeneinanderragen, wenn wir vor ihrem Bug schwammen. Vorher beim Ausfahren waren wir schon vor der Werft der »Genua und Malaga« an dem wasserentwachsenden Flankengemäuer entlanggefahren und hatten unsern Kahn den Schrauben ehrfürchtig nähergetrieben, die wie tückische Gnomen auf den Schraubewellen im Raum zwischen Schiffssteert und Ruder, halb ihrem wäßrigen Grauen entstiegen, eisern hockten. Es war forscher Wind, und viel schräggebogenes, strammgeblähtes Segelleinen flügelte und kreuzte über dem schaudrigen Krausblau der Warnow. So trieben wir es bis vier. Um vier begann Pfingstmarkt, und nun gingen wir unters Amüsiervolk. Wir sahen die Boa von vier Männern auf der Achsel präsentiert, das junge Krokodil dem alten zappelnd von der Seite genommen, wir saßen im Flohzirkus wie zur Unterrichtsstunde in einer lichtscheuen, dämmerbösen Falschmünzerbude. Draußen trompeteten die Ausrufer »Meine Herrschaften! Der Anfang, der Beginn findet soeben statt« – und warteten auf den Anfang, bis sich die Bude bis ans Ende gefüllt hatte. Dann setzte sich der buckelige Dompteur zu uns, hexenmeisterlich von der argen Geheimwichtigkeit bepelzt, und gab zunächst einen Aufschluß über den Weg des Fortschritts zum Ziel seiner Kunst. Ein Vergrößerungsglas wurde herumgegeben, davor sah man den zappelnden Floh an seiner Goldschlinge hängen, worin er so lange verharrt, bis er sich das Springen abgewöhnt hat, dann begann die Eröffnung des Wettrennens von allerhand zierlichem Flohgefährt, das Flohballett bildete die Folge des Verlaufs der Vorstellung, das Karussell tat seine Schuldigkeit, Osman Pascha und Leonidas fochten ein Duell aus – – und das ist ein Kriegstagebuch? Jawoll, ein Kriegstagebuch. Der Friede, den der Krieg draußen schafft, sieht so zum Pfingsttag in Rostock aus.

Der Friede hat das Volk in den Budenreihen eingedickt, eine ungeheure Boa von Gefräßigkeit schlängelt sich das Ufer entlang, sie frißt ausgehungert in Alltäglichkeit das Ungewohnte, Abenteuerliche, Malerische. Der gepfefferte Blödsinn wird gierig geschnappt, die Plattheit, falls sie nur Kurage hat, die buntbekleckste Kehrseite herauszuspreizen, ihre Wertlosigkeit maulgerecht zu machen, den Plunder mit Wunderschleim zu versüßen, wird verschlungen. Soldat und Mädchen, Bürger und Bauer schecken die bunte Haut der Boa zusammen. Und Klaus schob und spießte seine zarte Winzigkeit in den Falten hin und her. Er hat just das Flohalter, denn er ist fast neun Jahre alt, und der Floh erreicht zehn!

Und was wiederholte der Ungar im Zug, sozusagen als Kehrreim seines gelinden Eisenfresserliedes? »Denn wir sind ja Barbaren!« Wir werden den Campanile in Venedig zerschießen, wenn sich erweist, daß er einen Beobachtungsposten trägt. Sind wir wirklich solche Barbaren, wie er meint? Dürfen wir mit großartiger Unbekümmertheit zerstören? Gott weiß es, ich nicht, aber ich kümmere mich nicht drum, denn außer der Boa zwischen den Pfingstmarktbuden schlängelt sich eine andre voll Heißhunger und Raubgier nach Besserem durchs Land. Wir wollen die Boa, an deren Fell ich mit schillere, unsre Seele mehr als unsern Bauch, sättigen, wir haben Verliese in uns, wo uns die Lust zwickt zur Begattung mit Himmelsgewalten, unser Leib will sich in schaudervollem Entzücken begeistigen und im Leibe verborgen ⟨Geistjunge⟩ zeugen. Wir wollen barbarische Eier legen, aus denen junge Flammen schlüpfen.

25. Mai 1915. Dienstag. Ein frischer Sieg Mackensens südlich Prmzsil (?): 21 000 Gefangene, 39 Geschütze, über 40 Maschinengewehre erbeutet. Im Norden gleichfalls russische Niederlage, im Westen bei Ypern Fortschritte — — und so wälzen sich die Ereignisse ihres Weges. Mutter liegt noch, und am Nachmittag las ich ihr und Klaus aus den Pickwickiern vor — Mr. Pickwick im Fleetgefängnis. — Klaus begehrte kein Aufhören, sondern war befriedigt — ich kann es mir denken warum: In dem behaglichen Stübchen Innerlichkeit dieser Menschen spioniert er wie in Frl. Lebens Papierkorb. Da schlägt ihm Bekanntes und Selbsteignes in fremdem Stil und umwittert von

Ferndunst entgegen, und er ist schnell vertraut, ohne aber den Kitzel der neuen Welt, der das Kind so glücklich macht, zu vermissen.

28. Mai 1915. Freitag. Nun sitze ich wieder auf dem Warte-Marter-stuhl. Gaul muß mir Antwort geben, ob ich zu Hindenburg reisen kann, oder wo ich sonst Material für die Eisenfigur hernehme. Inzwischen schlagen sich die Völker im Osten, Westen und Süden. Vor den Dardanellen ist das fünfte Schiff versenkt, und was für dicke Willems: Irresistible, Goliath, Triumph und Majestic, eine Reihe großer Erwartungen, lauter Falstaffs. In Galizien – ja, mein Gott, was soll man sagen – ich seh ja nichts, ich höre nichts, ich lese nur Botschaften, nicht viel anders als Schachberichte. Natürlich, es wettert aus der Nüchternheit der Berichte in mich hinein, grade als ob die positive Klarheit und Erfüllung meine negative Erwartung, die unheimlich bängliche, doch vertrauende Erwartung, elektrisch berührt. Es sind da zwei Spannungsvermehrer, jeder für sich ein wachsendes Feld elektrischer Gewalten, die sich einmal täglich erreichen und gegenseitig umbiegen in einem freien Wirbel von gebendem Nehmen, hoffendem Erfüllen, endendem Anfangen. Auch eine Art Liebesrasen: Die Weltgeschichte des Tages mit ihrem unermeßlichen Umfang wird in meinem kleinen Ich empfangen, nicht sie vernichtet mich, auch ich nicht sie, sondern wir verwandeln uns in ein drittes Wesen, wir vermischen uns und vermählen uns miteinander. Also doch: In Galizien sturmwirbelt der Frühling, der Kriegsmai 1915 vermaledeit den ganzen Kram von alter Art und Sippe und fühlt sein Blut wie eine Bastardmischung von Chaos und jüngstem Tag rasen. Aber still! Denke an d'Annunzios Wortwüten, d'Annunzios, der sich auf ein italienisches Kriegsschiff begeben hat und vielleicht so tapfer ficht wie er spricht. Wohlverstanden: fechten mit Löwenbrüllen, Gedankensprüngen und Tatzenniederschlägen seiner Verse. – Aber weiter: 7000 fahnenflüchtige Italiener sind in der Schweiz! – Also: seine Stimme wie ein Kraterdonnern und Ätnarauch kündet Italiens zorniges Erbeben. Das »italienische Wunder« wird von ihm aus dem Boden gestampft, seine Zunge ist der Mosesstab, der die Felsen sprengt. – – In Frankreich schlägt eine Sturmwelle nach der andern gegen die deutschen Mauern, Sturmwellen mit roten Schaumkronen fluten immer wieder rückwärts. Doch ich bin bei diesen Bildern nicht mit dem Herzen – ich sehe ja nichts, höre nichts davon. Etwas schüttelt mir den Kopf, das ratlose Erstaunen vor dieser blind-wütenden Wahrheit. Denn dies Müssen, Wollen, Verbluten für Idee und Vorurteil, dies verblödende Rechtsetzen seiner Völkerart gegen die fremde, dies Verkennenmüssen, Nichtwissenwollen, Nicht-sehenkönnen des Wirklichen ist wie eine chaotische Wahrheit. Schöpferisches Wüten könnte man es heißen, aus der wüstesten Ur-sehnsucht heraus, die Menschheit wird geknetet wie vormals Länder und Meere, Festes soll verschlungen, Ozeane verschlammt werden. Und die Wahrheit? Sie liegt jetzt nicht im Erkennen und Klären, sondern im Verwüsten, es soll anders werden in der Überzeugung: Alles stinkt, was ruht. Ein Sturm wühlt das Unterste herauf, nicht ein Sturm: ein wildes Aufbrüllen der Erde über der Schmach einer selbstbefleckenden Kulturlüge, ein Krampf des Ekels schüttelt die Welt, und Alles setzt sein Höchstes in den Wahn, daß es das Höchste für alles Andre sein muß.

30. Mai 1915. Sonntag. Es gibt viel Humor in der Welt, also schau hin! Gestern, wo ich mir, trotzdem Mutter noch welk und schlaff im Sofa lag, eine Kinderhortpflicht zur Pflicht machte – gestern fand sich dort ein sonderbares Ab- und Zugehen und Herumstehen, Nichtbeider-sachesein. Was mir schon sonst mißfiel – Fräulein rangelte liebhaber-haft mit der wer weiß wievielten Freundin, lag über der Bank gegen den Tischrand und ließ mich wissen, sie ginge einer Stellung wegen nach Berlin – hier verdiene sie 15, dort 30 M. Dann gab es draußen Tuscheleien und Ankunft andrer Freundinnen, ein bißchen lahmes Schulespielen, ein wahrer Kater nach der Lust von früher, endlich Kaffeetrinken und – – dann wurde der Hort beurlaubt, Patschhänd-chen schlüpften im Abschied wimmelnd durcheinander, und ich nahm das Fräulein zur Zwangsverpflichtung für dauernden Kinderhort-dienst in die Kegelbahn, bot ihr den Ausfall an Gehalt von mir – wollte nach Berlin telegrafieren und ließ mir mit allerlei undeut-lichem Dazu und Drumherum die Vorstellung verwirren. Ging dann zu Frau Dr. W. Fr. Dr. W. ließ ihre Maultaschen aufgehen und strich Fräuleins Angelegenheiten nicht eben vorteilhaft heraus. Sie wird

entlassen, sie hat gebummelt, was die Maultasche Liebesgeschichten
nennt, dabei war sie öfter erwischt worden. So hatte sie sich von
zwei Landstürmern im Garten schaukeln, aber die Kinder unbesorgt
gelassen, mittags die Kinder vom Ausgang heimgeschickt und selbst
pflichtwidrig zu spät nachgekommen. Herr Doktor erschien und
holte Frau Dr. zur Ausfahrt ab, ich ging und hinkte recht artig, als
hätte ich eins wegbekommen, stand ohne Klärung der Seele mit
Klaus in der Sandgrube und ließ erst beim Grog Ohrensausen und
Dummherumschauen sein. Spät Nachts schrieb ich dann an Frau Dr.
und lehnte weitere Kinderhortarbeit ab, ab, weil ich mit dem Weg-
tun eines Menschen, der hundertmal mehr gibt, als eine Pflichtver-
letzung schuldig bleiben läßt, nicht einverstanden bin; meinte, man
hätte mich zu der Frage hören müssen. Aber, mein Gott, die Nacht
war kein Spaß, es ist so: Sie mag ein rechter Springhase sein, gewiß,
sie läßt Mannsvolk andringen und abfleußen wie ⟨ein⟩ Element, das
ihr Freude macht – ich weiß es zu meinem Mißfallen, daß sie alle Register zieht und wer weiß wie gründlich längst alle Behutsamkeit
verspielt hat und das Risiko beim Wählen und Sieben grob und fei-
nen Glücks nie gekannt hat und nicht laufen will. Doch ist sie echt
und recht in ihrer brünstigen Wildheit. Man möchte sie sich einfangen und mit der Pistole zähmen oder mit Hunger windelweich würgen oder – – einfangen für vier Wochen. Wenn sie dann keinen Anker geworfen hat und fürs Leben bleiben will, wenn sie dann nicht
vorm Abschied in die Knie bricht, so mag sie dann laufen, hinter ihr
das bellende Schicksal, das sie ans Ziel jagt. »Man« möchte – ich lasse
es bei mir abziehen, sich Auswege suchen wie ein grabender Maulwurf, der irgendwo kratzt und zwängt und doch einmal verhungert.
Heute nun am Sonntagmorgen suchte ich mit einem Ausquartierzettel
Zimmermann in seinem Garten. Alles stand still prangend, und der
beetvolle Garten schien menschenleer, bis ich in der Ecke hinter der
Laube des Nachbargartens ein Gemurmel aus alten Mäulern hörte
und in verstohlener Rauchkameradschaft den Alten mit dem älteren
Schuster, seinem Mieter, aufspürte. Die alten Knaben rauchten ihre
Pfeifen wie junge, die es noch nicht dürfen, und predigten einander
wie gemütliche Sektierer. Die Frauen Zimmermann kamen dazu, und
so verspielten wir eine Sonntagsmorgenstunde, wozu der Alte in alten

Kleidern und dünngetretenen Holzpantoffeln mit aufgesprungenen
Lederspitzen zwischen Erdbeerbeeten auf- und abdampfte und seine
Holzsohle sorgfältig eine Erdbeerblüte, die in den Weg hinein ge-
neigt war, über das Köpfchen hob. Wir sprachen vom Krieg, aber
auch von Ausgehkleidern, von denen von Zimmermann, die er ver-
motten läßt aber nicht trägt. Sein Zylinder ist 30 Jahre alt.* Da indes alles verkäufliche Gemüse des Gartens so prächtig steht, hofft
sein Besitzer, aus ihm ein neues Kleid zu ziehen, versprach aber nicht,
es auch anzuziehen. Die Frauen sind nicht faul mit mildem Höhnen,
er aber raucht ungestört seine einzige Tagespfeife und läßt sie pfeifen. Wir sprachen von Klaus, daß er aus der Tüte mit der Aufschrift
»Kopfsalat« sät und Radieschen wachsen läßt, und was sonst an
halbschlafenen Gesprächen beruhigend aus dem Nest piepte, gleich
Amselflöten zwischen den Büschen. Ab und an schien die Sonne,
Wolken versprachen Regen.

Nach Tisch saß ich, anfänglich verbellt vom übellaunigen Garten-
spitz, unter der Lindenkrone im Schützengarten mit Klaus zum
Kaffee. Über uns am Stamm hing ein Nistkasten, und die saugende
Freßlust der Jungen tönte durchs Flugloch, sobald die Alten mit
futtervollen Schnäbeln heranschwirrten und einschlüpften. Einem
von ihnen aber versagte der Mut vor unserer Nähe, und er wagte
nur Versuche und Sprünge und Stürze von nächsten Ästen zum Loch.
Es war eine Drossel. Sie flutschte hin und her und beehrte uns von
oben mit Zeichen ihrer Mutterangst. Mir auf den Mantel, Klaus
aber auf den Teller. Spitz marschierte zur Hausecke, seine ungnä-
dige Kurzbeinigkeit trug plötzlich die Hundewürde auf dem Achter-
teil scheinbar grundlos von hier nach dort. Dort bog in gleichartiger
Verfassung der Hund des Schmiedemeisters Isenbarn herein, und
ihrer beider Riechvernunft betätigte sich in ordnungsmäßigem Verlauf zurückhaltender Begrüßungen. Der Schmied selbst löste sich danach von eben derselben Ecke los, und die Hundefreundschaft bildete sich wieder in Herrenfolgsamkeit zurück. Aber schon hatte ein
Donnern wie Räuspern hinter den Lindenwänden des Gartens angesetzt. Wir aßen und tranken noch, während es zum Holpersprung
über hohle Himmelsräume anschwoll. Erst klang es noch unterirdisch
verborgen, dann hämmerte es seine zackerlotende Unwilligkeit

häuptlings auf uns herab. Als wir aufhörten zu trinken, begann es zu tröpfeln, und als wir im Haus waren, saß uns vom Himmelsspeichel ein wenig in den Kleidern. Beim Tee lasen wir Pickwickabenteuer, und nachher wanderten wir mit dem Fangeimer zum Insel See. Da in Mergelgruben wimmelten Kaulköpfe, und das warme Wasser hatte sich zu allerhand Winzigkeiten von Fischwesen oder Insektenlarven verdichtet. Der Wasserfex von Provisor ließ sein langbehaartes Fleisch in der windigen Luft leuchten, sein 40jähriges Bauchgewölbe gegen die Himmelswölbung stoßen. Als ich ihn ansprach, gestand er, in einigen Tagen zum Militär einrücken zu müssen.

*

1. Juni 1915. Dienstag. Herr Timm ist der Mann von Mutters Pflanzenbutterlieferantin, ein schwarzhaariges Blaßgesicht; eine lange Zange von schwarzer Falte kneift Mund und Nase zusammen und erpreßt gleich peinliche⟨r⟩ Befragung ein Qualgeständnis der Augen. Schwarz und rund auf weißem Apfel schieben ⟨sich⟩ die vorderen Augenzonen unter ewiger Ausschau nach Fluchtgelegenheit hinterm Brillenfenstergitter hin und her. Es ist, als wüßten sie, es würde ihnen zu entwischen nie gelingen, aber es quält sie immer wieder zu neuen Anläufen. Mit ihm treffe ich jetzt zuweilen überm Zeitunglesen im Bahnhof zusammen. Soll ich, nachdem ich auf blasiger linker Sohle in den Hort gehinkt, Fräulein R. noch einmal konterfeien, genügt es nicht, daß meine Augen sie verschluckt haben, soll ich mir selbst etwas zum Überfluß gestehen, was ich selbst auswendig weiß? Darum zu Herrn Timm. Ihn traf ich, nachdem ich auf blasiger linker Sohle vom Hort zum Bahnhof gehinkt war. Das Hamburger Fremdenblatt, das er als Hamburger zuallererst liest, hat uns zusammengeführt. Ich meinerseits, als Berlin-Hamburger, bevorzuge das Tageblatt und beliebe danach das Fremdenblatt. Wir spachen gedämpft, und die Dämpfung unsres Tons war das Beste an der Unterhaltung – über Krieg und Frieden. Sein 19–20jähriger Sohn steht vor Ypern, sein Schwager ist verwundet, aber bei guter Hoffnung. Rußland muß – muß bald erlegen sein – erst heute stand über Przemysl angeschlagen, daß bereits 3 Forts erstürmt sind, die Bahn nach Lemberg von Artillerie bedroht, – – Stryj eingenommen – ja, und dann die Russen – ob sie nicht einen Separatfrieden verlangen? – Dann stellte ich ihm überzeugend vor Augen, wie eine gelassen-leise Sprechweise nun einmal Zustimmungen erzaubert und erspielt – der Zar kann seine Minister verjagen und einen Friedensminister anstellen, aber in Frankreich und England wird die Regierung sich solange an· den Krieg klammern, wie sie selbst zu leben wünscht, solange der Krieg, solange lebt Grey und Poincaré usw. Es schien alles so zu stimmen, und wo nicht, so war wenigstens unser Verkehrston undilettantisch-diplomatisch. Herr Timm ging, und draußen in die Abendsonne der Halle fuhren Soldatenzüge ein. Züge nach Osten. Züge voll Jugend und Gesang, alle Wagen platzend voll feldgrauer Siegeslust. *

2. Juni 1915. Mittwoch. Es wimmelt von Russen in der Zeitung. Im Mai sind es über 300 000 Gefangene – bei Przemysl sind zwei neue Forts erobert – – die Lage ist weiter zu unseren Gunsten verschoben – – aber der Reservist Ernst Volk, vorerst in der Sammelkompanie zu Neumünster, schreibt: »Wenn bloß bald mal Schluß wäre« – – ich, na, ich mit Zigarren, die mir Dietzel schickt, gewaltig von Kaliber, kann es ja aushalten. Das Warten auf Hindenburg oder die Landsturmeinberufung befördert jenen abenteuerlichen Zwischenzustand, in dem man sichs unter Hangen und Bangen, aber auch gemächlicher Hingebung an den Augenblick in Sonnenschein und unter klarem Himmel wohl und übel gleichzeitig sein läßt. Freilich, die Tagediebberei ist aller Laster und jeder gewissen Bereitheit zu unnützen Geschäften Anfang, der Teufel macht sich den Betrieb leicht, indem er den Leuten freie Zeit besorgt. Müßiggang sollte einer der vielen Höllenhunde heißen, die dem Seelenjäger jagen helfen.

Immer noch kein neues Lebenszeichen von Hans, nach unsrer Abschätzung müßte jetzt ein Brief die abenteuerliche Reise durchs russische Land, durch die ⟨Zensurstrudel⟩, über die schwedische Gleitbahn vollbracht haben. Er hat Hindernisse wie einen Wink aus dem Jenseits – dieser Hauch, der vom Ural her nach Mecklenburg durchdringen will. – – Ich handhabe vormittags immer noch den Fels als Körperbesinnung, gegen und zwischen die gelinde Verrücktheit des

Aufdeckens neuer Gestalten aus dem anscheinenden Nichts weißen Zeichenpapiers. Wieder ist das Muten nach solchen verborgenen Schätzen vergeblich, nur die Ahnung lebt: Irgendwie gibt es das Wahre, das, was für mich und mein Verlangen das Wahre ist. Aber ob ich es als mein Eigentum feststellen und erbeuten werde, daran zu glauben wird die Seele bei so langen Versuchen müde und lahm. Es ist richtige Versuchung – Glück ist da, und ich strebe, es mir willfährig zu machen mit aller Kunst, ich stelle ihm Fallen und wünsche es zu verführen.

3. Juni 1915. Donnerstag. Przemysl gefallen!

4. Juni 1915. Freitag. Aus der Werkstatt heut morgen scheuchte mich der barhäuptige Klaus mit Geschrei heraus. »Herr Engel ist da – komm nach Haus –!« Er war atemlos, aber er spornte zurück, ohne mich abzuwarten. Also bei Mutter saß Herr Engel in gewalktem, gefältetem, um ihn gestülptem und verplustertem Feldgrau, mit kleinem, einfältig-verwundertem Jungen- und Schülergesicht, das bei näherem Hinsehen ein Denkvogelgesicht ist mit scharfem Nikken und Schnappen der schmalen Lippen, bartlos, ein wenig blaß, aber hartfleischig, kurz, Kriegsfreiwilliger Engel, der den Winterfeldzug mitgemacht und für zehn Tage auf Urlaub zurück ist, die ehemals Ästhetenseele, jetzt ausgeräumt und gefegt vom rauhen Besen des Erlebens, wohl weiträumig vom platzschaffenden Ausräumen, aber noch staubig, wüst und unwohnlich, unmöbliert von Gemüt und Behagen. Auch er wird, wie er ahnt, jetzt sicher fallen. In der Kürze sprachen wir viel. Von Kunst verglichen wir uns, daß das künstlerische Erlebnis Alles ist, also der Gewalt des Friedens, des bürgerlichen Treibens der schwersten Weltkriegsepisode gleichkommt. (Doch wohl nicht Herr Engel und Herr Barlach!). Es käme bloß drauf an, *wer* und *wie* er sieht und fühlt. Aber derselbe (Herr Barlach!) wird aus der Weltgeschichte doch wohl mehr Orgel- und Sturm- als Flötentöne heraushören, und zu Orgel und Sturm gehört gotisches Gewölb oder freier Himmelsraum, zum Flötenzirpen genügt ein Salon oder auch ein Mausloch. Klaus zählte, derweil Herr Engel vom Lärm der unausgesetzten Kanonade und dem Granatensturz sprach, die 13 Mückenstiche seiner Beine. Herr Engel prophezeite nach dem Kriege eine wachsende Sozialdemokratie. »Die Offiziere wollen es so«, begründete er. »Auch bei uns gibt es ausreißende Regimenter, z. B. rheinische, mit denen Niemand kameradschaftlich spricht. Auch bei uns Schaudergeschichten: Bayerische Soldaten nach dem Graus von Orchiez, die Gefangene transportierten – haben nur einen Teil davon abgeliefert – die andern erschlagen«. Herr Engel hat gesehen, wie man Verwundete mit schwerem Stiefel auf die Köpfe getreten. Er hat seinen Hauptmann befragt, nach welchen Grundsätzen die Zivilbevölkerung hinter der Front landesverwiesen oder als Geisel ausgewählt würde. »Ganz einfach: in der Hauptsache zunächst die Männer, die scheel auf die Hingabe ihrer Frauen an Offiziere sehen!« Worauf ich ihm zugestand, daß sein Bericht Dietzels ergänze und bestätige. Aber *ich* sähe bei Allem das Gemeinsame, aber er, der soviel Monate mit 180 – ? – mecklenburgischen Bauernjungens lebe, beanspruchte das Recht, scharf ins Gericht zu gehen mit einzelnen Tatsachen, als eine ganz natürliche Art von Rückwirkung des Äußeren auf sein Inneres. Diese mecklenburgischen Bauernjungens wissen bloß zweierlei zu wünschen: Heimkehr und bald wieder beim Mädchen liegen. »Verdrossen ist außer den Kriegsfreiwilligen Jeder«, sagte weiter Engel, und ich meine, das entscheidet grade, ob man trotz Verdrossenheit aushält und trotz dem Schimmel über der Lust die Frische des Vollbringens behält. Einen Winterfeldzug, glaubte er überzeugt sein zu dürfen, würden die Deutschen, aber nicht die Franzosen aushalten – – und nun, als er sein Koppel umschnallte und Klaus die Klinge ausgezogen haben wollte, noch etwas vom Nahkampf. Ganz ruhig sei er gewesen und habe einen Franzosen beim Grabenkampf erschossen, einem andern mit dem Seitengewehr den Schädel zerschlagen. Klaus schulterte seine Gummistöpselflinte und ging mit uns. Ich fragte nach seinen Geschäften, und er bekannte, sie ständen schlecht, gerade deswegen sei er hier, und es würde wohl zum Konkurs kommen. Aber nicht nur sein sondern auch seiner Schwiegermutter Vermögen ginge darin verloren. Er wäre nun mal kein Geschäftsmann, selbst als Buchhändler ginge es nicht anders, und er selbst sei leider immer sein bester Kunde gewesen.

Gestern Abend dagegen saß ich als idyllischer Gedankenheger mit Schult in Primerburg, Schult, dem die aufsteigende Gefühlswärme die untere Stirnhaut zwischen den Augbrauen und die Augbrauen über der Nasenwurzel selbst emporschiebt, als versage unter des Geistes Drängen wie unter Sorgenschwere und -qual Gleichmut und Fassung. Dann müssen die Stirnfalten die Waage ins Gleiche schieben helfen, die Rührung bemeistern, das überschießende Gewicht des Erinnerns vorm Stürzen hüten. Er hatte letzthin eine Tante alte Familiensagen plattdeutsch erzählen hören, und so machte er den Gang nach Primerburg und die abendliche, schwüle Stille zur Echoörtlichkeit dieser Sagen. Ein Bild muß schon bewahrt werden, eine erhängte Bauerntochter, die der Schande vor dem Kinde nicht anders ausweichen konnte als ins Jenseits. Man fand sie in der Scheune, berührte sie keineswegs, sondern holte den Schinder, der sie abschnitt und auf seine Schleife legte, wobei denn beim Wegzerren das schwarze Haar im Dreck hintennach floß. Vergraben tat man sie irgendwo im Garten. Es war aber vor Zeiten, da der Ururgroßvater, genannt nach seiner Lieblingsredensart: Jümmerweg, die Schwester der Sünderin heiratete, und so stolperte oder schlenderte die Sippe von alter zu neuer Zeit hinüber. Einer, dem ein Mädel vor der Nase weggeheiratet war, wobei er den Hochzeitszug von seiner gegenüberstehenden Scheune mit angesehen, erklärte seinen Eltern eines Sonntags, indem er den landesüblichen Staat anlegte, er wolle jetzt zur Kirche gehen und die, die ihm etwa gefiele, heiraten. Tat auch danach, fand eine, ging ihr ins nächste Dorf nach, sprach sie an und ward stehenden Fußes zu den Eltern geführt, ihm zu Ehren die Sippe zusammengerufen, und so kam er zur Frau. Nun war im Hause als uralter, lebendiger Hausrat, als Gnadenbrotesserin oder wer weiß wie hingehörig, gleichsam ein Verhängnis zu Segen oder Fluch ins Haus gebannt, eine alte Frau, die Trienwischen. Als die junge Frau nach der Geburt des Kindes keine Milch hatte, kam dazu eine Amme ins Haus, und die Amme ward insgeheim die zweite Frau des Mannes, worüber die erste von dannen zog, heim zu ihren Eltern. Nach Kurzem beriet diese Trienwischen den Bauern, als sie in der Kirche für seine Frau hatte danken hören als von schwerer Krankheit genesen, sie zu besuchen; und wieder warf er sich in den erforderlichen Staat und ging.

»Wenn du meenst, Trienwischen – denn do ick dat.« Er kam zu ihr, die noch immer krank lag, und sie schickte die Eltern hinaus und wollte ihn unter vier Augen haben, begann auch wacker, ihm die Dinge nach ihrem rechten Zustand zu zeigen, er aber, als er sie so anfangen hörte, sagte schlicht: »Wenn du so wullt, goh ick wedder weg« – und ging auch. Und sie als Fluch und Rache versprach, er würde nun auch nichts von ihr hören, wenn sie stürbe. Wieder in Kurzem kam Trienwischen abermals aus der Kirche und hatte ihren Tod vernommen, auch war sie schon begraben worden, und abermals über kurz oder lang redete sie mit ihm und empfahl ihm, die Amme zu heiraten. Und er sagte: »Wenn du meenst, Trienwischen, denn doh ick dat«, und tat es auch. Jümmerweg war damals, denke ich, Altenteiler. – –

8. Juni 1915. Dienstag. Noch nichts von Hans, nichts über Hindenburg, wenig Zeichnungen – aber Hitze und Sonnenschein – – und rückwärts rollendes Rad des Russenglücks. Es scheint dicht vor Lemberg!

9. Juni 1915. Mittwoch. Die Hitze schreckte uns wohl, aber doch setzten wir, Klaus und ich, unsre Füße zu einem Nachmittagswege an. Im Wald zog ein buntbekreuzter Lazarettzug lang-langsam, schwerenotträchtig an uns vorüber. In Primerburg saßen wir zum Kaffee, ein wenig waren unsre Kehlen von Hitze verstopft, ein wenig waren wir gestillt von der allgemeinen Schattenlosigkeit, die in unsre Gemüter wie in Teiche eindrang und ihnen die Geheimnisse, Frische, Fische und Schattendichte stahl. So waren wir uns selbst langweilig. Dafür waren die andern Gäste um so zufriedener mit sich. Sie waren mit uns zugleich, aber mit dem 3 Uhr-Zug gekommen, räumten mit viel Lärm auf und fegten ihren Sprachkehricht über die Kaffeetische hin und her. Endlich gewannen wir querfeldein den Ameisenweg, wo vor niedrigem Tannenwald der freie Himmel seine Fensterscheiben zwischen mächtige Kiefern spannt und der Waldboden einen Weg hinter Säulen breitet. Da ging Klaus, Knie und Nase auf der Erde, den Ameisenlöwen und Ameisen nach, und ich ließ das Ohr wie eine Muschel auf dem Grunde eines warmen

Luftstroms hin- und hertreiben. Es rauschte frisch und orgelte und gurgelte froh, froh wie Ernst und Gewalt sich durchdringen, heiter wie Reife und Jugend ineinanderschäumen. Wir waren auseinander- gekommen, und Klaus rief mir zu, seine Stimme trug mir allerlei bunten Kram heran und verlor sich im Schwall des Raums, ich erfuhr kein Wort, aber der Ton seiner Stimme färbte mit bunten Umständ- lichkeiten den rauh-gelinden Ernst. Er saugte sich einen Augenblick voll süßer Kindlichkeit und verwirbelte mit ihr zwischen dem Busch- dickicht am Waldboden. – Weiterhin lagen wir auf Wiesenmatten im Wind und Schatten unter der dichten Buschbuchenkrone, und hier begab sich das Wunder der Wanderblumen. Klaus entdeckte und erfand sie. Aus Butterblumenstengel streckt sich unten der Hahnen- fuß, und oben schaut der Gräserkopf, den Hals streckbereit in der weiten Stengelröhre, heraus. Das sind diese bisher unbekannten Spring- oder Laufkinder der Wiese. Und der Rückweg hörte, wie das üblich ist, eine Spinneweberei von Erzählung. Ich als Spinne fädle mein Netz und fädle bis an die Stadt heran. Und wie hieß das Netz, als es fertig war? Seumes Leben. Und zu allerletzt beim Nie- dersitzen zum Abendbrot schlägt man das Zeitungsblatt der Welt- geschichte auseinander, zappelt wie eine Fliege im Spinnennetz des Weltkrieges. Und was hatte der Weber Krieg gewoben?

Linsingen drängt gegen den Dnjestr, Stanislau ist gewonnen. Bei Zurawno Angriff der Russen (am Djnestr) zum Stehen gebracht. Lemberg scheint das Ziel. An der Windau, bei Szawla, an der Du- bissa, am Njemen gegen Kowno retiriert Väterchen. Das Ganze sieht aus wie eine Klappe mit dem Drehpunkt Warschau. Und in Frank- reich rennt es weiter gegen die Mauer der Deutschen an, oft mit gar- keinem, immer mit wenig Glück. Wer wie ich nicht oft die Karte aufschlägt, kann aus der Brandung von Tagen und Wochen nur ein wirres Brüllen hören, es betäubt, es überstürzt Einen, es reißt um, und man bohrt die Nase in den Sand und bekommt den Mund voll- geschlämmt.

10. Juni 1915. Donnerstag. Ich ließ mir von der Sonne einen Torni- ster aufpacken und trug ihn bis Oevelgönne. Aber Oevelgönne war von einer Mädchenschulklasse belaufen, gestochen von allen Flöhen einer wilden Springlust. Ach, diese Kalbsstadien von Mädchenhaftigkeit! Gebölk, gekreischte üble Nachreden, strampelndes Beinwerk, Gelaufe mit vollen oder leeren Milch- und Limonadengläsern – – und alle Tische, aller Platz voller Hüte. Das scheint eine erste Sorge: Wo ein Tisch ist, darf kein Hut fehlen, jeder Platz wird zum Altar weiblicher Wichtigkeit, ihre Anhängsel und Bedachungen werden beileibe nicht weggeräumt, nein, zu Symbolen erklärt, wie Standarten der bezopften Mädchenmajestät aufgepflanzt. Doch ich fand noch ein Kaffeetischchen, aber meine Selbstverlorenheit, die mir die liebste Selbstbesinnung bringt, fand keine Muße, auch nur die Geige zu stimmen. –

Die russische und französische und flandrisch-englische Brandung prallt und wütet ihren Hauch heran. Man horcht und senkt den Kopf.

11. Juni 1915. Freitag. Symptom: Meiner Weckuhr Ticktack störte mich sonst nie, aber neulich im Halbschlaf hörte ich wider Willen, horchte mit halbem Erinnern danach und fand endlich das Reigen-Spiellied des Kinderhorts, das beginnt: »Tuck tuck tuck ihr Hühnchen – wo ist der liebe Hahn –?« Und nicht nur, daß ich hörte – ich sah, wie die freundliche Kindergärtnerin, ihre Kinder an der Hand, dazu sprang und schritt, sah sie sich beim Singen zu mir umwenden, – – na, und spürte, wie es in mir steckt. Seitdem melodeit und maledeit der Klingklang mir im Ohre, nicht der Klingklang, sondern die Stimme, die ihn bringt. Gewiß, die Stimme wohnt in einem recht allerweltsseligen Nest, aber sie hat doch eine Verschleierung, die sie zur geflüsterten Verheißung von etwas Wertvollem macht. Da ist sicher eine verschämte Verborgenheit unaufgedeckt. »Unwahr« hat Frl. Lenk sie genannt, sie selbst sagt »Nein« darauf und weiß wohl am wenigsten Bescheid, wahr ist aber sicher ihre Verlorenheit und Hingebung an ihres Selbst Zwang. Sicher: sie liebt aus Liebe, sicher: sie ist voll unerschöpflicher Sehnsucht, was sie tut, muß geschehen. So ist sie wahr, daß sie sich ⟨kein⟩ Gefallen an Gut- und Bravsein aufschwatzen läßt. Aber nun ich! Heute stand sie, als ich mit Klaus von den Wiesen über den Markt durch die Hageböckerstraße ging, vor ihrer neuen Friseurladenwohnung, in aller Güte und Kamerad-

GÜSTROWER TAGEBUCH

schaft mit ein paar jungen Leuten, zeigte dem einen die kranke Uhr,
und ich wußte, sie schiebt Leib und Glieder, ohne daß es ein Mensch
von den vielen rundum weiß, näher heran, als seiner Pomadigkeit gut
ist. Sie grüßte freundlich, ich aber flüchtig, so weit verbrühte mich
die ahnende Mißgünstigkeit. Sollte ich sie nun nicht aus meinem
obersten Stock zum Fenster hinauswerfen, was soll sie weiter im
Kämmerchen meiner Gedanken?! Doch bleibt sie drin, sitzt da und
wird gepflegt. – Die Zeitung brachte einen Petersburger Bericht
über kommenden Ministerwechsel und Friedenssehnsucht der Duma.
Goremkyn, der Kriegsförderer und -erhalter, scheint unsicher auf
den Beinen zu werden. – Immer noch Franzosensturm! Offensiver
Kampf! Don Quichottisches Blutverspritzen! Gewaltsame Gewalt!
Schlachten ohne Schlagen. Opfern ohne Erfolg. – –
    Als Vergeltung für die deutschen Märtyrer in der französisch-
afrikanischen Gefangenschaft sollen jetzt Franzosen Ödländereien
ohne alle Vergünstigung in Schleswig-Holstein urbar machen. Die
strenggehaltenen Engländer haben unseren U-Bootmanschaften in
England bessere Behandlung verschafft. Mögen die französischen
Klagen den Deutschen in Dahomey Betten, Kleider und Essen erbeten!

13. Juni 1915. Sonntag. Ein weißes Kleid, eine rote Schärpe, ein
Hochbusen in bekannter Zeitform, eine immer gleiche Bedachtlosig-
keit im Lachen über Alles haben mir am Sonnabend den Kinderhort
zum alten Ort gemacht. Ich langweilte mich, und Langeweile ist ein
probates Heilmittel. Vorzimmer zum Hörselberg? Soll ich das immer fortlaufende Gegacker der Frau Venus mit Hahnenkrähen ver-
stärken? Ich habe auch Lust, zuweilen nicht zu krähen – ich entfie-
berte mich, indem ich mich langweilte.

14. Juni 1915. Schön kuriert! Morgen ist ihr Geburtstag, und heute
kramte ich ein Straßentäschchen für sie zusammen, ließ es verpak-
ken und brachte es als Geburtstagsgruß von Röschen Busch, Steintal 2, auf die Post. Das war morgens, nachmittags empfing sie mich
mit Schweigenwinken und hatte Grund, denn der Hort schlief: Haufen bei Haufen, ein Tuch als Unterlage, lags auf ebenem Boden, und

ich setzte mich mit auf die Bank am Fenstertisch, wo ein paar Wach-
gebliebene Schularbeiten machten und wo – – Käthe, die zu Zäh-
mende, einen Brief mit der Feder zusammenstickte. So vertrauten
wir uns unser Bißchen mit leisen Stimmen, ich zeichnete, sie schrieb
– – und langweilte mich nicht. Nachmittagsstille und Vorhangdäm-
mer sind ein braves Kuppelpaar. Und Kinderohren sind wohl offene
Fallen, aber kluge Wortmäuschen schlüpfen ein und aus und sichern
Schwänze und Schnauzen. Es hätte lange so bleiben dürfen, es war
garnicht langweilig! Zu zeichnen gab es genug, und des Mädchens
Nähe ist mir Labe. So war es auch ganz natürlich, daß ich ihr später,
als der Hort auf die Beine gebracht war und sie den miesepetrigen
Hannenüte in ihren Arm in seine alte Honigblütensüßigkeit hinein-
schmeichelte, ebenso wie Hanne über die Backen strich, denn die beiden Backen waren in gar zu bequem erreichbarer Nachbarschaft.
Vorher, beim Aufstehen, hatte sie mir die alte Tasche einen Augenblick in die Hand gegeben und mich ihre Schäbigkeit bedauern lassen. »Ja«, hatte ich gesagt, »eine neue ist vonnöten« – – so ging es
Alles seinen Gang, zuletzt spielte der Hort Ball mitsamt Herrn und
Damen. Alles durcheinander an der Wand entlang, und Eins tritt
vor, dreht der Schar den Rücken, wirft den Ball und ruft: »Eins zwei
drei, wer hat den Ball?« Nun muß er den Greifer raten, und das
Ganze ist sehr ledern. Aber was ist denn ledern, wenn die Bälle, die
außerdem herumfliegen, springen und federn, wenn runde, dumme,
glitzernde Sorgen unruhig hin- und herkugeln und das überschauerte
und buntbeschäumte Gemüt sehr bürgerlich-bange die Frage jenes
Sachsen tut, als er von der brasilianischen Kaiserentthronung hörte:
»Aber – darf man denn das?« Da trat aus der Hoftür der Postbote,
hielt ein kleines Paket hoch und fragte nach Frl. R. Zugleich war es
Zeit zum Abbau des Spiels, zum Patschhandgeben und Auf-Wieder-
sehen-Wünschen. Sie hielt meine Sorge vom Morgen als Eigentum
in der Hand, und als ich ins Zimmer kam, wunderte sie sich, »schon«
von Haus bedacht zu sein. Dann entdeckte sie, daß Stargard nicht beteiligt war, und beim Heimgehen studierte ich ihren Postabschnitt
auf den Absender hin. Nein, ein Röschen Busch kannte sie nicht. Ich
schüttelte das Paketchen und hörte klappern, sagte wegwerfend: »Da
sind höchstens Bonbons drin.« Nun stöberte ich bei den hinterher-

trottenden Hortkindern nach Auskunft über das Steintal. Steintal? Nein – Steinstraße – die gäbe es. Ich aber schlug als Enträtselung das tiefe Tal vor – aber da stand ja groß und breit: Steintal. »Na«, sagte ich zum Schluß, »machen Sie es nur zu Hause auf, es wird wohl ein Brief drin liegen.« Mein Gott, was für Dummheiten!

Gott sei Dank, das ist nicht Alles von diesem Tage! Die Armee Mackensens ist in Breite von 70 km aus Stellungen zwischen Czerniawa und Sieniawa vorgegangen. Die feindlichen Stellungen sind in ganzer Front erstürmt. 16 000 Gefangene. – Und weiter: auf der Front zwischen Levien und Arras erlitten die Franzosen eine schwere Niederlage – ein Anderes! Ihr Sturmkolonnen, die ihr die Säulen der feindlichen Herrlichkeit einreißt, ich grüße euch, ich, Ernst Barlach, z. Zt. Kinderhortfräulein. Aber ich will wenigstens noch den Atlas aufschlagen und die Orte, wo Sieg und Blut dampfen, mit dem Bleistift unterstreichen.

16. Juni 1915. Mittwoch. In Primerburg sind Tische und Stühle zwischen Buscheichen am Waldrand, wo sich Plätzchen und Buchten bieten, also ganz wildlings, verteilt. Heute saßen wir wieder da, immer Klaus und ich, zum Kaffee und sahen ein winziges, graues Vogelmütterchen mit einem Würmchen im Schnabel auf niedrigen Eichenästen hin- und herschwänzeln und tiefer ins Bickbeerengestrüpp schlüpfen. Da mußte wohl sein Nest sein, und ich schickte Klaus auf die Stöberei – – vor uns hinter Blättern und Zweigen saßen drei ältere, gemütlich plattdeutsch redende Frauen beim Kaffee, hinter uns, von Blättern und Zweigen verborgen, hing ein Schwarm junger Mädchen als weißliche Wolke um die Tischkante, und weiter zurück den freien Raum unter den hohen Kiefern hatte sich ein Soldat mit einem Mädchen erwählt. – – So suchte nun Klaus im Busch nach dem Vogelnest, wollte schon ablassen, erschrak aber vor einem verwirrenden Piepen, zuckte rechts und links und hatte richtig mit seinem erschrecklichen Tappen das Nest vorzeitig flügge gemacht. Und nun begann das unabwendbare Fluchtelend ratloser Vogelwaisen. Sie setzten zu zuckenden, zappelnden Flugsprüngen an und verkrochen ihren Jammer in einer wildnisartigen Fremde, dieweil das futterversorgende Mütterchen mit vollem Schnabel offenbar in die-

ser Welt nicht mehr zurechtfand. Sie suchte Nest und Kinder am
alten Ort, suchte wieder und wieder, und der Ort der Elternlust
ward ihr zum Ort des Grausens. Ein Huhn, eines von den stattlichen,
farbig vornehm-reichen, breitrückigen Brotkrumenfressern und
Milchtrinkern, zerpickte mit hartem Schnabel ein junges Vogelkindchen und verschluckte es wie einen Maikäfer – ein Flügelchen sperrte
⟨ihm⟩ einen Augenblick den Schnabel auf, aber dann – ein Zuck,
Ruck und Schluck – es suchte schon nach anderm Futter.

Inzwischen hatten des Soldat⟨en⟩ und des Mädchens Knie unterm
Tisch sich so gut miteinander abgefunden, wie die Dienerschaft
zweier Herrschaften, die in den oberen Zimmern brav nach der
Mode zu Tisch sitzen, in der Küche nach ihrer Art und Belieben
Freundschaft hält. Die weiße Wolke hinter uns hatte eine Klampfe
geboren, und die Klampfe machte ein paar zupfenden Fingern und
einem Geschluchz von Stimme, aber einem, das seinem Brüstchen
und Kehlchen nur unendlich zaghaft entzwitscherte, eine blütenzarte
Sitz-, Kling- und Springgelegenheit. Die vorderen Damen verwalkten
gute plattdeutsche Hausfrauengespräche zwischen den Backen, Klaus
sorgte und geisterte hinter dem Nestvogelschicksal her und fühlte
seine schuldige Seele bluten. Ich saß im Ganzen in guter Kaffeetrin-
ker- und Zigarrenraucherruhe, und ein Schnellzug trug im Donner
seines Rasens einen zähneknirschenden Höllenfürsten aus der Ferne
seines Unterliegens gegen die Heerscharen eines göttlichen Königs
zum Orte seiner Verdammnis –. In das bißchen dünne Laub und den
lichten Raum des Waldkaffees hatte ein einziger Atemstoß zu fahren
Zeit, er kühlte uns Alle und hauchte sichtbar durch die Büsche. Wir
haschten ein oder zweimal in der Fingerfalle eines der Verlorenen,
diese Wenigkeit angstbeflügelten Federbällchens, und drückten sie
ins häusliche Nest im Bickbeerenstrauche nieder – – und Gott sei
Dank – sie sprangen nicht flugs ins Elend zurück, in die wilde Scho-
nungslosigkeit der Welt hinaus, wenigstens eins blieb hocken, und
das andre ward endlich von Mütterchens Liebe umflügelt und von
sorgender Führung umflattert, halb folgte es, halb ward es begleitet,
und Klaus jagte nur immer mit trampelnder Zornigkeit die nahen-
den Lästrigonenhühner durch die Büsche. Die rechte Hand des Soldaten hatte im Fortschritt dieser Kaffeestunde die rechte Hüfte des

Mädchens entdeckt und schien durch solche Bekanntschaft von einer
verdrießlichen Untätigkeit erlöst – aus der weißen Wolke züngelten
kaffeeckgewordene Fräuleinsworte hervor, und die älteren Damen
litten ein hochdeutsches Minütchen lang an den ganz kleinen Sorgen
der Vogelkindchen mit. Ein schwerer Lastzug mit zwei Elefanten
von Lokomotiven voran kam aus der Richtung, die den Höllenfürst
in Donner und Blitz verschlungen hatte. Unterirdische Gewalten
schienen ihn zu geleiten mit erschütterndem Grauen, mit ergrimm-
tem Segnen, mit drohender Vorsorge. Auf einem der Wagen stand
etwas von »Munition«, und die anderen glichen ihm an rollender
Wucht. Er hastete nicht, aber sein Zielwille schob ihn voran mit der
schwermütigen Zweckmäßigkeit einer kohlhasenhaften Besessenheit.
Sein Herz trug die Absicht, eher eine Welt zu zerschmettern, und sei
es mit Gefahr des eigenen Verderbens, als dies Unerträgliche zu dulden, das die Leugnung seines Rechts im Bewußtsein schuf. Er ging
nach Osten, und ich dachte an die Bomben, die Tag und Nacht in
⟨der⟩ van Tongelschen Fabrik unter giftgelbem Rauch geboren werden. Vielleicht darf dort der Höllenfürst seine Verdammnis abarbei-
ten. Die Magie seiner gottunähnlichen und gottrotzenden Seele wütet vielleicht und dringt seiner Verfluchtheit diese Bombeneier ab,
deren berstende Gewalt erst im Brutofen der Geschütze frei wird.
Sie liegen, wenn sie aus der Fabrik im Rohguß wer weiß wohin, und
woher in die Fabrik als glatte mattblanke Unheimlichkeiten geführt
werden, 10–15 auf einem flachen Wagen, und es scheint, Pferden und
Lenkern grausts vor ihrem Wesen wie vor einem Verpuppungszu-
stand von Unberechenbarkeiten. Das Gewicht dieses Haufens stumm-
stiller Drohung will eine innere Beschaffenheit offenbaren, für die
man nicht Nase oder Auge hat, wohl aber ein banges Schaudern wie
Tiere vor Leichen verwandter Art. Unnatürliches scheint sich da hin-
einbegeben, verpuppt, zu unermeßlich gräßlichem Erwachen schlafen
gelegt zu haben. Da gewinnt etwas im Unterbewußtsein eine Kenntnis bei uns Nichtkämpfern, daß sich unsere Haare sträuben. Der Wagen geht wie ein Begräbnis dahin, die Schwere dunstet eine Schwüle
heraus – – aber erst, wenn Güterwagen über Anschlußgeleise ⟨und⟩ die
Brücke zum Fabrikhof einzeln oder als Reihe von der Lokomotive
geschoben sind, als ob ein schwitzend brünstiger Bulle sich gleich

eine sanfte Herde Weiblichkeit ins eigene Gehege triebe –, dann geht über dieselbe Brücke in den trächtigen Leibern eine Chaos-Schwangerschaft zurück. Da liegt im Sand Höllenei neben Höllenei. Aber zu unserm Besten haben wir den Bösen in Fron genommen oder bekommen. Das ist ein Geist, der stets und zwar Leben verneint, aber der Gott, der ihn uns ⟨in⟩ blitzender Donnerschnelle gesandt, benutzt den Verneiner zur Bejahung. Seine Künste des Verneinens dienen unsrer Erhaltung. Wessen? Unsrer, wer ist das? Alle, die in Ehrfurcht vor der Gnade und Tiefe ihres Daseins stehen, mögen sich zusammenrotten und sagen: Wir sind es.

19. Juni 1915. Sonnabend. Was will ich schreiben, da ich doch das Buch aufschlage? Heute war ich im Kinderhort – nun gut! Mutter lag krank im Bett – ich war auch zu vier Uhr zurück – aber von 2–4 war ich dort! Was ist passiert? Mein Gott – Schule gespielt und ich – als amerikanischer Farmer wurde von Ohde, dem Lehrer, noch als Erwachsner aufgenommen – und na – ich setzte mich in Emmys Schoß. Ich setzte mich weich, nicht zu leugnen. Am Abend lief ich von einer Kneipe zur anderen – aber in Wahrheit irrte ich in der Hoffnung, ihr zu begegnen, durch die Straßen. Schönes Kriegstagebuch! Die Holunderblüten – diese Teller – bieten in der Johannisnacht Verheißungen, neue Erfüllungen an. Junges Weibervolk eilt auf weißen Füßen hastig, wie in Angst, bei der allgemeinen Verliebtheit zu spät zu kommen, hierin und dorthin – aber was ich sehen wollte, habe ich nicht gesehen.

20. Juni 1915. Sonntag. Bei scharfem Wind lagen Klaus und ich in der Mulde im hohlen Tellerrand des Unergründlichen Sees zum Braten an der Sonne. Der Wind ging über unsre Köpfe, ließ aber bei seinem scharfen Streichen ab und an einige Spänchen auf uns und unser gemähtes Kanapee gleiten. Da fiel mir ein, daß ich am Morgen vorher einen Mann beim Sensenschärfen gehört und gefunden, daß sein Ton zwischen Heu und Gras in lauterster Gleichheit mit einem ordentlichen Grillenzirpen oder Heuspringerschrillen stünde. Nur plumper – – und da war mir auch gleich ein Sensenhieb unnützer Worte von früher, eine Nasevoll Friedenauer Sommerduft, ins Ge-

dächtnis gerückt, denn auch für Gerüche gibt es Erinnerungen –:
»Die Grillen schrillen zwischen den stillen Villen.« Nun, Klaus und
ich schnabulierten aus und ein. Aus – das betraf unser Erlebnis mit
dem Neuntöternest, das wir vor einigen Tagen im Weißdorn- oder
Schlehendickicht gefunden hatten. Ich konnte mich grade noch darüber hinbiegen, um seinen Inhalt mit den Blicken wie einen Becher
zu nippen, Klaus aber mußte ich auf den Arm nehmen wie ein Baby
und ihn durch die Dornen lavieren. Vier Eier, weißlich mit braunen
Flecken, lagen im Nestkelch. Heute nur drei, aber anstatt des vierten
ein bräunliches, nacktes Junges. Braun wie des zukünftigen Neun-
töters Flügelrock, das Wirbelsäulchen des Rückens nach oben gekrümmt, Ärmchen wie ein zweites Paar Beinstelzen auf den Boden
gestaucht und den Kopf mit den überhäuteten, schweren Augen, wie
ein Paar große Schrotkörner anzuschauen, an dünnem Halse nieder-
hängend, erschrecklich anzuschauen, wie es heftig zuckte und das
zarte Rippenhöhlchen weitete und verengte, als wollte es husten und
würge es auf Tod und Leben nach Odem. Eine winzige Wüstheit
von Geburt, aber ein weiches Leben neben der kalkigblassen Brüderlichkeit dreier Eier. Die andern schnabulierten wir ein, Kirschen
auf der Terrasse des Hangs, nicht vom Baum gewildert, aber vom
Rasen aufgelesen. Klein, vor der Reife, gelbgrünlich oder notrotreif,
von Wind oder Dürre entästet. Die, dachte ich mir, dem Klaus als
Beute preisgeben zu dürfen, zumal wir gegen Überraschung durch
das Kornfeld über uns am Rand der Mulde geschützt waren. Klaus
teilte mit, warf mir wie einem artig bettelnden Hunde diese erbsen-
oder bohnengroßen Brocken zu und zuweilen eine oder andre rotbäckige Süßigkeit. Aber doch schmeckten sie schon schön! Wir he-
chelten die Neuntöter durch, rührten danach gründlich im Grün des
Baumvolks der bestbeschirmten Nordseite mit unsern Betrachtungen
herum und fanden das saftige Laub der Maulbeerbäume zwischen
silbrigem Weidenlaub und dem Blaugründunkel des Kirschbaums
unbeschwerlich unterscheidbar. Und natürlich: Libellen, Wanzen,
Würmchenartiges und andres zu den Käferwesen Gehöriges – Form-
und Zeichnung-Launigkeiten – Alles ward gefiltert, über Alles gesti-
chelt und gerichtet. Zum Tee waren wir wieder bei Mutter, und ich
hob die Pickwickier vom Bord. Soll ich noch sagen, daß Klaus, bis ich

zum Lesen kam, sein Schinkenbrot unangerührt auf dem Teller ließ?
Warum nicht! Er liebt, zum Lesen und Hören zu kauen – und ich
weiß, wie gut es tut, so mit Rauchen oder andrer Sinnenbeschwich-
tigung das lästige Ichsein zahm zu machen, leise zu trügen – ein
wenig Schnurren noch des anspruchsvollen Lieblings – aber sonst ist
es abgetan und ausgelöscht. Warum ist das ein Segen? Was? Eine
Art Tod, der uns frei und ledig macht, sollte kein Segen sein? Wie
anders hüpft und schlüpft die Seele im Geäst buntfremden Lebens!

Grodek ist gestürmt – immer mehr heimwärts geht das Rücken
der Russen. Ich las es im Fenster der Redaktion. Ich las es und kann
es niederschreiben. Es steht da und macht sich gewiß stattlich. Oder
nicht doch sehr komisch in meinem Sonntagsbericht? Was hat es mit
mir zu tun, da ich nichts dazu tue? Ich weiß, wie ein Wurm von
Neuntöter aussieht, aber der Sturm auf Grodek? Gewiß doch! Ich
würde nichts vom Neuntöter schreiben, wenn nicht Lemberg, Rus-
sentod und Grodek in der Luft lägen. Noch nie vor dem Kriege ist
mir die Alltäglichkeit so gewaltig erschienen, habe ich das Bedürfnis
gefühlt, in die Stille der Minuten hineinzuhorchen. –

21. Juni 1915. Montag. Mir scheint, ich werde mich zum Studium
meiner pommerschen Philine verstehen müssen. Mit der Leidenschaft
sollte es aus sein! Aber wirklich, ich werde mich selbst nicht auslachen – es ist nicht verdrießlich, sich so fromm geirrt zu haben, es
ist bedrückend. Mit der Zeitung wie jetzt meistens, die ich in der
Mühlenstraße kaufen kann, saß ich in der Stube beim schlafenden
Hort. Einige Kinder, die auf dem Schlafteppich nicht gut taten, pol-
terten am fernen Ende der Kegelbahn oder stäubten durch den Garten. Ich bekam den Kaffee herangetragen und gab dem Mädchen eine
Mark, worauf sie den Unterschied zu holen ging. Zugleich nahm ich
mir eine Schiefertafelheldin, gleichsam ein nacktes Neuntöterjunges
an Wissen und Können, eins zum Entsetzen, zur Seite, um ihm,
wenns glückte, ein Kleines an Kraft einzuflößen. Nebenbei forschte
von ihrem Fensterplatz Philine nach dem Geber der Tasche – – Geschmack, hätte Frau Abraham gesagt, hat er. Sie schloß, es müßte also
ein Herr gewesen sein, worauf ich einwarf: »Grade Herren lassen sich
oft schlimme Dinge aufschwatzen, und Verkäuferinnen haben bald

einen bessern, bald einen bösern Geschmack«. Inzwischen kam die
Wirtstochter herein und legte Geld auf den Tisch neben der Tür, wo
ichs vergaß und liegen ließ. Es ging aber auf dem Schlafteppich her
wie in einem Pferdestall mit Fliegen, wo die Tiere Schwänze und
Köpfe, wohl auch Vor⟨der⟩- oder Hinterbeine regen; einen schlaflosen
Wälzer mußte nun Philine stille rütteln und kam, weil ihr etwas am
Kleide im Rücken geplatzt schien, zu mir, daß ich danach fühlte – und
ich fühlte durch den Rückenschluß hindurch nicht eben tief übers
Hemd auf den schönen Rücken selbst und sagte entschuldigend, da
hätte ich sie wohl auf die Seele getippt? Indes, Entschuldigung war
unnötig, es war ihr genehm gewesen, sie hatte es so etwa gewollt,
vielleicht etwas Derberes, – nun blieb sie in der Dunstweite und
langte sich gleichfalls eine geistige Schiefertafelarmut, nicht ohne mir
natürlich genug hinter dem Saum des Kleides, den das übers Knie
geschlagene eine Bein hob, die Wade des zweiten darzubieten. Das
Geld trug ihr ein Kind zu, und sie spielten damit, legtens aber endlich
vor mich hin. Ich, ganz vergessen, forderte sie nachdrücklich auf, es
nicht herumliegen zu lassen, und legte es, als ichs nun selbst an mich
nehmen mußte, halb gewillt, einen Scherz zu leisten, in ihre Hand
zurück – ob sie sich etwas dafür kaufen wolle? Und sie nahms – ja,
sie könnte nun ein Mal mehr in die Konditorei gehen. Sie gestand
dazu, daß sie sehr viel, eigentlich fortwährend nasche. Ich kann nicht
sagen, daß es mir gefiel. Noch weniger aber, als sie ausführlich von
einem Herrn Oppenheimer zu reden begann, der in ihrer Abwesenheit von Hause Schokolade für sie gebracht hatte. Ein Bekannter
freilich ihrer Wirtsleute, gegen den sie eine blöde Wette über sein
Alter um Schokolade gewonnen! Somit könnte ich mich langsam
immer gleichmäßiger abkühlen lassen, wenn nicht sie selbst mit eigner Person die Hitze unerquicklich mehrte, unerquicklich, weil gar
zu unbedenklich. Sie scheint sich meiner Schülerin zu erbarmen und
stellt sich neben meinen Stuhl, meiner Rechten handgerecht und dabei gut gedeckt gegen die gesamte Hortbande, gegen alle noch so
harmlosen Augen, dazu deutlich laufgewohnt auf solchem Seil und
einer Gewagtheit ganz gewärtig, ja, fast sie einleitend, daß sie von
mir nur Erwiderung schiene. Ich widerstand, aber ich weiß nicht, ob
ichs lange getan hätte. – Ich schreibe es hin, weil es mich empört,

nicht ihr Betragen, sondern die Rumpelkammerhaftigkeit, die Un-
aufgeräumtheit und Schlampigkeit, die Bedientenzimmerluft, in der
sie behaglich atmet, und zugleich so viel Herz und Mütterlichkeit
mit den Kindern hat, so viel Güte um sich streut, solche Erquickung
und nimmermüdes Aufmerken schenkt. Doch halt! Nicht zu viel: ihr
Aufmerken, ihr Teilhaben an Andern – nein, sie wirbelt Alles in
ihren Kreis hinein, rudert immer eifrig auf einem engen Tümpel
herum, hat das Gehege ihres Behagens mit ziemlich lächerlicher
Wichtigkeit abgesteckt, als ob da Wunder was an Wert stecke. Aber
die Güte ihres Wesens scheint doch schön, ihre Erquicklichkeit
scheint zu segnen – und das ist mein Zorn, daß ihres Wesens Schein
kein Sein hat, daß das Gerümpel bei ihr besteht und daß so ein
Mensch bei heilen Gliedern krüppelhaft ausgeht, daß ihre Vertraulichkeit kein Vertrauen schafft. Mir wurde ordentlich wohl, als ich
mich – beim Hängen über einer Schiefertafel – von den beiden
Schulmädchen Frl. W. und Schult begrüßt hörte. Ich wandte mich
um und freute mich. Frl. Schult schielt ein wenig, aber sie ist ver-
läßlich, man glaubt ihr und hat Vertrauen, gesund sein am Angelpunkt von Leib und Seele ist wichtiger als einen weichen, will-
fährigen Schoß haben. Ja – Grodek gestürmt, Lemberg bedroht! –
und die Mädchen hatten auch von dem Gerücht gekostet, daß in Berlin russische Unterhändler wären, daß über der Gesandtschaft die
russische Fahne hänge.

23. Juni 1915. Mittwoch. Ich hängte mich gestern an den kleinen
Schult – aber vorher im Kinderhort; sie bedankte sich für die Tasche
– ich winkte ab. Aber ich sah sie ruhig sitzen, ein Buch auf dem
Bauch, das Kinn auf dem Busen, die Beine, Füße, die Knöchel vom
Kleidersaum eingekreist, umzogen und lose bewahrt, daß sie wohl
dem Saum von ihrer Lebendigkeit abgegeben, nicht aber seinen
Schlingen und Fallen, seiner wachen Hut entwischen könne. Ich sah
sie so in der Ruhe des Wiegenkinds das Lieblingskind Hanne Nüte
an sich zum Schlafen hegend, sein Kegelkugelrundkopf in ihrem
Schoß gebettet und eine verborgene Ungemächlichkeit, ein Kopfweh, eine Abspannung oder auch ein bißchen Schuldgefühl, ein Geheimnis von gestern vielleicht, allmählich abziehen, verlöschen las-

send, vom Gewissen selbst aufgesogen werden. Und ich war selbst eingekreist, in Schlingen und Fallen gefallen. Als ich am Abend gegen den Bahnübergang kam und mit der gestauten Menge hinter einem langen, langen Lazarettzug überging – Hände winkten vor den Scheiben und Tücher drehten und wirbelten Grüße heraus – natürlich, wer stand inmitten der Menge, schwatzend und lachend? Philine aus Pommern, schaukelnd auf den Wellen einer tüchtig aufgerührten Munterkeit, der nordwärts zeigenden Kompaßnadel folgend, wo je weiter, je dicker der Militärmagnetismus lagert. Ich aber hängte mich an den kleinen Schult. Er hatte als fast entpuppter, mindestens die Junggesellenhülle schon platzender Ehemann in der Wohnung gewaltet, die Zukunft glänzte auf seinem Scheitel, und ich hängte mich so fest an ihn, daß es eher scheinen mochte, ich schleppte ihn wie der Böse eine Seele mit mir auf wild gewähltem Wege. Gewählt in der erbosten Zuversicht, irgendwie doch noch ein Stück Philine, ein quälendes Bißchen ihres Treibens aufzudecken. Also ihrer Kompaßnadel nach, gen Norden, der Kaserne und den wallfahrenden Abendpärchen vorüber, selbst gequält von dieser stillen, warmen Juninächtlichkeit und dem träumenden Hinpilgern und somnambulen Suchen nach irgend einer traulichen Verborgenheit dieser Seligen, die nicht zweifeln – endlings in weitem Umschweif über den Philippsweg zum Ratskeller. In der Neuen Straße aber hatten uns schon Schüler von Schult mit Lembergs Fall förmlich angefallen. »Lemberg ist gefallen, morgen gibts frei!« Sie hatten die Gesichter voll Lustbesessenheit. In der Straßendämmerung schauerten die deutschen Fahnen die Straßen entlang, wie heimliches Glückregen nach Unterbrechungen immer wieder und wieder ans Bewußtsein pocht. Heute Morgen aber waren die bunten Straßen wahre Himmelsleitern, die Fahnen flogen in Sonne und Wind, aber ihre Schatten auf dem Pflaster wanden und krampften sich ungestalt, als mahnten sie an die wilden Schmerzen und Todeskampf der Sieger. Und heute Abend Siegesfeier!

Ich soll etwas in Berlin für den Neubau des Mendelssohnschen Hauses arbeiten und schrieb darum um Rat an Gaul, brachte die Briefe noch spät zur Bahn und hörte von der Lindenstraße den Vaterlandsgesang vom Markt herüberklingen. Es klingt wie alles Ferne, alles Ganze aus tausendfältigen Einzelnen zusammengebraust und ineinandergeschmolzen – rein und herrlich. Als ich dann die Armsünderstraße hinauf zurück über den aufgelösten Marktplatz ging, wars mir bänglich und trübe in der stimmungslos zerstreuten Menge, die wieder ihrem Bedürfnis nach persönlicher Lust nachging, und wer drängte sich natürlich, durchdrungen von der Gewogenheit und allem Glück des Gedränges, mit ihren Freundinnen durchhin? Weiß schon! Aber sie war wunderbar durchpulst und aufgewirbelt von dem, was mich bedrückt. Ich sah sie nur ein Augenzucken lang an und ließ es vorüber, oder besser: trug einen bittern Rest mit mir heim. Am Morgen hatte ich im Kinderhort Schaukelhalter in die Balken der Kegelbahn geschroben. Als ich eintrat, sangen die Kinder, und Fräulein hatte ihre Geige und geigte dem Chor den Marsch. *

24. Juni 1915. Donnerstag. Mein Auftrag arbeitete in mir und noch etwas Andres, Törichtes, was der Philine den Garaus machen kann bei mir und seit einigen Tagen gemacht hat. Beides im Verein hielt mich wach und weckte mich früh. Dann fängt bei fast noch dauernder Nacht der Dompfaff im Käfig sein Regen und Kehlrühren an, springt ein hörbar kratzendes Sätzchen auf den Sprossen, oder ich sehe, wenn es schon länger getagt hat, den Sonnenschein durch den Vorhang auf der Straße liegen. Schlafen ist schwer in diesen Zeiten – »wo wir noch von Liebe litten«.

Noch liegt der Fall Lembergs in der Luft, noch feiern ihn Fahnen, aber schon rast die Kriegsfurie weiter. Ich – so richtig und notwendig scheint uns diese gute Wendung in Galizien – daß ich mit allen eifrigen Geistern am Hindenburg stehe. – – Aber gestern Abend wollte ich noch einen Satz schreiben; als ich vorm Zubettgehen spät hinaussah, knisterte im Wind die Fahne des Nachbarhauses, und im Baum, blühende Linde, hummelte es von regenden Blättern. Mir in dieser Zeit dünkte meine eigne Ruhelosigkeit wie nächtliches Rumoren in Torheit und Atemlosigkeit, im Glück hastender Gefühle.

2. Juli 1915. Freitag. Ganz recht, ich sagte auf der vorigen Seite »töricht«. Aber solch ein Seespeckischer Tor werde ich wohl immer sein. Wenn man ein kinderhorthöriges – nein, keine Verwechslung,

hier ist Philines Gegenteil! – also eine der Helferinnen im Kinderhort, immerhin ein Schulmädchen, das einmal studieren will, zur
Kaiserin macht und ihr, wenn sie über die Wiesen geht oder an der
Nebel ein lauschiges Plätzchen hat, nachstellt, dann kommt Seespeck
zu Wort. Also Seespeck ging und wollte ihr, als sie von Weitem in
weißem Gefieder übers grüne Wiesenland ihrem Plätzchen zuzog,
in die Quere kommen und hatte ein paar Worte auf der Zunge. Aber
da sah er sie, noch recht entfernt, aus der Richtung weichen und war
plump genug, anstatt die paar Worte nun auszuspucken und den
Heimweg ohne Begegnung zu vollenden, die bewußten Worte un-
zerbissen zu hegen und seine Front in verbotner Richtung zu ändern, – und wurde nun gänzlich geschnitten. Sie stach heftig links ab,
und Seespeck, der Schafskopf, freute sich dieser zierlichen Manöver
seiner einsamkeitsbeflissenen Kaiserin. Freute sich, weil sie nicht,
wie eine Philine, Jedermann heranläßt, nicht in ewigem Freun-
dinnenstrudel schwimmt und es also offenbar war, daß sie des Plätz-
chens wegen und nicht Seespecks halber auf die Weide ging. Freute
sich bis zum andern Morgen beim Aufwachen, wo es ihm seiner
selbst wegen bedenklich ward und er sich für gescholten und fort-
gewiesen, ausgestoßen aus dem hochnoblen Kaiserreich erkannte. Es
muß ihm auch dieses recht sein.

Am 29. Juni beging Mutter ihren 70. Geburtstag, an diesem Tag,
wo auch Seespecks Ausstoßung war. Er hatte sie im Kinderhort beim
Abschied, wie sie zwischen einem Dutzend Rotznasen mit einem
Buch hockte, mit ein paar Worten zu einem bißchen ganz kurzen
Stillhalten des kaiserlichen Antlitzes genötigt und hatte einen Schauer
wahrer Schönheit, die in Stolz schimmert, durch sich dringen lassen
dürfen. Hatte auch bedacht, ein wie herzhaft freundliches Platt dieses Schulmädchen von Kaiserin mit ihrer immer schnell zusammen-
gerafften und in irgendeiner Zuflucht gesicherten und vom übrigen Hort gesonderten Bande sprechen konnte. Hatte insbesondere
bedacht, wie oft er sie früher auf der Straße und im Hort heimlich
bewundert – und war dann zum Geburtstagsnachmittag frühzeitig
heimgegangen. Nun gibt es aber eine neue Barlachsche Mode. Wir
haben einen Garten gemietet, einen mit einer Gartenhütte, und in
dieser Hütte feiern wir seitdem den Nachmittag und also auch den

des 70sten Jahres. Selbst in die Hütte sind die Pickwickier gedrungen, und auch an diesem Tage. Aber gegen Abend brachte mich das Schicksal auf die Wiese – und merkwürdigerweise war ich Seespeckisch genug zu meinen, ihr Streichen aus meiner Richtung könne nimmermehr aus der Absicht kommen, vielmehr aus der Furcht, aus der Scheu.

In Güstrow überdauern jetzt öfter österreichische Soldaten eine kurze Einquartierung; sie sind mit Gefangenen gekommen und werden dann, zurück von Primerburg, von der Landsturmmusik mit Posaunenschall eingeholt. Die Mühlenstraße herauf wälzt es sich in Gloria, im Schwall der Neuheit kommt die Bundesbrüderschaft ins rechte Brodeln, und die ringsum anstürmenden Mädchen beeifern sich, den Schwung mit Rausch überbrausen zu machen.

8. Juli 1915. Donnerstag. Die Hitze und Dürre dauert. Frau Zeffel orakelt, das käme vom vielen Schießen. »Ach, der Windsturm!« klagt Oll Upplegger. Und der alte Pierstorff baut seinen Anklagesatz gegen das Wetter wie folgt: »Nicht nur, daß der Wind den Regen vertreibt, er holt auch noch die Feuchtigkeit aus der Erde.« Und ich sage im Stillen: Die heiße Luft verschluckt den Regen.

Ich war in Berlin und sah aus dem Zug auf verdurstende Felder. Erntesegen? Nein, Ernteversagen, Felder, die vom Fluch verdorren. Anderswo soll es besser sein, und wo Klaus Ähren gräst, hält er fette Körner zwischen den Fingern. Die Heilige in Berlin schien milder, ihr Lachen weniger versteckt, ihr Menschenvertrauen behaglicher als zuletzt; zwar ist es ein Vertrauen wie ein Reh auf vier dünnen Stäbchen, fluchtbereit, aber doch: Sie schien nicht grade zu wünschen, erschreckt und zum Sturz ins Dickicht genötigt zu werden. Und mit Gaul saß ich im vertraulichen Schatten der Secessionsveranda bei Whisky und Soda – eigentlich in erster ergiebiger Mitteilsamkeit. Zwar ein Mädchen von Berlin, eins von jener Art Unverdorbenheit, über deren Art man keinerlei Zweifel behält, eins mit gemütlicher Offenbarkeit in allen landläufigen Tugendlosigkeiten, von Unverdorbenheit durch Gewissensnöte und ähnliche Selbstquälereien – solch eine mußte sich auch diesen Abend einige Weile in unsern Dämmer einschleichen. Was tat ich überhaupt in Berlin? Erstens

verhandelte ich wegen des Mendelssohnschen Auftrags, zweitens
ging ich zur Sitzung im Herrenhause in Sachen der Feldherrnstatuet-
ten. Und sah einen Feldgrauen sein hängendes, lahmgeschossenes
Bein durch den Sonntagnachmittagswirbel der Kantstraße, durch die
duftig-weiße Amüsierwut schleppen, umtobt von unstolzer, niedri-
ger Jagd auf den Hasen, wie ihn Jeder für sich allein besonders fangen möchte. Man wittert diesen unedlen Schweiß der sonntagnach-
mittäglichen, wilden Gewolltheit, den letzten Atem von Weib und
Mann an die Verfolgung des beliebten Lusthasen zu wenden. Ich
weiß von früher, wie der Verstoßene, der ⟨sich⟩ ohne Atem und
Mut zu solcher Jagd zwischendurch schleppt, ob mit zerschossenem
Bein oder andrer Trostarmut – wie der in der allgemeinen Gemein-
heit erstickt. Man möchte sich verkriechen, wie ich in der Illstraße
tat, man beerdigt sich gerne wie Seespeck in seinen zwei länglichen,
kahlen Zimmern von Särgen.

9. Juli 1915. Freitag. Ich habe alle regelmäßige Mitarbeit am Kinderhort abgesagt. Es geht nicht mehr. Ich wünsche auch, der Philine
nicht länger zuzuschauen. Die vielen, vielen Männerhände machen
sie schmierig, ich werde arbeiten müssen und über kurz oder lang in
den Landsturm geboten werden. Auch die Kaiserin ist aus dem Wie-
sen-Gesichtsfeld verschwunden. Hat Klaus Ferien, so hat sie nicht
minder welche, und so wird sie irgendwohin in die Ferien gereist
sein. – Aber es war doch ein ganz klein wenig erschreckend, daß, als
ich am Sonntagmorgen 7 Uhr auf dem Bahnsteig den Zug erwartete,
die Zeitung vor der Nase, neben dem Reisekoffer stehend – sie mitsamt der Familie an mir vorüberkam. Nicht um zu reisen, wie ich
zuerst halb frohlockte, halb besorgte, denn wir hätten leicht bei öfte-
rem Umsteigen in den gleichen Wagen geraten können – und dann,
Barlach, wie beschaffen wär dann die Klinge deiner Überlegung,
wie hättest du sie zweckmäßig geführt? Sie brachten nur einen Gast
auf den Weg und blieben winkend hinter meinem Lugfenster zurück. – Gestern am Unergründlichen See – heute in Primerburg und
durch den wilden Wald am Lager – Klaus und ich streichen innig-
gesellt durch die Tage. Am See pflückten wir die ersten reifen Maulbeeren vom Ast, überdeckten uns mit Mänteln und hörten darunter

den Wind in den Bäumen herrschen – »Wie an der See!« sagt Klaus.
Bei Primerburg am Bahnübergang zog eine Rotte gefangener Rothosen vorüber, tüchtige Burschen, gesund und wohlgenährt. Wo
mag Hans sitzen, wie genährt und wie gestimmt? Übermorgen ist
sein Geburtstag, und Mutter hat sein wohlhäbiges, buntes Durch-
schaubild auf Glas vors Fenster gehängt. Er wird 44!

16. Juli 1915. Sonnabend. Schlafgeh-Abend hängt kühl über uns.
Man verlangt heim, heim ins Bett. Der junge Neuntöter, den wir im
Nest geschont, der vorgestern schon in der Buschburg über die
Schlehdornstiege sprang, der sich wohl schon längst im Neuntöten
vollendet, auch er wird Heimweh leiden diesen Abend. Soll ich vom
Kinderhort reden? Da ist am Nachmittag hilfsweise ein Tertianer
und in Wahrheit wohl Spielbällchen für Emmy, ein armer langschinkiger, von Liebesunruh ausgehöhlter Junge, lattenhaft gebaut wie die
Schwestern Bollow auch, soll ich darum eifersüchteln? Aber weiter –
die deutsche Antwort auf die amerikanische Note ist übergeben. Also
zuvörderst: Amerikanische Bürger schützen keine feindlichen Schiffe!
Die Humanitätspflicht der deutschen Regierung fordert zu allererst
den Schutz der eignen Landeskinder. Im übrigen sollen Amerikaner
auf amerikanischen Schiffen, deutlich gekennzeichnet und angemeldet,
geschont werden. Das ist ja so vernünftig. Es werden noch weitere
Reisemethoden angegeben: Auf neutralen Schiffen unter amerikanischer Flagge, und wenn es gar nicht genug sein sollte der Möglichkeiten, so sollten vier feindliche Schiffe eingestellt, unter amerikanischen
Schutz genommen werden. Aber der Unterseebootkrieg dauert! Als
ich grade mit Mutter Tee trinken wollte, brachen zwei Mordsweiber
über uns herein wie ein Hagelwetter von Unbehagen. Die Witwe
L's und »die Schwester«. Sie reisen in Wohltätigkeitsgeschäften, aber
mich begünstigen sie aus Freundschaft. Die Gunst der Hagelwolke
von Allerweltsbeschlagenheit; das greift an alle Saiten, tippt auf alle
Tasten, ist brav von Leib und Seele, eingehegt in einen Zaun ohne
Schlupfloch – und ich erhalte mich mühsam über Wasser, aber endlich – wie griff ich aus! Weit weg über Wiesen, Wald und Wald-
wiesen, über mir gnadedrohend ein titanisches Gewölk, ein gewälztes
Chaos von Wasser-Donner-Blitzaussichten, voll wilder Güte. Mir

entgegen das Gestreichel des Regens, das Gemurmel der Tropfen-
küsse auf Hut und Mantel, nasse Frische mir im Gesicht, eine Ahnung und Gruß rauhen Wohlwollens von Westen her, als ich heimwärts ging. Gut, da bin ich zu Hause, und mein Bettheimweh kommt
aus müder Zufriedenheit – den Klaus hatte seine Walküre heimgeholt. Lisabeth Reeps, auf dem Ferienweg nach Adamshoffnung,
mit Mimi, ihrer Schwester, hatte für heute in Güstrow abgesattelt.
Als ich nach dem Witwenüberfall am Bach entlang kam, stand er
ohne sie auf dem Steg, oder besser lag er und hatte eine Angel ins
Wasser gehängt. Wir ließen ihn angeln und gönnten ihm dieses
Walhalla im Gartengrün.

12. Juli 1915. Montag. Angelpartie mit Klaus. Zuerst fing er sich
selbst, und ich mußte den Haken aus seiner Hose schneiden. Das war
auf dem Hinweg. Dann standen wir im kühlen Wind, bohrten dem
armen Wurm die Hakenspitze in die Nase, und weiter schoben wir
seinen Leib auf den harten Stahl. Dann ins Wasser mit ihm, und nun
gewartet! Ich ahnte schon: Die Lust war klein, das Flott hinkte und
winkte, ruckte und schaukelte beim Wind, und wir sahen seinem
Schaukeln zu. Es biß aber doch an, ein schwärzliches, schlenkerndes
Fischlein, aber es fiel hart am Ufer zurück in seinen Lebensbereich.
Die Kühle nahm zu, und wir wickelten unsre Leine um unsre Rute,
und Klaus nahm den leeren Fangeimer zum Heimweg in die Hand.
Er war unwillig, weil ich den Fisch versäumt hatte, ich wurde es,
weil er es war. Unterwegs in der Hollstraße zog uns der Schaden des
leeren Eimers Spott aus Kindermund zu. Krieg? Im Westen sollen
starke Truppen sein – aber im Osten bei Krasnik stehen die Russen.

14. Juli 1915. Mit älteren Herren ist gut Zigarren rauchen. Mit
Herrn Döscher, in diesem tröpfelnden Ferienmorgen stand und ging
ich vom Bahnhof unter Lindenhallen. Wir dampften und ließen die
feuchte Luft ein paar Tränen über uns vergießen. Was handelten
wir ab? Krieg und Kriegssorgen. Denn er hat zwei Söhne im Feld,
und der dritte ist Rekrut. Vielleicht nur noch für ein paar Wochen.
Da kann jeden Tag ein Geschick hereinbrechen, er sagte es nobler.
Man muß daheim sein und gefaßt, man denkt nicht an Reisen und

sommerliche Ferienspäße. Ein »Freund seiner Familie«, er konnte
mir das sagen, ein Herr, der in seine Familie eintreten sollte, also sein
zukünftiger Tochtermann, ist gefallen. Uhr 6 den Beobachtungsposten bezogen, 6 Uhr 5 die Schädeldecke abgerissen, danach mehrere Tage im Lazarett gelitten – gestorben – begraben. Unsre durch-
qualmten Worte fuhren sodann gegen die Unsitten der Zeit los. Das
Amüsierfieber, die Schützenfestverlustigung, das viehische Getriebe
des weiblichen Fleisches auf allen abendlichen Soldatengelegenheiten.
So auch auf dem Domplatz vor dem Lazarett. Er sprach von stören-
dem Kreischen aus dem Dunkel später Stunden. Hatten wir Recht?
Sind wir bloß alt und grau? Kann man erwarten, daß Jugend in mol-
ligen Winkeln schmollt? Alle die vielen Frischgeheilten und dazu die
ganz lenzlichen Jungen, die hier zusammengewimmelt sind, denen
die Zeit, die ganze Lebenszukunft offensichtlich vernebelt, zum blinden Raum, zur hohlen, unbegreiflichen Fragwürdigkeit geworden!
Bloß ein paar abendliche Minuten Gegenwart, winzige Kämmerchen
– ja, da können sie ihren Lebensmut hegen – und sollen ihn zähmen
und zu stubenreinen Hündchenkünsten abrichten? Sie entschließen
sich, es nicht zu tun, und besorgen offenbar keine Reue.

Der Badeprovisor – Apotheker Männe Hollandt – saß vorgestern
mit den Herren Kameraden im Ratskeller. Er sieht aus, als hätte ihm
die strammgeknöpfte Uniform alles Blut seines prallen Leibes in den
Kopf gepreßt. Er gießt aber reichlich kühles Bier auf die Glut und
läßt ein wortreiches Eruptiv-Gemenge aus dem Schlund aufprasseln.
Kamrad hier, Kamrad da! Kamrad Schönrock indessen, ein Feldgrauer aus meiner Nachbarschaft, offenbar ein Maroder, der Er-
holungsurlaub genießt, von Ansehen etwas wie ein »latschmicheli-
ger Nebelstreif«, bläst ihm in den fröhlichfrischen Ausbruch hinein.
Und siehe da – *sein* Mund ist offenbar der Krater einer tüchtigen
Männlichkeit, seine Stimme hebt sich in sicherm Schwung aus dem
Grunde – und da ist des Provisors Gewölk schon zerstoben. Sie sprechen von Geschützen und Schießwissenschaft, Richtkanonieren, Ar-
tillerieleutnants, lateinischen Rassentugenden und -Fehlern, und mit
öfterm Hinweis, einem wahren Geigenstrich von Rachenlaut, auf
seine Kenntnis mediterraner Rassen stopft Kamerad Schönrock dem
Provisor alle Eruptionslust in den prallen Leib zurück. – Ich für

mein Teil als Zukunftssoldat schaue dem Turnen am Reck der soldatischen Umgangsform mit etwas scheelen Blicken zu. Mir wird bei
dem leicht kasperhaften Tun schwül zumute, und ich bedenke meine
45 Jahre Zwanglosigkeit. Die soldatische Zwangläufigkeit des Betragens soll aber eine beherrschte Grandezza haben, soll nicht knar-
ren und knacken. Ihre freie Anmut, ja Natürlichkeit soll in ruhiger
Gleichartigkeit auf blanken, zweckmäßig gelegten Schienen gleiten,
sie mag Kurven ziehen, eilen oder zögern, nie aber stürzen und hol-
pern, nie von der glatten Eisenfläche sich lösen.

17. Juli 1915. Sonnabend. Ich habe zwei Zeichnungen an die »Kriegszeit« abgeschickt: »Das Gespenst in der Bethlehem-Steel-Company«
und die »Evakuierung«. Und da ich seit kurzem mich auch der Kin-
derhortpflichten entschlagen habe, teils in Erwartung der drohenden
Arbeiten, teils in der Erkenntnis, daß Andre, Fräuleins nämlich,
Kindermädchenkünste bewähren sollen, weitern Teils aus Überdruß
an den Schalkereien meiner Philine – und noch ernstern Teils als
geschnittener Wiesenspaziergänger, so verlief ich mich mit Klaus
bei einem südlich-warmen Wind in einer regenverhaltenden Schwüle.
Erst als wir in Primerburg unterm Obdach saßen, machte es sich aus
dem Hinterhalt in der Höhe hervor, und Klaus fand sich neben der
Traufe wohl aufgehoben wie neben einer schützenden Wasserwand.
Nachher umkreisten wir die westliche Flanke des Lagers im Wald
und gewannen neben einer Viehweide den nördlichen hohen Teil.
Die niedrigen, schwärzlichen Baracken aus der ersten Zeit des Krieges, in Wahrheit anzuschauen wie eine Sargparade von einem Begräbnis von Riesen, glitten, als wären die Riesen sämtlich an Rück-
gratstarre gestorben, linealsteif schräge ab. Rechts von uns. Links auf
der Steppe, einem Stück Steppe, lag der geballte Hauten bunter Wie-
derkäuerei im Hintergrunde, aber der linde Hufensturm der jungen
Pferde, anzuhören wie ein ferner Donner aus dem Erdinnern, spielte
seine Wirbel in Graden und Bogen über den freien Raum zwischen
Ecken und Hecken hin. Über halben oder dreiviertels Dutzenden von
Hälsen und Rücken walzte der Galopp auf dem weichen Horn der
unbeschlagenen Hufe. Gewiß, sie machen sich ein Fest aus ihrer Ge-
läufigkeit auf rasenweichem Boden! Sie reihen sich lose an Schwän-

zen und Nüstern auf, heben die nickenden Köpfe und taktieren zu
dem Notenhopsasa der Hufe. Aber die südwestliche Himmelsrich-
tung entwälzte aus donnerblauem Wolkendickicht einen Donner, ein
Falter oder Brummer hatte irgendwo an das Glas des Horizonts gestreift, einmal zurückgeschreckt, stieß es ihn wieder und wieder heran.
Und weil Klaus einen weinerlichen Durst auf Getränk bekannte, so
saßen wir bald wieder in Primerburg. Aber der Westen wütete mit
Drohen gegen unseren Heimgang. Ein rechter und ein linker Donner
kegelte uns Vorwürfe entgegen, und der zottige Bauch eines himm-
lischen Bären schien sich grade unseren Weg zum Lagern ersehen
zu haben. Deutlich sahen wir den Atem seiner Eilfertigkeit in den
filzigen Zotten wühlen, ganz niedrig senkte er ein haariges Dickicht
von Wolkenhängen, es sollte wohl ohne Naßwerden bis auf die Haut
nicht abgehen; da, wo der Donner links über den Heidbergen sein
Poltern ausstotterte, versilberte sich alles schwärzliche Blau und
dunkle Grün durch den Wassersturz, denn das Sonnenlicht schlug
sich dazu und ließ Alles schimmelfarbig ausschlagen, und wo es von
rechts böse grumelte, strich der Regen mit scharfem Pinsel grade nieder. Hinter uns aber lagen die schwarzen Fellfetzen des Bären schon
fast auf dem Tannenpelz des Waldes. Wir aber genossen unter dem
Baumgewölbe des Paradiesweges hin eines leichten Sprühens schon
von Sonne durchblinkter, wäßriger Funken − − und ein paar Fahnen
in den Straßen gaben uns fröhliche Ahnung gewichtiger Botschaften.
Richtig − die Russen und Hindenburg sind aneinander gewesen, über
die Windau fegt die deutsche Windsbraut, und gegen den Narew zu
rückwärts weicht der russische Rücken vor Hindenburgs Schultern.
In den Argonnen bricht die deutsche Flut über die Front. Die Soldaten in Güstrow aber gingen friedlich zum Abendbrot heim. Mein
Vetter Karl Barlach, bisher wegen Gehörfehlers untauglich, ist endlich kriegsverwendbar geworden. Er steht zur Übung und Auffrischung seines Soldatentums in Itzehoe als Vizewachtmeister bei der
Kanonier-Batterie, und Mutter bewegt die Briefstellen des amerikanischen Geburtstagsschreibens in ihrer Seele, die über die guten
Schwiegertöchter und die Friedfertigkeit der Söhne Lob und Preis
singt. Bloß aus der unheimlichen russischen Stille murmelt es be-
ängstigend heraus.

18. Juli 1915. Sonntag. Es regnet, wie ein zänkisches Weib hadert, mit launischen Überflutungen, mit Aussetzen und wütendem Erwachen der überreich hinabgeschlemmten Empörtheit. Aber erst am Nachmittag, der Tag begann mit Angelwerk am Kanal bei einem schläfrigen Gewitter im Süden. Kein Fisch biß, und das Flott stak zum Spott geruhig, ohne Zuck und Ruck, fest in seinem mattblanken Bleigrund von schmutziger Himmelsspiegelfläche. Wir versuchten den Zufall und verschworen, dem Flott weiter aufzupassen, damit desto überraschender sein Wink auf uns überfunkte. Aber nein, es ward wohl von Fischen umhüpft, und sein tiefgesenkter Ankerhaken hätte mit für uns gleichem Nutzen irgendwo in einer Zehnkilometertiefe des großen Ozeans festgehakt sein können. Zum Kaffee, als es draußen schon mit wäßrigen Ruten auf die Büsche und Bäume peitschte, lebten wir eine oder zwei Stunden mit Mr. Pickwick und beschlossen, was nahe lag, unsern noch unbenamten Dompfaff Pickwick zu rufen. Und dann – Regenmäntel um und in den Sturm hinein! Und das Erlebnis dieses Tags? Sturmphantasie? Jawoll – Anbetung! Also ging ich noch auf ein Grogstündchen aus der Ohrenwäsche und Gesichterbeize von nasser Wildwindigkeit in die Bahnhofsgeborgenheit, in ein Eckchen voll Dämmerruhe. Und hatte eine Erscheinung. Eins von den Wesen, die den Glauben bringen, daß der Schöpfer ein bißchen was von Schönsein versteht, und Einen trösten mit der Erkenntnis, daß man, wie man da auf seinen vier Buchstaben sicher vor Erschütterung in Anschauung sitzt, des Schöpfers Vorbedacht ohne Mühe nachdenken kann. Er hat sich einen ordentlichen Arbeitstag zugemutet, aber zugleich eine Festtagsfreude zum Werk geschmuggelt – gut, ich sitze geruhig und weiß, wie sowas tut, wenn es gedeiht. Eine Braut, die ihren feldgrauen Verlobten zum Berliner Schnellzug geleitete, daß dem Fuchsloch meiner Augen gerade bequem. Aber was will Schönheit heißen, wieviel mehr beschenkt uns der gute Sauerteig, mit dem sie gebacken und durch den sie gegoren ist! Man sieht: da um Mund und Kiefern, da hat die Allgüte vielen ihrer Gnaden gewinkt, Quartier zu nehmen, in die Stirne hat sie Aufrichtigkeit gepflanzt, auf den Backenwölbungen und den Zierrabatten der Wangen hat sie eine bunte Brut herzhafter Versprechungen angewiesen zu wohnen, und mit bescheiden-stolzen Versicherungen über Art

und Wert der Menschlichkeit sind alle anmutigen Stätten dieses edlen
Gutes vollauf besteckt. Ich ließ mir Zeit und Ruhe zu schauen und
übte meine Unbescheidenheit mit Vorsicht. Ich sah auch ihre Hand
mit dem goldnen Ring wie den Kopf eines klugen Lieblingstieres
vertraulich um das Antlitz spielen, eines Tieres von strenger und
doch gütiger Zucht, so daß sie unverdorben von Nachsicht ihr Maß
und Gestalt in Gehorsam und Freiheit empfangen hatte. Der verlobte Feldgraue – aber was geht er mich an! Nur so viel, daß man
getrost den Bund segnen konnte; hatte er einmal vor ihr gekniet, so
hatte er daran genug getan, jetzt war er schlecht und recht mit ihr
begütert, Herr und Pfleger und Heger ihrer Werte. – So saß ich und
staunte und erbaute mich: Ja, des Schöpfers Art und Plan war auch
in mir heimisch. Aber nun häufte sich um den Nachbartisch eine
kriegslustige Gesellschaft, Leute, die Mackensen »Zivilstrategen«
heißt, und besonders ein junger Freßzahn benagte eifrig den Kuchen
des Krieges. »Um Warschau bin *ich* garnicht bange«, knackte es zwischen seinen Zähnen. Ich hörte ihn und sah ihn von der Seite an und
dachte: Wahrhaftig, es muß mindestens zwei Schöpfer geben, denn
dieser bespottet jenen mit seinem Werk. Es war eine recht See-
speckische Abendstunde. Wie ihr Kommen so erleuchtete mich ihr
Gehen, und endlich beim Abschied genoß ich ihr Stehen auf dem
Bahnsteig draußen durchs Fenster, ich fühlte dankbar die Existenz
der grundlosen Güte.

19. Juli 1915. Montag. Das Riesenwerk im Osten, das im südlichen
Polen von Galizien herauf arbeitet, ins nördliche Polen von Ostpreußen hineingestampft, macht seinen Gang. Das Mammut hat seinen Heger gefunden. Es steht Einem wieder einmal der Atem still,
man möchte lauschen, und wenn Wolken am Himmel schieben,
möchte man denken: Das ist vom Keuchen des Kampfes ausgestoße-
ner Odem, aber nur die letzten, erkälteten, zähverdichteten Ergüsse,
und wenn Luftstille die Klänge in sich hängen läßt, schreckt man sich
mit der Vorstellung, dem östlichen Ringen setze Herzstoß und
Atemholen aus. Schicksal wälzt Entscheidung wie einen Granitberg
mühsam, aber unabwendbar Zoll für Zoll auf die Stelle zu, wo er
das Grab der Russenmacht für unsere Zeit bezeichnen soll.

20. Juli 1915. Dienstag. Ich reise morgen nach Berlin, Ritter Paul vom Eisernen Kreuz zu begrüßen.

23. Juli 1915. Freitag. Wieder zurück, und mir will dieser Ameisenhaufen fleißiger Buchstaben nur recht wenig mehr gefallen. Was erlebt Cassirer in Flandern, und er hat wohl Recht zu sagen: »Wir, die wir manchmal in die Stellungen kommen, wissen auch noch nichts«, denn es war die Rede von den Kriegsgesandten der Presse, die den Krieg von Parterre und Loge aus vorgemacht bekommen – –, aber die Leute, die Tag für Tag sechs Monate lang im Schützengraben standen, die wissen, was der Krieg ist. Er erlebte Erschütterungen, Sonderbarkeiten und Kostbarkeiten: Sie gehen über Feld und suchen eine Stellung, natürlich bei Nacht – und hören unter sich in der Erde reden. Menschliche Stimmen, Menschendasein unterirdisch. – – Dann in einem zerschossenen Hause in Flandern zwei raubende Kinder, Verbrecher, die suchen, finden, verwerfen und behalten. Im eroberten Antwerpen der Rückstrom der Bevölkerung, Vater, Mutter, Urgroßmutter usw. auf den Karren, ein Mädchen hinterdrein mit sieben Ferkeln, die an rosa Bändchen geführt werden. Gräßliches und Lächerliches im selben Gegenstand. Nun, die Geschichte mit den protestantischen und katholischen Pfarrern, die ihn bitten, sie in einen bestimmten Ort zu fahren, und auf seinen Einwand: »Der liegt unter Feuer«, antworten: »Mein Leben liegt in Gottes Hand.« Er: »Meins auch!« Und sie fahren. Es rasselt etwas Schrilles, sie fragen: »Schrapnell.« »Wie weit?« »100 Meter etwa.« Weiter: es rasselt wieder. Frage: »Was war nun?« »Schrapnell!« Frage: »Wie weit?« Antwort: »80 Meter.« »Es scheint also näher zu kommen.« Der eine Herr Amtsbruder steht nun auf: »Es wäre frivol weiterzufahren – Herr Amtsbruder, es ist klar, es geht nicht so weiter. *Sie* dürfen Ihr Leben nicht aufs Spiel setzen, *wir* müssen umkehren.« Sie kehren um und kommen in einem andern Ort unter Feuer. Wollen schnell weiter, aber auf C's Wink kurbelt der Chauffeur den Wagen erfolglos an. »Aber – was ist nur, fahren Sie doch!« »Es geht nicht, meine Herren, ich bedaure – Sie sehen selbst, es geht nicht – – sowas passiert immer einmal, das will in Geduld abgewartet werden.« Und spannt so grausam die protestantische und katholische Fassung auf die Folter. Er war wohlauf, aber voll Unbehagen über den häuslichen, d. h. Berlinischen, Zustand; ja, er gab beim Anblick der vielen Hüte auf dem Korridor seines brüderlichen Hauses Fersengeld. »Paul, komm doch zurück!« rief die Schwägerin durch die Straße, und die Straße glaubte: er risse seiner Frau aus. Hinterher muß dann die vermittelnde Erklärung Frau Tillas sich strapazieren. Denke an die Bocciapartie im grasbetupften Hof des Gaulschen Ateliers mit den zwei Prager Künstlerinnen, Frl. Erna und Frl. Weiß, oder vielmehr: vergiß es, denn es ist nichts zu merken. Aber den gestrigen Abend bei M-B. vergiß nicht, auch nicht die vorhergegangene Bodegasitzung, Franz Evers, des baltischen Tisches. Die Heilige vergnügt zu wissen, ist ein großes Vergnügen. Es gibt ein leises Erschüttern, angenehmes Erweitertsein zu glauben, wie ahnend zu spüren, daß sie noch fernbleibt ohne Lust und schließlich mit Lust dabei ist. Sie scheint ihr freiwilliges briefliches Versprechen, nichts mehr vom Fremdsein zu zeigen, halten zu wollen, und wenn es ihr leicht fällt, umso angenehmer für mich. Aber bitte, Barlach – wenn es dir auch schwer fällt am Ende: Keine Novellistik! Man muß Unterschiede machen. Aber ich weiß ja wohl, wie Alles gemeint ist, und so braucht es keine Verwahrung. – –

»Ja«, sagt Cassirer – »zum Oktober werden Sie sicher eingezogen – – und der Landsturm kommt auch ins Feuer. Sie können ja fallen.« Naja, Herr Cassirer, keiner ist zu schade, sagten Sie selbst, und es ist meine Überzeugung, wenn auch Gaul um die Zigarre herum etwas murmelt vom Vertun und Verschludern des Nationalvermögens!

24. Juli 1915. Sonnabend. Der Unterschied zwischen Klaus und mir, wenn es auf Pilze ausgeht, ist heute festgelegt: Er ist Pilzfinder, ich Pilzsucher. Die Frage legten wir Mutter beim Abendbrot vor, und sie verfiel auf so wilde Lösungen, daß Klaus fast vor Lachen erstickte. Denn schon locken von neuem einzelne Champignons an den berufenen Stellen! Aber der Krieg! Below siegte bei Szawla, bei Rozalin und Szadow. Seit dem 14. 7. hat er 27 000 Gefangene, 25 Geschütze, 40 Maschinengewehre. Am Narew wurden Festungen Rozalin und Pultuck erobert, zwischen Njemen und Weichsel sind seit dem 14. 7. 41 000 Gefangene, 14 Geschütze, 19 Maschinengewehre gewonnen. Vor Warschau kleine Gefechte. Bei Iwangorod und zwischen Weichsel und Bug schiebt es sich nordwärts, und in der Champagne hatten die Franzosen schwere Verluste. – –

Cassirer sagte noch, man muß in den Schützengräben gesteckt haben, um zu wissen, was Krieg ist. Die Berichterstatter entweihen seine Heiligkeit – (Cassirer! – Aber es wollte ihm kaum über die Lippen). Er zeigte mir Bilder und fügte hinzu: »Mehr sieht man nicht.« Ich meine, wenn das furchtbar ist, muß man das Gewaltige, das Wirkliche mit andern Sinnen aufnehmen; sagen wir, man muß es riechen, man muß die Stille, die Geduldsproben dulden, in Seele und Ohr unermeßliches Getöse ertragen lernen, man muß frieren, naß werden, hungern – kurz: dulden, dulden, unabsehbare Hoffnungsleere von Tag zu Tag monatelang gewohnt sein. Dann weiß mans, aber die hingeführten Herren, vielleicht zu einer Zeit, die man ihnen fürsorglich aussucht, wo es ohne Leibesschaden geschehen kann, werden entnüchtert. So hätte ein Marineoffizier nach Besichtigung der Höhe 60, die die Engländer gewonnen und wieder verloren hatten, gefragt: »Im Ernst, meine Herren – ist das Alles?« »Und«, sagte er, »die unsagbare Häßlichkeit des Winters! Der Frost – und man siegt nie!« Das Heldentum ganz vorn bewundert er, was da leidend überwunden würde, könne nie gelobt oder belohnt werden, man kann es nur in Ehrfurcht schauen. Aber was für Tausende und Abertausende der Pour le Mérite koste! Er schlüge vor, zum Gesetz zu erheben: Vom Leutnant aufwärts gilt kein Orden mehr. Warum schreibe ich nun den Zeitungsbericht von heute ab? Mich wichtig zu machen, als hätte ich Teil an dem »russischen Sedan«, wie es eine neutrale Zeitung nennt – –? Wahrscheinlich, wer weiß! Ich will es hinausbrüllen: seht ihrs? So und so! Ha und ho! Und habe doch nichts getan als mit Klaus Pilzen nachgestellt, Zigarren geschmökt, Zeitungsblätter knisternd umgeschlagen und diese Tage – nicht einmal ein erbärmliches Blatt Papier beschmiert. Übrigens einer Einladung Dr. Heilmanns zur Kinderhortsitzung bin ich nicht gefolgt. Ich denke, wenn die Damen Güstrows der Sache nicht gewachsen sind, so müssen sie sie aufgeben und erklären: Die Hingabe zur Sache war nicht groß genug. Ich bin nach $3/4$ Jahren Mittuns nicht genug Kinderfräulein.

25. Juli 1915. Sonntag. Wenn Klaus im Wiesengarten hinter den Bohnen steht, sieht man nur seine oberen zwei Drittel – wenn hinter dem Farnkraut, bleibt seine Hälfte als sichtbarer Rest, wenn hinter den Bauernrosen, schwebt nur sein Hut über den Blättern. Also waren wir wohl im Garten! Was wurde gelesen? Roseggers Waldbauernjungengeschichte, und bald zogen die Hörner vom Sonntagskonzert des Lindengartens herüber, als suchten sie selbst ein Sonntagsglück in der Ruhe vor dem Sonntagsgrausen, als entflöhen sie zu gutmütigen Ohrennestern anstelle der spinnenhaften Hörlust. Während Klaus und Mutter im Garten durch die Büsche schlarafften, lag ich im Häuschen rauchend auf der Bank, paffte und dachte: Friede! Ein wenig Kling-Klang von ferne, unter Busch und Baumräumen, und Freude den Menschenkindern jedem auf seine Art, bald näher bald ferner dem Kaffeegartengetriebe. Mir war die Stille vom Waldhorn nur gewürzt. Der Sonntag glitt mir durch den Sinn, wie ein Segel durch das Sehfeld zieht. Aber nur kurze Zeit gönnte mir Klaus, seine Teufeleien verschlämmen die dünnen Kanäle zum bewußtlosen Dasein. Und wieder bald zog Gramdüster und Donnerlaune sonntagsfeindlich am Himmel auf. Ein fernes Grimmen schaffte sich Luft, und endlich saßen wir richtig, wie Klaus sagte: »Wie eine Maus unterm Wassereimer« und ließen es über uns hingießen, Regen und dröhnende Schläge eines unsichtbaren Mäusejägers auf den Eimerdeckel. Ließen sprühen Tropfensplitter und Blitzschüsse. Mutter und ich mit Andacht, Klaus im Furor einer wahren Gewitterseligkeit. Bis endlich Luise mit den Mänteln dem Schiffbruch ein Ende machte. »Heute haben wir doch etwas von unserm Garten gehabt«, sagte Mutter. – – Die Kornfelder haben das Getreide aufgehockt, Garbenbündel rücken in Reihen zum Abmarsch in die Mühlen zusammen. Aber o weh! Auf der Fahrt von Berlin, in der elenden Gegend zwischen Waren und Strelitz, waren es zuweilen Buketts statt Garben. Morgen will ich mit Klaus nach Oevelgönne, den ganzen Tag, schon vom Morgen an. Wer weiß, denk ich immer, wie lange ich es bald nicht mehr kann. »Wer weiß« ... – – so denke ich mancherlei. Am 20. August habe ich ihn 9 Jahre an der Hand gehabt. Manche lange Strecke ihn getragen, manche an der Patschhand geleitet. Sein ganzes kleines Leben mit Ausnahme des italienischen ⟨Jahres⟩ 1909 und der

ersten Berliner Zeit hat seine Wurzeln in meinem gehabt. Er hat mir
Glück gebracht, seit ich ihn habe, bin ich als Bildhauer zu Gnaden
gekommen.

26. Juli 1915. Montag. *

Früh entsprang heute Klaus seinem Bett. Als ich das Wetter-
rätsel optimistisch auslegte, stimmte er gern zu. $^1/_2$9 waren wir in
der Mühlenstraße, aber bald hinterm Forsthaus Primerburg fegte
ein Besen die gestern liegen gebliebenen Donnerkugeln gegen uns
her, und Klaus in leichten Schuhen hüpfte heuspringerhaft sorglos
unterm dröhnenden Wolkenboden hin. Nasse Strümpfe mehr fürch-
tend als nasse Füße, hieß ich ihn das Fußzeug ablegen, damit es unterm Oevelgönner Dach seine aufgesparte Trockenheit nützlich gel-
tend machen könne. Aber $^1/_2$11 pünktlich standen wir vorm Förster-
haus und hörten das Mädchen, das vor der Tür die Gaststubenpolster
ausklopfte, sagen: »Es fängt an zu regnen.« Unser Mittagessen segnete uns durchs offene Fenster im Scheltbaß unseres Gottes himmlische Haushälterin, die olle Gewittern, die wohl auch einmal auf
ewige Polster klopfte und die Fenster in ihrer Zanklaune so heftig
zuschlug, daß die Scheiben in blitzende Scherben zersprangen. Froh
über den dampfenden Wald strichen wir nach der Klues hindurch
und warteten zur Heimfahrt auf den 3-Uhr-Zug, wobei es Klaus
garnicht gefiel, daß er uns ein paar überschüssige Minuten aufhielt.
Als wir einstiegen, stiegen wir – durch die erste Tür, die ich aufriß
– zur Kaiserin ins Gemach. Und so hatte ich meine besondre Freude
an diesem Tage. Es blieb nichts übrig als grüßen und schwätzen. Sie
war natürlich irgendwo auf Besuch gewesen und saß mit ihrem Buch
einsam-friedlich allein heimkehrend. Ich durfte mich schon freuen
über diese Minuten 3,3 bis 3,17. Sie waren mir gnädig in den Schoß
geworfen. Und durch wessen Wohlwollen? Doch wohl der alten Gewittern, die ihren Narren an mir gefressen haben mag, wie ich an ihr
nicht minder. Ohne Gewitter hätten wir uns den Rest des Tages im
Wald und auf den Wiesen umgetan. Beim Aussteigen wurde die
Kaiserin übrigens von Vater und Schwester heimgeholt, und Frl.
Schwester machte recht überraschte Mäulchen bei meinem Auftauchen. Ich schätze indes, dieser dritte Band Kriegstagebuch macht bei

seinem Ende auch ein Ende mit den Schätzen, weil dieses Gehabe auf die Dauer doch wohl in doppeltem Sinne unzeitgemäß ist. Barlach mit 45 Jahren hinter einem Schulmädchen drein! Und mitten im Weltkriege! So donnern die Geschütze, aber die Lerchen – wie man bemerkt hat – singen darüber hin ihre Triller.

7. August 1915. Sonnabend. Vorgestern fiel uns der Schall von Warschaus Fall mitten in David Copperfields Kinderkummer. Wir saßen in der Laube, und Frau Höppner, die Gartenbesitzerin, warf es uns zu. Aber es sprang wie ein vielfaches Echo rundherum, im Nachbargrundstück krähte ein Kind: »Warschau gefallen, Fahnen raus!« Durch die Bachstraße lief ein Gebraus vom Rhein über die Ufer. Der Junge, der am Garten vorüberzog, taktierte es mit den Fäusten auf der Brust gegen Hefte oder Schulbücher, als wäre er die große Pauke im Siegesmarsch. Wir lasen weiter im Copperfield. Es war wunderbar, denn Klaus und ich waren soeben durch die Stadt und über den Markt, durchs Mühlentor und über die Nebelbrücke – nun, nicht geeilt – denn wir hatten an allen 4 Brückengeländern, am Rauschewasser und an der Kuhregel gelehnt und hinuntergestarrt. Er wohl mehr nach Fischen, ich in die Zeitung. Als wir des Weges zum Lindengarten über die freie Wiese pilgerten, sahen wir schon Luise vor der Gartenpforte Schildwach stehen, und wir schalten über sie: warum sie nicht ein bißchen auf- und abginge – nein, sie steht davor wie vor einem Mausloch. Mutter als schwärzliche Langsamkeit mit weißem Kopf bog grade von der Gleviner Straße in den Buschweg ab – und Luise wußte schon etwas, aber nichts Genaues, von Warschau nichts, schon hatte es geraunt, aber ihre Ohren sieben zu grob. Und sie war doch sozusagen auf unsern Fersen gewesen.

Aber hing Warschaus Fall nicht in der Luft wie eins der Gewitter dieser Tage, die immer drohend verheißen und nie beglückend losbrechen? »Na endlich!« sagt man. Es ist graulich, nicht nur gräulich. Man folgt diesem wehfreudigen Kleinkinderweg durch trübe Heimlichkeiten, und das lebendige Schicksal, das auch meins ist, mag immerhin im Donnergang vorwärts schreiten. Warum schreit es nicht wie aus dem Nachbarkind und von der Bachstraße auch aus mir, warum tun meine Gebärden und Worte nicht wie flatternde Fahnen? Ich sitze und lese vom Mr. Murdstone! Einerlei warum, ich tat es. Und nachher saß ich kurz im Ratskeller und trank Kaffee und Whisky und zog danach auf die Schweriner Chaussee hinaus. Vor Bülowburg, wer kam von der Höhe herab mir entgegen? Zweimal ein Weißes und zweimal verschieden großes Grau? Und nach fünf Schritten unterschied ich im linken, mir grade begegnenden Weiß schwarzes Haar und ein – wie mir dünkte – errötendes Gesicht unterm Hut. Das Gesicht schaute, als möchte es der ganzen Gestalt einen Schlupfweg zur Seite ausmachen, über das Feld. Und gewiß – nach weiterer fünf Schritten – die Kaiserin mit Vater, Schwester und Bruder. Ein wenig Strick um den Hals gab es mir. Aber so abgefeimt ist man – zu einem bißchen oberflächlichem Erkennen leidlich ergeben, doch ohne Angelegentlichkeit zu grüßen. Aber gestern, als ich mit Klaus durch das Ausfallstor des Philippsweges kam, begegnete sie uns allein. Schon von weitem, weiß gegen daß tiefe Grün des ersten Busches, ahnte ich sie, denn was Andres konnte dies Stehen und mit einem Entschluß Kämpfen, über die Wiesen zu entwischen, verraten als *ihr* Unbehagen bei meinem Auftauchen? Meine Eigenliebe redet mir zu, andre Deutungen zu versuchen, aber sie ist doch im Ganzen nicht aufdringlich. Nun gut, sie verzog sich, immer gehend, hinter die Baumreihe an der Wiesenseite, und ich, nicht faul, verschanzte mich hinter der Zeitung. Wir sahen uns im Ganzen durch zwei Baumlükken, und ihr Grußmartyrium währte wohl nur ein Kopfzucken lang. – – –

Mutter traf, als sie zum Garten ging, Frau Zeffel, unser⟨n⟩ Siegesbote⟨n⟩ vom 21. August 1914. Gemütstreue in Altertantengestalt, und Mutter nahm sie mit sich, ihr den Garten zu zeigen. *Sie* glaubt, Rußland habe den Krieg lediglich zur Abhilfe gegen seine übergroße Fruchtbarkeit unternommen, sozusagen als Dezimiermaßregel. So viele fallen und gefangen werden, es sind immer neue da! Und überdies kann sie Bismarck nicht die »Dummheit« verzeihen, daß er Belfort nicht für uns gesichert hat. Sonst ist sie bei klarem Kopfe.

Also die vergilbten Siegesblätter an den Anschlagtafeln sind mit frischem schwarzweißrotumrändertem Weiß, Siegeskunden schwörend, überklebt! Und auch dieses ist schon in den Schatten eines neuen Blättchens gestellt: Auch Iwangorod gefallen! Fahnenfreude

tanzt bunten Triumph durch die Straßen. Ein Junge marschiert mit
der Melodie »Deutschland-Deutschland«, allein für sich ein siegreich
stürmendes Heer, und zum selben Takt schlägt aus der Milhan-
schen Wagenschmiede ein Hammer auf den Amboß. Die Welt um
uns klingt und schaukelt Freude – aber Mutter erzählt: »Als ich in
den Laden der Molkerei kam, saß Frau Bandow (eine Bekanntschaft
von der Kuhregel, bei ihr trinken Klaus und sie manchmal warm-
schäumende Milch) da und weinte. Sie habe so lange nichts von
ihrem Sohn gehört, daß sie es nun nicht mehr ›abkann‹, die Alte.
Die junge Schwiegertochter geht immer noch stramm mit ihren
Milcheimern durch die Straßen. Sie haben ja die große ›Stelle‹ und
so viel Sorgen«. So viel sie Mutter angedeutet, ist der eine Sohn vor
Jahren verschwunden, als er zum Militär sollte. Der andre steht bei
der Fahne. Als ich heute bei Frau Meinck dieses Heft kaufte, zeigte
sie mir, als ich nach ihrem Sohn fragte, einen Zettel mit unausspredh-
lichem Buchstabengemisch. Da steht er, es ist in Polen. Es geht ihm
wieder besser, einige von der Kolonne sind krank geworden, andre tot.

In der Nacht kämpfte ich im Traum, es ging ganz gut, im Hand-
gemenge schlug ich mit den Händen wie mit Dreschflegeln um mich,
aber im Ganzen handelte es sich um ein Ablauern der Gelegenheiten
in einem labyrinthischen Bau einer feindlichen Stadt. Als ich aber
langbeinige Engländer in rotem Strom stramm und steifbeinig in
Reih und Glied auf einer Straße jenseits eines Tals in der Tiefe, aber
offenbar in der Richtung auf mich verschwinden sah, fuhr mir doch
wohl ein Schreck ins Gebein, und ich wachte auf.

8. August 1915. Sonntag. Man erkennt den Krieg in Güstrow in den
Straßen an den vielen Soldaten. Da gibt es frischfröhliche Sonntags-
jünglinge in Extraröcken, die stehen bei der Artillerie. Da sind Feldgraue, Verwundete und Urlauber, das Landsturmbataillon Seligen-
stadt ist auch zum Teil feldgrau umhüllt, aber nicht mobil. »Ganz
ausgeschlossen, daß wir ins Feld kommen«, sagte mir ein zufriedener
Angler an der Brücke, Musiker des Bataillons, der nur eben ein paar
Weißfische herausholen wollte, um damit auf Hechte zu angeln. Diese
Landstürmer sind teils jung, teils alt, sogar Weißköpfe stehen bei den
vielen Graulöpfen. Manche blicken sauertöpfisch darein, manche

saugen aus der ewigen Pfeife Gelassenheit und fühlen sich im Unvermeidlichen mit ihrer Hilfe zurecht. Oft sieht man sie mit Kleidern überm Arm zum Quartier gehen oder mit den Stiefeln zum Appell oder mit Gewehr und Seitengewehr, das sie entweder aufgesteckt haben, daß es mit seiner Scheide das Gewehr zu einem guten Drittel verlängert, oder es in der Hand tragen. Morgens kommen sie mit dem Zug vom Lager, dann ordnen sie sich vorm Gittertor, das den Bahnhofsplatz sperrt, und rücken im Schritt und Tritt, schwer nach rechts und links pendelnd, in die Stadt. Eine gegliederte Masse; wenn man aber von hinten schaut, hängen nur die Längsreihen aneinander, und zwischen zwei Reihen schneidet die Luft hinein, ohne daß sie jedoch auseinanderfallen; von der Seite gesehen, klafft es zwischen den Querreihen, und nur sie scheinen in sich verwachsen als Ganzes, als Bausteine eines größeren oder kleineren Heeres. So ist jeder einzeln, dennoch nach vorn und hinten, nach rechts und links unsichtbar gebunden. Weiter erkennt man den Krieg an den Schaufenstern der Läden, die Buchläden strotzen davon, einige von ihnen hängen auch die wichtigsten Zeitungsblätter aus, die Scheibe des Papierladens in der Hageböckerstraße ist mit Ansichtskarten bepflastert, ein wahrer Durchfall an Kriegsindustrie. Da tauchen aus lackiertem Dämmer treumichelhaft gedachte, in der Tat wie zierbengelige, von der dämlichen Backfischleutnantsidealität parfümierte Helden und treten in Beziehung zu irgendwelchen Ninon-Nana- oder aber Elfriede-Mimihaften Treugretchen. Die einsame Wacht in finstrer Mitternacht flötet der Stöckelschuhelegantität ein Ständchen. Oder die Helden Hindenburg und Mackensen, Ruprecht und Kluck hängen in Schwärmen übereinander, diese Einzigen müssen hier doppel-, dreifach-, vierfach-, dutzendfach-gängern. Am schlimmsten treibt es der Papierladen in der Mühlenstraße. Ich weiß nichts Genaues, denn ich stehe nie davor still, aber mir will scheinen, hier ist der gesunde Geschmack einem Friseur für warme Brüder in die Hände gekommen. Im Meinckschen Laden stand vor kurzem noch ein Aschbecher in Form des Eisernen Kreuzes, über den ich der guten, dicken Frau ein Gezeter gemacht habe, aber im Papenbrookschen Fenster wimmelt diese Art Perversität. Wenn ich meinem Köter eine Hundehütte als Kathedrale baue, wenn ich meinen Nachttopf als Abendmahlskelch gestalte, wenn ich

ein Kruzifixlein im Suppenlöffel eingraviere oder – – aber genug – es
gibt Hindenburgtaschentücher, vielleicht auch Kaiserspucknäpfe!

Ein Eisernes Kreuz erworben haben, bedeutet so etwas wie ein
Zeugnis, sein kleines Nutz-Ich der Allgemeinheit geopfert, seinen
Teil dem Ganzen anheimfallen gelassen zu haben, sein Leben riskiert
zu haben, aber wie die Vorstellungen sich machen, scheint es ebenso
löblich und bewunderungswürdig zu sein, ein paar Groschen zu riskieren, um es zu erwerben; es ist in der Meinung der Masse zur Dekoration geworden, zur Mode. Man will etwas für sich zur Anleuch-
tung, Erhöhung der eignen werten Persönlichkeit – und hat dafür
freilich das Portemonnaie, aber nicht den Degen gezogen. Erwerben
und erwerben! 2 mal 2 sind wirklich nicht 4. Aber was für olle Ka-
mellen! Gerade, als ob Köchinnen mein Tagebuch lesen sollten, die
werden sich hüten! Mal kein Kochbuch!

Die hinkenden Feldgrauen in den Straßen, denen an ihrem Stock
ein Gang über das Pflaster zur Gebirgspartie wird – sie sind im Bewußtsein der Stadt wie schleichende Gewissensregungen, wenn sie
einem flotten Spaziergänger plötzlich an den Ecken aufstoßen, daß er
in seinen Beinen ein Reißen spürt und stumm gefragt scheint: »Zu
was brauchst du deine Beine – nur zum Spazieren?« Oder wie sie
langsam die Straße herauf anrücken und die Blicke festlegen, fast
⟨als⟩ käme ein Raubtier immer näher. Ein Raubtier, das uns die
fatale Sorglosigkeit raubt. Um uns – da sind wir ja ohne Sorge wegen der Zukunft, aber euretwegen: Da krallt sich eine Angst in uns
fest – was wird mit euch? Und es läßt sich nicht umgehen, in unsern
graden Straßen kann man nicht entwischen, das arme Dreibein rückt
heran und die Frage: Wie wäre dir, wenn ich Er wäre? Wir müssen
euch standhalten, eurer Gebärde, die fürchterlicher ist als Bettel-
pathos oder Räuberdrohen – eurem aus der Art gefallenen Sturz-
gang, eurem Stottergehen. Wenn Hunger und Liebe die Welt bewegen, nein, wenn Hunger und Liebe die Menschen peitschen, wie
dröhnt dann in euren Ohren das Knallen der Peitsche?! Wollt ihr
Liebe erhinken, wie sehen euch eure Schätze wieder an? Und was
sagen eure Brotherren? Oder um selbst Brotherren zu werden, muß
man feste Beine haben. Opfer, die ihr seid, seid ihr nicht zum Teil
Lämmer und Böcke, die nicht wissen, warum und wozu ihnen das

Messer gewetzt ist? Wieviele von euch haben ein Sich geopfert und
ein Übersich gewonnen? Gewiß viele! Aber den Andern Vorhalt tun
und sie auf den Trost des Übersichseins verweisen – soll mir nicht
beifallen, bevor ich selbst diese Probe, wozu ich mich entschlossen
haben würde, nicht bestanden habe. Man wird sich wohl dahin entscheiden müssen, wieder die andre Region Weiblichkeit anzuerken-
nen, die weit entfernt, sich wie die kleinen Mädels vom Pferdemarkt-
korso über den Hinkepot vor Lachen zu schütteln, in Wahrheit über
sie erbarmt. Man wird die Frauen ehren müssen, die bis ins Kernholz
gesunde Güte und Gnade sind und nicht bloß Blütenzauber und Mai-
duft und sonst ein schmiegsam-brüchiges Stämmchen haben. Das
Weib wird wohl wieder in Kurs kommen müssen, wo sonst das
Weibchen blinkerte. *

10. August 1915. Dienstag. Die oberste Nebelbrücke, wo man über
die Wiesen zwischen Klues und Forsthaus Primerburg geht, führt
über einen rechten Fischgrund. Da breitet sich leises und flaches Was-
sergerinne über hellen Sand und tieferes und stärkeres über beschat-
teten Grund – und über dem Grund sieht man die dunklen Kommas
von Fischen, bald mehr im Tageslicht, bald im Brückenschatten, sich
gegen den Strom schwänzelnd behaupten. Da schnappen sie einander
das Brot vorm Munde weg, aber die schwingende Ruhe ihres Treibens läßt den Wettbewerb von der Brücke herab wie vornehm gleich-
gültiges Befragen und Beantworten von Mund zu Mund erscheinen.
Sie schnappen, aber sie scheinen ein kühl gelaßnes Wort zu sagen
oder mit einer verhaltenen Angelegentlichkeit zwischen den Reihen
eine Meinung auszumachen. Hier angelten Klaus und ich gestern.
Gleich in der ersten Minute biß ein stattlicher Barsch an – unser bester für diesmal, wir rissen den Haken aus seinem blutenden Maul
und brachten ihn in den Arrest des Eimers – ein neuer Freund für
Klaus' Seele, an dem es allein lag, wenn es nicht zu Kuß und Hand-
schlag kam. Aber er schien bei der neuen Lebenslage, die sein Bestes
bezweckte, mürrisch zu werden und schlug als rechter Barsch barsch
wütend hinten aus. Ein andrer Barsch folgte ihm nach, dann biß ein
Stück Grundholz an und wollte weder sich herausheben lassen noch
den Haken wieder herausgeben, bis daß ich an den Grundpfeilern

der Brücke abwärts turnte und, den einen Fuß auf einem Pfahl-
stumpfen der alten Brücke, stehend mit dem Handstock zur Entscheidung so oder so zu mahnen anfing. Das half, es ließ los, dann wurden
die Fische faul im Beißen. Aber sie bissen doch zum Schein einmal zu
und, wie ich annehme, versehentlich auf den Haken. Ein solcher verschluckte sich sogar vor Schreck oder Ungeschick so sehr, daß er an
der Operation des Loshakens starb. Mein Handstock wußte, am Geländer hängend, nichts Besseres zum Zeitvertreib, als ins Wasser zu
springen, und da er wohl von Natur aus schwimmen, nicht aber meinem Locken folgen konnte, das Wasser aber an dieser flachen Stelle
so träge floß, daß der entgegenstehende Wind die Oberfläche zum
Halten brachte, so blieb er, sich mit der Krücke an einen schmalen
Pfahl klammernd, just da liegen, wo er weder von oben noch von
unten gefaßt werden konnte. Er mußte seinem Schicksal überlassen
werden. Gegen halb sieben Uhr begannen wir, die Beute zu bergen,
dabei – was ich stillvergnügt vorausgesehen – stolperte Klaus über
eine Grassode und goß die Fische mitsamt dem Wasser aufs Gras.
Sie konnten aber aus einem nahen Graben wieder gewässert werden
und überstanden nun am Eimergrunde in frischer Kühle die Reise
ohne weitere Abenteuer. Wir glaubten, wie sie Kopf an Kopf bei-
einander standen, daß der Größere wohl zu dem Kleineren sagen
möchte: »Na, Korl, nu geiht uns dat bannig schietig.« Und Korl antwortet: »Min Vadder hätt mi jümmer seggt, ick sall nich bi de ver-
dammte Brügg gahn, dat wir een too goden Fischgrund. Aver ick
hew jümmer dacht, wen dat een goden Fischgrund is, denn is de
Grund god för Fisch.« – »Je«, sagt der Große, »du büst noch lütt
und dumm.« »Äwer«, antwortet Korl, »du büst woll gröter, äwer ok
nich klöker.« So gings über die Wiesen heim. Im Wald die Himbeer-
sträucher waren in den kurzen Tagen, seitdem wir zuletzt vorbeigekommen, sehr fleißig gewesen, und Klaus, eine Kröte, die er »lieb
Lisching« nannte, in der Hand, pflückte mit der Andern rote Beeren.
Er wechselte auch mit den Händen ab, lieb Lisching störte ihn garnicht. Der graue Wolkenboden baute ab, und die Sonne schmolz bei
der Windstille in die hängenden Schichten hinein, bis sie endlich als
ganzen Rest ein dünnes Häutchen Silberguß, blaugemustert von
Himmelsporen, zwischen sich und uns gespannt ließ.

12. August 1915. Donnerstag. Vorgestern schmausten wir mit Spatzenfrechheit in den Maulbeeren am Grundlosen See. Unsere Schnäbel beliebten vor allem die weißen, die ganz rauh von mattem Gelb durchdrungen sind wie altes Elfenbein. Die Mähmaschine klapperte mit ihren Rädern über uns und drohte uns über dem Bergbuckel mit dem Geschwirre ihrer Rechen. Das Feld, in dem der See eingesenkt liegt, steht in Hocken, und als wir auf der Chaussee und dann über die Felder am Sumpfsee zurückgingen, konnten wir schon seitwärts des Weges die Füße im Stoppelfeldermarsch treten lassen.

Aber gestern Morgen überfielen wir die Wiese. Zwar war sie taugetränkt, aber umso besser tanzt es sich barfuß, dachte Klaus und sprang ihr auf Natursohlen übers Fell, über ihren von Kuhzähnen geschorenen Rasen. In meiner Tasche steckte aber ein Extrablatt vom selben Morgen, und wir wußten, daß Zeppeline die englische Ostküste in der vorhergegangenen Nacht angegriffen und auf der Themse Docks und Kriegsschiffe beworfen hatten. Allmählich hielten wir uns zum Deich des rechten Nebelufers und machten ihm stromauf die Schwänke nach, die er dem Fluß absah. Auf der andern Seite wärmte die Kuhherde in der Morgensonne die gefleckten Flanken, und durch den Dunst der frischen Luft kreuzten Krähenschwärme und ließen die fernen Wände des Raums von Fluggetöse und Marschgebraus widerhallen. Sie schienen Stürmchen aufzustöbern, ein schlafendes Herbstlüftchen mit Hallo und Tausenden von tausend Flügelschlägen zu zerfetzen. Der Herbst, ganz fern irgendwo, schien sich leise zu räuspern, so hörte ich es früher und höre es heute wieder. In der Ferne standen Güstrows Türme wie ein Nebelkamm, um den weißen Wolken die Wolle abzukratzen, und rechts des Zinkens Wasserturm sahen wir ein Bläschen, ein Bällchen aus Nebel hängen. Aber schon bluhte an seinem winzigen Bäuchlein eine Sonnenknospe, und das hängende Wesen bog sich hinter dem Lichtknoten und wies sich als winzige Leiste aus, nein, ein schattiger Balken schmiegte sich, als sei eben jetzt Schwung in seine Ruhe gefahren, einer Fingerdicke Raum hoch an dem Turm entlang. Das Extrablatt in meiner Tasche begann zu knistern, ein Zeppelin fuhr von England zurück weiter nach Osten. Natürlich, er kommt von England, stellten wir ungesäumt fest, er kam von England und pfeilte

sich, wie es schien, genau gegen unsre Stirnen. Er bog sich nicht
mehr, aber er schwoll an, und als er dann wieder in⟨s⟩ Schwingen
geriet, war es wie neben den Türmen und vor den Wolken das
Fressen und Bohren eines Wurmes durch das Fleisch des Raumes.
Als er über Güstrow stand, war er schon Kaiser am Himmel, aber
der Kuhherde am andern Ufer auf der Weide schien sein Flug wohl
der einer ochsengroßen, stierhaft brummenden Bremse. Die Unruhe wirbelte sie hoch und quirlte sie durcheinander. Und als er
überm Pfingstberg stand und sein Flug nun mit dem Wind offenbar
ein Stürmen wurde, als seine unsichtbaren Flügel ihnen in die
Ohren schlugen, kehrten sie dem schreienden Hirten und dem
belfernden Hunde die Schwänze zu und ließen sich von ihrer wütenden Angst den Rettungsweg längs des Deichs weisen. Der
ersten Tollen folgte der Trieb der ganzen Herde, alle im Trab auf
dem Deich längs, das Gleiten einer gescheckten Schlange. Dann
fuhr er über uns hin, grade über unsre Köpfe mit seinem Bauch.
Keine Gondeln waren sichtbar, sie schienen mit den übrigen Orga-
nen wie in die Hülle eingewachsen, und so war es ein Keil von
Licht und Schatten, der den Himmel spaltete, das Kristall eines
Gewitters, das seine Blitze und seinen Donner im Leibe bändigte,
ihre berstende Kraft stille zwang. Ein Drohen vom Jüngsten Tag
ging aus von ihm, es vollzog seinen Weg mit dem Atemstoß eines
Zukunftverhängnisses. Wir hatten kaum unsre Köpfe im Nacken,
da stand es schon über den Heidbergen und warf die scheckige
Schlange auf dem Deich wieder zurück, und das Krähengewimmel
in der Luft wühlte hinter ihm durcheinander wie zerblasen vom
Rückstoß der Luft auf seiner Bahn. Nach wenig Minuten war er
wieder ein fingerbreithoch überm Horizont fressendes Würmchen
und warf sich beim Bohren durch die Luft auf und ab, daß wir bald
sein glänzendes Rückenweiß, bald seinen Schattenbauch sahen, und
nun war es wieder ein Bläschen und – beim Wenden ein zartes
Mückenleibchen ohne Flügel.

16. August, Montag. »Dunstverengte, dunstverhängte, dunstbe-
drängte – offenbar liebestolle Welt –« schrieb ich unterwegs beim
Heimweg von Oevelgönne auf der Weide in mein Skizzenbuch.

Ich hatte die Taschen voller Pilze und war selbst von Traum und Ahnung voll und feucht. Walt und Vult walteten und wüteten immer durcheinander. Ich gönnte es mir von Herzen, allein beim Kaffee beim nebelfeuchten und traumumgehenden Tage hinter dem dicken Buchenleibe in Oevelgönne zu sitzen und über dem See, dem Feld und der versinkenden und vertrinkenden fernen Welt zu hängen mit der Seele gleich wie ein gelähmter Fischadler, aber leise und ohne heiseres Schreien. Aber auch müde Beine, um etwas Ordentliches zu nennen, sind ein Segen, und die habe ich. Klaus, der auf dem Sofa mit seinem Märchenbuch lag, schlug die Partie aus und schenkte mich mir selbst für den Nachmittag – was so ein Bengel schon für Geschenke machen kann!

Heute Morgen fand ich ihn im Gartenwinkel am Boden über Flußgeädere und Seenbetten, die er aus einer schräggelagerten Gießkanne, seiner Quelle, speiste. Es gab für seine Füße und Hände tüchtig mit Schlamm zu tun, aber er war doch vulkanisch geheizt in seinen Tiefen. Und so fand ich ihn während dieser Regentage ganz allein mit Bauklötzen, Eisenbahn und allerlei zweckdienlichem Gerümpel wie Büchern, Maschinenabfall und Sammelsurien von allen Güstrower Schuttablagerungen ganz oft. Er schachtelt seine Welt in die allgemeine und waltet gleich einem Schöpfer als Geschöpf. Gott-Vater muß seinem Söhnlein schon erlauben, das Handgelenk zu üben und ihm sein Erbauliches nachzuspielen. Gestern Morgen hatte Regen in steifen Wassersäulen auf der Erde gestanden, es hatte mit nassen Stangen gestoßen und gerasselt, aber Nachmittags konnten wir ein Stück auf die Chaussee gehen und kamen in strammer Gangart nach Bülowburg. Ich mußte denken: Sieh da, er geht forsch zu, und es ist überhaupt zu fragen, wer hätte das vor sieben bis acht Jahren gedacht! Wir waren ordentlich gekleidet, wie das an Sonntagen sein soll, wir zankten nicht, waren weder von Gegenwart verelendet noch von Zukunft erschreckt – und ich dachte an meinen tröstlichen Traum in Friedenau, wo ich dergleichen kaum hoffen durfte, eines düstern Nachmittags auf dem Kanapee: daß wir beide, Klaus und ich, bei mild-heiterm Schneetreiben um die Ecke eines Hauses biegen, aufs freie, von Wind und Schnee durchsauste Feld hinaus, und ich sonor sang: »Die schönste Jungfrau sitzet dort oben wunderbar...«* – Aber heute mit müden Beinen und Augen will ich nur noch auf der Karte die Russenfalle um Brest-Litowsk anschauen, auf das von deutschem Sturm bedrängte, vom tollen Kanonendonner umbellte Stück Welt mit der Nase stoßen und dann zu Bett!

17. August 1915. Dienstag. Ich hätte gestern schreiben sollen: Die segensreiche Stille des Waldes, die selige Ruhe auf den Feldern, den friedenssatten Traum der Ferne bescheren uns die kämpfenden Heere in Polen und Flandern, Frankreich und Kurland, Kärnten und Krain. Ich hätte durch alle Stille, wie Getröpfel durch dünne Spalten, das Kanonieren weitweg ahnen sollen, ich hätte schimpfen sollen: »Was verschlägt alle Einsamkeit und Odemstille des Waldes, wenn es hinter dieser blassen Verschwommenheit von Ferne so wacker zugeht?« – ich hätte meine Leisetreterei beschämt und bescheiden beschönigen können, statt daraus eine Art Stolzieren zu machen. Kowno ist vorm Fallen, einige Forts sind erstürmt, 240 Geschütze erbeutet, Fahnen hängen, aber hängen still im Nebel mit blassen Farben feucht nieder. Aber gut – ich möchte mich selbst anschreien: »Maul halten und hör zu, wie es draußen tobt! Stopf dir Watte in die Ohren, daß alles Gebimmel draußen bleibt, das von dahinten dringt doch herein, es schwemmt in alles, was ein Örtchen bereithält zur Empfängnis«. Und ich kann es doch nicht helfen. Der stille Nebel, das zarte Versilbern aller Dinge, das Altwertmachen selbst der gemeinen Hausleiber, das Dämpfen der Hetze mit einhüllender Gelassenheit, das Beschwichtigen und Geschweigen alles Bösen – schön ist es – zum schauenden Beten bringt es mich doch. Ich war bei Frl. Leben und saß, während sie Kaffee trank, eine zufriedene halbe Stunde. Sie paßt zum Nebel, sie ist fein wie Mattsilber; Güte, die leise ist, zu belauschen, daran soll mich das Kanonieren doch nicht hindern.

18. August 1915. Mittwoch. Kowno ist gestürmt. Diese Nacht, ich habe sie gut durchschlafen und war unwirsch, weil der schulfiebernde Klaus schon vor 7 Uhr seinen Waschlärm begann. Überhaupt – wir sind hier sehr tapfer, und uns will scheinen, daß es mit einer wahren Wut anjetzt über die Russen herniederprasseln muß.*

Ich habe der »Kriegszeit« eine Lithographie geschickt, die seuf-
zende Steppe: »Wo bleiben die Männer?« Und Nachmittags überstanden wir abwechselnde Donnerwetter und Sonnenschauer in Primerburg und im jenseitigen Forst. Den ersten Wassersturz verpaß-
ten wir in der Post, den zweiten beim Kaffee unter dem Teerdach
der Primerburg, den dritten mit nußvollen Taschen und kernigen
Kernen zwischen den Zähnen unter Nadelholz und den vierten, ein
Sonnenflockenschütten in den Straßen, ein⟨en⟩ durchwärmte⟨n⟩
Schauer glutnasser Glastropfen, ließen wir uns gefällig auf die Köpfe
sprühen. Wir? Klaus und ich, wer sonst wohl! Und selbstverständlich fabelten wir uns heimwärts. Diesmal galt das einem unterirdi-
schen Waldkönig, den ich so gelegentlich kennenlernte. Erst will
er nicht recht heran, aber da ich ihm das Schmöken meiner 8-Pfennig-
Zigarren beibringe, was ihm wohlgefällt, läßt er sich herbei, Klaus als
Zauberlehrling anzunehmen. Erst kommt nun die gemeine, grund-
legende Zauberei dran, sozusagen die zünftigen Elementarkenntnisse
müssen erlernt werden, dann folgt die höhere Zauberei. Und mit
Einstudierung von Rauchkünsten und Pflege von Tabakfinessen wird
dem Waldalten und seiner Altschen die Gefälligkeit vergolten. Sie
– das ist nun so – bekommt vom vielen Dampfen einen schwarzen
Bart.

19. August 1915. Donnerstag. Morgen hat Klaus Geburtstag, heute
Nachmittag standen wir im Höppnerschen Garten und schnitten Blumen von den Stengeln zum Geburtstagsstrauß, die Sonne schien auf
die Blumen, es wurde über ein mehr oder weniger Rot und Gelb ver-
handelt, und ich sollte denken, Klaus mußte sich wichtig genug vorgekommen sein. Ein bißchen Sonnenschein von Einbildung auf seine
Seele. Den ganzen Vormittag war ich in der Stadt oder nahebei unterwegs. So traf ich Klaus' Lehrtante Frl. Lisch und ging mit ihr zwei
Ecken Straßenweges. Die Deutschen, wußte sie, leiden schreckliche
Verluste. Aber Döschers, die Eltern, hätten jetzt ein bißchen Muße
zum Aufatmen, da beide Söhne irgendwie abkommandiert wären,
ich glaube zur Teilnahme an Offizierskursen. Gegen Abend stand
ich im Meinckschen Laden und hörte über die Verluste das Gleiche.
Bis zur Brust im Wasser stehen und schießen, und die Russen geben

nicht eher klein bei, als bis sie das Bajonett auf der Brust haben. Von dem Regiment des Gewährsmannes beim Warschauer Sturm sind 90 Mann übrig geblieben. Ich ging also herum in den Straßen, besorgte ein wenig Geburtstagswaren, dampfte in den Sonnenschein, kaufte ein Morgenblatt von Hamburg und bestellte ein Zigarettenpäckchen für Herrn Engel. Ein Dasein! – Ein Toter weiß wenigstens, daß er aus der Welt heraus ist und nicht mehr hineingehört – er muß sich also einrichten im Jenseits, so gut es geht. Aber ich im Jahre 1915! Und 14! Pilze sammeln, wenn es die Zeit zuläßt, nämlich wenn sie wachsen, Blumen pflücken, Zeitungen lesen, schmöken, Kaffeetrinken, – meistens zweimal nach Tisch, einmal im Bahnhof und einmal zu Haus – dem Böckchen Klaus die Hörnerstöße abfangen, spazieren, marschieren, auf und ab, hin und her, und die Mühle hinterm Horizont im Osten und Westen mahlt Menschen, bricht Knochen, zapft Blut zu unerforschlichen Zwecken. Die Besten werden dezimiert. Und ich trabe, wie ein Häschen von Futtersorgen und Verdauungsfragen genügend erregt, abseits vom großen Werke hin und her. Und doch wohl nicht genügend erregt, aber doch wohl sieht es so aus. Da ich keinen andern Prügelknaben in meinem Ungenügen finde, schlage ich mich selbst. Und komisch, nicht sonderbar, sondern lächerlich – ich soll nun, nachdem ich die Aussichten für ein gesegnetes Schaffen abschreckend genug beleuchtet, – doch die Hände rühren. Frau Lotte von Mendelssohn-Bartholdy wünscht es und vertraut dem Geschehen, obwohl es mich in ganz Kurzem zum Landsturmmann machen kann, dann steht diese Kaminwand, im Hauptteil 2,20 Meter mal 3,66, steht und wartet auf das Ende des Krieges. Morgen will ich in den Ton greifen.

20. August 1915. Freitag. Dem neunjährigen Klaus geweiht. Ein Siegesgeburtstag: Nowo-Georgiewsk ist gefallen, 85 000 Mann gefangen, 700 Geschütze erbeutet. Amen!

Es war mit Klaus verabredet, daß er Frühmorgens vom Kirschenbaum krähen solle, damit Frl. Leben wüßte, daß sein Geburtstag ist. Es war ihm aber zu naß zum Klettern. Nun, sie kamen nach dem Tee und brachten dem Kind Gaben dar, wogegen er sie anschrie und nicht beschenkt und beglückwünscht sein wollte. Es legte sich aber, und er löste die Rätsel der kleinen Päckchen mit zerpflückenden Händen. Auf dem Frühstückstisch brannten weltordnungsgemäß neun Lichter, und sein Hauptpräsent war wunschgemäß eine große Handspritze aus Messing.

Bei der Straßenlaternenbeleuchtung in unserm Zimmer, wo des Dompfaffen Bauer verhängt, aber von der Laterne beschienen ist, gespenstern Mutter und ich die Dämmerstunde, bis Mutter sich vom Lehnstuhl mit Ach und Krach seiner Gelenke löst, um zu Bett zu gehen. In diesen Sommerabenden, bevor die Lampe brennt, kamen wir alljährlich ein bißchen zum Beschreien unsrer Sachen. Heute beschrien wir die Leute, wie sie zur Siegesfeier marktwärts eilten, mit Sack und Pack sozusagen, mit Kind und Kegel. Auch unser Haus hatte sich geleert. So gehen sie hin und kommen her, als hätten sie alle die Taten selbst vollbracht und gäben bloß einer vernünftigen Forderung der Selbstachtung die Ehre, sich nun auch damit ein bißchen dick zu tun.

22. August 1915. Sonntag. Wodurch ich mich vor dem Mördertritt des Krieges rette, wenn er menschenfresserisch schnaubend seine Stiefelsohlen hinter mir donnern läßt – wodurch rette ich mich vor der entwürdigenden Bedrängnis meiner Kleinheit durch die barbarische Größe? Erstens dadurch, daß ich meine Arbeit möglichst gut werden lasse, also müssen die drei Liebespärchen gegen den Krieg kriegen. Denn wenn sie etwas Gutes wert sind, geben sie mir von dem, was sie von mir haben, zurück, und ich kann das wütende Trampfen der bewußten Sohlen, wenn es auf meine Schlupflöcher aus ist, draußen anhören, ohne schon von ferne, gleichsam in der vorausschreitenden Einbildung, zertreten zu werden. Zweitens rette ich mich durch Dankbarkeit, oder wie soll ich es nennen, wenn ich die Gewalt des friedlichen Zustandes so tief in mich dringen lasse, daß er wie eine Antwort meiner Würdigkeit auf seine Gnade zurückstrahlt? Es gibt wohl niemand heute, der die Sonne auf den friedlichen Matten rechts und links der Nebel wie ich empfangen hätte. Schon heute Morgen allein auf dem nassen Deichrasen, wo denn wohl der Rauch meiner Zigarre als sichtbar gewordene Verdunstung ruhender Freudigkeit, als Aufsaugung und Verflüchtigung meines Besten im weiten, sonnigen Gnadenraum anzusehen wäre. Dann mit Klaus nach dem Tee im Höppnerschen Garten, gegen Abend auf den angestrahlten sanften Mulden und grünen Schwellungen vor und hinter und auf dem Pfingstberg. Da weideten wir wie gottselige Heuspringer. Klaus steckte wirkliche Hüpfer in eine Streichholzschachtel, worin sie hörbar mit den Köpfen gegen die Wände prallten, Pilze fielen sparsam in unsre Hände, und unsre Kurse über die Weide waren Gott Hieroglyphen der Dankbarkeit. Nicht, daß unser Dasein seine Lust verlautbarte, eher noch verstummte sie verschämt. Aber es war wohl nicht viel von Lust dabei, es war mehr fromme Ruhe, unser Stündchen-Dasein verschränkte sich ganz ungezwungen mit dem Geschehen ohne Ende, wir saßen als selig trinkende Flöhe einem dahinrasenden Mammut im Pelz und fühlten uns in tiefer Ruhe geborgen. Wir waren zugleich wir selbst und doch nur schmarotzende Teilchen eines Andern – selbstvergessen, stundenledig, aber im Takt der Ewigkeit gewiegt. Als wir über die Nebelbrücke bei der Regelstelle heimgingen, kreuzten wir die Zerstreuung des Lindengartenpublikums, das sein patriotisches Konzert abgehört hatte. Nach Tisch ging ich noch allein hinaus auf die bei Villa Maria hochschwingende Straße nach Bülowburg und begegnete einem Urlauber, der wohl dort heimisch war, am Arm seiner Frau und umtanzt und umstoben von einer Kinderschar. Die Alten gingen, wie man geht, wenn man einen Lebensweg beginnt oder beendet, dieses Stück, das wohl nicht das Ende war, war ihnen aber so bedeutsam, wie das letzte Stück gewesen wäre, und so mitsamt den Kindern zu gehen, ist bei diesen Leuten nicht Gewohnheit. Aber die Bedeutsamkeit des Ganges, vielleicht des ersten nach der Heimkehr aus dem Felde oder des letzten vor der Rückkehr an die Front, hielt die Kinder bei ihnen fest. Ein vergangenes Hängen und Denken und ein zukünftiges Fürchten und Zagen und Hoffen, alle diese Wünsche, deren Erfüllung immer wieder versagt gewesen ist und wieder und wieder versagt werden ⟨wird⟩, waren im Gemüt dieses Zusammenseins gemischt. Die Not und Angst, das Warten war gestillt, und Not und Angst und Warten umwitterten sie schon wieder, das drängte sie zusammen, wie um die Schauer der Kühle durch gegenseitige Wärme zu bannen. Der Vollmond stand über den Feldern im Süden, auf dem noch die nassen Hocken hockten, und

ein Planet lag im Dunst der Stadt schwer und dick, als könnte er sich
in seiner Geschwollenheit nicht höher heben, auf der breiten Kante
des Domturms fest.

24. August 1915. Dienstag. Rudolf Junge, junger Adam möchte ich
lieber sagen, schreibt: »Bremen, 23. August 1915. Städt. Kranken-
anstalt, medizinische Abteilung. Lieber Herr Barlach, von einer russischen Gewehrkugel am 11. August bei Ostrow in Nordpolen mit
einem kleinen Loch zwischen den Rippen, mit einem gräßlich miß-
handelten und rebellierenden Magen und Darm, von der Verpflegung auf dem Verwundetentransport, mit grenzenlos müdem und
stumpfem Körper und Geist, angefüllt nur mit Sehnsucht nach Ruhe
und Reinheit, Liebe, Wärme, was alles so schön zusammenfassend
durch ein weißes Bett verwirklicht wird – und angefüllt mit Ekel bis
zum Grauen und Haß und Verachtung vor allem, was den grauen
Waffenrock trägt und mich Kamerad nennt – bin ich am 17. bei Hell-
werden hier angelangt.« – Und noch sonst: »Unter den Menschen,
denen ich hier im Garten in förmlicher Angst vor körperlicher Nähe
weit aus dem Wege gehe, die ich mehr als einmal »Raubmörder«
anschreien wollte ... kann solch Gesindel ein Volk groß machen? –
Ich hoff als Einziges, daß unsre Jugend in der Heimat fern von der
stinkenden Pest des Krieges, – wie habens Dürer, Cornelius, Rethel
in ihren Apokalyptischen Reitern richtig dargestellt – rein geblieben
ist, fleckenrein weiß, für eine große, reine Zukunft.« Bis Ende September denkt er im Lazarett zu bleiben.

25. August 1915. Donnerstag. Als ich mit Mutter den Garten verließ,
von wo sie mich auf die Weide hinaus begleitet⟨e⟩, war am Fahnen-
stock des Försterhauses eine Fahne erblüht. Vom Lindengarten aus
sahen wir dasselbe Wunder am Flaggenstock des Schlosses, und auch
auf der Kaserne hüpften die Fahnen. Als wir uns trennten, begann
Glockenläuten, und hintern Pfingstberg fuhr es recht über mich her,
das Gestürm von zwei Türmen aus der vernebelten Stadt, aus der
verblichenen Nebelstadt, aus einem aufgetauchten, ertrunkenen Vi-
neta, dessen Glocken plötzlich über Wasser in ungeheures Schallen
ausbrachen. Eine Krähenwolke wühlte vorüber und sog das Geläut

in den Strudel ihres schallenden Hohns, das in den Himmel hinauf wirbelte. Triumph, wir leben und freuen uns des siegenden Daseins. Es ist, als hätte auch unser Dasein schwellenden Flügelschwung bekommen, als stürme es durch die Welt als Kraftgewühl. Aber ich hörte noch weiter ein irrendes Reiben und Wetzen, ein heiseres Raspeln auf rostigen Kesseln, aber auch dies sog sich heran und schwoll im Nahen aus der Bahnhofsgegend mit Zugschnelle an. Offenbar ein Militärtransport, der im Augenblick der eintreffenden Nachrichten durch Güstrow lief und der in den Jubel von draußen seinen Widerhall branden ließ. Ich wußte natürlich nichts Genaues und ging meines gewohnten Weges, bis ich auf der Kluesbrücke, unserm alten Angelort, einen einsamen Angler fand, der es wußte, daß Brest-Litowsk gefallen sei. Kein Fisch biß an seine beiden Köder, das Wasser war trübe, aber Brest-Litowsk war unser, das hatte gewiß seine Richtigkeit. Das Wetter? Nun ja, milder August, und die Sonne hatte ihre Güte in ganz leichte Nebel ergossen und breitete sie gnadenvoll mütterlich über uns. – – Ich zeichne für die »Kriegszeit« einen »Drescher von Masuren«, nach einem Gedicht von Scholz, erst wollte ich nicht, aber es wurde von selbst, ein Hindenburg mit Kanonen gestiefelt, von Feuer umloht und Dreschflegel sausen lassend. Armer Rudolf Junge, dem die graue deutsche Mannschaft ein Gesindel von Raubmördern erscheint!

29. August 1915. Sonntag. Alltagsklein. Wenn ich erzähle, verwirft Klaus wohl meine Lösungen; denn ich muß jetzt allermeistens seine Probleme aufnehmen, und wenn die Lösungen ihm mißbehagen, sagt er: »Nein – so nicht!« – Es kommt aber auch manchmal anders, dann wirbelt seine Phantasie so wild durch Raum und Zeit, daß Alles durcheinanderläuft. So war es heute, als beim Heimweg von Bülowburg linkerhand der Sonnenleib rot aus den Wolken niederhakte. Als er dann zu Bett war, saß ich im Dunkeln mit Mutter, und wir lenkten auf die Dusa hin. Was für ein Mensch! »Aber endlich«, sagte Mutter, »gibt es in allen Branchen Versager«; und erinnerte sich an eine Schwester ihrer Stiefmutter, deren Mutter man in dem Sarg eine Schlummerrolle unter den Kopf geschoben hatte. Ihr aber gefiel nun mal die Schlummerrolle, und sie fand sie zu schade als Ruhekissen ihrer Mutter, nahm sie ihr fort und stopfte ihr einen alten Schlüsselkorb unter.

Wir haben, Klaus und ich, im Dunkeln gestanden und den Vorgängen bei Nachbar Voß' krankem Pferde im Stall zugesehen. Es ist wie Vorbereitung zu einer Exekution. Der Tierarzt-Henker ordnet an, das Pferd stöhnt am Boden, der Knecht hammert mächtige Krampen in den Querbalken, Taue werden durchgezogen und sollen einen Kettenzug tragen in zehnfach dicker Schlinge, und das Alles zwischen elektrisch besonnten Stallmauern, wobei das Fenster nach rechts und links dicke Güsse hinaus ins Dunkel wirft, als bersteten die Mauern vom Überdrang an Helle. Oben bei Krohns wird getauft, und während wir vom finstern Gartenwinkel aus in die Lichtgüsse mit den Köpfen tauchen, steht ein Festgast im schwarzen Rock hofseits im andern Lichtguß zu lauschen – denn man wird wohl belichtet, kann jedoch durch die hohen Fenster selbst nichts Brauchbares für die Augen auftreiben und muß, will man Zeuge sein, das Ohr als Dolmetsch der Geräusche befragen.

Morgens begießt Mutter »ihre« Rüben. Denn da, wo ich im Sommer die Kartoffeln begoß, sind Rüben gesät, und die Kartoffeln liegen häuflings im Keller. Unser Klempner, eigentlich unsres Klempners Vater, der für seinen Landsturmmann von Sohn einspringt, forderte für eine Reparatur 35 Pfennige und gab als Antwort auf Mutters Vorhalt: Ja, wo jetzt Alles so teuer sei, müsse man seine Ansprüche mindern. Ähnlich zart denkt Frau Mussehl, Herrn Schults frühere Wirtin, die ihre Hautkrankheit bei einem Kurpfuscher, einem Gemütsmenschen, der eigentlich mit seiner Frau zusammen das Sympathiekurgeschäft führt, behandeln läßt. Da nichts anschlug, nahm sie einen ordentlichen Arzt, der ihr bald Besserung schaffte, um aber den Alten nicht zu betrüben, besucht sie ihn weiter und läßt ihn glauben, sie verdanke ihm die Besserung.

Mit seinem Geburtstagskätscher erwischte Klaus in der Nebel einen wahren Kommabazillus von Fisch, grade groß genug, um ihn vom noch unbedeutenderen Nichts als Etwas zu unterscheiden. Dieser Walfisch belebt im Gartenwinkel das Flußsystem, indem er in die »Quelle« getan wird und von dort den »See« gewinnt. Er ist auch schon im »Meer« verschwunden; da das System in Klaus seinen

Schulstunden und nächtens eintrocknet, erwartet er im Eimer von
Fall zu Fall seine Stunde. Klaus glaubt gewiß, daß er sich, besonders
wenn die Sonne scheint und seinen Schattenbazillus spitz auf den
Grund pinselt, recht behaglich fühlt. Er nötigt ihn, flußauf zu wandern, und behütet ihn väterlich vor den Stromschnellen, und wenn
ich darüber Zweifel habe, ⟨ob⟩ das die rechte Behandlungsart ist,
sagt er bestimmt: »Er *läßt* sich gerne möten.«

Herr Commentz vor seinem Laden wedelte wie immer, als ich
grüßte. Sein Sohn ist an Rheumatismus krank. Er hats in den Füßen.
»Na«, sagte ich, »Herr Commentz, das sind wohl mecklenburgische
›Füße‹, wo sitzt es denn? – Nicht in den Beinen?« Er besiegelt es
jetzt und macht es zur unabänderlichen Wahrheit: »Es sitzt in den
Füßen«, und dabei, zur Erläuterung, weist er auf die Knie. Na also:
das waren die Beine, aber Beine sind hierzulande unerhört, ebenso
unerhört wie Leib und Bauch: es heißt Magenweh, und wenn es am
tiefsten sitzt! Aber dann Herr Commentz! Seine Kehle ist eine ver-
rostete Kaffeemühle, und es mahlt mit Stöckern, Spritzen und Knak-
ken, das Wort verstopft sich drin, zerreißt und quetscht sich in Qua-
len seinen Gang. Er ist unzufrieden, daß sein Sohn im Lazarett liegt,
unzufrieden, daß er Rheumatismus hat, er wollte, er hätte »die
Schlacht« mitgemacht. Und Frau Meinck, rundlich und auf schlechten
Füßen hinterm Laden, wußte nichts von Friedrich. Sie hackt allen
Kunden gleich große Gewichtigkeiten zu, alle gleich lang und gleich
dick. Friedrich oder Briefpapier, jawohl, so und so. Das Hindenburg-
format kostet so viel, Friedrich hat nicht geschrieben, die Post ist gesperrt. So gehts da und so gehts hier. Ein Umschlag für 2 Pfennige
wird mit so viel gutem Humor und Weitläufigkeit beschnackt wie
Friedrichs Wohl und Wehe. Ich denke, ohne zu wollen, daß es eines
Tages heißen kann: er ist gefallen, da und da, was ist dabei zu machen! Sie wird nicht von den Füßen drüber kommen, obgleich sie
schlecht sind, und ihre Mienen werden nicht mucken. Sie wird standhalten, wie Friedrich standhielt. Sie glaubt an die Vernunft der Dinge
und an die Vernünftigkeit ihres Lebens. Ihr Haus brannte ab – gut,
wir nehmen einen andern Laden. Ihr Haus wurde aufgebaut – gut,
nun sind wir wieder da.

Aber wie schön ist das Krähengestöber auf den Weiden! Sie sitzen

285

dicht gesät und hingesprengt auf dem Grün und fudern hoch, wenn man in die Hände klatscht oder die Arme in die Höhe reißt. Dann wölkt es sich locker oder fester und treibt in gemeinsamem Chor wie in einem Sack, wer weiß wie gelenkt, im Raum hin und her, und aus dem Chor von Rabenschnäbeln klirrt kratzend und heiser die Schicksallust der Krähenseele. Die kommenden Stürme und das drohende Winterwüten werden wüst belacht und gepriesen, gehöhnt und verachtet, betrotzt und geliebt. Hohn hallt am Himmelsboden hin, und liebkosend fächeln tausend sausende Flügel dem Schicksal die Wangen.

30. August 1915. Montag. Vorgestern abend saß Herr Westhoff, Frau Rilkes Bruder, Artillerist und Maler, auf einem Baumstamm, der seit einigen Tagen am Wege zwischen Primer Burg und Gleviner Burg liegt, saß und sah den Krähen zu. Er mochte sich im Augenblick mehr als Maler als als Artillerist vorkommen, und die Weide mit den Krähen wird seinem heimischen Fischerhude nicht unähnlich gesehen haben. Wir gingen zusammen, er das Rad schiebend, über die Weiden zurück, und als Büroarbeiter im Ersatzkommando wußte er, daß die Berufung zum Landsturm nun hart bis an meine Jahrgänge herangerückt ist. Dann schlug er an die mißtönende Glocke des Problems vom Künstlerbrot. Wie wird er dereinst Geld verdienen? – und ich bimmelte zur Belehrung mit den Erfahrungen, wie man es nicht versuchen soll. Am Sonntagmorgen kam er in die Werkstatt – ein guter, träumerischer Junge, zu schade für alles andre als ein sorgenfreies und unschädliches Weideleben zwischen Himmel und Erde, der einmal versuchen muß und wird, da zu stehen, wo sonst Andre stehen, den Mund voll Bissen zu bekommen, die sonst Andre zwischen die Kiefern schieben wurden. Zu schade für jegliches Zähnefletschen – aber damit ist auch schon vermutet, daß kein Sturm und Drang in ihm schüttelt und daß Treuherzigkeit und Abkehr vom Leben zu idyllischem Gartenlaubenglück sein Zu-wenig-Tun und Zu-viel-Lassen ausmachen wird.

Und heute endlich war ich allein bei frischkühlem, nassem Winde in Regenschauern draußen. Am Himmel schien ein Riese Silvester gefeiert zu haben, wenigstens war er vollgesprengt mit Wolkenfor-

men wie Bleigüsse, als geheimnisvolle Andeutungen waren Undeut-
barkeiten von Gestalt in plötzlichen Erstarrungen hingestreut, und
in besondern Himmeln als triumphierende Beweise von unendlicher
Weiträumigkeit zogen zerrissene Klötze, groß genug, daß man einige
Dutzende Dome und Pfarrkirchen daraus schnitzen könnte, eckig und
prall geschwellte Säcke, aus denen ganz Güstrow recht gut durch ein
Loch herausgefallen sein konnte, in unbegreiflicher Sicherheit vor
Anstoß dahin. Platz? – mein Gott, was für ein Proletarierbegriff, was
für Beweis von Menschenjammer, daran zu denken. Was da kommt
und geht, sich gestaltet und vergeht, ist selbst Raum und Größe –
aber seinem Spielen und Sein ist keine Grenze gegeben, und es fragt
nach keiner Ellbogenfreiheit und Daseinszaun. Sein Ort ist wie ein
Ding in der Phantasie, es ist da und läßt sich nicht vermessen. Der
Raum spielt mit einer Vorstellung von sich, wie ich Gestalten in mir
trage, ohne zu platzen. Was ist da? Der Krieg ist drin, meine Arbeit
ist drin, mein Leben als Erinnerung ist da, Goethe, Shakespeare,
Keller, Däubler, Gotik und die ganze Welt ist drin, aber bersten –
ich denke nicht an bersten. Aber in irgend ein Gedichtchen kann ich
mich verkriechen und mich mitsamt der ganzen Welt in ein Kelchlein
von Wortblüten vertun. Eine leise Ahnung, die wie ein Schauer auf-
sprüht oder verglimmt, kann die ganze Welt bergen, wie ein Tröpfchen Tau im Kelch der Blume den ganzen Himmel spiegelt. Ein
wirkliches Gefühl ist wie der Schlüssel zu allen Sprachen, die ich alle
nicht kann, die ich aber alle erschöpft habe bis in ihre letzten Weiten.

31. August 1915. Dienstag. Tagüber am Hilfsmodell für die Berliner
Arbeit, nach dem Tee im Wald allein mit Pilzen und Gedanken. Da
gehts hin und her wie Einkehr und Auskehr, da lesen die Augen am
Boden Pfifferlinge, Ziegenlippe und Ziegenbart, und sonst Jemand,
der man selbst ist, blättert das Eigene hin und her und liest hier und
da eine Stelle. Aber Alles ist doch voll Krieg, man sieht Männer und
wundert sich, daß man sie sieht, daß sie nicht in Rußland oder Frankreich stehen, man denkt, auch sie wissen nicht, daß man in Kurzem
Gewehrgriffe übt. Man sieht Pilze und erinnert sich, daß in der Zeitung etwas von entflohenen russischen Gefangenen stand, und kal-
kuliert, wie lange sich so ein Ausreißer im Wald von Schwämmen

ernähren könnte. Man wandert heimwärts und wandert der Abend-
zeitung entgegen.

6. September 1915. Montag. Am Freitag haben Klaus und ich beim
Formen des Hilfsmodells ein wahres Gipsfest gehabt. Es ging hoch
her. Erst wollte er mir zuschauen, dann erwachte der Neid und
zwang ihn zu eigner Tätigkeit. Das Material schöpfte er aus der
Abraumwanne, wohinein beim Formen der überflüssige, fließend-
flüssige Schlamm getan wird – also Gipsschlamm. Als es dämmrig
wurde, das letzte Stäubchen Gips des ganzen Sacks verschmiert, die
Form tüchtig mit Eisen gegittert, das Modell desgleichen, aber auch
im Innersten mit Zeug gefüttert und gestärkt – da sahen wir uns an
in unserer Glorie und gaben einander nichts nach. – So ist wenigstens
das Hilfsmodell materialisiert, und der Landsturmmann Barlach wird
leichtern Herzens einrücken. Nun wünscht die Bauherrin Frau
v. Mendelssohn-Bartholdy mich aber kennenzulernen, und so wird
Berlin zum wievielsten Male für mich magnetisch, dieses Riesen-
geheimnis, das mich mit wilder Laune anzieht und abstößt.

Grodno ist gefallen, Luck ist gefallen! Ich schrieb an Cassirer ins
Feld, verbarg ihm nicht, daß ein Drachensteigenlassen mit Klaus mir
ehrwürdiger Zeitvertreib erscheint. Grade der Krieg läßt alle diese
friedliche Nichtigkeit als lauter Gnade und Barmherzigkeit erscheinen. Auch gestern, Sonntagmorgen, der mir ein bißchen als Ab-
schiedssonntag erschien, gingen wir drei, er, ich und der Drachen,
aufs Feld, aufs windbestürmte, und ⟨ließen⟩ unseren Däubler (denn
Däubler schenkte ihn Klaus zum vorvorigen Geburtstag) zum Himmel fahren. Er zuckte an der Schnur, und durch die Schnur schauderte
das Lustgrausen des Windes, und wir lagerten selbst im Windschutz
der Tannenwand, während er im Wind als auferstehender Däubler an
der fatalen Schlinge zerrte. Und er zerrte sich aus Klaus' kleinen Pfoten und – fuhr nicht hinan, sondern senkte sich dem Hintergrunde,
der Gleviner Burg, zu, das Holz wie einen Anker übers Feld reißend,
daß es unsre Augen erstarren machte. Wir brachen zur Verfolgung
auf und glaubten ihn schon gesunken, als er wieder Auftrieb bekam,
wie es manchem geht, der gegen den irdischen Halt himmelan wüten
muß, während er in aller Freiheit versumpft wäre. Offenbar hatte

der Anker gefaßt, und wir überdachten gleich: die Telefondrähte der Chaussee zwischen Zionsburg und Gleviner Burg. Nun begann ein Bergewerk mit einer erborgten Angelrute, und wirklich, es gelang trotz stoßendem Winde, das Holz über den Draht zu kippen und den Wildling hoch oben frei zu machen, doch gab es auf der andern Seite der Straße einen einzelnen Draht, und um ihn schlug die Windeswucht den Holzriegel so nachdrücklich, daß ferner alles Stangenverlängern und hastiges Binden, alles Zielen und Stoßen im prallenden Winde nutzlos⟨es⟩ Kräftevertun war; er war hoch und fest angeseilt, und der Mittag trieb uns heim. Der Schutzschlauch, die Drachenhaut, war unser ganzes Heimbringsel von dem fröhlich begonnenen Auszug. Klaus seine sprungfesten Sonntagmorgenbeine waren müde, und die Lust des Tages in Schatten gesetzt. Aber einerlei – wir hatten etwas erlebt, es war ganz anders gekommen, als wir ⟨berechnet⟩ hatten, und das war das Schöne im Grunde. Obendrein: wir waren winddurchsäuert, und die Wärme des reibenden Blasens lag uns wie eine erfrischende Salbe auf dem Gesicht. – – Am Nachmittag hämmerte der kleine Bengel heftig mit seinem schlechten Werkzeug an einem hölzernen Propeller, wie ihn jetzt alle Kinder im Winde drehen lassen, hämmerte und schlug sich gnadenlos auf die Finger – und seine Seele raffte und rüttelte und richtete sich ein neues Erlebnis zurecht. – – Heute war ich im Primer und dachte im Gehen – mit pilzbeladenen Taschen – den Ausdruck »graurauhe« Luft. Aber flink und zu eigener Verwunderung versagte etwas in mir seine Beistimmung. Wozu die Lyrik? – fragte es. Gibt es für wichtige Dinge nicht schlecht und rechte Worte? Und ist schlecht und recht nicht ausreichend, wenn nur etwas zu sagen ist? Muß dieses gesagt werden, daß ich im leichtrauhen Wind unter grauem Himmel Stunden verbringe? Doch wohl! Die Wetterseele ist mir gnädig, und mir gnade Gott, wenn Wind und Wetter erst kein Seelenerlebnis für mich sind! Durch die Wolken waren zwei Augen geschlitzt und ließen Strahlen nieder, und das ist der Unterschied zwischen Gott- und Menschenaugen, die Menschenaugen trinken, Gottaugen aber tränken.

Abends muß ich die Abenteuer Dr. Mephistos beim Schuster Kruse ausmalen. Dr. M. hat Hühneraugen an seinem Pferdefuß, und der

Stiefel muß geblockt werden. Daß Mephistos fatalerweise malheurtes Bein durch Güstrow hindurch ausreißt und endlich bei Kruse in den Schweinestall gesperrt wird, na, danach geht dann auch endlich Klaus willig schlafen.

Man hört jetzt von kommenden Schlägen im Westen raunen. Herr Meinck kannte Bekannte von Bekannten, die sich die Zusendung von Würsten und Zigarren verbitten. Es nützt doch nichts mehr: sie ändern den Ort. Frl. Hahndorf in der Klues, die mir den Kaffee brachte, wußte von ihrem beurlaubten Bruder, daß schwere Geschütze aufgebaut werden – in der Champagne. Ihre Mutter schloß, daß es losginge, weil der Güterverkehr für zehn Tage gesperrt sei. Merkwürdig, daß Herr Hagemann im Bahnhof noch keine Andeutungen gemacht hat. Ich muß morgen ein wenig spionieren.

8. September 1915. Mittwoch. Es stimmt wohl doch nicht, denn gestern Abend, da ich wegen eines ergrimmten Magens im Bahnhof bei Grog saß, zog es feldgrau nach Osten vorbei. Von Flensburg sollte es kommen, und Alles war mit Blumen betüpfelt. Der Zug hielt ein paar Minuten, und in der Halle fing es an, zu rumoren von rauhen Stimmen. Es war wie Sturm, der verschnauft, es war mit Ruhe bedeckte Unwilligkeit, ein verborgenes Grollen und Quellen – und es lief, wie es bald vorn, bald hinten anschwoll und abklang, in unbegreiflicher Raschheit durch die ganze Länge des Zuges hin und wieder. Zorn zitterte durch und durchhin, Frische spreizte und reckte sich – Gott sei dank, daß da Frische ist, die Lust hat, sich zu spreizen.

Wir haben endlich den Westwind abgetan und Nordwind angelegt. Nun glänzt der Himmel in Waschblau, und das weiße Gewölk häuft sich frischgewaschen blank und rein auf der blauen Bleiche wie wollenes Heu, das zum Einfahren trocken geworden ist. Man denkt an den Schützengrabenwinter, in dem wir alle diese Wolle wohl gebrauchen könnten. Aber auf den unteren Matten häuft sich der grüne Heusegen. Wie es im Herbst 1915 nicht anders sein kann, handhaben meistens Frauen den Rechen, wenden flink und streuen und ziehen wie oberirdische Maulwürfe die langen Reihen grüner Hügel. Und die Heufuder wölben ihre Rücken und wanken wie grünbepelzte, vorsündflutliche Einsiedlerbullen in verdrossener Gemächlichkeit davon. – Ich, ich warte. Auf Anruf, woher er kommen mag, aus Berlin zu Frau v. M., aus dem Büro der Ersatzkommission in irgend eine Kaserne nah oder fern.

Inzwischen mit Klaus auf die Weide. Er fängt eine Kröte und sperrt sie in ein Verlies von Maulwurfshügelsand. Da sitzt sie und »bedenkt« sich, erklettert oder erhüpft den Rand und stürzt in den jenseitigen Abgrund ungefährdet wie ein Gummiball. Dann baut er einen Katakombengang, aber einen mit Sonnenschein im Leibe. Den durchspaziert die Kröte wohlgemut und wird nicht müde, alle Intelligenzprüfungen und Proben ihrer Haltbarkeit zu bestehen. Wir liegen wie wohlgeneigte Halbgötter im frischen Winde auf dem Rasen und machen uns einen Spaß aus ihrer Not. Weiterhin auf der Senkung der Weide nach dem Kiebitzsumpf saß während der ganzen Zeit ein schwarzes Pärchen halbsichtbar und erstand mit uns zugleich: Herr Schult und Frau. Und damit waren wir zu vieren und schlenderten, drei erwachsene Halbgötter, von einem kalberigen Götterbübchen umsprungen, über Deich und Weideland güstrowwärts heim. Über die Stadt hin, fast auf die Turmspitzen aufgespießt, hing ein Wolkenbalken und klemmte die Sonne am Himmel fest, preßte ihr Strahlenblut aus, und der Himmel sog es nach oben und unten in sich. Das war auf der Pfingstbergweide. Auf dem Deich jenseits war ein fünftes Götterbild erstanden und wandelte vor uns her dem sonnenblutigen Güstrow zu, die weiße Schlankheit der Kaiserin. Ich freute mich ihres unnahbaren Daseins und lachte in Herrn Schults Rede Lustigkeiten hinein. Übrigens schien er ernster als sonst, fast bedenklich, und wenn ich eine Meinung wagen soll, so ist die kleine, hübsche Frau wohl in aller Bravheit als Flitterwöchnerin recht langweilig. Doch kitzelte es Klaus, ihr anstatt Blumen Rabenfedern zu verehren, damit sie Türen ölen könne, und ansonsten ihr allerlei Koboldigkeiten anzutun, wofür sie ihn in die Waden zwickte.

Moeller-Bruck ist Musketier in Prenzlau, Dietzel, immer noch Vizefeldwebel und Offiziersaspirant, wieder in den Vogesen. Vetter Karl als Wachtmeister immer noch in Itzehoe beim Ausbilden von Kanonieren.

Nun hat der Zar das Kommando übernommen. Da kann es wohl

nicht fehlen, daß auch er seine Kehrseite zu fühlen bekommt. Vielleicht fühlt er sich bei deutschen Bomben sicher vor russischen.

9. September 1915. Donnerstag. Der Sonnenschein ist warm genug und läßt doch so frisch, daß man jünglingshaft drauflosgeht, am liebsten auf der besonnten Straßenseite. Ich besorgte ein Päckchen Zigarren für Dietzel und kam über den Markt, als grade, Musik voran, der Landsturm vom Lager einrückte. Lang, wie er sich streckte, gab ihm bald die Sonne Schuppenglanz und Gefunkel von stählernen Stacheln, beim Einbiegen vor dem Kirchturm zur Domstraße aber, immer als starres Geschiebe leise zwischen Rechts- und Linkstritt pendelnd und mit dem Takt benagelter Sohlen das Tongebraus von vorne dämpfend, zog es den Kirchturmschatten über sich und machte den Marschtritt für meine Ohren zum Murren und Grollen. Lauter feste Kerle, vollgepackt und schwergestiefelt. Und seitwärts vom Pferdemarkt rädelte sich ein weißgestrümpftes Mädchen heran, trat langsam auf die Pedale und schwebte, vom Federsitz geschaukelt, landsturmgnädig sonnenselig im Schrittrausch und Musikbraus längsseits mit. Wenn die Pedale sich zum Pflaster senkten, zog sich der Kleidersaum, langsam, wie sie trat, höher, und je mehr Pflasternähe die Füße gewannen, desto mehr männeraugenentzückende Wade entpuppte sich dem Sonnenschein so vieler heiterer Blicke. Und sie trat langsam, langsam zu, ließ dem Sonnenschein Zeit, das Schleichen und Schlüpfen des Saums über immer mehr Zoll anmutig geschwungener Beinlinie bequem bis zum Augenblick des gütigsten Schicksalwaltens zu genießen. Und die Musik schien als Takt in den Speichenblitzen des Rades um dieses immerneue Gnadenspiel flimmernd sichtbar zu werden. Ich hätte dies bißchen Alles für mich behalten und das Wadenspiel leichtlich verdaut, wenn mir nicht vor dem »Erbgroßherzog« der junge Bursche aufgefallen wäre, wie er dieses ganze Brausen von Lust und Kraft in sich faßte. Er ist, ob im Krieg oder sonstwie, an den Beinen schwer geschädigt und wackelt an zwei Stöcken jämmerlich über seinen Beinjammer hingebogen wie ein Mensch dahin, der sich seinen Weg durch einen mörderisch klebenden Sumpf erquält. Jeder Schritt jedes Beins muß erkämpft werden, und während sich der eine Fuß grausam tölpelig vom Boden löst, scheint der andre in zäher Gnadenlosigkeit festgesogen zu werden. Auch er stand in der Sonne und sah zu, ein Mensch mit frischem Gesicht und wohlgebautem Leib, bei allem Krümmen und Winden immer noch wohlgewachsen genug. Er wird in der Klinik neben meiner Werkstatt behandelt, und da saß er einmal bei plötzlich niedergehendem Regensturz mit einem Leidensgefährten in der Laube. Sie waren gut unter Dach, und ein lachlustiges Mädchen, wohl auch Patientin, von den Beeten durch den Regen verjagt, flüchtete sich statt ins Haus zu ihnen in die Laube. Zuerst stand sie förmlich gespickt mit lachreizenden Sticheleien am Eingang, aber nicht lange, dann verzog sie sich hinter den wässerigen Vorhang tiefer ins Häuschen, und sie waren, nach dem Zeugnis meiner Ohren, sehr, sehr vergnügt allda zu dreien. Als *sie* dann bei abnehmendem Plätschern entwich, kam auch er hervorgehumpelt und zog über den Weg hin mit jämmerlich verbogenen Beinen, und es sah aus, als zöge er Schritt für Schritt seine Füße aus beißenden Kiefern unter der Erde heraus.

12. September 1915. Sonntag. Freitag abends saß ich in der Wilhelmstraße Berlins bei Frau Lotte von M. und Bruno Paul und fühlte mich berechtigt, nach meinen abschreckenden Briefen, die mir leicht den Verlust des Auftrags von 12 000 M hätten eintragen können, als Braver, mit dem sichs auskommen läßt, dazusitzen. Es war ein behagliches Paar oder Vierteldutzend Plauderstündchen, die ich so als Zweck meiner Fahrt, als Grund des ganzen Reiseaufruhrs als etwas Neues empfing. Neu darum, weil ich sah, wie das Schicksal die Türen, die es mir geöffnet hat, so gut geölt hat. Ich klopfe nicht an und breche nicht ein, nein, die Türen erwarten mich. Und ich empfinde in diesem gelinden Geschehen die Umwälzung eines schweren Leibes von Erdenart, wenn es auch geräuschlos, ungepoltert und ohne peinliches Rücken das gewesene Unterste zu oberst kehrt.

Aber was will dieser Abend gegen den folgenden Nachmittag besagen! Denn da traf ich die Heilige allein zu Haus.* Es gab Kaffee, und wir saßen bis in die Dämmerung allein. Ich denke, wir sprachen unverantwortlich drauf los. Ich denke, ich war nicht fromm, d. h. bedenklich und bescheiden mit Reden, fromm aber war ich mit Sehen und Fühlen. Sie hat grundgütige Augen, die Stirn voll Ehrlichkeit

und Reinheit, den Mund bittersüß. Es tut weh und wohl, ihn zu
sehen, aber ich glaube, modellieren, zünftig bildhauern werde ich ihn
nicht können. Ihre Nase ist spitz, es könnte wohl sein, daß sie irgendwie ein Hexlein ist, freilich keine Blocksberghexe. Einerlei, ich durfte
schauen und ließ mich nicht nötigen, frischweg das schöne Antlitz
als offenbarten Geist zu nehmen und mich mit Augen zu erbauen.
Ich denke, ich werde keine Frau bekommen, keine, die mir recht ist,
die weiblichen sind mir zu ungeistig und die geistigen zu unweiblich.
Die Heilige verehre ich, aber begehrlich macht es mich nicht, das
schließt sich wohltätig und befreiend aus.

Und in Güstrow – Sonntags – hörten wir das Lindengartenkon-
zert im Gartenhäuschen und lasen »Copperfield« dabei, und der sinkende Abend fand Klaus und mich auf der Weide hinter den Stick-
lingen her. Sommerlicht und Tageswärme mischten sich mit Herbstkühle und frühen Schatten.

14. September 1915. Donnerstag. Ich saß Vormittags gestern und
heute überhaupt rechnend in der Werkstatt, da soll doch das Hilfsmodell in etwas verrückte Verhältnisse gepreßt werden. Was sich
mit dem Maßstab 1 : 3 seitlich bequem fügt, stößt in der Höhe über
den Rand hinaus, und ich sitze still wie ein Schuljunge und lasse mein
kleines Einmaleins schnurren.

Klaus und ich haben den Atlas ans Licht der Abendlampe geholt,
zu schauen, wie groß Rußland und wie klein Deutschland ist. Von
Birsk zu uns sind 3000 km Luftweg. Und wenn wir auf der vordersten Seite das Halbkugelpaar der Erde vornehmen und die Tiefen
des Ozeans nach dem Maßstab auf dem Papier errichten wollen, so
ist das Weltmeer, wo es am tiefsten ist, allzu weitherzig gemessen,
mit zwei dichtgepreßten Zirkelspitzen kaum zu ergründen, nicht tiefer als ein Pünktchen ohne erkennbare Dicke. Wenn wir die so große
Erde in die Hand bekämen, könnten wir mit dem Taschentuch den
Atlantischen, Indischen und Stillen Ozean wie ein bißchen Niederschlag abtrocknen. Mutter schaut aus einem Abgrund, einer Schlucht
hervor zu. Das Sofa hat sie seit zwei Tagen aufgenommen, um die
Erkältung vom letzten Aufenthalt im Höppnerschen Garten im mil-
deren Klima zwischen seinen Wänden und Deckenfalten auszuwit-

tern. Und endlich messen wir die deutsche Front nach Osten mit dem
Zirkel von Riga, Friedrichstadt, links an Dünaburg und Wilna vor-
über, zwischen Grodno und Lida durch an Presk vorbei, Luck und
Dubno links lassend bis Tarnopol u. weiter abwärts: rund 1000 km.
  Gestern lagerten wir auf dem Pfingstberg. Ich war voraus, und
Klaus rannte hinterdrein, und ich sah den Burschen aus seiner Einsamkeit wie aus Verlassenheit fliehen. Zu mir, auf den sein Leben
gegründet ist, zu mir, der wieder mit Magenschmerzen und von
Berlin gerädert nicht eben ein Bild der Dauerhaftigkeit war. Wohin
soll er rennen, wenn ich fehle?! Aber der Tag hatte einen Mantel des
Friedens angetan, ein besonnter Flor verhängte wohltätig Zukunft
und Vergangenheit, die Abendstunde atmete leise, als gäbe es ⟨nicht⟩
und hätte nie gegeben Rennen und Hetzen, als jage kein Tag den
andern, als mache das gutgesinnte Schicksal Feierabend.

17. September 1915. Freitag. Die Räder rollen wieder ostwestlich!
Seit gestern schon. Aber heute folgte ein Zug dicht dem andern,
alle mit feldgrauer Macht geladen. Den ganzen Tag über war die
Luft wie ein wütender Atem bewegt, gegen Abend wurde es still,
aber auch wolkig, und als Klaus und ich nach dem Tee aus der Tür
traten, waren schon ein paar Tropfen aufs Pflaster gespritzt. Klaus
bekam einen Anzug besorgt, und da es zu spät war, hinauszustreben,
zu früh, hineinzugehen, zu regnerisch, um im Freien zu bleiben, so
kamen wir bei naßblinkender Dämmerung zum Bahnhof und saßen
– ich bei Grog aus Magennot – und Klaus mit Bilderheften – während über trübe Scheiben die eisernen Burgen, die schleichenden Festungen, die fahrenden, dicht besetzten Wälle unsrer Freiheit hin-
liefen, hinter dem östlichen Fensterrahmen hervorbrechend und hinter dem westlichen verschwindend. Wir schoben Bilder und Zeitung
zur Seite und steckten unsre Köpfe zusammen gegen das Fenster, wir
woben unsre Blicke in den Graus des immer dichter dunkelnden und
vom Rauch und Dampf verdickten Regenabends. Ach, ich wünschte
so dringend, ich hätte den Rhythmus der Zeit in der Seele, ich könnte
die Verse schreiben, die Kerr und weit Bessere auch nicht schreiben
können. Keine Haß-, sondern Jubelverse, aber natürlich keiner.
Klingklanggloriajubel. Die feldgrauen Jungen standen im Gezähn

des dunklen Wagenraums, darin ein bißchen tröstlich, aber auch ein bißchen wie fragendes Bangen im dunklen Nichts unter der Decke ein Kümmerlichtlein schien – standen wie Antwort auf dunkle Fragen, wie Vertreiber allen Bangens im Rahmen der Wagentür. Bahnsteigkarten werden nicht verkauft, aber allerlei Menge stand doch da, gefangne Russen mit Landsturmwachen dazu. Ein Grauer, gepaart mit einem andern und einem dritten und vierten – gab so etwas wie ein Bildsäulengedränge im gotischen Portal. Meistens war Alles ernst und still, aber nicht – Gott sei Dank – gleichgültig. Denn dies Opferfleisch und -blut dieser östlichen Sieger war zu eindringlich deutlich. Deutlich, wieso, worin? Nun, als Wahrheit, als Wirklichkeit, als Ernst, vor dem sich erschütternd Ehrfurcht einstellt – und Liebe. Es rüttelt und schüttelt sich etwas wie Behagen, Grausen und Neid durcheinander. Es siedet etwas auf wie bei plötzlicher Befreiung von Druck – tausend stürmische Bläschen Lust strömen ins All über, es ist wie herrlich gelöschter Durst. Die Front wandert von der einen Grenze zur andern, und der stille Wandrer fühlt seinen Hut von der Wildheit des wütenden Heeres berührt. Er faßt ihn und blickt auf und ahnt am leichten Stoß, der ihn rührte, den fürchterlich treibenden Drang, atmet ein Stück vom großen Geschehen mit.

Es laufen Gerüchte um. Bei Tischler Büntzel hörte ich, Kolmar sei geräumt, Frl. Leben, die mich in der Werkstatt besuchte, hatte sogar gehört, daß die Franzosen dort durchgebrochen seien.

18. September 1915. Sonnabend. Immer noch fauchen wütende Atemstöße von Westen. Schwere Arbeit scheints da zu geben, die ihr Keuchen so über uns herbläst. Aber wir haben Hoffnungsschein dabei, die Sonne, die uns so gnädig zu Siegen leuchtete, scheint und beleuchtete morgendlich kühl die Infanteristen in ihren Viehwagen, wenn sie sich vom Stroh aufmachten und durch eine Ritze der Schiebetür die Nase steckten. – Gott sei Dank, denkt man, sie liegen wenigstens und ruhen ihre Glieder ein paarmal vierundzwanzig Stunden. Manche sind schon munter, haben Decken oder Mäntel über die Knie geschlagen und baumeln die Beine in die Luft hinaus und bringen Leib und Seele an den Tag heran. Manche rennen nach Zeitungen, und Andre springen hintenaus und ducken sich, aber nicht ganz ungesehen, vor den Büschen zur Erde nieder – ja, was sollen sie sonst tun?

Heute zählte die Zeitung die Beute von Nowo-Georgiewsk: 1640 Geschütze, 23 219 Gewehre, 103 Maschinengewehre und viel Munition – in Kowno 1301 Geschütze.

So ganz freiwillig scheint der Rückzug also wohl doch nicht geschehen zu sein. Oder was gedachten sie mit 2–3000 Geschützen in deutschen Händen zu vollbringen? Sollten wir uns gegenseitig damit umbringen – so wird auch dieser Trick mißlingen, wir »dumme Deutsche« verstehen uns halt gar zu wenig auf die tiefe Slavennatur.

Mit Meinck-Vater stand ich einen Augenblick im Wind vor der Ladentür. Er wußte von einem andern Vater, der seinem beurlaubten Sohne wie einem kleinen Kinde Alles abfragen muß. Ist er ungesehen, so steht er wohl ganz still für sich da und läßt Alles um sich herum sein, als ginge es ihn nichts an, grade so, »als hätte er 'n Kleinen weg.« Meinck prophezeite eine Degeneration der kommenden Geschlechter, wir sind um hundert Jahre zurückgebracht, gegen welche Meinung ich mich stark machte. Ich behauptete, daß eine bestandene schwere Probe ihren Lohn bekommt. Und weil ich nicht so ins Wilde zungendreschen wollte, brachte ich auch Beispiele auf und gab an, nach dem Kriege würden schwere politische und gesellschaftliche Probleme schlankweg ihre Lösung bekommen, da man gelernt habe, ohne viel Vorreden und Fragen den Hebel an die riesigsten Lasten zu setzen. Womit ich etwas vergröberte, was ich irgendwo feiner gelesen hatte. – –

Als Klaus und ich am Morgen frisch gewaschen unsern windigen Schulweg begingen, grüßte uns ein Feldgrauer, und siehe da, es war unser »Ober« vom Bahnhof. Er war auf Urlaub, lag sonst im Lazarett in Zehlendorf und hatte einen Kopfschuß am Augenwinkel links hinein, querdurch hinterm rechten Ohr wieder hinaus bekommen. Das rechte Gehör war fort, Nerven jämmerlich zugerichtet, aber dem Kerl war für den Augenschein die dünnblütige Kellnerhaftigkeit herausgetrieben.

19. September 1915. Sonntag. Die Zirkusmenagerie Holzmüller ist angelangt und hat zwei Zelte vor dem Gleviner Tor errichtet, einen

Zirkus und eine Tierschau und das Gebrüll der Löwen bestreicht den Pfingstberg. Immer noch, auch heutigen Sonntagmorgens, ist die ostwestliche Gewalt, diesmal vom kühlen Nordwind angeblasen, im Zuge. Klaus und ich sahen erst Militärzüge, dann die Bestien, diese Majestäten im Elend, nein, im Zuchthaus, denn im Elend könnten sie kämpfen und ums freie Dasein sterben, hier müssen sie für das lebensnotwendige Pferdefleisch Faxen machen und mit schwitzender Würdelosigkeit arbeiten. Aber das gehört in die Vorstellungen, wir sehen nur die Zellen, wo sie sich proletarierhaft drängen. Die struppigen Majestäten mit Ziegenbärten und verdächtig dünnen Kinnladen, wie in greisenhafter Zahnlosigkeit, mit pomphaft aufgestrubelter Mottenmähne, die um die magern Backen schlotterte, als wären sie entliehen für eine Versammlung in einem Konvent unecht gewordner Vornehmheiten, an die Leiber und Felle ihrer Maitressen als Wärmekissen gebettet oder sie über sich lagernd oder unter sich drängend, kurz, ein würdeloses Löwengewühl, aus dem wohl einmal ein Donnergrollen echten Wüstenhungers rummelte, Wand an Wand mit einem Schlafratzen von Tiger, einem anscheinend blinden Eisbären, einem schwindsüchtigen Sohlentrampler von Braunbärenkarikatur, hustenden Affen, einem Zebra und einem Kehrichthäuflein von Federn in einer Käfigecke, das sich als ein Kondor erwies, der den Kopf schaurig hartnäckig in den aufgeplusterten Federn vergrub. Er war so heruntergekommen, daß er nicht einmal einen Ast oder Pfahl hatte, um darauf, wenn nicht in Chimborassohöhe, so doch einen einzigen Lumpenmeter hoch über dem Erdboden zu hokken. Aber es war doch schön, so viel traurig-heimelige Luderkameradschaft roch und seufzte durch den Zeltraum, wo von oben ein aufgeklappter Leinendeckel eine Säule von Sonnenschein stoßen ließ und die klaffenden Wände, wo die Zeltbahnen nicht schlossen, der Nordwindkühle wie einer unbeliebten Frische Zugang zu einer verwunschenen Stickromantik ließ⟨en⟩. – – Als wir dann abends von der Weide aus dem Wald heimgingen, stießen wir mit dem Flitterpärchen Schult zusammen und schlossen uns zum Heimgang an, *sie* wollten noch gern den Generalstabsbericht lesen, und wir wollten dasselbe. Als wir über die Kuhregel durch die Hollstraße über die Langestraße querten, malte sich das Schwarzweißrot einer großen

Fahne auf unsre Herzen, und gegen den Markt zu knallte der Aufrufer einen wütenden Schrei aus dem Ausfallstor seiner Zähne: »Extrablätter!« Es drängte sich um ihn, und er haspelte mit seinen zwei Händen Einnehmen und Weggeben durcheinander. Wir lasen: Wilna ist unser. Die Russen sind auf eiligem Rückzuge vor Hindenburg, Mackensen, Eichhorn, Prinz Leopold her – – und so ist der frostige Sonntagabend voll Gnade. – – Soll ich noch einmal von der Kaiserin sprechen? Sie kam mir, als ich nach Tisch zu Kaffee und Zeitung bahnhofwärts eilte, gradeswegs entgegen. Schwesterntracht – oder nur das bei jungen Damen gehörige Pflegerinnenkostüm, wollte sie ins Lazarett? Ich fragte nicht.

20. September 1915. Montag. Um den wieder schadhaften Wasserhahn in der Küche auszubessern, wurde wieder der Klempner Abs geholt. Der Vater des Landsturmsohnes, der sich mit 35 Pfennigen für die Reparatur gut bezahlt sah. Aber der Sohn ist nicht mehr in Schwerin, sondern steht nun in Rußland, und der Alte wußte auch warum. Alle frischen, kriegsungewohnten Soldaten sind für Rußland gut genug, die alten Sieger, die Stürmer, die alte eiserne Front zieht um nach Westen. So erzählte mir Mutter, als sie bei einer morgendlichen Stopferei, rein wie ein weißes Knaul Baumwolle im Sonnenschein, möchte sagen: unterm Sonnenschein wie unter einer Brause von Licht, auf dem Küchenstuhl hockte und die Kochtöpfe auf dem Herde schmorgeln ließ, wie eine Lehrerin ihre Klasse bei stillsummender Tätigkeit hält. Und ich – dachte ein bißchen an meinen Magen, ein bißchen an meine frostigen Hände, an Ostwind aus dem wahren barbarischen Osten und dachte: Na ja, also Rußland. Gestern war sie vom Spaziergang zu Frau Rembeck eingekehrt, um bei ihr nach Äpfeln zu fragen, und war einer Frau mit einem Frischgeborenen im Arm begegnet, einem roten Würmchen mit, wie ihr schien, ungewöhnlich ausdrucksvoll gebildeter Nase. Das war Annas Kind. Anna hatte den Marinemaschinisten nicht geheiratet, wohl aber einen Andern, ich weiß nicht, was für einen, der jetzt in Rußland gefallen war – und das Kind war zu früh auf die Welt gekommen, die sein Vater soeben verlassen hatte. Mütter wie Mutter werden von solchen Vorfällen immer ein wenig in den Wurzeln gelockert.

Mein Photograph Bühring, der jetzt schon lange etwas Andres zu schaffen hat, als unter der Haustür auf Siegesnachrichten zu lauern, erzählte von seinem Sohn, der zweimal als Verwundeter auf Urlaub im Hause war, daß ers das erste Mal garnicht hätte erwarten können, wieder hinauszukommen, aber später wäre er lieber nicht zurückgegangen. Ein bärtiger und langschinkiger Krieger ward vom Bahnhof, von einem Rudel Mütter und Tanten eingekreist, stadtwärts gehütet. Die an seinem Arm war wohl seine Frau, die erste Wiedersehensverwirrung hatte sich schon gelegt, aber ihre Stimme war wundervoll schwingend, als sie leise, in Erklärung irgend eines vorangegangenen Wortes, sagte: »Weil du dir so einen Bart wachsen lassen hast...« Es war Scheu vor ihm darin und doch ein großartiger Jubel und Stolz. Er, mit einem etwas etruskischen Gesicht, großäugig, langnäsig, empfand ihre Regung als etwas freundlich Befremdendes. Er lächelte ungewiß und zog langsam seinen Arm aus ihrem. Ich dachte aber, den Bart wird er doch wohl abschneiden lassen. Heute in Primer Burg sah ich ihn, wieder mit Müttern und Tanten, an der windgeschützten Südseite des Holzhäuschens stehen, wo ich eigentlich mit Klaus Kaffee trinken wollte. Der Bart saß noch an seiner Backe, und weil er seinem kleinen Kopfe zu dem langen Leibe einen ausgleichenden wünschenswerten Zuwachs gebracht, so hatte der ganze Mann dadurch offenbar und hoffentlich auch für die Frau ein sommerreifes, auch für Herbst und Winter Gutes versprechendes Aussehen von Dauer und Festigkeit gewonnen. Er wird den Bart wohl wieder mit ins Feld nehmen und hoffentlich heil wieder zurückbringen.

1. Oktober 1915. Freitag. Ein Briefwechsel mit der Heiligen hat hinund hergewettert. Er kam über Däubler her, und was sie mir schrieb, war – Licht. Oder besser, es war Mondlicht, das Däublers Sonnenlicht zurückstrahlt, und gibt nur milden, ja, süßen Schein. Aber wiederum: mild – süß, das hat nichts mit ihrer Heiligkeit zu schaffen. Sie steigt steilauf ihre Wege, und Goethe ist ihr ein Jesuiter. Ich saß bei den schweren und langen Antwort-Episteln morgens im Atelier, steinschwingend, um warm, rauchend, um ruhig zu werden, zerriß zwei Antworten, die mich Nächte und Morgende gekostet, und empfing einen wundervollen Antwortbrief, den ich oft gelesen, aber doch nur soweit klug gekriegt habe, um zu sehen, daß ihr Wesen in lauterster Tiefe wurzelt.

Die englisch-französische Offensive hat mit halbem Glück und endlichem Mißlingen eingesetzt. Ihre »Siege« sind Sprünge in der Mauer gewesen, aber ich denke nun nicht, Sturmsprüche murmelnd, Zigarren paffend, im Schlafrock wandelnd, Bänkelsänger und Barde dieser Tage zu werden. Ich war nicht dabei, also sagt der Generalstabsbericht das Notwendige. Ich nämlich saß hinter dem allerdings noch kalten Ofen, belauerte meinen Magen, als hätte ein Drache schmerzlich brütende Eier hineingelegt, die auskriechend gleich zu beißen beginnen. Und las Reuter: »Ut mine Festungtid« und »Meine Vaterstadt Stavenhagen«, zum Tee vor Mutters und Klaus' weitgespannten Ohren lese ich seine »Stromtid«.

Heute Nachmittag hielt ein reisiggrüner, gesangdurchwogter, langer Zug mit Rekruten, wahren Soldatenküken, mit den Eierschalen ihrer Zivilbekleidung: Kragen, Manschetten und Schlipsen behaftet, im Bahnhof; sie wurden hier gespeist, indem jeder im Vorbeigedräng, das aber von vollbefiederten Soldaten gedämmt, gestaut und geschleust wurde, von Tischen auf dem ersten Bahnsteig, vor den Fenstern des Wartesaals, die Hände voll von irgend einem Mundvorrat bekam, der ihnen allerdings wohl die Mägen *nicht* voll gemacht hat. Lauter derbe, breite Leute, untermischt mit zarterem Nachwuchs. Einige gefielen sich nicht übel in einer sprudelnden Kälberlustigkeit. Die Meisten, und das schienen die Ausdauernden zu sein, füllten ihren Platz mit gefaßter Erwartung und ließen sich nicht antreiben und nicht zurückhalten. Welche Menge heiler Knochen und gesunder Beine, und wie wirds mit ihnen nach einigen Monaten sein!

Luises Schwager, der gestern, als wir beim Abendbrot saßen, mit ⟨ihr⟩ im Korridor gestanden hatte, wurde von mir, als er sich zu erkennen gegeben, zu einer Zigarre hereingeholt. Er war beim Vormarsch auf Paris, später in der Gegend von Arras, Soissons gewesen und brachte seine Sachen umsichtig, mehr laut als leise, aber ohne Übereilung heraus. Ihm war es ausgemacht, daß in Rußland nach Erreichung eines nahen Zieles abgebaut werden, die Strecke ge-

sperrt und zum Winter dann der Westen in die Mache genommen
werden würde. Er ist vorläufig hier in Garnison und wartet, über
kurz oder lang wieder an die scharfe frische Luft da draußen geschickt zu werden. Er tappte mit Mordsfingern auf meiner Karte
von Frankreich herum, als wische er die mißliebigen Hindernisse
unsres Sieges vom Blatt.

2. Oktober 1915. Sonnabend. Die Straße heute Morgen glich einer
zimperlichen Kohlezeichnung, auf der eine Hand mit einem Taschentuch hin- und hergefahren ist, so daß über das Ganze hin das weiße
Papier durchs zimperliche Grau herausschimmelt. Halb weggeblasen,
halb vom Nebelgrund verschluckt, war es ein richtiger Oktobermor-
gen, so frisch, daß es an die Fingerknochen kitzelte. Aber wie? Schon
hing die ganze Hageböckerstraße voller Fahnen, nebelmattes
Schwarzweißrot, in die graue Zeichnung hineingetuscht und von
einem Gummi herausradiert bis auf Proben oder mit einem Pinsel
vor dem Trocknen vom Blatt gesogen. Aber die Straße floß über
von der Flut farbiger Streifen – und ich spähte nachrichtenhungrig
nach Extrablättern. Da war etwas Überwältigendes plötzlich nieder-
gefahren, was den Tag schon früh überschwemmte mit seiner Herrlichkeit! Aber ich sah keine von Überraschung bestürmten Leute, der
Nebel, der die Fahnen tot machte, schien auch die Menschen matt zu
machen, und zwei Männer, die mir vorbeigingen, sprachen untereinander – »Ja, der muß ja natürlich gefeiert werden«, – – da fiel mir
ein: Hindenburgs 68ster Geburtstag!
    Vor zwei Tagen ging ich gegen Abend mit Klaus längs des Phi-
lippswegs, da riefen auch zwei Soldaten, die vom Lager stadtwärts
kamen: »Warum wird geflaggt?« worüber ich fast erschrak, denn
vor einigen Minuten war ich durch die ganz pomadig unbewimpelte
Stadt gegangen. Aber plötzlich, auf der Kaserne tanzte das ganze
Sturmfreudesignal mit allen Noten, und das Schloß winkte vom
höchsten Turm mit breiter Fahne herüber. Ich mußte die Soldaten
unbelehrt ziehen lassen und hatte nur Zeit, mir noch eben einfallen
zu lassen, daß ich am Morgen durch die Postfahne mit irgendeiner
unbestimmten Hoffnung geneckt worden war; als wir heimkehrten,
war Alles wie vorher, unheimlich erwartungsfaul, barsch alle Fah-

nenhoffnungen niederscheltend. Und der Grund der offiziellen Be-
flaggung? Frau Großherzogs Geburtstag!

Am dunklen Abend ging ich von Primer Burg auf dem Philippsweg
heim, als das schwere Dröhnen eines finstern Zuges, der mich überholte, meine verdroßne Abendeile aufhielt. Ich sah bald: Wie dunkle
Särge, aber bekränzte, liefen die schwarzen Gehäuse auf Rädern, in
so langer Folge, daß Platz genug schien, ganz Güstrows Einwohner
einzusargen und ins Grab zu schicken. Ein Militärzug, aber kein be-
lebter, wie es schien, und was sollten die Leute auch Besseres tun als
schlafen, und offenbar lagen sie nicht in Grabesdunkel, sondern in
einem Glimmerschein von Laternenlicht, wenigstens florte durch die
wenigen halboffenen Schiebetüren so etwas wie trübhelle Schnarch-
atmosphäre heraus in die Nacht, aber die meisten Wagen glichen
schwarzen Schicksalsfuhren, ein verborgener Abfuhrkondukt mas-
senhaft eingepökelter Pestleichen spukte vorüber, schlecht u. un-
ordentlich mit Buschgrün mehr verhöhnt als geschmückt. Aber es
sollte sich doch ein andrer Inhalt beweisen, denn nun wühlte beim
Anhalten die ganze Wucht der vielen tausend Zentner als Stimme
durch den Schlund der Lokomotive und entströmte einfahrtfordernd
ein Donnerwetter über die Köpfe der Herren im Güstrower Bahnhof. Das Drängen der Fahrt entspannte sich, und der Zug stand, aber
schon war die lange Wagenreihe vor mir ins Dunkel geglitten, und
ich sah nur noch grauüberzogene Gespenster von Gefährten, Plan-
wagen und unkenntliches Abenteuer von Heerestroßzubehör, bald
wie schornsteinkalibrige Geschützrohre anzusehen, die hochhinaus-
gereckt mit dem Dunkel rangen, bald verhängte Massen wie mit
schlotternden Fellen umgebene Gerippe von Urweltmonstr⟨en⟩ auf
flachen Wagen. Und wie der Zug stand, begann es in diesen Leibern
und Höhlen zu leben, Stimmen, rauh und doch ins neblige Dunkel
Getrostheit spendend, zündeten sich aneinander, durch die Tuch-
wände geizte Lichtschein, und von den Gerippen lösten sich dunkle
Gestalten, vorsichtig tastend ihren nächtlichen Bereich umschreibend.
Vermutungen, ob etwa eine Verpflegungsstation erreicht sei, warfen
die Schollen langen Schweigens von sich und grüßten hinter Wind-
schutzwänden hervor, und immer lag über dem Allen verhaltene Er-
gebenheit: Die Sieger vom Osten tragen ihr geduldiges Vertrauen

nach Westen, ja, mir im Dunkeln wollte diese gespenstige Verpak-
kung ein Sieg erscheinen, der gutgeschmiert und wohlverwahrt,
räderstark und rippenfest, geschüttelt und gerüttelt voll Gewißheit,
gut gewartet und gepflegt nach Frankreich gefahren wurde. Diese
einzige Stimme aus einer breiten Brust im Dunkeln, die ein paar ge-
drängte Worte über die Verpflegungsaussichten gesagt hatte, schien
aus dem gesunden Schlaf des reisenden Sieges wie ein Erleichterungs-
stoß seines Atems gelassen, ein behagliches Gebrumm traum- und
sorgloser Erquickung.

6. Oktober 1915. Mittwoch. Es oktobert fort, sozusagen. Die »Offensive« und ihr böser Ablauf macht das neblige, späte Tagen erst wirklich, und der »Offensive« Mißlingen erhellt das frühe Düstern des
Abends. Im Höppnerschen Garten las ich mir eine gefallene Birne vom
naßkalten Herbstboden zwischen frierendem Grün heraus, ⟨mich⟩
fror selbst, aber nicht unbehaglich, ja, der schwermütige Garten um
diese Zeit redet mir mit seinem betauten und ermatteten Grün, mit
Lebensfreudigkeit trotz allem Entsagen bei einem lächelnd höhnenden Verzicht auf alles Blumen- und Gräserglück herzhaft zu, gelinder Munterkeit bei aller Umhüllung mit Frostigkeit und Einsamkeit
nicht zu vergessen. Unverbitterte Frostigkeit und Einsamkeit als
wärmender Schutz? Wogegen? Nun gerade, wie es der Herbstgarten
tut, mit Dunkelheit und bunten Blättern auf den Wegen, mit leeren
Fruchtästen in leichtem Nebelschauder zwischen den Büschen und
über den Kohlbeeten, mit noch fast grünem Buschwerk und Baum-
laub und noch mehr fröstelnder als frierender Luft – es ist Klage und
Frage in der Luft und in der Brust, und die Gewißheit antwortet
schon wie schwebendes Ahnen, wie Wunderrede, die nicht gehört,
aber gewußt wird, daß Alles einmal in Tiefen glücklich ruhen wird.
Also Schutz gegen den Jammer des Vergehens. Schönheit und Glück
verpuppen sich, verspinnen sich, und aus Verlassenheit entsteht das
leichte Geflügel, der Taumel, der Traum von Besserem, Anderm,
Neuem.

Mit Mutter und Klaus rede ich von Bohnen und esse Trauben,
Klaus im Faltenschwung seines Regenmantels tanzt seine Oktober-
lust heraus wie im Mai die Frühlingsfreude. Die Straßen im feucht-

kühlen Winde beschlagen sich mit dunkelgrauem Naß, und wenn die
Laternen brennen, wirkt ihr Licht den Schatten der durchwindeten
Büsche auf das Pflaster, und die schwarzen Gewebe zerreißen vor
durchhinhetzendem Licht, und ihre Fasern durchsetzen es wieder,
binden es schattig und entringen es dem vollgesogenen Gewebe, daß
es flieht und fließt und entrinnt wie wäßriger Schein.

Als ich gestern wie am 2. Oktober im Dunkeln den Philippsweg
ging, kam mit demselben schweren Dröhnen wie der Militärtrans-
portzug ein Lazarettzug gefahren, ebenso lang, ja länger, aber keine
schlafende und im Dunkeln ruhende Kraft strömte im eisernen Bett
dahin, nein, hinter den beschlagenen Scheiben sah man undeutlich
das Lager der Ermatteten und Erlegenen. Das Licht wimmerte hervor und überlief wie Schmerzschaudern die Böschung des Bahn-
damms und den Weg – und mich.

8. Oktober 1915. Sonnabend. Es ist schlimm, wie das Leben flau ist,
sogar der barsche Oktober bringt mich kaum auf die Socken. Zwar
– ich gehe draußen, lasse die Hände frieren, soviel sie müssen, laufe
meine tüchtigen Kilometer ab, aber keinerlei Lust über mich, über
sonst ein Ding in der Welt macht mir warm. Der böse Magen hat
viel Schuld daran, er hält den Topf sauer, wie gern ich auch irgend-
womit, etwa mit einem ordentlichen Trunk oder Fußmarsch oder
Arbeit, einen besseren Geschmack ins Dasein brächte. Der graue
Himmel ist sein Helfershelfer, und der Krieg, er hat wieder Blei-
gewicht an unsre Füße gehängt. Zwar – sie sind nicht durchgekommen im Westen, und wir fühlen die Zuversicht, sie werden nicht
durchkommen, im Osten stehen wir als Sieger auf dem eroberten
Boden, im Süden gehts über Serbien her, Donau, Drina sind überschritten, Belgrad gefallen, Bulgarien hat sich als unser stiller Ge-
schäftsteilhaber entpuppt und wird wohl demnächst, unverhohlen
freundlich schnaufend, mordsmäßig ins Geschirr gehen, in Griechenland ist der vierverbandfreundliche Herr Venizelos wiederum ge-
stolpert, ein neutrallustiges Kabinett ist gebildet, und die Franzosen
und Engländer haben in Saloniki wohl kaum den Punkt gefunden,
von dem aus sie die Balkanwelt aus den Fugen heben können. – –
Aber wo ist der Horizont in dieser wilden See! Wo ist Land? Wir

fahren auf unsren guten, heilen Schiffen überm Bodenlosen im Uferlosen. – – Ich bin ja auch – dazu – in einem bitteren Zwischenzustand. Der Landsturmruf will nicht schallen, die Tage sind »lerrig« – – und die unendliche Muße will nicht schmecken. Nun, jetzt soll es endlich Holz geben, nun mag meine Arbeit beginnen – und fortgehen, solange es der Krieg vergönnt.

Friedrich Meinck soll Unteroffizier werden, und so heißt es für Mutting und Vadding, eine Uhr mit Leuchtblatt und Wecker beschaffen. Auch seine Strümpfe sind ihm gestohlen, die er zum Ausbessern schicken wollte. Und dabei wirds kalt und rauh, und die Liebesgaben wollen nicht an ihren Ort gelangen.

Den jungen Pierstorff in Feldgrau, seit drei Wochen in Rostock, jetzt zum Besuch, sah ich zu Hause, wo ich den Alten suchte, um mir ihn als Hebamme bei meiner Holzträchtigkeit zu sichern – zum Empfangen, Anfahren und Aufstellen der Stücke –. Der Junge rechnet damit, bald hinter die Front zur weiteren Ausbildung zu kommen. *

12. Oktober 1915. Dienstag. Noch immer rollt es westwärts, manchmal mit Laub wie mit Pfingstgrün bestedkt, manchmal in tüchtiger, feldgrauer Nüchternheit; die unermeßliche Arbeitsgeduld der Weltgeschichte selbst und das graue Rädergespinst der Bagagewagen und Plandächer stößt einen Hauch wie aus Grenzenlosigkeit früherer Zeiten vor sich her. Eine Völkerwanderung hat der Krieg auf Räder gesetzt, die Achse, die vor grauen Zeiten das Völkergewühl über die Erdteile schob, ist noch in Ehren, aber diese Zeit der eisernen Wagen verhundertfacht ihre Schnelle, die alte Achse setzt sich der jungen auf den Rücken und läßt sich zwischen den Grenzen hin- und herschnellen bis an die kahlen Öden, wo ihre kümmerliche Zurückgebliebenheit mit einem Schlage von ihr fällt. –

Um auch solches nicht zu vergessen· Die Butter gilt jetzt 2 M 60 Pf, und alle Tanten und Hausfrauen, die das bereden, brechen allsogleich in Wahrsagen aus, und so heißt es stracks, sie wird auf 3 M kommen. Schlachter Reinckes Schmalz sollte 2 M 50 das Pfund kosten: »muß«, meinte er gegen Mutter, die nun, im städtischen Schmalzverkauf, wo man aber nur 2 Pfund zur Zeit bekommt, 1 M 50 zahlt.

27. Oktober 1915. Mittwoch. So müde, Lebenswinzigkeiten festzu-
halten! Vielleicht kommt die Lust wieder in diesem Jahr. So würde
ich heute beginnen: daß mein Holz auf dem Pierstorffschen Wagen
mich vor der Ateliertür erwartete, als ich heute Morgen mit keiner
anderen Absicht, als gedärmleidig mit einem bißchen Punktemessen
am Hilfsmodell meiner Arbeit erbärmlich den Tag zu verbringen,
gegen 10 Uhr vom Bahnhof kam. Die Kiste wurde, als drei starke
Männer zusammen waren, hineingewalzt, die Wurmschrauben aus-
gebohrt, der glatte, rotwarme Holzleib ausgesargt – – na, und steht
heute Nacht schon mit vier Punkten wie von holzlüsternen Löwen-
zähnen angefressen in der wunderbaren Majestät seiner Geduldig-
keit da.

Inzwischen die Wochen haben die Briefe der Heiligen ausgefüllt.
Von ihr welche zu bekommen, ist schon ein kleiner Neubeginn des
Lebens. Aber mehr Geist als Heiligkeit, das muß erkannt werden!
Über Goethe und Däubler kam es her – das donnerlose Wetter-
geleuchte, wie über zwei breite Gewässer – und immer noch wirft ein
– nicht wilder, aber auch nicht milder – sondern hüpfender Geist
seine Leuchtbogen hin und wieder und knüpft ein schönes Licht-
gekraus über seiner Erde. Und doch: am Ende mündet all der Geist
in Heiligkeit. Ich saß manchen Vormittag in der Werkstatt und
schrieb Antworten.

Friedrich Meinck hat sich nunmehr zur Infanterie gemeldet. Er bat
seinen Vater, er möchts ihm nicht übelnehmen – er steckt schon im
Schützengraben und wird von einem dägten Unteroffizier ausgebildet. Das Fuhrwesen bei der Munitionskolonne war ihm zu pomadig,
zu mildtätig gewesen, dieser junge Herr Buchbinder dürstet nach
wilderen Taten. Auch Einquartierung haben wir wieder, das Seligen-
städter Bataillon ist wegen böser Geschichten gegen das Wismarsche
ausgetauscht. Die Gefangenen haben sich bei der russischen – denke
ich! – Prüfungsabordnung beklagt, als ausgeplündert oder was weiß
ich. Die Landstürmer hätten ihnen Branntwein gegen ungeheures
Geld verschafft. – – Nun, unser Unteroffizier Reinke aus Wismar
ist also jetzt mein Stubengenosse an manchem Abend, wir trinken
Tee, rauchen und klönen. Ein ordentlicher, verständiger Mann mit
viel menschlicher, schlichter Eigenheit. Er spricht gut über inneres

und äußeres Leben. Der Hang zu ersterem ist seinem Schlag zuzurechnen, der Verstand für Manches beim andern ist von dem alten Wismar gedüngt. Der Däublerturm – St. Georg – soll eine schlanke Spitze bekommen! Aber heute muß mein verständiger Unteroffizier vor meiner Müdigkeit die hanseatischen Segel streichen, meine Holzmajestät in der Werkstatt hat meine Kräfte an sich gesogen, und mein Bett soll mich zur Nacht wieder munter hüten.

30. Oktober 1915. Sonnabend. Wir hatten Winterfrost, ich fror nachts im Bett, aber tags machte mich die Arbeit am Holz warm. Es ist ein Segen, man arbeitet nicht, man wird gearbeitet, die Stunden halten die Luft an, die Späne fliegen, die Meßstöcke springen in meinen Händen hin und her, und manchmal, von zweierlei verschiedenen Kommandos angefahren, steht der Bildhauer, der ja nur einzeln ist, zwischen zwei Bewegungen still, wie eine Maschine, die gleichzeitig Vor- und Rückdampf bekommt, einen im rechten, den andern im linken Schieberkasten. Dann greift man wohl nach der Zigarre im Mund und denkt, den Bleistift zu fassen, oder bewehrt sich rechts mit einem Gerät, dessen Bravheit vor dem in der Linken nur zum Gespött wird – Bravheit, d. h. Bestimmung, Geneigtheit. – Gegen 4 Uhr, kurz bevor es dämmrig wird, bringt Klaus die Thermosflasche mit Tee, und Mutter folgt auf dem Fuße mit Vesperbrot – und endlich stolpert ein Nachtschatten über hartbekrustete Maulwurfshügel der frierenden Gegenstandlosigkeit von Kuhweide. Zum Abendbrot erwartet Klaus den väterlichen Vorleser von Reuters »Festungstid«, und war es gestern das bitterböse Hausvogteikapitel, so war es heute der lustige Spektakel mit den weißen Mäusen in der Kienrußschachtel als Pilsener für Aurelle. So verging der Abend mit Lachen, und Klaus labt sich am Lachen. – Um den Tagesanfang wenigstens am Ende schattenhaft bescheiden mithuschen zu lassen, muß ich gestehen, daß ich vor dem Frühstück wegen einer Karlsbader Kur eine halbe Stunde auf der Chaussee friere. Dem Magen scheint aber damit geholfen zu werden, nur die Hände, die ich als zukünftiger Landstürmer dem bissigen Ostwind zum Benagen hinhalte, sind gar zu schnell verzehrt. – –

7. November 1915. Sonntag. Ich möchte nicht mehr schreiben – und tue es doch. Klaus war ein paar Tage nicht zur Schule, und gestern stellte der Doktor Scharlach fest. Heute klingelte ein Sendling von der Polizei und zwickte uns einen Schreckzettel an die Tür. Aber die Folgen dieses bißchen Hautröte dringen höher hinauf, wenigstens eine Treppe. Da sind drei schulpflichtige Kinder und werden ausgesperrt. Und die unvermeidlichen Folgen dringen noch weiter: Die Einquartierung soll aus dem Haus, und unsern Unteroffizier Reinke hat man schon mit der Isolierbaracke geschreckt.

Herr Westhoff war am Morgen bei mir im Atelier, wir saßen vor meinem anderthalb Wochen alten Werkstück, auf dem der Heerwurm der Meißelspuren wie eine fressende Schicht über schon verfallenen Leibern hinwühlt – und er erzählte von Friedrich Meinck, den er tags zuvor gesprochen hatte. Friedrich Meinck hat Urlaub und geht dann zur weiteren Ausbildung irgendwohin. 14 Tage Schützengraben hat er als Infanterist hinter sich. Seine Eindrücke? Na, da ist ein Kamerad beim Wasserholen gefallen, durch den Kopf geschossen, und die »Kameraden« hatten ihn seitwärts gebettet, aber gleich danach sich wie Aasgeier auf den herrenlosen Tornister gestürzt und dessen Inhalt unter sich geteilt. – – Aber besser: die Stimmungen aller Tages- und Nachtstunden in Galizien, Kälte und Hitze, Verhalten und ⟨Gehaben⟩ jeder Minute der Zeit, Klingen und lautes und leises Besprechen aller wechselnden Zustände untereinander hätte er in sich gefaßt. Sie hätten viel von Krankheiten gelitten, Cholera und Magenleiden hätten unter ihnen aufgeräumt, und lieber, hätte er gesagt, wollte er im Gefecht sterben als beim Marsch wie ein Stück Vieh am Wege liegen bleiben. – – Gestern und heute ist der Schallkrater des Ausrufers wieder aufgebrochen. Gestern ist Nisch von Bulgaren besetzt und heute deutsch-österreichische Erfolge stürmisch ins Serbenland hineingestoßen. Viele Geschütze und Gefangene standen schwarz auf weiß. Donauweg und Eisenbahn liegen frei nach Konstantinopel, und die Vierverbandshilfe trottelt und zögert in Saloniki und weiß nicht, ob vor oder zurück.

18. November 1915. Donnerstag. Mir ist wieder wohl, diese talentlose Quälerei auf einer Pickelflöte von Stimmung hat sich ausgerast.

Wie klein ist der Mensch, ich meine diesen Menschen selbst! Daß Klaus krank war, das ließ er sich gefallen, daß aber auch Mutter einem Rheumatismus ins Fußeisen geriet, das nahm er übel, als wäre es eine Intrige eigens gegen ihn. Dazu rechnete er dann noch ein Überflüssiges an Verzögerung des Holzes von Berlin – und der gestrige Bußtag, dieser von schwerfeuchten Leichenwagen-Draperien verhängte Tag, wurde ein verbissenes Seufzen. Boshaft ist *er* dann und quält sein Nächstes, um es schadenfroh sich selbst zu beweisen, wie es mit ihm hapert. Aber heute Morgen, als *er* ins Atelier trat, spukte schon oder vielmehr dampfte als trüber Humor Vadder Zimmermann darin hin und her, rauchte seine einzige Morgenpfeife, die er handhabt und mit den Lippen anzapft, als lernte ers gerade, und zwar widerwillig und enttäuscht, und wärmte sich an den letzten Resten meiner Ofenwärme, weil er sonst nicht wußte, wo aus und ein vor seinen stubenfegenden Frauenzimmern. Wir standen dann und schimpften, gemeinsam qualmend, auf die Ungemütlichkeit der Reinmacherei, daß es dampfte, gerade als hätte sie uns mit Besen herausgeprügelt. Aber dann bestellte ich meinen Tischler Büntzel, der mir das Lagerholz für die Kaminwand rüsten sollte, ab, fand ihn ernsthaft und handwerksmäßig gewissenhaft sein Wurstbutterbrot frühstücken, kaufte einen patentierten Spritkocher und bereitete Mutter zu Hause damit und mit einem Kessel kochenden Wassers ein Dampfbad. Klaus ereiferte sich bis zur strudelnden Lust an dem flackernden Blaufeuer und später an dem knisternden Feuermoos, wenn die Flammen sterbend und eingefallen auf den Sieblöchern brüten, er streichelte die messingne Kugel mit den Händen und hätte gar zu gern gewußt, wie es mit dem Preis dafür beschaffen sei. »Wie ein Wunder«, sagte Mutter hinterdrein auf dem Sofa, das Bein noch besonders unter Kissen, um die reifende Heilung nach Kräften zu fördern – und so war ich für den Morgen wieder mir selbst zugesprochen. Ich denke über Arbeiten nach: Wie wäre es mit dem »Inventar«? Aber am Abend im nördlichen Novemberwind auf der grauheimeligen Chaussee wollte mir das Inventarisieren zu wenig dünken, es sollte lieber geschöpft und gestaltet sein!

25. November 1915. Donnerstag. Dieselben drei starken Männer wie am 27. Oktober rollten mein linkes Seitenstück Holz fein eingeschroben bei Schneefall vom Wagen auf Walzen ins Trockne. Es wurde dem ersten Stück zur Seite gestellt, von der lebendigen und zuverlässigen Hubkraft arbeitgewohnter Männer aufgerichtet und mit Streben nach vorn und hinten vor Fallen und Rucken gesichert. Es kam mir vor wie mein Götzenbild, als es erwartungsstill dastand! Solche Augenblicke sind meine stillsten und schönsten Feste. – – Mutters Rheumatismus-Knie macht jetzt das Haus unsicher, es droht ein Erdbeben unter den Grundmauern – denn es braucht seine Launen nur wenig zu verschlechtern, und der Hausstand fängt an, im Gefüge zu bröckeln. Selbst mein Götze im Atelier ist gegen das Knie ein Hanswurst; wenn das Knie kommandiert, müssen selbst die Götter kuschen. Der November schnauft barbarisch über uns hin, oft waren die Tage so dunkel, daß die Hühner, deren Stall von meinem Vorraum abgeteilt ist, schon bald nach 3 schlafen gingen. Ihr Scharren, wenn sie sich auf den Sprossen die Plätze einander abquälen, ist mir bei der Arbeit das Zeichen des Feierns. Dann wird wohl noch ein wenig gehämmert und der Meißel zu einem letzten Anfall gegen eine verwünschte Holzdicke gehetzt, aber wenn er sich dabei nicht den Hals gebrochen hat, entläßt ihn die vernünftige Hand doch bald zur Ruhe.

Klaus soll nun nächstens einmal mit mir zum erstenmal ins Freie bis in die »Werkstatt« kommen.

3. Dezember 1915. Freitag. Kriegsbeorderung nach Rostock zum 7. Dezember.

26. Februar 1916. Sonnabend. Am vorigen Sonnabend wurde ich von Sonderburg, meiner Garnison, entlassen. Die Geschichte meiner Entlassung will ich nicht schreiben, nur kurz: Die Freunde in Berlin haben sie gemacht, und ich habe sie gewünscht. Warum? Das Alles kurz und klein von einander zu säubern, bin ich nicht Manns genug. Aber: 8 Wochen bin ich als 46Jähriger Winterrekrut gewesen und oft mit Freuden. Ja, im Lockstedter Lager, im Barackenlager, auf dem Strohsack, beim Schießen, Marschieren, Patrouillengehen auf der Heide war ich glücklich. Bald darauf wurde ich untersucht und genau vor drei Wochen garnisonsdienstfähig zur dritten Kompanie (aus dem Rekrutendepot 1) versetzt. Und so habe ich die letzten zwei Wochen zumeist in der Reitbahn und ⟨im⟩ Wagenhaus gestanden, gewartet, rechtsum, linksum, »Zum Schuß! – fertig!« geübt und Alles immer wieder. Gewartet auf meine – Befreiung. »Untersucht« bin ich vielleicht, weil man mich von oben her garnisonsdienstfähig sehen wollte, um mich desto geräuschloser hinausschieben zu können. Vielleicht – es wurden um diese Zeit mit mir 20 Andre »g« und bald darauf 25 Andre. Also: Vielleicht. Als ich im schnell beschafften Zivilzeug auf dem Gang zum Bahnhof dem Oberleutnant begegnete, sprach der mich an und wollte mir erklären, wie es gekommen wäre. Ich habe aber nichts verstanden, jedenfalls nichts von der Eingabe Gauls, Liebermanns, Slevogts u. A. beim Kriegsminister. Er sagte aber etwas von einem Briefe Ltn. Dietzels und am Ende: es sei von keiner Schiebung die Rede, die Untersuchung ordentlich und ausschlaggebend und – zuletzt: »Was sollen wir mit all diesen Leuten!«

Und so sitze ich wieder zu Haus bei Großmutter, Klaus und der Arbeit. Denke bisweilen und erzähle von meinen Kameraden – den Weh-Leuten – Wedig, Wagenknecht, Wiese, Wurmer, und erinnere mich, uns in Briefen wahre Falstaff-Soldaten geheißen zu haben: – die eine Grube so gut füllen wie Andre.

Dietzel ist am 1. Februar gefallen. Drei Tage vorher schrieb er mir: »Manchmal quält mich die schlimmste Vorstellung brennend, daß ich meine Frau niemals wiedersehen werde«.

Ringreiterplatz, Ringreiterhalle, Großer Platz, Schloßkaserne, Perlstraße, Bergstraße waren unsre Hauptorte in Sonderburg – aber Ringreiterplatz – weh! Da vor Sonnenaufgang im Schlamm stehen, die Finger am Gewehr, frierend und bankerott am eigenen Ich, angedonnert vom Feldwebel Kähler, dem Krakeeler vor Allem, das war bitter und doch gesund. Ich habe mit den Andern geschimpft, laut, wenn wir allein waren, lautlos, wenn es über unsre Knie und Ellbogen herging in Reih und Glied, aber immer schnell gedacht: Wie gut, daß du es schaffst, und wie gut für die Andern, daß sie einmal die Bürgerlichkeit verlernen. Ein kaltes, windiges Fegefeuer für Spießerseelen! Und in dem niedrigen Zimmer bei Frau Iversen, im

Lehnstuhl am Ofen abends bei Kerzenlichtern, sammelte der geschlagene Barlach sein Selbst wieder zusammen.

28. Februar 1916. Sonderbarer Zustand, keine Lust zu erzählen, tagebuchweise mich selbst zu betrügen, denn wer, der schreibt, schreibt seinetwegen allein? Ich wünsche mich und mein Erlebnis so oder so dargestellt, formuliert, festgelegt – na, doch für irgendwen, irgend ein bißchen Mit- und Nachwelt? Und wenn auch nur für meinen Sohn oder einen verrückten Bewunderer. Was möchte ich lieber? Na, vorläufig nichts, der bitterböse Ernst von Sonderburg steckt in mir wie ein barscher Winter, eisig, bissig, lähmend – aber gesund. Oder doch ehrlich in seiner Verfrorenheit und Abkehr vom Jugendlichen u. Frühlinghaften. Ich denke doch, daß es ehrlich ist, wenn ich mich schäme, an die Kameraden zu denken. Ich mag nicht lesen u. las mit flau und flauer werdender Seele Däublers »Mit silberner Sichel« – zum Teil.

Aber ich bin mit Wut über meiner Arbeit, ich haue ins Holz, wie die Sonderburger »Exerziermeister« verlangten, daß wir »ins Eisen greifen« sollten. Ich möchte die Köpfe von drei oder vier Sonderburger Landsturmsoldaten modellieren. Wurmers Augen, über denen eine Wolkenstirn lastete, oder Broumanns Kopf – ja, wie soll man ohne Faxerei seinen Kopf »sagen«, man soll ihn zum Begreifen greifhaft in den Raum hinein biegen. Dann den mit den mächtigen Augbrauen über großen Augen, dem flachen Backenbart und dem hinterwärts geschnittenen Untergesicht, das im Spitzbart endet. Das wäre gut. In den Köpfen ist Schicksal. Ich habe noch nie solche gewaltigen Augen gesehen. So viel Trauer in Schädelhöhlen hocken. Aber schon wieder beginnt der Worttaten-Täter auszuholen. Prost, gute Nacht! Hätte ich bloß Diedrichs heisere Schruppigkeiten nachgeschrieben, der Mann war echt, der hätte auch im Granatenfeuer heiser gespöttelt. Nein, man muß sehen, ich wußte schon vorher, daß ein Ernst in Köpfen liegt, den ich noch nicht in mir habe oder erst ahne. Ich glaube (auch!) nicht mehr recht an Däublers Ernst.

1 Minute später. Vielleicht bin ich bloß müde vom Arbeiten. – Eins will ich noch sagen: Dies Stillsitzen vorm Ofen in Sonderburg am

Abend, eine Stunde, vielleicht zwei, manchmal nur eine halbe, war ein großes Erlebnis. Das Erlebnis seines Selbst. Man entdeckte *sich*, nichts Besonderes, nichts Geschmücktes, Schönes, Verehrungswürdiges, Gewandtes, Bewunderungswürdiges, nein, nur das Ich, das Wirkliche. Das Wirkliche ist das Gegenteil von der »Wirklichkeit«. Ich schrieb an Frau M.-B., abends (bei der Zigarre) komme ich mir vor wie Einer, der einen Abhang hinabgefallen ist und aus der Betäubung erwacht und zu merken anfängt, daß alle Glieder heil sind und er schließlich doch ganz komfortabel daliegt. Erstaunen, Friede, Glück im gedankenlosen Genuß der Zeit. Nicht wie im Schlaf – sondern bei hellstem Aufhorchen und Bewußtsein, aber ohne Gedankenform. Wie ein Säugling in die Welt stiert, Form und Farben schluckt und nichts weiß als Staunen und nichts hat als das Gefühl des Genügens an dem Wunder. Das Neue ist das Wunder, denke ich dabei, das Blicken ins Unbekannte, das Ich hob an so etwas wie Neusein in der Welt.

Nun möchte ich ein Drama machen, etwa so: Die Toten sind nicht tot, wir können ihr Leben und Wissen um uns nicht ertragen. Wir lehnen sie ab, wir müssen vergessen, um unser eignes Leben leben zu können. Uns graust bei der Vorstellung, sie wären um uns und sähen alle unsre Taten. – Schließlich – Gott, der alles sieht, weiß, merkt, nun, das ist wie mit den Toten. Wir können ihn nicht ertragen, letzten Endes glaubt Niemand an Gott, denn Niemand beträgt sich so, als ob Gott allgegenwärtig wäre. Man kann mit ihm wundervoll polemisieren, also: Gott ist nicht, wie die Toten nicht sind, d. h. nicht für uns, für unser Gemüt, unsre Vernunft. Gott ist angestellt als Pfänder, als Polizist von den Reichen. Sie selbst passen auf und behaupten: Gott tut es. Wer wirklich an Gott glaubte, müßte sterben (?), falls er Ernst macht und nicht etwa einen Menschen in Gott maskiert (vergöttert). Wir glauben also an Götter, denn jeder hat sein eigenes Bildnis in der Seele von »seinem« Gott. Einen wissenden, lebenden Toten ertragen wir nicht, viel weniger einen allmächtigen, allwissenden Gott. Was nun? Wir wollen aber einen. Wir müssen einen bauen. Wenn ich lüge, einmal, so weiß es Gott, und wenn er es vergibt, vergessen kann ers nicht. Ich auch nicht, u. wenn ich zu Gott komme, so komme ich mit der Lüge zu Gott in Ewigkeit. Schließlich: Da Gott ist, so ist er anders als wir: ohne Erinnern, Wissen, Urteilen. Wissen kann ichs nicht, sehen nicht, hören nicht, also nicht glauben letzten Endes. Aber etwas muß ich glauben können, das besteht. Das ist die Lust, der Trieb, das Muß, das Wünschen – da ist Gott.

29. Mai 1916. Vater Meinck tuschelt über den Ladentisch, nachdem er mir erst die Hand geschüttelt, aus Freude, daß Friedrich jetzt hinter der Front steht – er tuschelt: »Sie haben vier Tage ohne Unterstand im Trommelfeuer gelegen, ein Unteroffizier hat die Kompanie zurückgeführt, weil alle andern Vorgesetzten tot, verwundet oder durch Schock gelähmt waren. Auf jedem Gesicht, sagt er, steht geschrieben: ›Mein Gott, mein Gott, warum hast du mich verlassen!‹ – – Gott schütze euch, Gott schütze das Vaterland – –«

Vater Meinck folgt mir vor die Tür und weiß noch sonstwas. Ein Urlauber erklärt ganz seelenruhig: Er gehe nicht mehr ins Feuer. Man hält ihm vor, er würde bestraft werden, aber er sagt: »Es ist mir recht, mag man mich bestrafen, ich gehe nicht wieder ins Feuer.« (Er verrät: Irgendwo hinter der Front ist ein deutsches Kriegsgefangenenlager: Soldaten, die nicht kämpfen wollen – – – –)

Meine Arbeit ist fertig, diese Woche geht sie ab. Zwei Platten, rechts und links unten, müssen noch entworfen werden.

Friedrich Meinck steht auf der Höhe 304, Döschers Sohn auf dem »Toten Mann«. Sie haben Mütter und Väter, die es wissen, wie es vor Verdun hergeht. Aber die Franzosen haben die gottverlassenen Deutschen doch nicht zurückgebracht. Sie kommen sogar vorwärts.

Flurwärter Pipelow geht wieder auf Berufswegen zum Unergründlichen See. Als ich es ihm einst in Sonderburg vorstellte, schien es recht unwahrscheinlich, daß wir beide uns an sommerfriedlichen Tagen dieses Jahres hier begegnen würden. Gestern trafen wir uns, er von zwei Jungen, ich von Klaus umkreist, auf der Höhe über dem See. Der Sonntagnachmittag war lauwarm beträpfelt, Korn und Blatt schießt, und der Mai treibt es, als wäre er ein einziges Gewächshaus. Man möchte fromm glauben, daß Gottvater sich als Musterlandwirt zeigen wolle und sich bitter quäle, den deutschen Soldaten noch im

Juli Brot die Menge zu schaffen. Die Felder haben einen grünen
Überfluß aufgeladen. Die Mühle hinter dem Kamelshöcker schert
mit bloß zwei Rasiermesserflügeln Wolkenbärte vom Himmelsbak-
ken. Man möchte denken, ein neues Paar Flügel wäre notwendig,
weil die kommende Mahlarbeit frische, vollausgeruhte Kräfte ver-
lange. Na, und weil ich einmal schreibe: Die Seife ist so teuer wie
Speck – aber wir haben noch ab und zu in der Woche Fleisch auf dem
Tisch, aber geschmort wird das mürbe Gut in Öl.

Draußen schrillt es verworren über Frieden und Krieg. Ich spaziere durch den Mai, aber wie ein Armersünder, ich werde nicht recht
froh – oder doch so selten. Einen Waldgang weiß ich aber, ich ging
wie eine Seele, die Alles vergaß und schweifend ruht. Dazu kommen
ein paar Stunden auf dem Deich und hinter dem Pfingstberg unter
Kiebitz- und Möwenruf. Er ist ein schriller und heiserer Urton aus
Sagenzeiten, der aufwirbelt, wenn man dem Brutsumpf näher-
kommt.

2. Juni 1916. Freitag. Als der Sextaner Klaus gegen 8 Uhr an der
Friedrich-Franz-Straße zur Domschule abschwenkte, hingen in den
Läden der Hageböckerstraße Extrablätter: die Seeschlacht zwischen
Skagerrak und Hornsriff ist am 31. Mai geschlagen. Die Fahnen
sprießten hervor – und ich – freute mich nicht. Ich bedenke ja: Die
Engländer haben schauderhafte Hiebe gekriegt, daran ist wohl kein
Zweifel. Aber freuen kann ich mich nicht darüber. – – Am Nachmittag ging es mit Vater Schult – Schult ist Vater geworden vor ca
drei Wochen – zur Klues. Er erzählt: In seiner Mutter Haus wohnt
der Geigenbauer Bausch, ein Kind bekommt er nach dem andern.
Neulich wars wieder so weit. Schults Mutter hört ihn nachts davon-
stolpern, tritt heraus und läßt sich bestätigen, daß wieder eins unterwegs ist. Er sitzt einen Augenblick auf der Treppe nieder im Dunkeln
und läßt sich bemitleiden. Dann benachrichtigt sie die Schwiegermutter, aber eine echte, eine Verächterin des Kindersegens! Sie hat es
ihm schon so oft gesagt, es geht nicht so weiter und überhaupt, sie
glaubt es nicht, daß wieder eins da sei, sie geht wieder heim und er-
hält sich bis zum Morgen die Selbsttäuschung lebendig. So geht es
jahrein, jahraus. *Er* muß die kranke Frau pflegen, Kinder hüten und

im selben Zimmer Geigen bauen – – – *sie* ist mehr Virtuosin auf
dem Klavier als zu sonst etwas brauchbar, am wenigsten als Mutter.
Dieser Geigenbauer hat einen Telefondraht zum Schloß in Schwerin,
und wenn es ihm gar zu schlecht geht – – ruft er Ihre Königl. Hoheit
Dörchläuchten-Mutter an, dann kommt bald ein Lakai und bringt
Geld. Er stammt aus Ludwigslust, da war zugleich vor Zeiten der
Organist Bitch, ein guter Orgelkünstler, Geizhals und Schmutzfink,
dem im Forsthaus am Einzeltisch auf Wachstuch serviert wird, weil
niemand mit ihm vom selben Tisch speisen will. Manchmal, ganz
selten, bittet er Gäste, und dann kanns geschehen, daß der Nachttopf
unterm Stuhl steht. Der dritte Künstler war ein Knurrhahn von
Maler, jetzt verheiratet mit einer 50jährigen Scheußlichkeit, woh-
nend in einer Art von Gartenhaus oder Stall und menschenfeindlich
unzugänglich, ewig verzankt mit allen Mietern seines Hauses, und,
sagt Schult, wenn diese Meister in Ludwigslust dreieinig wären,
kann man sich denken, was für Vorstellungen die Ludwigsluster von
Künstlern und am Ende von Kunst hatten. Auf dem Hinweg hatten
wir den Buchfinkenschlag studiert – – und als ich zu Anfang, ihn
abzuholen, wenige Minuten in seiner Stube war, stand Gluck aufgeschlagen auf dem Klavier. Er spielte mir ein Stück Unterweltschor
auf, und die Sonne schien auf den Teppich. Ich hörte viel, sah mehr
und ahnte einen unermeßlichen Frieden.

Ich muß Anstalten zur Absendung meiner Arbeit machen. –

6. Juni 1916. Dienstag. Filium Priami ornat gloria audaciae – über
solche Sätze muß ich mit Klaus zetern. Er fängt an: Filius . . . . und
stutzt bei Priamus, weiß nicht, was das für ein Monstrum von neuer
unbekannter Vokabel ist. Über vier solcher Kauübungen brütet er
von 5–7 Uhr. Und ich – schreibe diese Trollstücke ab ins Notizbuch,
denn ich will Kux hereinlegen. Kux streicht ihm nämlich bei gegen-
seitiger Korrektur die fehlerlosen Arbeiten voll Fehler, schmiert sie
ihm hinein – – nun haben wir uns vorgenommen, es soll ihm in Bälde
schlecht bekommen. Am Abend nach Tisch forschten wir, wie es
Menschen geziemt. Wir durchstocherten mit Stöcken, Stiefelhacken,
Fingern und Blicken die Lehmgrube bei Villa Maria, und Klaus
schleppte sich willig und freudig mit einem tüchtigen Stück Stein voll

von allerlei Muschelabdrücken. Als er dann schon beinah im Hemd war, wurde draußen ein Extrablatt ausgerufen, und so lasen wir zum Zubettgehen, daß Feldmarschall Lord Kitchener mit dem Panzer »Hampshire« untergegangen. Das Neueste ist aber doch, daß die Engländer in der Nordsee gesiegt haben wollen. So ist es richtig, ich war schon an ihnen irre geworden, als ihre Admiralität anfänglich schlecht und recht verlorene Schiffe aufgezählt, freilich nicht ohne die Schuld dem schlechten und für die deutsche Flotte so vorteilhaften Wetter zu geben. – – Gottlob, ich bin wieder im alten Fahrwasser und lasse von meinem Mast bunte Freudenwimpel über die Nordseeschlacht wehen. Überhaupt, es regen sich wieder Erwartungen vor dem Zukunftsgrunde. Die Wahrsagungen wimmeln. Am 10. Juni findet das *große Wellengrab* statt. Am 17. August soll Friede werden, und vorher sollen drei Kaiserreiche sich einigen. Fräulein Tina weiß Andres: Im Juli Offensive gegen die Engländer, und in Monatsfrist etwa hätten wir genug Unterseeboote, um England reglementmäßig zu blockieren. Um 6 Uhr heute früh sargte Tischler Büntzel meine drei großen Platten ein, nun gehen sie nach Berlin.

Und über Allem die Heilige, ein Brief, lang und voller seelischer Häkchen. Es fängt an, mich mürbe zu machen, sie verlangt Rechenschaft über Worte in einem Brief vor der Sonderburger Zeit, mich beizen ihre Selbstvergiftungen, ihr Tasten, Flattern, Umschweifen reizt und zersticht alles Einfache auf die unerquicklichste Art.

9. Juni 1916. Freitag. Klaus bekam Schläge. Mutter hatte erklärt, sie könne nicht mehr, müsse sich »außer dem Hause etwas suchen«. Er äfft ihr Sprechen nach, wenn sie ihm befiehlt. Kurz, es ist wahr, er ist unleidlich. Schon als ich in Sonderburg war, wollte sie ihn in eine Pension tun. Er ißt kaum, ist auch mein Tyrann mit seiner oft harten Widerhaarigkeit. Er gedeiht nicht, ist schmächtig, blaß, zur Weinerlichkeit bei jedem Anlaß aufgelegt, ein Piepling und Schlingel in eins. Das ist deine Kehrseite, lieber Klaus, wie tust du mir leid. Gestern warst du mit deiner Klasse in Rostock, da warfen sie dir zunächst die Mütze aus dem Zug. Dann schwatzten sie dir die Schokolade ab, die du essen solltest, dein Brot gabst du den Tieren, und zu Hause maul-

test du, und ich las auf deinem blassen Gesicht den Fluch, den dir
Vater und Mutter vererbt haben, mit Faustdreck und Tränen-
schlamm untermalt. Seit ich dich habe, habe ich Ansehen als Künstler, – kann sein, ich brauche einen Dorn im Fleische. Liebhaben soll
ja am Ende auch keinen Dank und Lust eintragen, und überhaupt,
deine Erziehung ist in Wahrheit meine Erziehung.

12. Juni 1916. Pfingstmontag. Das Wellengrab am 10. ist vergeblich
erwartet. War es uns ernst? Man könnte ein Drama machen und die
Menschen erproben. Eine Prophezeiung wird aufgebracht und verschieden je nach höherer oder gelinderer »Bildung« gewertet. Die
Weltanschauung der Menschen kann auf ihren Ernst geprüft werden. Vielleicht kann ein Jemand mit einer Botschaft betrogen werden, er muß einen Augenblick glauben und einen Augenblick seine –
(vorbereiteten) Folgerungen ziehen. Seine Überzeugung ist einen
Augenblick erschüttert, er muß bekennen: Unser Schicksal, vielleicht
nicht bestimmt, ist doch außer unsrer Sphäre Irgendwem geläufig.
Vorbekannt auf jeden Fall und zwar Wesen unsern Gefühlsschla-
ges, sozusagen andern Menschen, besseren, höheren – na, andern
Menschen. Das mit der Astrologie will ich gar nicht mal heranziehen. Das wäre umstürzend. Die Welten droben kreisen nicht nach
eignen egoistischen Schwerpunktgesetzen, sondern tanzen ihre Reigen unserm Ergehen vor? Oder aber: Unser Schicksal kristall⟨is⟩iert
sich aus Kreisen droben: Also sind die Kreise, Gestalten, keine Kreis-
gestalten, sondern die Körper, das Sicht-Meßbare von etwas Inne-
rem, mit dem wir verschicksalt sind.

Ich denke manchmal an das Gottdrama mit der Frage: Kann der
Mensch einen Gott ertragen? Oder braucht er nur einen zum »Zeitvertreib«, allerdings einem Zeitvertreib im höchsten Sinne, wenn das
Irdische vollkommen versagt, wenn eine mystische Leere in uns
gähnt – dann macht man sich, nicht aus Holz, aber ähnlich konstru-
ierend, einen Götzen und nennt ihn Gott. Da man einmal was für die
Sinne der Seele braucht, so wirds ein Gottvater. Man spiegelt sich
selbst in einem Allgut-Spiegel, und siehe, man sieht Gott. Manche
haben solchen Spiegel im Schapp, den sie ab und zu brauchen, Manche

haben einen Staatsspiegel in der guten Stube, Manche haben einen in der Tasche, das sind die Frommen. Aber selbst die können nicht ⟨im⟩ Anschauen ewig ausdauern, sie müssen ihn ab und zu ins Futteral stecken. (Manche mögen wohl immer »Gott« gegenwärtig halten. Dann ist es aber ein Onkel, ein Gevatter, ein bequemer Herr, der den ganzen Jammertrödel ansieht und, was schlimmer ist: ansehen mag.) *Dauernd verträgt kein Mensch seinen eignen Idealgott als gegenwärtigen.*

Ich denke an eine Scene: Jemand steht hinter Jemand, der ihn nicht eintreten hörte, und sieht ihn sich ein Stück Zucker aus der Dose langen. Sieht sich um – errötet und erschrickt. Schließlich lachen sie Beide, behalten aber Beide ein fatales Bewußtsein, der eine weiß: Er hat mich bei einer Schwäche oder nur ungewöhnlichen Befriedigung einer Begehrlichkeit, man sagt Näscherei, gesehen – er fügt die Näscherei zu meinem Bild. Der Andre sagt sich: Er hat gegen dich ein Häßlein, nur einen Wurm, aber immerhin einen mit einem Tröpflein Gift in sich, das am rechten Ort töten kann. – –

Aber großer Allgeist! Ein Etwas, das wir nicht »Er«, nicht »Sie«, eher »ES« nennen können. Also etwas, das in unsrer Erfahrung etwas Fatales ist, weder Mann noch Weib. Ein Geist ist Mann-Geist oder Weib-Geist, Bloß-Geist, da schlägt schon eine große Unverwandtschaft einen Schleier zwischen sich und mich. »Wir treten zum Beten vor Gott den gerechten«? Gerecht! Aber so, wie wir es verstehen. Tut er Unrecht? Das leugne ich ab, und wo ichs erfahre, deute ichs »gerecht« um. »Mein« Gott, da haben wir die Bescherung, er ist meine Vorstellung, mein Spiegel-Idealbild. Und doch – Allgeist? Einer, der Alles enthält? Also auch alle Eigenschaften aller Lumpen und Ekel? Wäre also »Lump und Luder« nur eine Anschauungsform von mir? In Wahrheit nur eine andre Art Strahlenbrechung des Geistes?

Überhaupt: Bin ich ein Splitterstrahl der geistigen Zentralsonne, wie kann ich anders als mit entfernter Ahnung das Ganze erfassen, daran teilnehmen, überhaupt Intresse daran haben! Dann wäre diese Ahnung schlimmer als ihr Mangel, weil sie als Ahnung etwas Mangelhaftes ist. Sie läßt mich als etwas unermeßlich Geringes erkennen, gibt nur freilich den Trost, mich als Teil eines Großen zu fühlen. Das ganze Verlangen nach dem Geist, der Sinn des Gott-wollens und Gottsuchens, hat aber einen Sinn. Den (grob gesagt): *selbst Gott zu werden*, nämlich Gott zu begreifen, zu fühlen wie er, seine Erhabenheit zu teilen, ihn zu »schauen«, und wäre es nur das Eine: den Sinn der Welt, des Menschdaseins richtig zu lernen. Wozu dient die Welt, was soll das Ganze? Dazu (und nun kommts!), damit begnügt sich der Christ: Gottes »Herrlichkeit zu schauen«, die Welt zu begreifen wie »ER«, zu erfahren: so und so ist dies und das und Alles zu deuten. Nietzsche: »Wenn es einen Gott gäbe, wie könntest du es ertragen, keiner zu sein. Also bist du ein Gott!«

Es ist aber zu wetten, daß das den Meisten nicht lange genügt. Sie werden (kann mans überhaupt begreifen) zu kritisieren anfangen und es besser verstehen. Ich für mein Teil (Barlach) glaube, es ge-nügt, Ehrfurcht und Dankbarkeit zu haben, für einen Menschen viel und jedenfalls ein Zustand, bei dem man sich über das Andre alles beruhigen kann. Ich habe die Ahnung von etwas, in dem mein Wesen sich gesund, zufrieden, glücklich, herrlich baden könne, sobald es dem Wesen über mir so gefällt. Warum ich das Alles nicht bin – weiß ich nicht. Es muß wohl Gründe geben, aber jedenfalls ist Dankbarkeit und Ehrfurcht ein tröstlicher Zustand. Daß ich – ich bin, daran kann ich praktisch keinen Zweifel haben, ohne das geht die Sache »mich« ja nichts an.

Aber das ist wahr: Am Ende will man »wie Gott« sein, sonst ist alles Mist, die ganze Gottgrübelei für die Katz.

Wenn ich das ertrüge: der Allgeist ist immer durchdringend da, dann müßte ich mich schon anders einrichten, falls ich ihn überhaupt für etwas Bedeutendes halten soll. Dann müßte ich immer durch-drungen bleiben, immer gottnah, ja gottgleich, denn das bißchen Unterschied bestände ja bloß im Äußern. (Ich könnte sagen: ein Pfurz Gottes, aber immerhin ein Teil von ihm und – – –)

Aber warum muß ich Brot erwerben und dafür lügen und Schänd-lichkeiten begehen? Wärs nicht besser, mich aufzuhängen? Davor schaudert das Gefühl zurück, es muß schon weit kommen, ehe das selbstverständlich wird. Ich kann aber nicht immer gottdurchdrungen sein, also schließe ich, Gott stößt mich von sich ab. Sprüht mich, spritzt mich von sich ab, wie ein kosmischer Gasball seine Tropfen in den Raum schleudert, aber immer anzieht und am Ende wieder in sich reißt.

17. Juni 1916. Sonnabend. Von Zeit zu Zeit kommt es so an mich, dann muß Luise meine Soldatenstiefeln vom Boden holen und sie tüchtig schmieren. Im Osten ist wieder dicke Luft. Seit zwölf Tagen spielt Rußland va banque. Ich weiß nicht, was das heißt, aber es scheint zu heißen, es muß nun gelingen oder es muß verzichtet werden. Die Österreicher weichen, die Front ist aber nicht durchbrochen, und für den Augenblick scheint der Stoß geschehen und damit gut. Menschen sind das billigste Betriebsmittel, es kann in beliebigen Mengen versaut werden, und auf Versauen – da verstehen sich die russischen Heerführer – mit so etwas belehr ich mich früh und spät aus Zeitungen –.

Es regnet seit Wochen, und so finde ich für mich die Gelegenheit recht, den Mantel überzulegen und den Sonnabend Nachmittag das Häuflein Stunden aus dem Leben herauszuheben und mir mit ihnen draußen im Wind, im feuchten Getropf, im kühlen Streicheln des Wests ein Eckchen Ewigkeit zu erbauen. Ich bin zufrieden, ich bin zu Haus, ich bin geborgen, wenn ich schweigen darf, nur zu lauschen, zu sehen brauche, dem magern Hündlein in der Klues ein Häpplein Wurst gönne, daß er doch wieder den Geschmack hat, den Buchfink an seinem Lied im Grün erkenne, den Wind in den Büschen begreife als das Unbegreifliche, als das Erbauliche, und gleichsam verborgen sitze ich außer mir in allem Sein. Wenn es mit dem Drama nach mir ginge, würde ich von heute an in guter Ruh bis ans Ende meiner Tage dran weben. Es sieht aber bisher nicht grade dramatisch drein. Aber ich – nehme mir Zeit.

18. Juni 1916. Sonntag. Wenn ich bei Frau Zimmermann ein Papiersäcklein Eier gnadenweise empfange, bin ich zu Hause wohl angesehen. Es kommt aber nur mehr selten zustande, solcher Handel, denn knapp, wie es in Allem ist, brauchen sie ihr Gelege selbst. Ich denke aber, da ich das ganze Jahr das Gegacker im Nebenraum meiner Werkstatt hören muß, kann ich wohl etwas vom Eierschatz für den Klaus heben. Und Erdbeeren verkaufen sie mir auch alltäglich.

Zwar erst seit zwei Tagen, aber es soll so weiter gehen. Alles errafft überall, was es Eßbares findet. Vor der Molkerei-Verkaufsstelle rottet sich zusammen, heute früh, ehe wir aufstanden, war Luise schon hinaus und half beim Butterverkauf stehen, warten und drängen. ¹/₄ Pfund brachte sie. Reis, Grieß, Haferflocken – alle. Zucker schöpfen wir zum Trinken soviel, wie sonst vom gehäuften Teelöffel ablief, an Milch gibt es von Frau Lücht nur einen Liter, aber dafür kann man Magermilch vom Molkereiwagen haben. Dagegen trägt uns Küstner frische Spargel zu. Vom Beet im Garten, dem ersten zwischen Steig und Kartoffelstück, haben heut die ersten Karotten gezogen werden können. Die gehören Klaus, der keinen Spargel ißt. Allsonntäglich bringen wir Küstner ein Brot oder ein halbes, Schinken, Schinkenspeck, Wurst, Käse, Honig, Marmelade, viel davon oder wenig, aber es findet sich doch immer wieder auf dem Tisch an. In der Klues hörte ich gestern von der Frau, daß der Sohn, wie sie lange erwartet, auf Urlaub zu Hause ist. Er hat sichs schlimmer gedacht, als ers fand. Aber seine Kameraden aus Westfalen oder Hessen freuen sich, vom Urlaub wieder an die Front zu kommen. Denn in der Heimat steht es schlimm, und in der Front gibts doch zu essen. Frau Höppner sagte Mutter: »Wir essen zu den Kartoffeln jeden Tag Salat«.

20. Juni 1916. Dienstag. Wetter erschöpft sich in wilder Dramatik, der Himmel schüttet wieder Windschauder, Regenschauer und Sonnenscheinfluten. Mutter läßt heizen, 12 Grad sind keine Sommerwärme für eine alte Frau. Ich gehe umher und weiß nur halb, daß ich in dies Treiben hineingehöre. Plastik? Jawoll, wenn ich nicht müßte! Vermutlich ohne die Peitsche würde ich nur stehen und beschauen – die Katze auf dem Pappdach unterm Apfelbaum im Hof, die ich aus dem Herzausschnitt des Häuschens belaure, wie sie eine Maus – immer noch nicht frißt, immer ihr wieder, dem Knäuel grauer Wolle, ein paar Schritte Fluchtraum läßt und dann nur ganz leis die Tatze drüber deckt. Nimmt sie auch einmal ins Maul, um Vorgeschmack zu haben, beißt aber doch zuletzt, den Kopf zum seitlichen Zerquetschen und Kauen schiefgehängt, ernstlich drauf ein und schluckt den haarigen Bissen in einem Stück. Oder sie kauert sich hinter einen

Wulst und scheint einen Schnappkrampf in den Kiefern zu haben,
wie da ein ahnungsloser Spatz, das Schwänzlein hoch, als wollte er
radschlagen wie ein Pfau, auf dem andern Dachgelände auf Spring-
federn mehr als Beinen unberechenbare Wege hüpft. Oder ich liege
ein Stück einer Minute mit dem Ellbogen auf dem Fensterbrett des
Ateliers und lasse das Gartenstück in der Sonne mich mit seinem Pa-
radiesesdunst anhauchen. Oder ich sitze beim Grog im Bahnhof und
lasse eine Stunde alle vierbeinigen Gedanken auf die Weide gehen,
die Leute denken, ich lese Zeitungen. Oder ich lese zum Nachmit-
tagskaffee Mutter und Klaus vor. Dabei wühlt sich Klaus, hat er ab-
gegessen, zuguterletzt mit einem Löffel Honig bei der Großmutter
ins Sofa und weint wie ein beleidigter Kater, wenn ich das Buch
zuklappen muß. Oder ich zerfleische das lallende Sätzchen Lateinisch
mit ihm: Sagittae erant arma Scytharum bellicosorum, wobei wir
überlegen, daß die Skythen keine Weiber sind, darum: = orum. Er
macht ganz brave Mienen dazu, es sieht beinahe so aus, als fände er
sein Teil Vergnügen daran, die Fehlerspatzen zu belauern und womöglich zu erschnappen. Ich habe heute die Skizze für die letzten
zwei Holzplatten in Gips geformt. Aber immer morgens zu den Zeitungen in den Bahnhof gelaufen und vor 11 Uhr schon wieder nach
dem Hamburger Fremdenblatt, der Morgenausgabe. Was macht die
russische Offensive? Sie scheint zu stehen. Wir sagen, es ist die letzte.
Wir sagen ja so viel!

23. Juni 1916. Freitag. Es ist wieder Sommer seit gestern, Südwind,
Heublau bepockt alle Wiesen, und offenbar hat die Krankheit schnellen Verlauf, Holunder blüht, es ist die schönste Zeit. Herr Frieg aus
Soest war bei mir, seine weißen Zähne, scharf gewetzt, schlitzen
beim Sprechen das Gesichtsbraun auf, und seine Rede ist durchblitzt
mit Funkenmystik. Er hat Däubler in Berlin gesehen und auch den
Brigantino-Onkel, der noch immer zu gleicher Zeit an 60 Zeitungen
wirkt, immer noch »gründen« will. In Hausschuhen, vernachlässigt,
hockt er im Café Vaterland, und wenn er geht, tut er es, um zu seiner
Nachtarbeit am Schundroman zu eilen, davon er mehrere zugleich
fertigt. Früher hat er mal einen Dampfer gemietet, seinen Gästen
seidenrote Fräcke gegeben und sein Geld zu Wasser gejubelt. Aber

sein Mut dauert, die Möbel seiner Wohnung »gehören« Däubler. Wir gingen in der Sonne über Wiesen und Deich und saßen in der »Burg« beim Kaffee.

15. Juli 1916. Sonnabend. Auf manchen Wiesen schwimmt das Heu. Die Regen fallen immer wütender, böswillig kommt es von Westen herauf, schiebt einmal mehr von Süden, manchmal mehr von Norden, aber – – – aber es verdirbt die Kartoffeln, verzögert wenigstens die Ernte. Nein doch, ich will nicht pinseln. Einfach: das Eßbare ist sehr knapp. Was wir von Butter aufstreichen, wäre schäbig, wenn es für Andre wäre. Fleisch? Nun ja – zuweilen steht eine Suppe von einem oder zwei Pfund auf dem Tisch, und das Gekochte reicht für zwei Tage. Sonst: Hering, Schinkenspeckscheibchen, aber die Erdbeeren waren reichlich, und die Erbsen mit Wurzeln, die frischen Kartoffeln sind auch da. Mit Hilfe von Sacharin-Süße schöpft Mutter rote Grütze. Ab und zu darf ich von Zimmermanns eine Tüte Eier heimtragen. Im ganzen werden wir es noch reichlich haben.

Ich war in Berlin, wo in dem Neubau Alsenstr. 3, 3a meine Kaminwand aufgestellt wurde. Ich meine, sie ist zu klein, sie sollte mächtiger sein. Ich hätte den Raum stärker füllen müssen, und der Raum hätte größer sein sollen. Madame war ungemütlich, ich schied kleinmütig und bin bei zwei unteren Seitenplatten mit einem tristen Grauen bei dem Bewußtsein, auch sie werden mich nicht retten.

Die Russen, die Italiener, die Franzosen, die Engländer mit allen Hilfsvölkern sind mit aller Gewalt über uns her. Aber nicht mit viel Glück. Wie es an den Fronten aussieht, weiß ich nicht. Die Berichte dürfen uns beruhigen, aber wer kann wirklich ruhig sein!

Das deutsche Handelsunterseeboot in Baltimore ist in diesen Tagen Weltmittelpunkt. Klaus und Herr Schult haben Ferien und ich mit ihnen. Wohl sollte ich arbeiten, aber ich sitze öfter, als rühmlich ist, in der Klues, im Schabernack, bei gutem, dunklem Kaffee mit viel Zucker und Milch, bei dickbelegten Bröten und paffenden Gesprächen. Z. B. auch heute trotz Regen und abschreckgrauem Himmel. Wir warten Alle, als wärs auf ein seliges Ende, halb ungläubig, ob es nicht dafür ein Schreckensende wird – auf Frieden. Die magre Hündin im Schabernack mit ihren ausgebeuteten Zitzen sah uns beim Kaffeetisch zu, als wollte sie drohen und weissagen, daß es mit uns übers Jahr auch nicht besser stehen würde. Und wir sehen gewiß nicht aufreizend Schwelgern gleich, weder Schult noch ich noch Klaus! Ich warf ihr ein Pröbchen Wurst- und Butterbrot zu, aber sie schlich bald davon, als ertrüge sie den Anblick nicht länger. Der Wirt von Klues, Hahndorf, sagte, es sei noch viel und gutes Vieh im Lande.

28. Juli 1916. Freitag. Seit einer Woche glänzt und gnadet gutes Erntewetter. Das Korn steht auf manchen Feldern schon in Hocken. Der Druck ist von uns gewichen mit der Angst vor einer verregneten Ernte. Klaus hüpft oder fliegt oder schwebt im Kirschbaum und zwischen Stachelbeerbüschen.

Wohlers war auf Herrn Schults Einladung einen guten Teil einer Woche hier, und so ging es an ein frisches Hocken in den Kaffeegärten und Grogvertilgen bei späten Versammlungen um die Tische vor dem Bahnhofshotel. Wohlers ist der Alte, langbeinig, hochschultrig, grade, normannisch-germanisch. Hecht im Hamburger Künstlerkarpfenteich, ein Hummer, der sein Opfer in die Scheren klemmt und nach Appetit und Laune anbeißt, mit dem alten Idealmaß von Anstand, Ehrlichkeit und doch auch Beschlagenheit und Tüchtigkeit Alles abschätzend, nicht mehr so unentwegt antisemitisch wie früher, odysseusschlau und eigentlich nur nach schärferem Trunk anschmiegsam.

5. August 1916. Sonnabend. Soldatenzeit steht wieder vor mir. Denn als ich bei Hartje und Lembke ein paar abgängige Hosenträger ersetzte, schloß der Kommis, daß sie zur Ausrüstung gehören sollten, und verwunderte sich, daß ich nichts von der bevorstehenden Musterung aller Zurückgesetzten, Entlassenen wußte. Ich ließ es mir gesagt sein und lasse es als wahrscheinlich gelten, daß gerade jetzt ein großes Durchsieben anhebt. Ich phantasiere schon davon, innerhalb einem Stücker 14 Tagen im Schützengraben zu stecken, habe aber doch bei Bruno Paul meine Reklamation für die Frist der Arbeit eingeleitet.

Heute morgen, als ich frisch, fromm durch die Lindenbäume zog,

flog mir eine Dramaidee in den Kopf wie geschossen. Darüber ent-
glomm meine Seele und schwögte und schwebte in allerlei wogenden
Touren, und darüber vergaß ⟨ich⟩ ganz und gar das Drama, der
Schuß war hinein- und hinausgegangen und hatte nichts als zwei
Löcher Erinnerung hinterlassen.

Die Holzplatte, die letzte, ist roh behauen, und nach einem
Spänegestöber dieses Morgens fühle ich mich mit gutem Gewissen
für den Nachmittag frei. Also auf mit Klaus zur Klues! Axel, sein
Sextabruder, der in der Klues Sommerfrische lebt, war den Tag in
Güstrow, und so wallten wir nach dem Kaffeetrunk waldwärts. Am
Bach, dem Nebelnebenfluß, im windgewiegten Wald, im Parterre der
Elfenwiese, wo aber ohne Elfen, nur mit rauschenden Kulissenwän-
den aus Laub gemimt wird, auf Jägersteigen längs dem Wasser-
rinnen wilderten wir durchs zeitlose Dasein. Zuletzt saßen wir jenseits der Straße an den Wirtstischen unter hohen Bäumen, und da
kamen zwei Leute, Mann und Frau, mit trocknem Holz bepackt und
rasteten gegenüber am Graben. Die Frau machte sich stadtfein, nämlich sie ließ den aufgeschlagenen Rock wieder hinab. Der Mann ging
hinein und holte etwas zu gemeinsamem Trinken und Essen aus dem
Hause. Dabei trappelten süße, sächsische Sommerfrischlinge vorüber,
und drei Frauen in hellen Kleidern streiften ihre wichtige Grazie
ebenso dicht an ihnen hin. Ich sagte zu Klaus: »Du, die da im Graben, die ich zeichnete, haben mehr menschliche Würde als alle diese
besseren Leute, uns eingeschlossen.« Wozu er halbwegs zu einem
Ja ansetzte.

18. August 1916. Freitag. Im Zeichen der Briefe von und an die Heilige. Wir schicken uns ganze Bücher ins Haus, und wenn man denkt:
sie hat vorläufig genug, so steckt ein fest mit großen Bogen gestopf-
ter Antwortbrief nach wenig Tagen im Kasten. Dann schneide ich
ihn im Bahnhof auf, nach der Zeitung, und lese zum zweiten Mal im
Atelier. Und über der Arbeit kaue ich ihn wieder.

Habe ich schon vergessen!? Das Entsetzliche vorgestern Abend?
Ich, Klaus und Mutter waren allein, nur wir wissens, und weiter soll
nichts davon gesagt werden. Wie sagte sie noch? »Schlag mich vor den
Kopf ... usw.?« Nein, *wie* sagte sie es – da hörts Beschreiben auf.

– – Die Heilige im letzten Brief gab mir recht: wir sind Sträflinge (wir Menschen), und sie hatte dafür gemeint: Götter im Incognito. Ja, Sträflinge sind wir, und das Büßen ist manchmal greulich hart. Ich habe in jener Nacht gebüßt. Kaum verlor ich die Erinnerung an das Böse, so stach es wieder hinein ins Herz, wo die Erinnerung wie ein frischgefangner Vogel wütete. Klaus an dem Abend war furchtsam und suchte leise meine Nähe.

Immer noch frankobritische Offensive, immer noch russische Stürme, immer noch italienischer Anfall, und immer noch wieder Sommerabende in der Klues. Wie am letzten Sonnabend, wo wir um 5 Uhr hinausfuhren, mit Mutter, um 9 wieder heim. Rehbraten, Waldspaziergang, Schlendern im Dorf bei Sonnenuntergang. Die jungen Störche, frisch vom Jahre, herrlich in bester Jugend, gesegnet von vielen Sonnentagen, übten ihre Schwingen, übten das Aufspießen der Ferne auf vorgestreckte Schnäbel und bebten leise mit den Leibern im Zug und Schwung der Flügelstöße. Was war mit der frankobritischen Offensive, was mit russischen Stürmen, was mit italienischem Anfall? Meine letzte Platte ist bis auf wenig fertig, meine Tage verlaufen im Wenigtun und viel Briefeschreiben. Abends, wenn ich vor der Redaktion in der Hageböckerstraße oder zu Hause aus der frischen Zeitung die Telegramme des Tages ansehe und Alles gut steht, d. h. wenn viel Tausend Menschen gegen uns gefallen, für uns zerschmettert, zerschunden, aus den Fugen Leibes und der Seele gegangen sind, dann gehts zum Abendbrot, und allerhöchstens wird noch ein wenig gezeichnet.

Lisabeth Reeps war einen Tag mitsamt ihrer serbischen Schildkröte bei uns. Und so tanzten die Kinder um sie herum und sangen sie an. Am Nachmittag ging ich mit ihr und Gaus zur Klues, und hinter der Klues auf Eidechsenfang. Ja, das war Klaus sein Tag! Er zog wie springender Sturm durchs Eidechsenreich, und bei jedem frischen Fang erschütterte Lisabeth bis ins Mark vor Glück und stieß ihre Seligkeit ins Jubelhorn. Sie bekam die geschwänzten Beweise von Klaus' Herrlichkeit ins Taschentuch wie einen Beutel gebunden, und am nächsten Morgen, als Mutter und ich noch beim Frühstück saßen, stand sie schon in der Tür. Klaus zottelte noch mit Hose und Jacke in seiner Stube, sie bekam zu kauen, und als er nach heftigem

Schlingen fort zu den Eidechsen stürmte, folgte sie ihm mit dem Honigbrot auf dem Teller. Aber er pfiff auf Honigbrot. »Er wird immer dünner«, klagte sie nun – »er will nichts essen, der Schlingel.« Um 10 Uhr brachte er sie an die Bahn.

24. August 1916. Donnerstag. Wie das gut gehen soll, weiß ich nicht. Täglich erzürnen sich Klaus und ich über seinen Schularbeiten, er ist wie vernagelt. Habe ich mich gefreut, wie er auf seinem Selbstfahrer die Straßen entlangzieht, so jammert er mich in meiner Seele, wenn er seine Kladde zeigt. Da ist das Kinderlallen auf Lateinisch mit Fehlern gespickt, manchmal kommen vier Fehler auf drei Worte. Und der arme Kerl schaut verständnislos darein, ich möchte am liebsten alles lassen, aber habe ich die Bürgerpflicht übernommen, wie anders kann es treiben, als ihn in die Schule zu jagen? Soll er schon in Sexta sitzen bleiben? Mit den ganz Kleinen wieder anfangen? – – – Über sowas verzage ich. – – Heute Morgen nach langer Zeit wieder hatten sich die Straßen mit Fahnen beblümt: U-»Deutschland« glücklich in Bremen zurück.

29. August 1916. Dienstag. Meine Arbeit, die Schlußstücke, sollen in dieser Woche fort. Und wir –? d. h. wir letztlich Ausgemusterten, Zurückgesetzten, das ganze zahme Heer derjenigen, die bis jetzt zum Weltkriegerheer nur als allerletzter Notbehelf gehörten? Sie nehmen jetzt Alles. Herr Schult, der als k.v. für Infanterie angesetzt ist, brachte mir gestern mit Hilfe seiner etwas blaß gewordenen Frau diese Nachricht von der Musterung mit. Ich selbst hatte keinen Stellungsbefehl bekommen, ich bin ja nicht wegen Krankheit befreit, sondern kann jeden Tag geholt werden. Auch Dr. Schultz, Klaus' Lateinlehrer, dessen Körperwert Herr Schult, gegen seinen eigenen gehalten, sehr gering schätzte, ist für gut genug befunden. Falstaff, Falstaff, dein Fähnlein wächst! Nun, da Rumänien Österreich-Ungarn den Krieg erklärt, denken wir, geht es bald über uns her. Daß Italien gegen uns darin mit gutem Beispiel voranging – na, ein Nachsatz ist überflüssig. Aber die Italiener! Jetzt wollen sie uns »Nachkommen der Völkerwanderungsbarbaren züchtigen«! Herrlich über die Maßen!

6. September 1916. Mittwoch. Sommeroffensive mit allergrößter Gewalt erneuert. Griechenland ganz in Ententehänden. Russen greifen erneut an. Aber warum das schreiben, es steht in jeder Zeitung viel besser, wenigstens in ordentlichen Sätzen. Ich sah eine Batterie aus unsrer Garnison gestern Morgen fortgehen. Ich lese morgens früh, vor Mittag, nach Tisch, abends die Zeitung, trinke viel Schwedischen Punsch, spaziere lange und suche dabei Pilze, speise gern und gut mütterliche Küche, treibe bißchen Latein mit Klaus, rücke mir die Däublerbüste zum Holzhauen ans Licht, erwarte ein Stück gelbliche Eiche von Büntzel, lebe mit einem Wort fast wie ein Toter. Ob es irgendwo Irgendwen gibt, der mein Inventar kennt? Oder bin ich der Einzige, der zuweilen durch einen Spalt auf sein bißchen Wenig blicken kann? Die Heilige nennt mich einen Helden »als Charakterart.« Bravo, ganz meine Meinung! Und – sag ich mir dies nun schriftlich auf den Kopf zu oder schreib ich es für einen späteren Leser als Beispiel rühmlichen Gehens ins Gericht mit mir selbst?? Bin ich nicht etwa recht heilfroh, daß *ich* nicht an der Somme stehe? Froh, daß die andern so brav sind und sich einer nach dem andern zerfetzen lassen? Geh ins Gericht, Barlach, es macht sich nicht schlecht! Es wäre vernünftiger, nichts von mir selbst zu sagen, denn es ist doch Geschmus. Schildere, irgendwas, mich selbst, wie ich heute Morgen durchs nasse Gras der Wiesen ging, zu Eichhörnchen im Wald, die auf Ästen sitzen und hinabfragen, natürlich bei sich selbst, ob ich harmlos weitergehe, irgendwas hinaufspreche, natürlich bei mir selbst – – wie ich die jungen Fasanen sich ins Gras tauchen sehe und doch immer den einen scharfen Vogelkopf noch zwischen die Gräser keilen sehe, wie mir die Nüchternheit des Morgens in allen Leibesorten, im Magen, im Herzen, in den Augenwinkeln, auf der Stirn kribbelt und erst langsam die Luft alles Mißbehagen ausfegt, wie ich die Augen nach Pilzen spüren lasse, wie etwa eine Hundsnase über dem Boden hängt und in Kreisen und Winkeln hin- und herstreicht. Was weiß man von sich selbst? Garnichts! Aber wie ein Reh über den Pfingstberg jagt, von zwei Soldaten, die hinten auf den Wiesen Heu machen, aufgestöbert, wie es seine Beine in die Luft sticht, wie seine rötliche Schlankheit unbegreiflich schnell den Rasen schneidet!

6. SEPTEMBER 1916

Ich dachte an die Somme und hörte in mir etwas auftauchen, das
klang: »An der Somme kühlem Strande . . .«, dachte dabei die Saale,
wo stehen Burgen stolz und kühn, und wanderte dort mit dem Klaus
– so viel und so wenig ringt man in sich und vermischt sich im Däm-
mern der Gedanken mit den Zeitgeschehnissen.

7. September 1916. Donnerstag. Herr Meinck, Vater Meinck stand
mit einem Mann im Gespräch auf dem Pferdemarkt, Fahnen wehten
nach langer Zeit und feierten den Sieg Deutscher und Bulgaren bei
Tutrakan. Vater Meinck rief mir zu, daß Friedrichs Urlaub zurück-
genommen sei, die Angriffsfront an der Somme hat sich verlängert,
es gibt keinen Urlaub. Ein Mann ging vorüber, und Vater Meinck
hob den Daumen: Der alte Herr hat heute die Nachricht bekommen,
daß sein Sohn gefallen. Seinen Daumen aber ließ ⟨er⟩ nicht sinken,
denn es gab noch andre Todesfälle nachzuweisen. Der So und So –
der dahinten in der und der Richtung wohnte, ist nicht mehr am
Leben, es gab viel zu tun für den Daumen. Ich begegnete der Frau,
die ich vor langer Zeit einmal, als ich beim Grog saß, im Bahnhof
anschwärmte. Da saß sie und brachte ihren Feldgrauen zur Bahn.
Jetzt geht sie in Schwarz, aber sie hat das Kind. Gut – die Fahnen
wehen, aber ich habe es satt, Festfreude bunt in mir wühlen zu lassen. Als ich kurz darauf bei Büntzel im Torweg stand, wo ich mir ein
Stück goldbraunes Eichenholz ausgesucht, wackelten wir beide mit
den Köpfen. Ich dachte an alle die Tornister, die geschleppt werden
müssen, ehe ein Sieg im Fahnenprunk prangen kann. Der junge Verwandte von Zimmermann, auf Urlaub direkt vom Balkan, hatte mir
erzählt, daß die Deutschen da elend genug drein schauen. Aber Tutrakan ist gestürmt, 20 000 Rumänen gefangen, über 400 Offiziere,
dazu über 100 Geschütze erbeutet! Bravo, herrlich! Ich war ja nicht
dabei und habe das Zuschauen und darf das Vergnügen einsacken.

Wir sind heute froh, Hammeltalg aufs Brot zu streichen, Honig
ist auch wieder da, und Frau Höppner, jetzt *unsre* Frau Höppner, hat
Mutter Wild versprochen, wenn es wieder mal welches für sie
von dem Nachbar Oberförster gibt, denn ihre Kinder »essen's
nicht.«

331

Am *27. September 1916, Donnerstag,* war ich einsam in der Klues, in den Taschen Pilze, in der Lunge den milden Herbst, in den Augen die Herbstsonne, im Magen Kaffee und ein Stück Fleisch vom Butterbrot, – ja, man müßte einmal den Küchenzettel abschreiben. Was wir haben, und was es Alles nicht gibt. Ein paar Tage mußte Morgens schon geheizt werden, daß zum Frühstück das Feuer im Ofen brannte. Da gibts wieder Honig aufs Brot, haben auch wieder Schmalz und einige Tage lang Butter. Zum Mittag einen zwei Fäuste großen Braten, einmal wöchentlich, sonst mal Hering, mal Spickaal, mal Leberwurst, mal Zunge – – gar kein Fleisch war nur einmal, soviel ich weiß, auf dem Tisch. Dazu Bohnen oder Kohlrabi, Fliedersuppe mit Zwieback oder Maisgrieß. Zum Kaffee Honig, Butter, Schmalz, aber natürlich nicht immer Alles und nur grade so oft knapp, daß man zwei bis drei Tage ganz dünn streicht. – Man sieht, es ist weiter nichts im Hause Barlach mit der Hungersnot.

Heizen tu ich Morgens, trag Schüsseln Mittags auf und ab, sowie Abends. Lauf mich viel nach Kartoffelkarten ⟨ab⟩ und ließ mir darauf bei Zimmermanns, meinen Mietsleuten in der Schützenstraße (Atelier), 50 Pfund auswiegen und ins Atelier stellen. Das sind meine Leistungen etwa. Sonst verbringe ich in Ruhe meine Tage, lobe im Herzen den Herbst und lasse mir auf den Wiesen diesen linden Sonnenschein hinter Schleiern über den Rücken streichen. Eine Sonne wie altersmilde Güte. Karl Barlachs Autoroman las ich und schrieb, während der Däubler aus gelblichem Eichenholz langsam hervorkroch, meine Kritik. Klaus soll morgen zu den Herbstferien sein erstes Gymnasialzeugnis bringen. Er lobt sein Schulwissen auf Kosten Andrer sehr. Er hat aber auch ganz tüchtig angesetzt, zwar keinen Speck, aber doch Gelehrsamkeit.

Und an der Somme gehts immer toller zu, sagen die Zeitungen. Zeppelinüberfälle auf England folgen einander. Zwei Schiffe sind abgeschossen. Unterseeboot »Bremen« ist doch endlich noch in New-London angekommen. Schult ist immer noch zu Haus, ich bin zu Haus, und gemeinsam, während der Kinderwagen im Holz steht, suchen wir Pilze. Heini schiebt ⟨Grete⟩ wortlos vor Entzücken über Baby und Wagen, und Frau Schult erzählt, wie sie morgens vor dem Postboten zittert. Ich, während meine Kommißstiefel im Abtritt auf dem Wasserkasten stillgestanden ausführen, denke kaum noch an die rote Ordre, die doch immer noch kommen kann. – –

Höppner, der Ehemann, war 14 Tage auf Urlaub, reiste schon längst wieder zur Somme ab. Seine fünf Kinder schlafen ahnungslos in ihren Betten, aber die Frau kann oft vor Ermüdung und Sorgen nicht schlafen. Was sonst – nun das, was mich heute zum Schreiben brachte: Als ich von Klues die Wiesen heimwärts kam, begegnete ich, ohne daß es Ausweichen gab, der hinausgehenden Kaiserin. Ich konnte nicht hindern, daß mir die Luft knapp ward und das Herz stockte. Symptome wovon? Liebe? Die Uhr ist dreiviertel 11, ich will zu Bett, bin herzlich müde, und die Zigarre ist zu Ende und brennt schon an die Lippen. Ich will nur noch dem schlafenden Klaus über den Kopf streichen.

3. Oktober 1916. Dienstag. Am Freitag Mittag kam Klaus nach Haus, nicht ganz springfroh wie sonst, rupfte bei der Frage nach dem Zeugnis am Tornister, und als ich frug: »Welcher bist du denn geworden?« weinte er pieplings ins Ränzel hinein und sagte: »Letzter«. Also Sechzehnter unter Sechzehn! So schlimm war ichs mir nun nicht zu vermuten gewesen, und der Mittagsspickaal schmeckte nicht recht. Nach Tisch gingen wir an den Grundlosen See. Nun ist er längst geheilt und ist so daseinsfroh wie immer. Inzwischen sind die Rumänen bei Hermannstadt von Falkenhayn geschlagen, die Somme ist noch in voller Tätigkeit. Neue Musterungen gegen Mitte und Ende Oktober sind angezeigt, und ich habe heute – darum habe ich die Muße und Ruhe, Überflüssiges zu schreiben – eine Zeichnung dem Bildermann geschickt – Christus wird vom Teufel auf einen Berg geführt, und er zeigt ihm die Reiche der Welt und ihre Herrlichkeit (lauter Kreuze, soweit das Auge blickt). Im Mittelgrund ragt Golgatha mit drei leeren Kreuzen. Text: »1916 nach Christi Geburt.« Der Teufel sagt: »Deine lieben Christen sind doch teufelsmäßig gelehrig.«

Frau Schult, als ich gerade die Zeichnung rollte, stöberte zu uns in die sonnige Stube. Wollte fragen, da Verwandte von ihr auf dem Lande viele Schinken überflüssig haben, ob wir auch … Natürlich wollen wir, soviel Schinken wie überflüssig sind. Zwar Mutter wollte Andre nicht berauben, die auch vom Überfluß abhaben möchten; ich sagte ihr aber erst: »Die können Alle laufen und kaufen, dir fällt es sauer, und viele kaufen Schweine, die sie 6 Wochen bei sich füttern müssen«. So erzählte Schult, daß ein sechzigjähriger Kollege seinen Keller zum Stall eingerichtet. Die vielen Zentner Kohlen hat er selbst auf den Boden getragen. Buchhändler Opitz hat ihn auch freudig bewegt vom plumpen Schweinehandel unterhalten – – –. Dann gab ich zu bedenken, daß ich vielleicht als Soldat den Schinken bitternötig haben könnte und – kurz, ich will so viele kaufen, wie zu haben sind. Wir kaufen kein Schwein, warum keine Schinken? *

Die Kartoffelnot ist vorläufig verebbt, ich habe 50 Pfund im Atelier lagern. Klaus hat heut Morgen für Mixi 90 Pfund gefahren und dafür 4 Bonbons, 2 Äpfel und 2 Butterbröte Trinkgeld bekommen. – In der Nacht zum 2. Oktober ist London wieder von Zeppelinen heimgesucht, einer ist abgeschossen.

7. Oktober 1916. Sonnabend. Zum 16. Oktober zur Musterung geladen.

16. Oktober 1916. Montag. »G.v.« Als ich heimkam, es Mutter zu sagen, saßen in ihrem Gesicht tausend Sorgen. Sie hätte so viel gehabt, ihr wäre ganz wirr. Frau Schult war dagewesen und hatte nur zu bestellen gegeben, daß »er« am Sonnabend fortmüsse. Und endlich war Herr Frieg wieder da, englisch und yankeehaft von außen, westfälisch von innen. Wir gingen zum Waldhaus und saßen später zum Schwedischen Punsch im Bahnhof. *

19. Oktober 1916. Donnerstag. Gang zur Klues in kalter Herbstfrische, felsige Wolken hängen durcheinandergepoltert. Es graupelt von dunklem Wolkenmassiv nieder, hinterm Insel See steht ein Wolkenbruch wie das Unterende einer Säule auf der Erde und verschwindet in der Wolke, zarte, grüne Scheiben, gelbe Himmelsstreifen in Wolkenverglasung. Beim Kaffee in Hahndorfs Krug traf ich Herrn Hampe, er gab mir die Lösung der Dinge: Rumänien wird überrannt, Rußland bekommt dessen größten Teil, Bulgarien die Dobrutscha, Österreich Nordserbien, Sankschak Novibazar zu Montenegro – – und Deutschland schließt, nachdem es Kurland erhalten,

Polen Königreich geworden, Bündnis mit Rußland und Japan. Woher, Herr Hampe....? Er war in Malchow im ersten Hotel, kam nach einem Zank mit unloyal geifernden Jünglingen zur Bekanntschaft mit anwesenden Herren, sie traktieren sich gegenseitig, und am nächsten Morgen fragt sich Hampe, was hat doch der Eine für Quatsch gemacht, fragt den Wirt und erfährt, es ist ein Diplomat – ein wahr und wirklicher, gewesen. Es war ganz kurz vor der Kriegserklärung durch Rumänien, und er hatte noch vorhergesagt: der Krieg würde bald ausbrechen. Nachdem das geschah, hat Herr Hampe den Wirt in Malchow postkartlich an die Prophezeiung gemahnt.

Es war Nordwind, bitterkalt, dunkeldrohend, regnerisch und unheimlich, und doch, ich gehöre auf die Landstraße, bin auf ihr heimisch.

23. Oktober 1916. Montag. Heute Abend im Meinckschen Laden traf ich Frau M. allein, die den Kneifer auf der Nase über Zeitungen lag. Ich kaufte und fragte nach Friedrich, ob sie schon Nachrichten hätten, denn er sollte auf Urlaub kommen. Sie schüttelte den Kopf: nur, daß der Feldwebel geschrieben, er sei »vermißt«. »So«, sagte ich und dachte natürlich gleich: er ist also wahrscheinlich tot – »er wird gefangen sein.« »Das hoffen wir«, antwortete sie. Sie sah nicht froh in dieser Hoffnung aus und schien nicht viel davon zu haben. Die Leute müssen nun also Tag für Tag »hoffen«, wer weiß, wie lange man solche Hoffnung erträgt.

Schult erzählte, ein Freund schrieb ihm, Einer, der sonst nur immer – er ist seit dem Anfang im Krieg – lakonisch, fast patzig ein paar Belanglosigkeiten von sich gegeben, Einer, der also nicht aus sich heraus kann – wie sie im vordersten Graben erfuhren, daß sie endlich abgelöst würden, wären sie einander um den Hals gefallen. Dann wärs zurückgegangen, geholpert, gestoppelt, mehr gehangen als gegangen. Dann wären sie auf Automobile geladen – – na, und das Alles ist ihnen unbeschreiblich erlösend erschienen.

Und wir – haben den Hunger, wie es scheint. Bekannt wird gemacht, daß der Kartoffelvorrat, der bis 18. Februar reichen sollte, bis 13. April reichen muß. Wir bekommen drei Zentner bis dahin. Den

Tag ein Pfund höchstens macht von Nov. ab 164 Tage für uns 3 = 492 Tage, also 192 Pfund zu wenig. Wir hätten aber genügend haben können, Mutter sagte aber: »Was, soviel!« und bedachte nicht, daß wir auf Kartoffeln hauptsächlich angewiesen sind. Bohnen und Erbsen sind beschlagnahmt, bloß Spargeln sind als Konserven zu bekommen.

Wieder – wie zum Trost im Verzagen – munkelt Alles von Frieden. Ein Soldat, erzählte Frau Schult, kaufte bei Lehmann eine Pfeife, eine Art Friedenspfeife, denn er war ganz zuversichtlich, die Verhandlungen sind bis auf wenige Punkte abgeschlossen, und ging froh und eilig davon. Hagemann wußte, daß – der Großherzog, glaub ich – in Kopenhagen weile, wir schießen Rußland 20 Milliarden vor – – – gegen 6 Prozent.

Ich hab im Atelier vor dem eichenen Däubler am Tisch gesessen und an Seespecks Dasein geschaufelt, d. h. er soll ja noch nicht ins Grab, aber die Arbeit ist doch eine Art graben. Für den »Bildermann« eine Zeichnung gemacht: Die Tod-Maske wird abgenommen, und der Sendling oder Erzengel, der dahinter stak, mahnt an kommenden Frieden: Alle Türme dahinter hängen voll Glocken, die Frieden läuten wollen.

Ist man schon stumpf, kann man nicht mehr mit im Gefühl? Wir leben im Frieden, essen jeden Tag zur rechten Zeit und haben bei jeder Mahlzeit genug zu kauen – –, und doch, als ich gestern Nachmittags hinausging und läuten hörte, tief, dröhnend, mahnend, denn der Ostwind nahm die Klänge in die Arme und warf sie über mich, und ich an Friedensläuten dachte, wollte in meinem Herzen jeder Ton eine Erlösung bringen, ein Loshämmern von Eisenbanden.

28. Oktober 1916. Sonnabend. Viele wollen »was gehört« haben von Friedensverhandlungen mit Rußland. Einstweilen wird Rumänien kleingehackt. Wir haben nun doch ausreichende Kartoffeln im Keller, viel Äpfel auf dem Boden, und Fleisch für morgen zum Sonntag liegt bereit. Sogar Marmelade, 1 Pfund, hat Mutter nach langem Harren, Laufen, Wiedervorfragen eingehamstert (wie gesagt: eins!). Licht genug im Hause, denn seit Langem schon wie im vorigen Winter brennen wir elektrisch. Nur der Klaus wird recht blaß und ist

schlechter Verfassung, d. h. übellaunig bald, bald überlustig, krampfhaft albern. Vorigen Sonnabend waren wir mit Schult in Oevelgönne,
heute allein im Waldhaus zum Kaffee, noch immer bei gutbelegten
Bröten. Ich will ein paar Abende früh ins Bett, denn ich habe die
Nächte der letzten Woche lange beim Zeichnen aufgesessen. Was
sieht man in Güstrow? Noch immer morgens in der Hageböckerstraße vor dem Milchladen drängen Frauen, Milchpolonäse, aber der
Herbstmarkt gestern strotzte von Buden und gedrängt voll von
Glückssuchern. Die Primaner bummelten in geschlossener Masse und
brachten die weibliche Jugend ins Gedränge. Die Honigbude der
Frau Stein, geb. Schaffner, war am Abend ausverkauft. Ich ging mit
den beiden Schults in das Lumpenheiligtum der Aztekinnen mit den
Vogelköpfen. Da war in einer Ecke ein löchriger Kasten als Bühne,
und zunächst traten zwei Liliputaner auf, Frl. Else, 18 Jahre, Herr
Asgard – 23! Herr So und So sprach nach Frl. So und So ein Couplet,
das gemein genug war, ich hörte es nicht an, aber sein Getue war
schweinisch. Im Kämmerchen hinter der Bühne, sagen wir im Käfig,
warteten die beiden Aztekinnen – Bortola, die letzte lebende Aztekin
– und wurden von einem Fräulein vorgeführt, blödes Elend, Tier-
haftigkeit, Papageienkreischen, das Ganze dauerte kaum 15 Minuten.

4. November 1916. Sonnabend. Was ich am 28. August 1915 von
Mutter Meinck vermutete, hat sich nur halbwegs bestätigt. Als ihr
Mann mit der Kundschaft, daß er, nachdem er längere Zeit vermißt
war, nicht tot, sondern gefangen sei, heimkam, und er ihr zurief:
»Nun kann ich dir mal etwas Gutes melden«, ist sie eilends in Ohn-
macht gesunken. – – Die Beiden waren über diese Gefangenschaft
ihres Sohnes so glücklich wie Andre, die einen frischen kriegen.

Man hört ziemlich viel von Regimentern erzählen, die den Gehorsam verweigern. Von wem? Z. B. von Meinck. Ein Regiment soll
von Neuem an der Somme nach vorn, weigert sich, die Wagen zu
besteigen, und wird schließlich auf »Parole des Obersten« bewogen,
sich abführen zu lassen, nach Verdun. Ähnliches erzählt Schults Vetter, mit vier Mann und einem Wagen voll Schweinen, unbekannt mit
welcher Bestimmung, gestern abend in Güstrow, Bremer Landwehr
hatte Gräben verloren, aber nichts davon gemeldet, und nun rückt

die Ablösung heran, sehr erstaunt, Gräben übernehmen zu sollen, die verloren waren. Erst hätten sie verlangt, sie sollten sie wieder nehmen – schließlich die neue Stellung unfertig übernommen und nach und nach ausgebaut.

6. November 1916. Montag. Ich habe mir den kleinen Gips-Ekstaten herabgelangt und Büntzel ein Stück Eiche in Auftrag gegeben, beides mit Zutaten von meiner Hand, viel Zeit und Anscheinen von Novemberlichtern wird nun die Holzfigur des Ekstaten werden. Wenn die Zeit, die ebenso wie meine Hände und das Andre unentbehrlich ist, langt. Denn der rote Zettel, Kriegsordre, spukt schon ein bißchen im Kasten: Ich bin jeden Tag gefaßt, ihn durch die Löcher schimmeln zu sehen. Ein Schwein soll im Verein mit Großmutter Höppner gekauft werden, heute stand unser Inserat in der Zeitung: Ein Schwein zu kaufen gesucht, Schwerinerstraße 22. Ich las vor beim Abendtisch: Ein Schwein zu verkaufen, als sei es ein Druckfehler, worüber Klaus und Mutter sich anspruchslos ein Weilchen ergötzten. Nun werden aber Leute kommen, nun wird uns das Haus vollgetrampelt! Ich sagte, man schreibt einen Zettel und hängt ihn vor die Tür: »Das Schwein ist verkauft«. – – Nun, Großmutter Höppner soll es auf gemeinschaftliche Kosten fettmachen und – jeder bekommt die sauber durchgeteilte Hälfte. Klaus hat seinen Selbstfahrer wieder heil, heute Abend haben wir die bestellte Ersatzachse eingepaßt, geschmiert und das Ganze noch zwischen halb und dreiviertel 9 durch die gespenstergraue John-Brinckmann-Straße, über Fritz-Reuter- und Schützenstraße ums Häuserviertel herumgefahren. Er war ein paar Wochen verkrüppelt und hockte wie der Kondor in der Menagerie niedergebrochen am Boden. Der fette Benno hatte ihn sich unter Andern ausgebeten und im Umsehen schadhaft gehetzt. Jetzt sollen die dikken Schmarotzer ferngehalten werden.

In diesen Tagen sollen viele wohlbeleibte Männer in höheren Jahren, die nachts gut zu schlafen gewohnt sind, eingezogen sein. Ich schlafe nachts immer noch gut und werde bei Kriegskost so wenig fett wie früher bei echt mecklenburgischer Mast mit Würsten, Käs und Eiern.

Großkampftag an der Somme.

Übrigens, Ende der Woche will ich nach Berlin, ich warte nur noch auf heile Stiefel, und die Sache mit dem Schwein soll womöglich auch vorher in Gang kommen.

9. November 1916. Donnerstag. Ich las im »Bildermann« als Nachdichtung von Klabund Thu-Fus Gedicht mit dem Wiederhall »Du mein Heimatland.« Echt chinesisch und ganz deutsch. Da stehen Dinge zusammen, die auseinandergleiten, nur die Liebe bindet sie im Menschen, man empfindet wie bestürzt, wie Verhängnis und Fluch, aber im Spiegelbild der Seele wird es Beseligung, die Liebe zu Allem. Sich selbst in Allem. »Sah Soldaten durch das Osttor reiten, sah ein Blumenschiff im Nebel gleiten.« Sonderbar ist das Alles, erschütternd und bald wieder gleichgültig. Ich dachte, wie bin ich in Allem, was ich mache so, zu kritisch arrogant, beweisend und beschwatzend. Nur z. B. in dem »Schlafenden Paar« und dem »Spaziergeher« liegt so etwas von schlichter Ledigkeit, ledig von allzu stündlicher Zeitigkeit, Weltgefühl, Hängen im großen, bloßen Dasein ohne Zeiteinteilung sind drin. Ich ging bei verwölktem Vollmond auf den Parumer Wiesen und stocherte nach Pilzen. Noch vor paar Tagen waren die Champignons frisch hervorgewuchert, heute leuchtete von ihnen aus dem fahlen Grau kein Schein. Als ich auf dem Deich am Kanal zurückging, hörte ich deutlich Lufterschütterungen in Absätzen wie Geschützdonner weither. Diphtheritis liegt in der Luft, in der Bachstraße, nicht weit von Höppners, ist eine ganze Familie krank, ein Kind gestorben. Frau Höppner hat die Nacht vor Angst nicht geschlafen, vielleicht kommt sie morgen oder nächstens einmal nicht zu uns, alle ihre kleinen Kinder sind die Schulkameraden der Kranken gewesen.

Sonntag, den 19. Nov. 1916. War von Montag, den 13. bis Sonnabend, den 18. in Berlin. Hin bei gelinder Luft, zurück bei scharfem Ostwind und Winterkälte. Am Tag vorher, d. h. vor dem »zurück«, im Schneegestäube im Grunewald auf den alten Spuren von 1904 bis 1909 nach Schildhorn-Havelufer, Kaiser-Wilhelm-Turm bis Zehlendorf. Abends bei Moeller-Bruck und der Heiligen, Tags vorher bei – ihr allein. Fand sie sehr schön. – Lotte von Mendelssohn mag meine

Arbeit gar nicht, und wirklich, sie ist flau im Licht, das nicht von vorn, sondern eigentlich von vorn, rechts und links kommt. Gaul, der Scheer porträtiert, erzählte viel von seinem Besuch dort in Wilhelmshaven, einem Fliegen über See und von der Exzellenz schlichter Menschlichkeit, Moeller-Bruck von den Plänen »da oben«, von Offensive gegen Rußland noch diesen Vorwinter, wollte auch von Friedensunterhandlungen Genaues wissen, von denen Alles spricht, besonders, daß die Russen verlangt hätten, wir sollten unsre Truppen nach Beendigung des Kriegs nicht von der Ostgrenze entfernen – auch die französischen Milliarden hätten wir übernehmen sollen, gegen Konzessionen.

Zurück mit den beiden maroden Soldaten vom Freiburger Lazarett, von denen der mit dem Kinnbackenschuß den Schwindsüchtigen in Rostock abliefern soll, um weiter nach Sonderburg zu fahren. Und zuletzt – Cassirer ist als Landsturmmann eingezogen! – Ich aß und trank recht gut, marschierte oft quer durch den Tiergarten zur Übung der Muskulatur, eigentlich immer auf dem Wege von einer zur andern Mahlzeit, vom Kaffee und Kuchen zur Lachsforelle im Heidelberger oder zu den Edelpilzen im Freßpalast am Potsdamer Platz. Nur im Grunewald am Freitag gabs nichts zu essen – von 2–6 Uhr. Es schneit stark und bläst aus Osten, Eis auf flachen Tümpeln, auf dessen Uferstück man tritt, knistert zwar, bricht aber nicht.

Sonntag, den 26. Nov. 1916. Nachrichten aus Rumänien lassen auf schnelle Exekution hoffen. Die Nachrichten sind in Schwung. Ich bin wieder auf Einbringung eines Barlach-Höppnerschen Familienschweins aus. Vorläufig besteht die Hoffnung, ein tüchtiges Speckstück, 60–80 M, zu kriegen. Mutter empfing mich vor ein paar Tagen an der Küchentür und zog mich ins Vertrauen als den, der an dem Komplott mitschuldig werden muß. Sonst darf es keiner wissen. Ich weise Gewissensregungen kühl ab. Mutters 72 Jahre machen es dringend nötig, etwas auf den Haufen zu bringen, was zwischen die Zähne gehört. Sie läuft herum und bettelt in den Läden um Berücksichtigung. Soll sie Polonäse stehen im Winterwetter? Gestern handelte es sich um die Wurst zu heute, die um 6 Uhr zum Verkauf kommen sollte. Sie ward aber durch die Türspalte von Frau Reincke abgewiesen: erst um halb sieben, hätte sie gesagt. Als ich gegen halb sieben von Klues zurückkam, stopfte sich schon die Tür zum Laden, und als ich kurz darauf wiederkam, war es nicht besser. Wenn wir »sie« nicht kriegen, sagte Mutter, hab ich für morgen nichts zu essen. Aber Gottlob, Klaus kam heim, ging und brachte sie – ein spannlanges Stück dicke, fette Leberwurst. Vor ein paar Tagen hatte ich einen Spickaal für 3 M 20 gebracht. Aber, das ist gewiß: wir sind noch jeden Tag pudelsatt geworden. Schult wußte von zukünftiger Kartoffelnot zu krächzen: Drei Monate würden wir uns von Rüben ernähren müssen.

Das sind so unsre großen Sorgen. Wir leben bei Grünfutter wie Karnickel, ein bißchen Ängstlichkeit, aber eifriges Kauen! Bloß Klaus, dem so Manches nicht nach dem Schnabel ist, fastet aus Wähligkeit zu sehr und macht mir Sorgen. Familienlektüre ist jetzt Peter Simpel, daran labt er sich, davon lebt er, darin webt er. Gestern lachten wir, daß wir uns schämten. Gott sei Dank, Adam Wolf, sein Rechenlehrer, der ihnen »zum Dank für ihre Dummheit« so reichlich aufbrummte, ist eingezogen, und nun ist das Gespenst aus dem Haus gewichen. Ich zeichne für die Weihnachtsnummer des »Bildermann«: »Friede auf Erden«, keine Verkündigung, sondern Gebet. Die »große Zeit« mahlt uns zwischen mörderlichen Steinen klein, das denkt man oft. Oft aber sagt man sich doch: Weltgeschichte brummt uns Aufgaben auf, daß es donnert und blitzt, aber die Exempel sind nicht nach unserm Belieben ausgesucht, wir müssens aber durchholen, selbst wenn es in Verbissenheit und Verdrossenheit hergeht.

Sonnabend, den 2. Dezember 1916. Dezember beißt, Klaus hat eine neue graue Wintermütze, so eine Art Helm, dessen wollenes Visier nach Bedarf über Augen und Ohren geklappt werden kann. Er trägt ihn auch im Zimmer. Am Totensonntag, vor acht Tagen, spukten wir auf der Goldberger Chaussee gleich betrunkenen Nachtschatten im Dunkeln, tanzten zur Abwechslung Arm in Arm und vollführten einen Teufelslärm, sodaß der Exprimaner Kugelberg, soeben absolviert, der dieselbe Straße kam, meinte, es hätte irgend ein Unglück gegeben. Er kam uns den Abweg zur Schanze hinunter nach und ging mit uns ein Minütchen weiter; er muß demnächst als Gardepionierrekrut nach Berlin. Was er sich gedacht hat, kann ich mir denken.

Ich bin wieder auf dem Holzweg Müßiggang. Oisiveté occupée, glaube ich, nannte man dies in unsrer Schulgrammatik. Kaffee, Tee, Zigarren helfen mir bestens, mich zu betätigen. Immerhin ist die Zeichnung fertig und fort, das Holzmännchen wird rund. – – Herr Frieg schickte von Walow einen Hasen, davon wir bereits das zweite Mal gegessen haben. Aber viel Lob wird ihm nicht ins Grab geworfen: wieviel Fett braucht man zum Braten! Die Erste rumänische Armee ist durchbrochen und geschlagen. Man denkt schon an Bukarests Fall, aber, was hofft man? Kaum streichelt es ein klein wenig über die Seele, es sind schon so viele Festungen gefallen! – – Alles fürchtet kommende Hungertage. Frau Schröder im Waldhaus saß heute bei uns und trank ihren Kaffee und mahlte zwischen zahnlosen Kiefern ihr Brot. Sie meint, sie muß die Bude zumachen. Frl. Lisch stellte ich an der Klammrothschen Ecke am Markt, sie erzählte, daß Döschers fünf Zentner faule Kartoffeln ausgeschieden haben. Wir haben auf Schultens Rat 50 Pfund Rüben gekauft, weiße delikate, Teltowartige, leichtgare. Das Schwein, das gekauft werden sollte, ist dahin. Frau Höppner besteht nicht vor der Frage nach Futter, sie fragt, woher Futter nehmen, sie habe bloß einen Zentner Kartoffeln – –! »Ja«, sage ich, »wenn Sie es nicht wissen...« Kurz, nichts als Aas und Fraßfragen!

Mittwoch, den 6. Dezember St. Nikolaustag 1916. Orgesul heißt der Name des Flusses, der vom Gebirg quer vor Bukarest zur Donau fließt. Er ist der Name neuer Siege. Glockengeläute und schulfreie Tage. Heute Abend soll die Nachricht vom Falle Bukarests da sein. Ich kam vom Gang um den Wiesenkreis bis Gleviner Burg zurück und fand einen Auflauf vor der Redaktion, die paar Fähnchen hingen schon vielverheißend aus, und ein Junge schwenkte den Arm, als wolle er ihn abdrehen, und schrie: »Bukarest gefallen!« Schults querten über und gaben mir dieselbe Versicherung, Rektor Wiepert sei dringewesen und hätte es gesagt. Das Extrablatt war noch nicht da, aber ein paar Schüler mit roten Mützen, die hinter uns gingen, brüllten es so gut in die schimmelig graue Nacht, wie der Ausrufer es nicht

besser kann. Schult muß übrigens jetzt doch, Montag nämlich, einrücken. Freitag wollen wir noch mal zum Kaffee nach der Klues, und
sie hat sich dazu geladen, will aber mit der Bahn nachkommen, damit
das Kindchen noch zu trinken bekommt: die Schildkröte Grete
Schult, wie Klaus und ich wortwitzeln. Mein Blatt mit der Todes-
maske soll die Unterschrift bekommen: »Der Tod wird nicht mehr
sein, noch Leid noch Geschrei noch Schmerzen wird mehr sein...«
Was Neues? Nur nichts vom Futter! Aber es geht seit einigen
Tagen wieder viel Militär nach Osten. Morgens, wenn ich zur Zei-
tungszeremonie anrücke, hält meistens ein Zug im Bahnhof: Vieh-
und andre Wagen. Da stehen sie übernächtig, paffend, glotzend, sich
waschend, rasierend, in Hemdärmeln oder sonstwie noch nächtlicher
Verpuppung, die Rücker und Schieber der Weltgeschichte. Manche
Türen sind noch bis auf einen Spalt zugeschoben und verhangen, aus
einem andern springt einer mit leerem Wasserkübel, und am Ende:
flache Wagen mit dem grauen Fuhrwerk, besetzt mit ausgepolsterten
Pelzleuten, die auch einmal absteigen oder ruhig auf ihrem Sitz weiter schmauchen und, ohne der Pfeife viel Rücken zuzumuten, sich
nach rechts und links orientieren.

7. Dezember 1916. Donnerstag. Vor einem Jahr ward ich eingezogen, am 8. ging die Reise nach Sonderburg, heute traf ich an der
Ecke zum Markt einen der Sonderburger Kameraden, der jetzt im
hiesigen Lager Dienst tut, und stand mit ihm eine Weile im Dunkeln
zu klönen. Wer weiß, wo wir im nächsten Jahr stecken!

12. Dezember 1916. Dienstag. Schreibmüde war ich oft zur Ruh gegangen – jetzt bin ich es mehr als je. Doch faß ich immer noch wieder
zur Feder und stoß ins Faß. – Das vierte Heft Kriegstagebuch darf
ja noch voll werden. Es sind nur noch bis Seite 192 wenig Seiten, und
der Friede müßte fast überraschend kommen, wenn er noch drin-
stehen soll. Heute ist ein großer Friedensstern aufgegangen; heute
hat Bethmann-Hollweg im Reichstag von den Friedensvorschlägen
der Mittelreiche ein ziemlich Kurzes, fast Barsches – doch immer –
gezwitschert. Und die Straßen, als das Sonderblatt gewinkt und ge-
heimnißt hatte, belebten sich mit einem mäßigen Fieber, Wunder-

glaube trieb ein ganz winziges Keimchen, zart, ach, so zagend, an die bissige und feuchte Winterluft. Man wünscht, hoffen zu dürfen, wo man doch kaum mehr hoffen mochte vor Abscheu kommender Enttäuschung, man wurde ein bißchen warm aus Liebe wozu? Ein bißchen Gottvertrauen, das so süß ist wie starkes Getränk in einem verfrorenen Leibe. Ich meine – ich glaube nicht an den Erfolg, es wird aufgetrumpft, es wird nicht eingeladen, dazu ist der Ton zu uneinladend, es wird geknurrt: »Wollt ihr – oder wollt ihr nicht – wenn ihr nicht wollt, so sollt ihr was erleben!« Sie werden vielleicht zum Raten kommen und sich in Gezänk verlieren und uns das Wort vom Frieden im Mund zu Friedensfeindschaft verdrehen. Ich – ich mag wirklich nichts darüber hinschreiben –!

17. Dezember 1916. Sonntag. Katzenjammer! Man hatte sich bei aller Vorsicht an Hoffen doch noch übernommen. Alles – fast Alles – bellt, brüllt, keift, zischt, pfurzt und schnorzt: »Betrug, Hinterlist!« Es ist schon gut, schon überstanden. Man ärgert sich aber am besten über sich selbst.

Nun zum Häuslichen: die Speckseite von 18–20 Pfund hängt für uns im Nebel und räuchert sich dort wer weiß für wen gar. Offenbar nicht für uns. Das Schwein ist eine Note geblieben, Zukunfts- und Hoffnungsmusik, aber von fetten Tönen lebt man nicht. Aber vor Kurzem war mein mystischer Bekannter aus W. wieder zu Besuch, und als ich des Schweins gedachte, wollte er mir als Ersatz einen Hirsch oder Wildschwein verschaffen. Und wirklich, er reiste ab, ich erkundete in dem Fleischkartenbüro, daß man Wild wie alles Andre nur gegen Fleischkarte (also pro Woche zweimal ein halbes Pfund = anderthalb Pfund) bekommt. Wir aber brauchen die Fleischkarten für Fett, reines Fleisch im wahren Untermaß. Das schrieb ich ihm, aber schon am nächsten Tage forderte er mich für Sonnabend an die Bahn, und als ich ihn sah, war es in Gesellschaft eines Klumpens in Packpapier mit einer guten Kordel. Ich griff zu, er war von ziemlich runder Gestalt, und sein Gewicht zerrte im Ellbogengelenk und an den Fingern ziemlich heftig, sodaß ich mit rechts und links bis nach Hause gut zehnmal wechseln mußte. Es war eine Hirschkeule, an der er das Langbein, das ihm die verdächtige Schinkenfigur gibt,

selbsthändig abgehackt hatte, die Hunde hatten dabei zugesehen und
ihr Teil erschnappt. Ein Geschenk, darauf bestand er. Wir tranken
bei uns Kaffee, und Klaus hockte mit dem Atlas unter der Nase im
Sofa dabei. Den andern Hirschschenkel will er Sonnabend mit nach
Berlin schmuggeln, um ihn mit Däubler zu vertilgen, wie er schon
einmal mit einem Hirschrücken gemacht. Als er gereist war, lag das
große Stück blutigen Fleisches auf dem Küchentisch im aufgebroche-
nen Packpapier, schon um den Sonntagsbraten verkleinert, und so
legten wir es auf die Waage, es drückte bis zu 19 Pfund, 3 Pfund
ungefähr wog das Kindchen. Nun hatte ich von der Werkstatt ein
Tau mitgebracht, schlugs herum und trug den Schatz mit Mutter und
Klaus bergauf in die vordere Bodenkammer und hängte ihn dort an
einen Haken über dem Fenster. Alles in Allem kam es mir so vor, als
brächten wir einen Mord aus dem Wege. Da hängt es nun und hatte
heute Morgen einen kleinen Tümpel Blut unter sich getropft. Ich bin
nicht ganz ohne Bedenken, aber wenn ich sehe, wie Mutter ihren 72
Jahren noch etwas zwischen die Zähne fetzt, wie Klaus, dem so Vieles nicht nach dem Schnabel ist, blaß und gedeihlos herumhockt, so
sage ich »Pst!« zu meiner Moral. Es war heute Mittag doch ein herr-
licher Braten, mürbe, bräunlich-grau mit lose gewebtem, kurzfasri-
gem, nicht saftträufelndem, aber voll Extrakt aus den Leckereien der
Wiese und des Waldes gesogen⟨em⟩, durch und durch mit Wild-
bretinbegriff getränktem Fleisch. Wir dürfen kein Schwein kaufen,
weil wir es nicht sechs Wochen ernähren können, während Hinz und
Kunz schlachtet und ißt, – – den Teufel auch! In der Nacht träumte
ich schwer, es war ein Blutgerüst, ziemlich niedrig aufgeschlagen,
und ein Delinquent sollte geköpft werden. Er hockte am Boden und
rang mit dem Grauen. Dann stieg er plötzlich, nicht die Treppe hinauf, sondern trat von der Seite zur Stelle, und der Henker mit einem
kurzen, ganz breiten Mordsschwert, halb Beil, halb Hackmesser, vi-
sierte nach seinem Nacken, legte die Schneide zur Probe einmal auf
den Nacken des Knieenden, sodaß man selbst im Nacken die Schärfe
kühlend fühlte, und schlug endlich zu. Man betete schon, daß es endlich geschehen möge. Dann fiel etwas herab, das man sich unten durch
am Boden wälzen sah. Ein Stück Mensch mit zwei Köpfen, der etwas
herausklagte, das ich nicht behalten habe; da wachte ich auf.

Draußen ist es todfinster, man sieht keine Beleuchtung, und die Nacht ist tröpfelnd feucht, nur die erhellten Fenster, wie Riesenschmetterlinge mit Kreuzen gemustert, kleben wie aufgespießt in Reihen an den schwarzen Hauswänden. Im Dunkeln scharren Hufeisen aus dem Nichts, irgendwo, natürlich bei dem Wagen, der zu den Pferden gehört, heben sich Stimmen. Irgendjemand fragt: »Na, is nu Allens klor?« und Frauenstimmen antworten wie unter Decken hervor ganz munter: »Ja, ja« – – und jetzt ist es draußen in der Totenfinsternis schon wieder Totenstille.

Klaus freut sich auf Weihnachten. Er hat durchs Fenster seiner verschlossenen Stube gesehen, da lagen Pappschachteln und darauf die Gießlöffel für die Bleiformen. Mit solchem Firlefanz zaubert man Freude herauf. Gott ja, sich freuen ist größte Frömmigkeit, denke ich oft. Ich rechne es mir so an, daß ich im letzten Grunde dankbar bin und Vertrauen habe, worin? Ins Ganze, ins Allgemeine, in das Geheimnis des Daseins, mein Schöpfervater mag mich mißliebig ansehen, aber doch – ich danke ihm im Innersten. Wie einmal das Rätsel aufgeht, es muß gut sein.

30. Dezember 1916. Während der Ferientage verkroch ich mich abends hinterm Ofen ins Winteridyll. Ich las Jung-Stillings Leben andächtig und erbaut. Im Grunde glaubt man ja so Vieles, möchte wie der junge Hendrich sein Schicksal aus Gottes Vatergüte empfangen und für jede Gabe Tag für Tag auf Stunde und Minute danken, auf Geburtstags-, Weihnachts-, Ostern- usw. usw.- Gnadengewohnheiten zuversichtlich rechnen dürfen. Welche Arroganz liegt in diesem Rechnen mit der göttlichen Vorsorge in allen ⟨Kleinigkeiten⟩, freilich auch wohl mit gewollten Prüfungen und Leiden zum Zweck der Herzenszerknirschung und Vertiefung des Seelenstollens! Aber unsereins ist zu sehr verstockt, erkennt zu sehr die »Arme Vetternschaft«, um der Göttlichkeit soviel Interesse an der eigenen Niedrigkeit zuzumuten. Ist das nicht eine Armutszeugenschaft gegen sich selbst? Sollte man nicht grade Gott als sorgenden, besorgten, stets hilfsbereiten Vater – beanspruchen? Fühlt man so niedrig, um sich so hoher Führerschaft unwürdig zu glauben, pocht so wenig auf den göttlichen Funken im Busen, ist so demutsselig vor der Hoheit – –

oder vielmehr, ist man nicht bloß eine faule Seele, der Alles ein bißchen egal ist? Gut und böse, ja, mein Gott, vor der hohen Idee wird
gut zu böse, was soll man da vor böse schrecken? Ich weiß nichts –
als daß ich viel Glauben mitfühle und Jugend genug habe, um dieses
Stillinghafte Nordpolfahren von Grad zu Grad mitzutun.

Unser Weihnachtsabend glimmte bänglich in stürmischer Polar-
nacht. Das Gas versagte am Tage vorher, Elektrizität gerade am
24ten, und so leuchtete uns der Tannenbaum erst reichlich, dann
spärlich. Klaus hockte am Boden mit seinem Spielzeug, ließ sein
Schifflein zwischen uns Dreien verkehren und wollte gern glücklich
sein. Ich konnte sein Glück nicht recht nähren, ich kann zur »rechten« Zeit nicht glücklich sein, ich warte immer nur, bis daß der Tag
vorbei ist. Eigentlich war ich traurig und hätte doch froh sein dürfen, daß wir zu Dreien beim Kerzenkümmerlicht in dieser Dunkel-
höhle von Nacht vereint sitzen konnten. Vor einem Jahr in Sonderburg aß ich Frau Iversens scharfe Speisen und goß auf schwerscharfe
Säure süßen Wein. – – Also wir ließen den Wachskerzenschimmer
bald mit weniger Kerzen trübselig verdämmern, bald mit mehreren
festlich den Raum aufhellen, bald war es eng, bald weit um uns, aber
trübselig war es doch; Mutter, Sohn und Enkel stehen für gemeinsame Festfreude zu weit auseinander, wir beglücken nach Kräften
das Kind, aber auch das ist keine Glanzleistung geworden. Immerhin
fühlte er sich bereichert und von vielerlei Gutem umwoben, konnte
Alles nicht zugleich in der Vorstellung halten und wandte sich darum
von einer Annehmlichkeit zur wieder und wieder überraschenden
Andern. Der arme Junge! Die Höppnerschen Kinder, denen ich einen
Kram besorgt hatte, sind gewiß bei weniger Aufwand selig gewesen.
Klaus war allein und quälte sich mit sich selbst und totem Spielwerk
in Spiel und Versunkenheit hinein, ohne mich oder Mutter so recht
bei der Sache zu wissen.

Vor der Bescherung wieder im Dom. Der Gang hin und her ist
mir ein Fest – mit Klaus. Und heute zerwühlte ein Sturm die Finsternis, und aus Nacht, aus wahrer Licht-Ersticktheit retteten wir uns in
die gewölbte, leuchtende Domherrlichkeit, dann wieder durch Hoff-
nungsarmut in die Kerzenzutraulichkeit der Häuslichkeit.

Klaus sein Zeugnis ist noch schlechter als das frühere, sein Platz als Ultimus überhaupt ganz unbestritten, und doch habe ich und der junge Primaner Bergholter ihn zum Fleiß gezwungen, haben gepaukt und ihn um die Wette angehalten. Ich sehe ja, er hat dafür nicht genug Fleisch und Blut, nicht die Gaben fehlen, wohl aber die Schulfähigkeit überhaupt, und in mir dämmert so etwas wie ein Plan, ihm statt gequälter eine beglückte Jugend zu besorgen. Die feine Clara Leben sorgt sich aufrichtig damit, sie besuchte mich im Atelier und erzählte von ihm, daß er einmal eine Bauphantasie verübt, darin ihr ein Zimmer mit Goetheanklängen und Goetheanspielungen zugewiesen worden sei. Was soll er den ganzen überflüssigen Krimskrams einverleibt bekommen, wenn er so viel und so tief in der Natur liest, in die man ihn versetzen müßte.

12. Januar 1917. Freitag. Mutter träumte sich froh. Wir waren alle vier Söhne mit ihr vereint, sie wirkte in der Küche, und bald war dieser, bald ein andrer bei ihr zu stehen – dann war sie bei Prießens, Henny war »wieder« da, und man sprach mit dem etwas grämlichen Pastor davon, daß Mutter »damals«, wo sie so wenig Vorrat gehabt, auch noch gekommen und ihnen die großen Bohnen aufgegessen hätte. »Das haben wir nie so recht von Ihnen begriffen, wie Sie das konnten.« Und Mutter faßt ihn an und drückt ihn so recht freundschaftlich, ja, das begriffe sie selbst nicht, wie sie das gekonnt hätte.

Klaus geistert wieder als blasses Sextanerphantömchen zur Schule, ich wende mich tagtäglich gegen die abendliche West- oder Ostkälte, treibe unendliche Experimente mit Handschuhen, die öfter unangezogen oder halbüber besser wärmen als ganz angetan. Die Kälte setzt meinen Fingern zu, aber sonst fegt sie wohltätig aus und macht das Bewußtsein wohnlich. Eines Abends ging es gegen Regen, und der Vollmond brühte sein Licht von hinten in die feuchte Sündflut unserer Zukunft. Dann flogen geweißte Wolkenreihen über den schwarzen Himmel, und der scharfe Mond eilte im ewigen Schwung wie vom Axtstiel geflogen gegen sie, wühlte sich hindurch und fraß sich Bahn. Ein ander Mal auf der Goldberger Chaussee wars wie Hebbel in den Nibelungen durch Hagen Island beschreibt, eine Glut wie aus einem Feuersee stieß gegen den niedrigen Himmel, der ihn mit Dunstschwere ersäufen wollte. – – Der Klaus!

Morgens tanzt er, um die Hose am Rücken knöpfen zu lassen, aus
seiner Helle in meine Dunkelheit, läßt sich anschmiegend leiten,
pflanzt sich auf den Stuhl und schaut in den grauenden Wintermor-
gen. Nächste Woche beginnen die Kohlenferien. Die Schulen schließen, weil Heizung mangelt, sie müssen häuslich arbeiten und kriegen
jeden Morgen ihr Pensum. Und so sind wir wieder beim Krieg.
Rumänien kracht im Gebälk, aber die Drohungen von Ost und West
sind schreckhafter als je. Daß ich tagtäglich einberufen zu werden...,
versteht sich. Stand da: fürchte? Einerlei, ich warte. Die Qual, zu
zeichnen und nichts zu produzieren, ist nicht gering. Es martert mich
oft und gerade diese Woche sehr. – – Frieg schickte wieder einen
Hasen und schrieb zugleich, daß er plötzlich einberufen sei. Von
Niko und Joseph waren Briefe da, »opened by Censor«. Joseph verdient in Pittsburg Geld, während die junge Frau die Farm hütet.
Niko schrieb das erste Mal seit dem Kriege verständlich, man erfuhr
etwas Persönliches, ohne daß es von Wutbrechen und Schimpf-
schäumen erstickt wäre.

14. Januar 1917. Sonntag. Zwei Karten von Hans mit neuer Adresse
und aus leidlicher Laune. Er arbeitet in seinem Fach, scheint auch zu
verdienen. Wir gingen nach dem Kaffee im Frost mit der pelzverhüll-
ten Großmutter auf unsrer Chaussee. Sie kehrte bald um, es wurde
ihr zu räucherig, wir aber spielten uns immer weiter auf der Chaussee
längs. Erst fürchteten wir uns vor dem drohenden Jupiterauge am
Himmel, rissen aus, um uns einen Baum weiterhin zu wundern, daß
er auch schon da sei und durch die Lücke auf uns niederglotzte. Dann
wurden wir duhn, aber nur wenig, sagte Klaus, und entwickelten die
richtige betrunkene Logik im Gespräch. Aber das spielt sich auch
bald über, und was blieb als das wahre, einzige, das Spiel »Phantasie«? Also Klaus konnte sich in Seglerschwalben verwandeln, und er
sollte in Amerika die Munitionsfabriken mit Brandbomben belegen.
Vorher aber flog er zu Frau Reeps und Lisabeth nach Schwerin, eine
Kleinigkeit! Wie sie sich wunderten! Und dann flogen sie zu zweit
zu Tiedemanns nach Güstrow, und wie *die* sich wunderten, und über
dem Bewundertwerden, fürchte ich, vergaß er ganz seine heroischen
Verpflichtungen gegen Amerika. Aber nein, – doch, er flog mit Lisa-

beth zu Onkel Niko – wie *der* sich wunderte, ebenso Tante Amanda.
Und sie machten ihnen einen Schmutzfleck auf das Tafeltuch, und
die kleine Liesel nannte sie Ferkel. Nun waren wir, da das Alles
wechselseitig von uns beiden ausführlich ausphantasiert wurde, wieder von Bülowburg zurück, als es an die Hauptarbeit gehen sollte.

18. Januar 1917. Donnerstag. Manchmal denke ich, wenn ich Mutter
bei irgend einer Arbeit sitzen sehe und Klaus vielleicht, weil er Kohlenferien hat, am Morgen sein Pensum schreibt und ihr gegenüber
sitzt, während sie Rüben schabt, daß in solcher Bildstille eine höhere
– nein, richtigere, einfachere, würdigere Bedeutung spricht als aus
allerlei Außergewöhnlichem und Abenteuerlichem. Still in sich zufrieden, ohne amüsiert, karessiert von Späßen, bewegt durch Erlebnisse zu sein, will mir am meisten bedeuten, als ob da das Vertrau-
teste und Tiefste am wenigsten gescheucht und verschüchtert wäre.
Aber um nicht zu deuten, die Stille hat Gewalt, das harmlose Men-
schengehabe, arglose Ungehetztheit von Zweck und Trieb scheint
etwas vom Ewigen in sich zu tragen. Es ist vergleichsweise die Stille,
an der allein man das sonderbare Rauschen im Ohr merkt, das vom
eignen Blut kommen soll, das aber so klingt wie Grauen aus dem
Unbegreiflichen. – –

Was kann ich in diesem Kriegstagebuch vom Krieg sagen? Wir
werden noch immer reichlich satt, das merken wir vom Krieg. Frau
Schult bringt uns oft Nachricht von ihrem Mann, heute abend nun,
daß er vielleicht schon bald nach Nordschleswig als Grenzschutz
kommt. *

Dicker Schnee. Abends hängt sich eine schwarze Schwere von
Wolkenhimmel auf die schneeigen Felder, die Güstrower Jugend
in obligaten weißen Sweatern zieht ihre Rodelschlitten vom obligaten Rodeln aus den Heidbergen heim. Klaus möchte mit hin, aber
Klaus traut sich nicht recht, so wenig er beim Schlittschuhlaufen An-
nehmlichkeiten aufgedeckt hat, so wenig mutmaßt er vom Rodeln.
Oder es ist ihm zu gewagt, zu neu, ein Gebiet, auf dem Fußangeln
von allerlei Mißlingen und Schaden versteckt liegen können. Seine
Kameraden ziehen hinaus, aber er bleibt ⟨da⟩heim und darf schon garnicht, da er zu Uhr 6 mit seinen Arbeiten beim Bergholter sein soll.

26. Januar 1917. Freitag. Gestern mißlang ein Ausflug mit Gaus in die Heidberge. Rodeln war ihm offenbar zu riskant. Wie die Schlitten über die Höcker springen, gegen die Wände des Hohlwegs stranden, wie sie ins Schießen kommen, das schien ihm alles zu drohen und zu schrecken. Einige Verletzungen sind vorgekommen, und als wir im Waldhaus beim Kaffee saßen, hängte sich ein großes Mädchen auf den Stuhl am Ofen, den sie mühsam erreichte, weinte und schnupfte, bald von Bekannten bedauert und von Fremden begafft, und litt die Schmerzen eines Falles auf der Rodelbahn. Heute gelang ein Spazieren auf den beschneiten Wiesen besser, wir drangen längs des vergletscherten Ufers der Nebel und fuhren uns am Pfingstberg auf einem Tümpel eine Glitsche zurecht, die schmale Mondsichel, so zart sie war, leuchtete genug, um unsre Schatten auf den Schnee zu werfen, und so rannten wir Viere um die Wette und glitschten paarweise hin und her. Gestern hatte ich Klaus seine Feigheit, die er noch in Gloria von Gespaßigkeit bringen mochte, mit vielleicht gar zu schartigem Messer rasiert. Als ich ihn Gegenbeispiels wegen erinnerte, daß vor Jahren eine Schülerin eine Eingebrochene gerettet auf dem Eise eben des Insel Sees, das wir gerade verließen, wollte er das Lob nicht verdient wissen: sie sei ja nicht ertrunken dabei, – also da schnitt ich, weil ich doch einmal beim Rasieren war, ein bißchen in sein Blut. Schult gehts schlecht, er hat sogar schon Läuse, schlechtes Essen, Wasser im Lokal, in dem die Läuse U-Boot fahren, aber doch Aussicht auf Entkommen. Frieg, in einem Arbeiterbataillon in Wesel, sollte am 25ten hinaus ins Feld kommen. Er schreibt: »Seit dem 10. bin ich im bunten Rock, einige Tage in Friedrichsfeld in Barakken, jetzt in Wesel. Das Nordlicht hat nie heller gestrahlt. Durch Geduld wird man zum Tier. Am 25. gehts wohl ins Feld. Wohin? Westen? Ich bin erschrocken wie manche Ihrer Gestalten. Doch ich habe schon so manches überwunden; ich *will* nicht am gröbsten Materialismus kaputt gehen. Polarität ist mir jetzt erst recht klar geworden. Ich brauche auch die giftigen Blumen. Humor! Ihr W. Frieg.«

1. Februar 1917. Donnerstag. Frieg schreibt: »Ich liege im Lazarett. Ich dachte manchmal an Ihre Schilderungen vom Barackenleben. Komme, was kommen mag. Die Schönheit seelischen Lebens ward

mir erst jetzt völlig ins helle Licht gerückt. Siderische Geburt!« – – –
»W. T.-B. Berlin 1. Februar

Der Regierung der V. Staaten ist heute mitgeteilt worden, daß die Deutsche Regierung den ihr von neuem aufgezwungenen Kampf ums Dasein nunmehr unter vollem Einsatz aller Waffen fortführen, daher auch die Beschränkungen fallen lassen muß . . . . . usw.«
Schärfster U-Bootkrieg!

Klaus und ich bewunderten die Rinne, die im Mittelmeer nach Griechenland wie ein Weg abgesteckt ist, und freuten uns an andrer Karte über den Glassturz, der als Sperrgebiet über England gestülpt scheint. Hoffnung, werde nicht zu Schanden!

3. Februar 1917, Montag. Barbarische Kälte, Schnee, Klarheit und Mondschein bleichen die Welt. Wenn ich nachts einmal in die Küche gehe, um zu wissen, ob das Wasser noch fließt, gleitet eiskalter Geist durchs Kristall der befrorenen Fensterscheiben. Wir frieren in den Betten, aber wir gehen doch zuweilen hinaus – an den Unergründlichen See, baden in den Hängen im angehäuften Schnee, jagen die Tiere aus ihren Verstecken, die armen Tiere! Die Sonne begnadet uns mit unendlichem Glanz, aber geizt selbst im Windschutz mit Wärme. Wir tummeln uns über dem Unergründlichen auf der Eisdecke – – – – – aber die Welt! – – Gestern verkündeten Extrablätter, daß Wilson die diplomatischen Beziehungen zu Deutschland abgebrochen. Es ist am Ende wohltätig, wir stehen allein, und man fühlt sich lieber angefeindet als wie sonst von amerikanischer Heuchelfreundschaft begönnert. Man spricht nicht mehr, sendet keine Noten, die trübe Wortmacherei hat sich zu klarer Stummheit erhellt. Es heißt jetzt zu wissen, was man tut, früher sollte immer der Andre überzeugt sein, jetzt soll man nur selbst von sich selbst es sein, der Fall ist viel einfacher. Der Zigarrenhändler Timm sagte ganz pomadig: – er – aber es ist 11 Uhr, das Licht wird gespart. Wollte es mit dem Lebenslicht Englands ebenso prompt gehen!

27. Februar 1917. Dienstag. Ich war bei der Kälte wochenlang ein Ofenhocker – las, las. Jung-Stilling, Anton Reiser, Goethe, Rilke, U 202, Die Fahrten der Möwe, 1001 Nächte. Klaus hat schon wieder

Kohlenferien – – wir denken an die U-Boot-Arbeit. Krank an Herz
war ich zugleich krank an Willen, Lust und Liebe. Hatte aber oft so
schöne Träume und erwachte als Seliger voll Glauben an die Güte
der Welt. Der kleine Schult ist zurück, die junge Frau hat ihren Willen, es war ihr nicht recht, wenn er schrieb, er äße gut und fühlte sich
gesund! Pipelow, der Kamerad von Sonderburg, begegnete mir gestern: er ist wieder einberufen zum 1. März. Und, wie er sagte, viele
Andre. Ich nicht, und doch rüttelte es mich auf, als wenn ich wieder
mit hinein müsse. Vielleicht nächstes Mal.

Ich habe Arbeiten abgetan und kramte heute Abend in Blättern für
neue Arbeiten. Paul Westheim mit seiner Zeitschrift »Kunstblatt«
in der Mappe war vor einer Woche hier. Wir hockten im Atelier,
stöckerten durch Schlackerwetter, strichen durch die Kirchen und
hatten guten Willen, uns zu verständigen. Aber wer weiß? Er ist
gewiß gut beschlagen und fühlt sich in den Dingen zurecht, aber was
tu ich? Ich rede, was mir aus dem Schnabel kommt, und glaube nicht,
daß es immer aus der Überlegung kommt. Möchte sehr viel wider-
rufen und habe doch den Mut, es laufen zu lassen, wie es zwei- oder
dreibeinig dahinfährt. Keine Lust mehr zu diesem Tagebuch. Ich
bringe den Krieg doch nicht zu Ende!

13. März 1917. Dienstag. Frieg ist zurück nach Soest. Entlassen.
Schreibt: »Ihnen die Nachricht, daß ich bis zur Entlassung beurlaubt
bin. Wem soll ich eine Hekatombe opfern? Doch bereue ich keinen
Augenblick, den ich bei den Preußen verlebte.«

Nach eingetretenem Tauwetter hatten wir bitterkalte Märztage.
Die nackten Felder mit dem zarten Flaum von Winterkorn starrten
unter einem barbarischen Ostwind. Mit Klaus vom Unergründlichen
zum Gliner See zurück über die Felder, deren Erntesegen ich im
Herbst 1914 so poetisch begrüßte, wollte es uns ostwärts gegen den
Wind fast zu kalt werden. Wir bogen ab und bargen uns an der besonnten Westseite eines Strohdiemens, dicht an die glatte Schnitt-
fläche. Es war ein Sonntagnachmittag, das dünne Korn war unter
dem Wind vertrocknet, vergilbt und vergangen, und ich dachte an
meinen Traum in Florenz, worin ich über ein ebenso zartes Grün

in einem zwar hellbeschienenen, aber steinhart gefrorenen Boden ging und dabei deutlich Klaus' Stimme hilferufend vernahm: »Vater!!« Diese Sonntagnachmittage sind sonst sehr hold. In der warmen Stube sitzen wir völlig unheroisch bei Kaffee und Kuchen und lesen die selbsterzählten Heldenstückchen von Joachim Nettelbeck. Klaus wartet mit dem Kuchen, bis ich zum Lesen fertig bin. Nach wenigen Tagen gab es schweren Schnee, er kam den Feldern wohl zu spät. Jetzt endlich seit 2 Tagen taut es.

Gestern Abend war wieder die mütterliche Rache über mir, es ist zu schrecklich, um davon zu schreiben –

Wilson in Mexiko, China, U-Bootkrieg, Kampf im Westen, Hungerrevolten in Petersburg und alle Welthändel im mikroskopischen Güstrower Maßstab durcheinandergewirbelt füllen unsre Tage. Schon begegnet man auf den Straßen fluchenden Frauen. Es wird gellend geschimpft. Werden Korn und Kartoffeln reichen? Sie müssen, aber wer wird das sein, für den es nicht mitreicht? Der alte Pierstorff brachte letzten Sonntagmorgen bei mir zu. Er erzählte, wie er nach Angaben der Zeitung mit seinen Nahrungskarten zu Prüter in der Ulmenstraße und Braunreiter am Berge Grütze und Grieß holen wollte. Bei Braunreiter hieß es: »Ja, auf die Karten bekommen Sie Grütze bei Prüter«. Prüter sagte: »Ja, auf *die* Karten kriegen Sie Grieß bei Braunreiter«. Als er dann, so gelassen er es eben gewohnt ist, sich verwunderte, er müsse doch noch mal zu Frau Braunreiter gehen oder sich sonst beim Bürgermeister aufklären lassen, holt Prüter ein Tütchen Grütze aus dem Winkel: das hätte er gerade noch, soviel bekäme er ja. – – Heute versuchten wir die Volksküche, unsre Anna, die ich immer Di-Ana nenne, trug es uns zu, aber nicht zu unserm Vergnügen. Es waren Wruckenstücke in einer sehr flüssigen Brühe. Ich dachte an die Frau im »Tiefen Tal«, die erzählte, wie irgend jemand sie irgendwo abgefertigt hätte: »Ihr sollt Wrucken fressen.« – Noch immer seh ich das abgelegte Koppel auf dem Bachsteg, unter dem der ertränkte Soldat verborgen lag. Er schien sich mit einem Tau festgebunden zu haben, um nicht fortzuschwimmen, als er sich – in einer der kältesten Nächte – darunter barg. Es war seine letzte Zuflucht. Ein Polizist ging oben hin und her und scheuchte die Schulkinder.

28. März 1917. Mittwoch. Frühlingsabend, aber als wir noch am Morgen in den Garten sahen, war er weißbeschlagen von Schnee, und noch vor ganz kurzem hatten wir aasig kalte Tage. Mutter war auch der heutige Frühlingstag noch zu winterlich. Sie hat mit geschwollenen Beinen zu kümmern, sie soll liegen, soll sich schonen – – und will doch kein Mädchen annehmen. Klaus, als einziger in Sexta sitzengeblieben, der arme Kerl, den die andern, weil er kein »richtiger Soldat« ist, nicht mitspielen lassen, der so einsam herumsteht und doch in Alles so mit dem Kopf voran hineindringt, was für seine Nase Geruch hat, also Klaus mußte heute die Samtbrettchen und Staffelchen auf der Chaussee nach Bülowburg entdecken, die die Einbrecher beim Juwelier Eichberg in der Nacht, wo das Feuer bei Milhan ausbrach, leer und kahl im Rohr unter der Chaussee versteckt hatten. Wir mußten auf die Polizei mit dem Fund und ärgerten uns über Eichbergs geringe Einschätzung unsrer Verdienste, obgleich er die Wichtigkeit des Umstandes als Fingerzeig für die Nachforschungen deutlich genug sah. –

Ich habe zwei Reliefs, noch während der kalten Tage, gemacht. Es war bei mir im Warmen, bei stiller Sonne, wie ein Himmelskämmerchen, niemals war ich so friedvoll entrückt, nie habe ich so gelassen gearbeitet, ohne Aufregung, ohne Qual. Die Arbeit war mir nicht so wichtig wie die Gnade, die von ihr ausstrahlte. Nun soll ich Cassirer den »Armen Vetter« schicken und wohl auch Lithographien dazu machen. Und Amerika links, Rußland rechts, Drohen und Verheißen heben sich – – – ich mag den Satz nicht zu Ende geistreicheln. Aber hier, in Güstrow, über unsre Mägen, wird das Urteil Knappheit ausgesprochen, Brot gemindert, Kartoffeln aus dem Keller geholt, aber doch Fleischration verdoppelt. Man sitzt mit soviel Eßlust zu Tisch nieder und hat immer noch volle Schüsseln gehabt. Kuchen kauft man zu ganzen Torten, damit bereichern wir den Kaffeetisch und lesen immerzu, immerzu. Jetzt sind die Abenteuer Kurt Hubers als Walfischfänger im Eismeer an der Reihe. – – In Mexiko soll eine Armee von Deutschen entstehen, wir streiten, ob Niko oder Joseph dabei sein werden. – –

30. April 1917. Sonntag. Ich bilde mir ein, hungern zu lernen, nie
war der Appetit so gut. Aber unser Sonnabendsgang, Schult⟨s⟩,
Klaus' und meiner, belohnt sich immer noch mit Brot und Kaffee.
Wir denken leicht an Froschschenkel, von denen die Gräben wimmeln, und an Lorcheln und Morcheln, die schon früh sprießen sollen.
Ich habe unsern Garten umgegraben und mit Klaus Frühkartoffeln
gelegt. Während des Monats für Lithographien für den »Armen
Vetter« vorgearbeitet. Sind jetzt 29 Stück. Habe gewiß manchmal
schwer gearbeitet, aber im Ganzen wars doch ein Spaß.

Wo sich Leute begegnen, selbst solche mit Anspruch auf Kultur,
redets vom Fraß. So war ich heute bei Frl. Leben, und wir erzürnten
uns gemeinsam gegen den Konservensturm vor- oder vor-vor-
gestern. Nichts war bekannt, als es losging, und natürlich benachrich-
tigten die Krämerseelen vor Allem ihre Kunden. Großer Ingrimm
überall. Sicher schwitzt der ganze Zustand viel Humor aus. Am
Sonnabend in Klues schnorrten wir in zwei Häusern nach Wrucken,
die einen wurden als verdorben bezeichnet, die andern als unabgän-
gig. Frau Schult bemuttert Mutter mit überflüssiger Milch, besorgt
Eier, Fleisch auf Karten, die ihr von selbstversorgten Verwandten
überlassen werden. Das Höhere? Ja, wer kann da jetzt hinauf! Doch
jemand! Die Heilige. Sie will – doch das schreib ich ab: »Aber in
einer dunklen Nacht wird ein müder Grasaffe über feuchte Wiesen
heimwärts stapfen und einen großen, großen Sack mitschleppen. Und
dann werden an einem Hoftor plötzlich Hunde anschlagen, böse zuerst, dann – wer ist da, wer klopft? Und dann werden sie stillhalten
und drinnen aufkläffen und heulen und winseln vor Freude (wenn
sie überhaupt noch sind!) und dann – und dann wird der Grasaffe
vor einem Vater stehen, den hat er viel, viel lieber als den lieben
Gott. Und der wird ihn fragen: »Wie kommst du zu mir zurück?«
und der Grasaffe wird sagen: »Ganz arm.« – »Aber was hast du da
im Sack?« – »Da? Ja, sieh, da sind die Toten drin, die Guten von den
Toten, die habe ich alle aus den Todesanzeigen aufgesammelt und
noch aus vielem Anderm, auch aus der Luft und so ... Das war zuletzt recht schwer, und es wurde immer schwerer, sie noch im Sack
unterzubringen, und da habe ich auch alle meine Taschen und Herz
und Kopf und Seele vollgestopft mit Toten – mit den Guten von den

Toten – und ich habe mir gesagt, die würde ich zu dir bringen, und du würdest mir sagen, was ich mit ihnen anfangen soll. Kann ich sie nicht alle in deinen Garten legen? Und dann – du würdest schon zu zaubern verstehen – dann würde aus jedem ein Baum wachsen, auf dem Vögel sitzen könnten und auch Grasaffen, und das wäre dann das Himmelreich auf Erden.«

7. Mai 1917. Montag. Am kalten Maiabend schauert so etwas wie Lust am Schreiben. Draußen noch fast taghell, und doch gehts auf 10 Uhr, allerdings – »Sommerzeit«. Man fröstelt in der Stube und sitzt doch nicht hinterm Ofen, denn da ist es kalt. Schon hatten wir Sommerschwüle am Sonnabend, wo wir in der Klues unterm Dach im Schatten draußen saßen. Nach Fröschen waren wir ausgegangen, aber Frösche versagte uns das sonderbare Spiel der Fügungen und bewies uns wieder mal, daß man nicht auf das Selbstverständlichste sicher bauen kann. Man dächte an alles Andre, als daß die Frösche fehlen, wenn man mit der jungen Frau Schult verabredet, die ein Froschschenkelkochrezept hat, daß sie sie bereiten soll und daß wir sie essen wollen. Aber schon Sonntag war es wieder eisig im Schatten, und heute ist es nicht viel gnädiger.

Also sitz ich am kalten Maiabend und spüre Lust zu schreiben. Von der Aisne, wo wiederum, wie die Engländer anderwo, die Franzosen abgeschlagen sind – – oder von dem Schinken, den ich erstanden? Von ihm weiß ich wenigstens, von der Aisne nichts. Schlachter Reincke, dem ich vor Kurzem Mutters Zustand gewissermaßen vorgeworfen, er – sagte mir vor einigen Tagen gegen Abend, vor der Tür stehend, wie ich vorbei ging, ich solle gegen 9 Uhr kommen, er hätte einen Schinken. Und fing mich gleich an der Haustür ab und ließ mich in den Laden treten. Da wars im Dunkeln wie Blaubarts Mordkammer, und im Dunkeln holte er den Schinken auf der Waage vor, 27 Pfund, das Pfund 8 M, macht 216 M, die ich gleich bar bezahlte. Um 10 sollte ich wiederkommen und ihn im Dunkeln heimtragen. Eigenen Vorteil zu haben, spreizte sich Reincke zuzugeben, und ich dachte mir mein Teil im Stillen. Seine niedergeschlagenen Augen gefallen mir nicht. Wirklich, ein wenig Mörderaugen, der Blick, der an winselnden Opfern ruhig die Gurgel sucht. Auch wie er mir aufgab, reinen Mund zu halten, war mir bitter, aber was hilfts, ich schaffe an, was Mutter und Klaus nötig haben, nötiger als manche Kinder sogenannter armer Leute. Die springen z. B. in der Ulmenstraße rot und pausbäckig genug herum, warum soll Mutter so zusammenfallen und Klaus niemals aus dem Zustand der Verblaßtheit herauskommen? Ich? – na, nebenbei, ich kanns auch brauchen. Ich bin öfter wirklich auf schwachen Knien gestanden, und zum Schluß der Rechtfertigung, die ja schließlich gar keine ist und gar keine sein soll, Reincke sagt: »Wenn Sie ihn nicht nehmen, kriegt ein Hamburger den Schinken«.

Soviel vom Schinken und nicht mehr. Alles weiß etwas, was Andre sich verschaffen gekonnt. Aber jeder hütet sich auch, gar zu streng zu sein. Keiner geht in ganz reinen Schuhen. Vor Kurzem, erzählte mir mein Schuster Wittenburg, hielt spät abends vor des Bürgermeisters Hause in der Hansenstraße ein Landwagen und entband sich von Kartoffelsäcken und noch weiteren Gütern – die vorsichtig wie zerbrechliche Eier, die es vielleicht waren, hantiert wurden. Stille Zeugin: die Nachbarin. – Aber ich sehe schon, selbst der kühle Maiabend befreit mich nicht vom Lebensmittelklatsch. Also genug!

17. Juni 1917. Sonntag. Morgen nach Berlin zu Jurysitzungen und zu Cassirer, um über den »Armen Vetter« zu verhandeln. Habe soeben wie eine Last, die ich bis ans Ende ihres Zieles getragen, den zweiten Band des Dostojewskischen »Idioten« von mir geworfen. Beide, weder Nastassja Filippowna noch Aglaja, konnten es mir antun, genau wie früher. Mir fällt ein Drama ein, das auf dem bewußten Rummelplatz in Steglitz spielen könnte: Begräbnis, Kirchhofsmusik, Schützenfestgeknalle, Karussell, russische Schaukel, Tierbudengebrüll, alles durcheinander. Stimmung vom Jüngsten Tage, Motto: Gott, der diesen Wirrwarr erregt (Lebenssymbol), wie muß er leiden! Denn: diese Gärung, dieser Dualismus, diese Zerfleischung von Gefühl usw. ist Abbild eines Vorgangs. Das Glück, die Harmonie wird krampfhaft, wüst, verzweifelt gesucht und Enttäuschung, Not, Leid geerntet. Was im Einzelnen durcheinander drängt und treibt, bedeutet des Ganzen Unbehagen –! *Aufgabe:* Begriff des ungeheuren

Leidens, zugängig gemacht durch die menschliche Angst und Pein. Der Löw ist los, Kollmann, der Zeitungsprophet und Aufwiegler, Einpeitscher...

Das Buch ist zu Ende, und noch immer sitz ich zu Haus. Das Relief »Totenklage« ist fast fertig. Ein andres Buch will ich nur unter besondern Verhältnissen beginnen. Höchstens noch Daten zufügen.

17. Nov. 1917. Wegen Kohlenbeschlagnahme im kalten Zimmer. Rußland, Italien geben uns Gefühl, daß Alles gut gehen wird, aber Not – ist da. Wenig Fleisch, fast kein Fett, wenig Milch – doch saßen wir heute noch, Schult, Klaus und ich – im Waldhaus bei chinesischem Tee, Rum, Grog, Schokolade und Zigarren. Denn Zigarren werden auch bald ein Ende haben. Bis 31. Oktober war ich zurückgesetzt, bin um Verlängerung der Frist eingekommen und hoffe, bis Ende des Jahres hier zu bleiben. Wir frieren alle sehr. Im Wohnzimmer neben dem Ofen eine Grude eingebaut, eine Heizkommode. In der Küche eine Kochkommode. – Habe den »Armen Vetter« lithographiert, arbeite an dem Auferstehungsrelief. Ich kann keine Stiefel auftreiben, brauche sie nötig; laufe abends und wie heute, wenns hinausgeht, in dem zweiten Paar Soldatenstiefeln. Ausstellung bei Cassirer, morgen spricht Däubler dort im Saal über den Dramatiker Barlach, und Friedrich Kayßler liest aus dem »Toten Tag«. Denke an ein neues Drama (s. vor. Seite) und schreibe gelegentlich im Atelier ein bißchen davon auf. Von Amerika bisweilen Nachricht über Rußland durch Hans, es geht ihnen gut.

VIER TAGEBUCHFRAGMENTE

Töne

Heute überließ ich die Familie ihrem Glück daheim und suchte mein eigenes draußen. Auf den Wiesen begegnete ich der Kuhherde und durchdrang das grasrupfende, schnaufende, glockenbimmelnde, mit Milchsäcken schlenkernde Hornviehvolk, schluckte einer langsam strömenden Minute Weideglück und stand weiterhin still zu lauschen. Ich wollte etwas vom Krieg wissen – auf der Chaussee wurde offenbar marschiert, zu Trommeln und Pfeifen, und mir fiel der Landsknecht von Kompaniepfeifer ein, dem der Schnauzbart über die Pickelflöte hängt und der mit wahren Mörderhänden diesem piepsigen Dinge den Garaus machen will, halb frißt er sie, halb zerquetscht er sie, und das Ergebnis ist ein Marsch.

Weiter her kamen Signale, volle, stockende und erstickende, solche, von denen man nicht sagen konnte, ob sie zum Lebensbeginn nach Luft rangen oder schon am Röcheln waren. Ich wußte, daß hinterm Schützengarten geübt wurde, und fühlte, daß es um das Sollen und Nicht-gefragt-werden, mit einem Muß Beladen- und überlastet Vorwärts-geboten-werden etwas Herrliches ist. Fünfhundert bis tausend schwerbepackte Männer springen nach dieser Pfeife, die Erde zuckt unterm Peitschenknall des Signals und rückt in langer Linie zusammen, Schollen scheinen aufzubrechen, Helme, Gewehre und Gestalten formen sich, durchblitzt von Kameradschaft – so denke ich mirs, aber ich hörte nur von Übereifer strotzende Mißklänge wie verschollene Tonkameraden zwischen Himmel und Erde irren.

Es klappte dazwischen, als ob man bald einen Finger, bald mehrere zugleich gegen eine straffgespannte Papierwand schnellt, so klang von den Domwiesen über die Stadt weg das Scharfschießen bis zu mir heran, und ganz von rechts über die Kuhherde sprangen wie hörbare Flöhe die Kommandos von der Kaserne her, wo die Rekruten gezwiebelt wurden.

Reserve

Am Abend saß ich hinter Grog im Ratskeller, wo es um diese Stunde von Soldaten wimmelt. Die Herrn Offiziere in den Fensternischen, Infanteristen in der Mitte, nebenan Rekruten und am langen Wandtisch in einer Verfassung von Bombensicherheit Artillerieunteroffiziere d. R. Und alle diese Glattschädel tranken ein wenig Bier und unterhielten sich in leiser Vertraulichkeit bis auf die Bombensicheren an der Wand. Ihr Pferdestalldeutsch schien mir zugleich das Deutsch von Pferdebesitzern, die noch dazu Kühe und Schweine, Äcker und Wiesen in Reserve haben. Sie selbst sind ihres gnädigen Gottes todsicher, denn warum gibt er ihnen Kühe und Pferde? Und daß sie Gott zur Erhaltung ihres Viehstandes und zum Heil ihrer Äcker an die Kanone stellt, ist ja ganz vernünftig von ihm, die Kanonen sind die geeigneten Instrumente in diesem Falle, das wissen sie so gut, wie Gott es weiß. An der Schmalseite des Offizierstisches sitzt zusammengeklappt der gespensterhafte Hauptmann, lang, hager, mit etwas trüben Augen und allerlei Spuren auf dem Gesicht, als hätte das allzumuntre Leben ihm in die Backen gekniffen und Spuren hinterlassen, die sich nicht wieder ausbügeln lassen. Seine Adlernase ist ein wenig hahnenschnabelhaft, seine knochigen, schmalen Hände sind mit dicken Adern belegt. Neben seiner gotischen Schmalspurigkeit sitzen die Kameraden von der Reserve in bequemer Selbstverständlichkeit als Leute, die ihre Posten einnehmen und auszufüllen wissen, fast etwas schäbig im schon leise angegilbten Grau ihrer Röcke, in schlechtsitzenden Hosen. Parade- und Hahnentritt sind damit unausführbar. Aber ihnen hat das Leben nicht im Gesicht herumgekratzt, höchstens hat es – dem einen eine Brille aufgesetzt, dem andern eine gesunde Röte angesprenkelt. Und plötzlich klingt es, als rolle eine Kegelkugel durch die Stube, stieße gegen Stuhl- und Tischbeine und liefe den Soldaten über die Zehen. Sie springen alle auf, werden im Augenblick zu stocksteifen Kegeln und heben die Nasen salutierend gegen einen eintretenden Offizier. Bei seinem Wink rauschen sie wieder auf die Sitze. Der Herr Leutnant hat unter seinem ziemlich schlechten Rock eine neuere Hose, sein einziger Glanz kommt vom Säbel, den er aber mit einem Griff an den Magen von sich abtut, wie er sich unter die andern Herren einreiht. Seine Schultern sind breit und rund, auch nicht ganz gerade, und dadurch bekommt seine Gestalt von keiner anderen als Mittelgröße einen schmiedemeisterhaften Bau, man kann leicht denken, das Vertrauen der ganzen Kompanie hat sich auf ihn geladen, und er trägt ihr Schicksal, nicht im Herzen, sondern auf der Schulter. Etwas in seinem Gesicht ermuntert dazu, es zu glauben, es ist das eines praktischen Gelehrten oder eines Erfinders. Er kommt aber nur, um sogleich wieder aufzustehen, und mit ihm und nach ihm stehen die andern auf. Des langbeinigen Hauptmanns Edelfigur folgt als letzte. Seine mageren Hände langen nicht ohne Zittern zum Säbel, sein Leibriemen umfaßt den dünnen Bauch ein wenig mitleidig, aber als er den Rock wieder zuhat, zieht seine stolze Schlankheit mit gardevornehmem Gruß durch den stürmischen Aufstand der Soldaten. Und nun klappern auf allen Tischen die Geldstücke, Tisch um Tisch wird kahl, in fünf Minuten ist keine Uniform mehr zu sehen. Beim Heimgehen sehe ich einen Sanitätsgefreiten an der Straßenecke, wie er ein paar angeheiterte Infanteristen nach Hause scheucht; er wirft ihnen das Heimgehen leise wie ein Stichwort zu, und sie antworten mit verhallenden Schritten, wie mit Gehorsam beteuerndem Gemurre über die unnötige Warnung. Es gibt aber doch Lärm und Gejohle, einige Zivilisten ziehen die Straße hinunter hinter mir her und machen die »Wacht am Rhein« mit ihren Kehlen gemein. Wie sie abbiegen, fließen die vollen Herzen von andern Klängen über, es lautet so: von Hamburg bis Danzig, das kost' ne Mark und zwanzig...

Aufbruch

Nachts um 12 Uhr begab sich ein Artillerieausmarsch durch die Straße. Es war bitterkalt und sehr dunkel, und was vorüberzog, bestürmte mehr meine Ohren als meine Augen. Hufschlag wie ein Sturz eiserner Hagel rauschte seinen Guß durch die Stille. Aus den Geschützen schwellte mit Rammstößen ihrer Räder gegen die Pflastersteine verdrießliches Zetern auf und ab; wutverhaltenes Räuspern aus metallenen Kehlen in den Eisenhagel hinein. Irgendwo saß bei einer Kanone eine Mundharmonika, und mir quoll, als ich sie vernahm, eine Lust an diesem nächtlichen Murmeln und Rasseln auf. Ich hörte Schwören, und die paar Takte der Harmonika enträtselten mir ein Choralorgeln aus dem Donnerstrom, der sich gleichsam auf Zehen an meinem Fenster vorüberstahl. Menschenstimmen schwammen darin, zerschellten und erstickten im Drang der Flut. Aber eine Gruppe von Schreien, ich weiß nicht woher, rang sich

immer wieder hoch, erquälte sich Geltung gegen das eiserne Schwören, Schreie aus der kalten Herbstnacht! Begreifen-wollen und Ver-
stehen-sollen nenne ich sie; Glaube, Liebe, Hoffnung-Gurgeln gegen
die grimmige Verfinsterung eines friedlichen Volkes. Blitzlichter aus
Taschenlampen brachen hin und wieder auf und rissen zuckende
Stücke eines großen Leibes aus der Finsternis.

Bis 1/2 3 Uhr schlief ich dann, da klingelte es an der Korridortür,
das war der Kamerad von oben, der wollte wecken. Es ging ins Feld.
Neben mir begann das Rüsten, Waschen und vorsichtig leises Betreiben des Aufbruchs. Unten und an den Seiten der Tür spannten sich
Phosphorstreifen, und als ich eintrat, blakten die Flammen des
Kochers unter dem Kaffeetopf, und er – unser Soldat – und ich verstopften nun gemeinsam die Hohlräume seines Blechkessels mit
Zigarren. Am Abend hatte Luise schon für Magenballast auf die
Fahrt gesorgt und Gelegenheit für Liebesgaben von andrer Hand
nur kümmerlich zugelassen. Bald wechselte ich mit beiden feld-
marschmäßig bepackten Reservisten die Abschiedssprüche, und vorsichtig trampelnd räumten sie das Quartier. Draußen zeigte ich ihnen
noch den Kriegskometen unter dem Großen Bären, der Sternhimmel
hatte ein winterlich-dichtes Netz geknotet, und die Deichsel des
Wagens reckte sich schon dem Osten zu.

Am Morgen gegen 10 Uhr stand am Bahnhof im Sonnenschein
ein frischer Zug, so lang, daß sein Schwanz beide Bahnübergänge
der Stadt versperrte. Artillerie wurde eingeladen, Hufegestampf
rollte schon dumpf in seinem Leibe hin und her, und die Pferde an
den offenen Türen sogen die letzte Nase voll heimatlicher Luft.

Alarm

Vormittags gab es Alarm; da stand der Hornist und preßte die
Trompete an den Mund, als wollte er sie in den Schlund stoßen,
aber die Luftstauung hinter den Backen half dem Mund widerstem-
men. Darüber wurde sein Gesicht stickfarbig, und das Signal galoppierte in Hakensprüngen über Stock und Stein. Es schienen knochige
Hände gegen Wände und Türen zu trommeln, harte Zeigefinger

gegen die Scheiben zu prallen. Ich ging weiter, um die Mannschaften sich zusammenrotten zu sehen. Sie kamen gelassen mit Geschirr und Gewehr und rückten aus Teilen zu Massen zusammen. Die Formation band sie ans Seil zu Vieren und umschlang die Vier mit andern Vieren zu Zwanzig und Dreißig. Andre, die gegen die Marschfertigen ohne Gepäck und Gewehr wie nackte Leute aussahen, rannten wie auf der Suche nach schämigen Verstecken durch die Straßen und hüpften in die Türen, wobei ihre Seitengewehre gleich zappelnden Schwanzspitzen mit den Hacken um die Wette ausschlugen. Nun aber fing die Straße unter dem Kitzel der Stiefelnägel ein tiefes Murren und Schnurren wie aus der Brust einer Mordsbestie an. Mars' Löwen fühlen ein Behagen, wo so viele Gewehre sich zusammenfinden, wo so viele Kriegerbeine einen Bund miteinander machen, wo so viele graue Helme zum Krustenpanzer eines flotten Lindwurms stachelig miteinander verschweißt werden. Und während über alle Diagonalen des Platzes neue Gewehre und Helme im großen Kristallisationsvorgang angezogen und verschmolzen wurden, ging schon das Abzählen bis vier an, sinnlos klapperten die Zahlen aus verschiedenen Gliedern durcheinander, und dann packte eine Kommandostimme den Sinn des Ganzen wie Zügel. Die langen Reihen brachen in Stücke, aber die Stücke mauerten sich zu neuer Ordnung zusammen, und aus ihr antwortete der Marschtritt dem Kommando. Staub hängte eine bewegende Schicksalsgemeinheit über diese Säule und machte jeden Einzelnen dem Andern gleich. Keiner mehr für sich, alle für etwas Andres.

ANMERKUNGEN

Was in der Einleitung zu den Anmerkungen in Prosa I, S. 507 ff., gesagt worden ist, gilt auch hier, insbesondere der Dank an diejenigen, mit deren verständnisvoller Hilfe dieser zweite Prosaband entstanden ist.

Dem Herausgeber lagen für die beiden großen Arbeiten dieses Bandes, für das »Güstrower Tagebuch 1914–1917« und für den »Gestohlenen Mond«, die Handschriften, und für den größeren Teil des Fragmentes »Wider den Ungeist«, dessen Handschrift unvollständig ist, lag ihm die maßgebende Maschinenabschrift vor. Von den Unterlagen ist nur in den (seltenen) Fällen offensichtlicher Schreibfehler und sonstiger Irrtümer abgewichen worden. Dies kennzeichnen im Text spitze Klammern, und eine Anmerkung weist die abweichende Fassung der Handschrift aus. – Der heutigen Üblichkeit sind wieder Satzzeichen und Rechtschreibung angepaßt, die letzte wieder ausnahmlich einiger besonders bezeichnender Eigentümlichkeiten E. B.s. Hiermit und mit der Inkonsequenz, die sich hierin gelegentlich zu zeigen scheint, wird allerdings bewußt gegen die Diktatur Dudens verstoßen.

Bei den Anmerkungen hat auch dieses Mal größte Sparsamkeit gewaltet. Mancher Hinweis will dem Wissensdurstigen die Mühe eigenen Forschens abnehmen. Aber bei den vielen Zitaten und Anklängen, besonders im »Güstrower Tagebuch«, durften bei denen aus Goethes »Faust« und bei manchen aus Werken Schillers und Shakespeares Hinweise unterbleiben; sie beschränken sich auf solche Dichtungen, die heute, insbesondere jüngeren Lesern, nicht mehr so selbstverständlich bekannt zu sein pflegen, wie sie es E. B. und seiner Generation gewesen sind.

Bremen und Payrac (Lot) *Droß*
Sommer 1959

Abkürzungen

E. B.: Ernst Barlach.

Briefe I: Ernst Barlach, »Aus seinen Briefen«, München 1947, R. Piper & Co, Piper-Bücherei Nr. 5. 27.–32. Tsd. 1958. 74 S.

Briefe II: Ernst Barlach, »Leben und Werk in seinen Briefen«, München 1952, R. Piper & Co, 268 S., 25 Abb.

Carls: Carl Dietrich Carls, »Ernst Barlach, Das plastische, graphische und dichterische Werk«. 6. Aufl. Mit 108 Abb. Berlin 1954, Rembrandt-Verlag, 142 S.

Dramen: Ernst Barlach, »Die Dramen«, München 1956, R. Piper & Co, 2. Aufl. 1958, 620 S.

EBG 1: Ernst Barlach, »Rundfunkrede aus der Vortragsreihe ›Künstler zur Zeit‹ im Deutschlandsender am 23. Januar 1933«. Erste Gabe der Ernst Barlach Gesellschaft, 24. Oktober 1947. 16 S. 700 numerierte Exemplare.

EBG 4: Ernst Barlach, »In eigener Sache«. Vierte Jahresgabe der Ernst Barlach Gesellschaft zum 24. Oktober 1949. 22 S.

EBG 8: Ernst Barlach, »Sechs kleine Schriften zu besonderen Gelegenheiten«. Achte Mitgliedergabe der Ernst Barlach Gesellschaft zum 24. Oktober 1950. 21 S.

G. M.: »Der Gestohlene Mond«.

Gr. Gen.: Die Schlachten und Gefechte des Großen Krieges 1914–1916. Quellenwerk nach den amtlichen Bezeichnungen zusammengestellt vom Großen Generalstab. Berlin 1919. Herman Sack. 105 S.

H: Handschrift.

Mensing 1 usw.: Schleswig-Holsteinisches Wörterbuch. Volksausgabe. Herausgegeben von Otto Mensing. Neumünster, Karl Wachholtz.
Band 1: 1927   Band 4: 1933
Band 2: 1929   Band 5: 1935
Band 3: 1931

Prosa I: Ernst Barlach, »Das dichterische Werk in drei Bänden. Zweiter Band: Die Prosa I«, München 1958, R. Piper & Co, 526 S.

S. L.: Ernst Barlach, »Ein Selbsterzähltes Leben«, in: Prosa I, S. 11–59.

Sch.: Ernst Barlach. Das graphische Werk. Bearbeitet von Friedrich Schult. Herausgegeben mit Unterstützung der Deutschen Akademie der Künste. Hamburg 1958, Hauswedell.

Schurek: Paul Schurek, »Begegnungen mit Barlach. Ein Erlebnisbericht«. 2. erweiterte Aufl., Gütersloh 1954, Rufer, 240 S. Mit vielen Abb.

Kursiv sind in den Texten die Worte gesetzt, die E. B. in den Handschriften unterstrichen hat.
( ) Klammern, die E. B. selbst gesetzt hat.

⟨ ⟩ Ergänzungen usw. durch den Herausgeber.

* Kürzungen aus Rücksicht auf den Autor oder auf noch lebende Personen.

Im Einzelnen

S. 9 GÜSTROWER TAGEBUCH 1914–1917 Die Handschrift, vier schwarze Wachstuchhefte (Schulkladden) im Format etwa 210 × 165 mm, die Blätter beiderseits und mit Tinte beschrieben, liegt beim Nachlaß in Ratzeburg. Eine Maschinen-Abschrift aller vier Hefte, in den Jahren 1939 bis 1943 von

Pastor Wolfgang Theopold hergestellt, erleichterte die Anfertigung der Druckvorlage unsrer Ausgabe. Diese ist mit der Handschrift abgestimmt.

Heft 1, liniertes Papier, trägt außen, auf den schwarzen Wachstuchdeckel aufgeklebt, ein Blatt im Format etwa 80 × 120 mm, ausgeschnitten aus einem buntbedruckten Reklamepapier der Fischkonserven-Fabrik Otte in Rostock. Darauf handschriftlich in Tinte:

Güstrower
Tagebuch
von
3. Aug. 1914
bis
17. Nov. 1917
(4 Hefte)

Auf dem Innendeckel in Tinte:

1914

3. August bis 26. Oktober

Darunter in Bleistift:

I Heft

Mit einer schwarzen Sicherheitsnadel sind zwei Blätter linierten Papiers an ihrem oberen Rande auf der Innenseite des vorderen Heftdeckels befestigt. Sie sind beiderseits beschrieben und weisen die Blatt-(nicht: Seiten-)Zahlen 2 und 3 auf (Bl. 1 nicht vorhanden). Sie enthalten die Eintragung vom 3. August 1914. Das erste feste Blatt des Heftes beginnt dann mit dem 17. August. Es ist mit 4 a und 4 b seitengezählt, das zweite Blatt nochmals 4 b und 5, vom dritten Blatt ab (Seiten 6 und 7) bis zum Schluß (S. 187) lückenlose Seitenzählung. Am Schluß des Heftes sind drei Blätter herausgeschnitten, doch setzt sich der Text der letzten Seite mit neun Zeilen auf der Innenseite des hinteren Heftdeckels lückenlos fort (Eintragung vom 26. Oktober 1914).

Heft 2, nichtliniertes Papier. Auf der Innenseite des vorderen Deckels handschriftlich in Tinte:

1914
27 Oktober bis 31 Dez 109
1915
1 Jan – 28 März 1915.

In Bleistift:

II Heft

Seitengezählt von 1 bis 192. Die Eintragung des 31. Dezember 1914 endet am unteren Rand der S. 109. Feldpostbriefe sind eingeklebt auf den Seiten 43, 126–127 und 138. Auf den Seiten 146 und 147 ist eingeklebt (links in deutscher, rechts in französischer Sprache) ein gedrucktes Blatt »Nachrichten vom 18. u. 19. Januar 1915«, unterzeichnet »v. Bockelberg, Generalleutnant und Etappen-Inspekteur«. – Die Eintragung vom 27. März 1915 endet am unteren Rande der letzten Seite des Hefts (S. 192); die Eintragung vom 28. März 1915 ist auf den hinteren inneren Heftdeckel geschrieben.

Heft 3, blauliniertes Papier, trägt auf der Innenseite des Vorderdeckels in Tinte den Vermerk:

24 April 1915 – 26 Juli 1915

Darunter ist eingeklebt eine Gruppenaufnahme im sommerlichen Garten, Format 9 × 11,5 cm: etwa 40 Kinder, zwei Kindergärtnerinnen. Unter dem Foto handschriftlich in Tinte:

Kriegskinderhort in der Friedrichshalle 1915.

Darunter in Bleistift:

III Heft

Das Heft ist von 1 bis 144 seitengezählt, lose eingelegt ein doppelt gefalzter Bogen im Format 33 × 21 cm, nicht liniert, enthaltend die Notiz vom 18. April 1915.

Heft 4, nichtliniertes Papier, weist auf der Innenseite des Vorderdeckels in Tinte aus:

4 Heft
7 August 1915
bis (einstweilen) 3 Dez 1915

Darunter in Bleistift:

Weiter nach d. Soldatenzeit 26 Februar 1916
bis Nov 1917

IV Heft

Am unteren Rande aufgeklebt eine (heute stark verblaßte) Photographie zweier Uniformierter, links handschriftlich in Tinte:

Vogesen, September 1915
Vicefeldwebel Rausse und
Max Dietzel.

Das Heft ist von 1 bis 192 seitengezählt. Auf dem inneren Hinterdeckel ist ein Blatt Schreibpapier eingeklebt, dessen vordere Seite die Eintragung des 17. November 1917 enthält.

Ein auszugsweiser Privatdruck »Ernst Barlach, Güstrower Tagebuch im Auszug 1914–1917« (ohne Ort und Jahr, 33 S.), mit einem Vorwort von Wolfgang Theopold im Jahr 1943 (?) als Handschrift gedruckt, war im Freundeskreis verbreitet. – Aus der Maschinen-Abschrift Wolfgang Theopolds, also ohne Textvergleich mit der Handschrift, hat der Herausgeber solche Stellen, die sich auf Werke E. B.s beziehen, unter dem Titel »Kunst im Krieg« zum 24. Oktober 1953 als 14. Mitgliedergabe der EBG herausgebracht. In allem Übrigen: Erstdruck.

S. 11 *Klaus* Nikolaus Barlach, geb. 1906 als natürlicher Sohn E. B.s. Von diesem adoptiert, nachdem er ihn in harten Kämpfen der Mutter abgerungen hatte (»Toter Tag«). Lebt in Ratzeburg.

S. 11 *Mutter* Luise Barlach geb. Vollert, 1845–1920, z. vgl. Lebensabriß in Briefe II, S. 259.

S. 12 *Frl. Tina* Albertina Heidebruch, 1874–1928. Mit E. B. in Brief-wechsel, der zur ersten Begegnung in Lübeck, Sonntag, 31. Januar 1915, führte (S. 173). Sie versorgte 1919/20 den Haushalt E. B.s zur Entlastung seiner greisen Mutter. Z. vgl. im übrigen Schurek, S. 75 ff. und »Im Hause Barlach. Was Tina aus Güstrow berichtete« v. Paul Schurek in Neue Zei-tung, München, 3. Januar 1950.

S. 12 *Meine Holzskulptur* »Hunger«, Relief, 1914. Abb. in Carls, S. 25.

S. 13 ⟨*zerbissen*⟩ H: zerbeißt.

S. 16 *Die Nebel* Name des Flüßchens, an dem Güstrow liegt.

S. 18 *Hans* E. B.s Bruder Hans, 1871–1953, z. vgl. Lebensabriß in Briefe I, S. 259.

S. 18 *Mieting Düsel* Marie, einziges Kind des Ehepaares Dr. Friedrich Düsel.

S. 19 ⟨*Interesse*⟩ H: Intressen.

S. 21 »*Kriegsblätter*« Alfred Gold gab 1914 bis 1916 im Verlage Paul Cassirer die »Kriegszeit« heraus. Original-Lithographien außer von E. B. u. a. von Gaul, Käthe Kollwitz, Liebermann, Slevogt. E. B.s Beiträge bei Sch. 63 bis 74.

S. 22 *Gaus* Familien-Koseform für Klaus.

S. 23 ⟨*das*⟩ H: den.

S. 23 *Rue Alain-Chartier* Z. vgl. Prosa I, S. 510, Anm. zu S. 46: *Ich mie-tete im Süden.*

S. 24 *Abschiedswetter* Z. vgl. S. 699, Anm. zu S. 97 *zum Abschiednehmen just das rechte Wetter.*

S. 25 *der alten Töpferei* Z. vgl. *Seespeck*, letztes Kapitel. Dort heißt der alte Maurermeister Holk.

S. 27 ⟨*entledigen*⟩ H: erledigen.

S. 28 *längsgesteift* So eindeutig in H. Augenscheinlich Vorstellung wie von vielen Strebepfeilern.

S. 29 ⟨da⟩ H: so.

S. 32 *Keuchhustenzeit* Z. vgl. *Güstrower Fragmente, Keuchhustentage* (Prosa I, S. 325).

S. 34 *Das Vertrauen der Kinder* Z. vgl. *Güstrower Fragmente, Gebor-genheit* (Prosa I, S. 329).

S. 36 *17. Der Wüstenprediger* ist in Bleistift eingefügt, und die folgen-den Nummern sind je um eine erhöht bis »26. Die Rübenstehler«. In »24 u. 25 sind noch bei mir im Atelier« sind die Ziffern nicht geändert.

S. 37 ⟨*zu handlichen Waffen werden*⟩ H: wieder zur handlichen Waffen (gestrichen:) werden sind.

S. 37 *Kamelshöcker* Z. vgl. *Güstrower Fragmente, Schulze und Spiegel-schwab gehen über den Kamelshöcker,* Prosa I, S. 307.

S. 39–40 *Ratzeburger Haus bis Tiek* Z. vgl. S. L. in Prosa I, insbes. S. 20 ff. und Anmerkungen S. 509. Das Nachbargrundstück des »Vater-hauses« bewohnte damals Landrat v. Bennigsen. – In H: eindeutig *Hus-mann,* nicht *Hudemann,* wie in Prosa I, S. 35 und 510.

S. 40 *Frau Exner* So eindeutig in H. Gemeint ist Frau Eixner aus dem 2. Kapitel des *Seespeck,* Prosa I, S. 356 ff.

S. 41 ⟨*Schmumacherlächeln*⟩ H: Schmulmacherlächeln.

S. 42 *Bertha Schenck* Kusine der Mutter E. B.s und dieser lebenslang schwesterlich verbunden.

S. 45 ⟨seine⟩ H: ihre.

S. 46 *Osbert* Alphonse O., Maler, geb. 1857.

S. 46 *Degron* Z. vgl. Prosa I, S. 511, Anm. zu S. 48. Nachforschungen der Zwischenzeit haben weiter ergeben: Henri Degron ist 1871 in Yokohama geboren und 1906 in Paris gestorben. Sein Vater Henry D. hat mehr als zwanzig Jahre in Japan gelebt und ist vermutlich mit einer Ostasiatin verheiratet gewesen; wenigstens wird E. B.s Bericht im S. L. (Prosa I, S. 48), daß man dem Sohn »wohl anzusehen meinte, was man von ihm erzählte, nämlich daß er von Mutterseite Siamese sei«, ergänzt durch die Bemerkung über ihn bei Paul Audricourt: »Au gré du rêve«, Paris 1902, S. 334: »Japonais au physique, français par le coeur...«. Von 1891 bis 1904 veröffentlichte Degron zahlreiche Aufsätze und Gedichte in der Zweimonats-Zeitschrift »La Plume littéraire, artistique et sociale« und 1898 und 1902 auch in »L'Ermitage, revue mensuelle d'art et de littérature«. Das zweite seiner Gedichtbändchen heißt vollständig »Poèmes de Chevreuse ou les Villanelles à la Vallée« (Paris 1902, 110 S.) – Paul Audricourt nennt ihn a.a.O. »une des figures les plus particulières et les plus intéressantes de notre littérature contemporaine«, und der »Mercure de France« v. 1. 12. 1906 (S. 473 f.) nennt ihn, seinen frühen Tod meldend, »ce doux poète rêveur... C'était une âme d'enfant«.

S. 46 *Garbers* Carl G., 1864–1943. Z. vgl. Prosa I, S. L. und *Karls Vormittagszüge.*

S. 49 *Schluckaus* So und nicht *Schluckauf* in H.

S. 50 *Dr. Dragendorff* Kurt D., geb. Dorpat 1872, lebt in München. 1912–1914 in Güstrow als Chemiker in der Fabrik des Dr. Ernst Heilmann. Künstlerisch interessiert und ausübend kam er bald in Beziehung zu E. B., der ihn nach kurzer Zeit porträtierte (Maske, Ton, 1913), weil ihn der Kopf D.s interessierte. Diesen nannte E. B. einmal »gotisch«, sagte aber bei den Sitzungen: »Sie haben den Ausdruck eines orientalischen Fürsten: gutmütig, aber rauh in den Maßnahmen.« Die Beziehung währte auch fort, als D. 1914 nach Rostock übersiedelte. D. vermittelte den Auftrag für das Ehrenmal in St. Nikolai, Kiel (Mitteilungen des Dr. Dragendorff).

S. 51 *keine Ernüchterung folgern.* An dieser Stelle hat E. B. gestrichen: *Schon juckt es mich in den Fingern, Soldaten zu zeichnen, aber immer wieder wird der Vorschlag, die Vorstellung, der Rat, den man selbst gibt, widerlegt. Es fehlt dem was. Ich sehe das Erlebnishafte fürs Auge. Alle diese forschen und bedächtigen Leute sollen ja in ihre Hölle hinein, jetzt sind sie aber nicht etwa im Himmel.*

S. 51 *Theodor Körner* »Pfui über dich Buben hinter dem Ofen« (Gedicht »Männer und Buben«, August 1813, v. 3).

S. 53 ⟨saß⟩ H: sah.

S. 57 *Zeichenlehrer Schult* Friedrich, geb. in Schwerin 1889. Dichter und Künstler in Güstrow. Von 1914–1945 Zeichenlehrer an der Güstrower John-Brinckmann-Schule. Er betreut die Teile des Nachlasses E. B.s, die er 1945 in Güstrow geborgen und 1947 wieder in E. B.s Werkstatt im Heidberg überführt hat.

S. 57 *Wohlers* Julius, 1867–1953, Maler, Radierer, Lithograph. Studium an der Kunstakademie Berlin (1886–1889) und bei P. A. Schou, Kopenhagen. Von Alfred Lichtwark und Leopold v. Kalkreuth gefördert. Professor an der Kunstgewerbeschule Hamburg. Über seine Verbindung mit E. B. z. vgl. Schurek, S. 31 ff.

S. 57 *Wallfried* Rudolph, Bildhauer, geb. in Quickborn (Holstein) 1884. Schüler von Gaul. Begegnung mit E. B. Berlin 1906. Anschließende Freundschaft und bis 1909 zeitweilige Ateliergemeinschaft. W. war 1914–1918 Kriegsteilnehmer, dann Seefahrer, Aufenthalt in Südamerika und England. Briefwechsel mit E. B. bis kurz vor dessen Tod.

S. 60 ⟨dem⟩ H: der (gemeint ist: Knall der Kunde von Metz).

S. 61 *wir vertrauen* Dahinter gestrichen: *daß wir den Sieg verdienen.*

S. 63 ⟨bestehen⟩ H: besteht.

S. 64 *Schwaan* Landstadt zwischen Güstrow und Rostock.

S. 65 *Amanda* Barlach, geb. Santen, Frau des Bruders Nikolaus E. B.s (Prosa I, S. 525, Stammtafel III).

S. 65 *Dietzel* Max Dietzel. Sohn eines Hopfenhändlers in Nürnberg. Kunstfreund und -sammler in Nürnberg, dann Kunsthändler in München. Hier betrieb er in der Königinstraße 44 zusammen mit Dr. Ferdinand Schmidt den »Neuen Kunstsalon«, für den im Jahre 1912 Erich Heckel und Ernst Ludwig Kirchner gemeinsam ein Plakat in Holzschnitt fertigten (Katalog der Auktion Norman Ketterer, Stuttgart, 29.–30. Mai 1959, S. 59). Dietzel ist am 1. 2. 1916 in den Vogesen gefallen (s. S. 312). Beschämenderweise war über seine Lebensdaten nichts Amtliches zu erfahren. Um so ehrender das Denkmal der Freundschaft, das ihm Hans Carossa gesetzt hat: »Führung und Geleit, Ein Lebensgedenkbuch« (72.–76. Tsd. Wiesbaden 1954, Insel, S. 61–76). Danach hat Dietzel den »Sterndeuter« (Holz 1909) und den »Berserker« (Holz 1910) besessen, und als er sie notgedrungen in seiner Kunsthandlung verkauft hatte, »fuhr er in seine Wohnung, um sich auszuweinen«.

S. 65 ⟨sein Cello⟩ H: seine Bratsche. Fr. Schult teilt mit, daß er Cello und nicht Bratsche spiele.

S. 67 *auf der Elbe bei Schulau* E. B.s Kindheitserinnerung ist in Einzelheiten ungenau, trifft aber im Kern zu: Am 6. Mai 1878 um 22.30 Uhr gab es in der Pulverfabrik von Klee & Koecher in Tinsdal (zwischen Wedel und Schulau an der Unterelbe), die erst im Jahre 1876 erbaut worden war, eine gewaltige Explosion, die nach einem Bericht der »Hamburger Nachrichten« vom 8. Mai 1878 (Nr. 109, Abendausgabe) »durch die gewaltige Lufterschütterung … in weiten Entfernungen … Furcht und Schrecken erregt, … indem man sich die Erscheinung nicht anders als durch eine Erderschütterung erklären konnte. So klirrten in Preetz … die Fenster, erzitterten die Wände und sprangen die Türen auf. Auch in Kiel wurde … ein Klirren der Fenster, ein Rütteln an den Türen bemerkt«. (Mitgeteilt von Frau Oberarchivrätin Dr. A. Tecke, Staatsarchiv Hamburg.) Luftlinie Tinsdal–Kiel rd. 100 km, Tinsdal–Ratzeburg rd. 75 km.

S. 68 *eiserner Hagel rauschte seinen Guß* So eindeutig in H. Man erwartet: »eiserner Nägel« oder »eisernen Hagels« und »rauschten ihren Guß«.

S. 73 *Hengstenberg* Georg, Bildhauer, geb. Meran 1879. Studium in

München und Berlin. Die Preußische Akademie der Künste verlieh ihm
1901 den Rompreis und 1908 den Großen Staatspreis (für seinen »Gewicht-
hebenden Athleten«, Grunewaldstadion). Weitere Werke in öffentlicher
Aufstellung in Berlin, Bielefeld, Bremen, Soest u. a. m. Zeitweilig Mitarbei-
ter, ab 1922 Schwager von Hugo Lederer. Lebt in Bielefeld. – Trat 1905/06
in Friedenau zu E. B. in freundschaftliche Beziehung, die, wenigstens brief-
lich, bis 1937 fortdauerte. – Z. vgl. Briefe II, S. 217.

S. 75 *Roye (?)* Das Fragezeichen, das E. B. in Klammern hinter diesen
Ortsnamen setzte, war überflüssig, sein Gedächtnis trog ihn nicht: Städtchen Roye, Departement Somme, 66 km vor Cambrai, wurde im 1. Weltkrieg zerstört, dann wieder aufgebaut, und die Kirche Saint-Pierre aus
dem 16. Jahrhundert wurde im 2. Weltkrieg neuerlich beschädigt.

S. 75 *Gloriole der Weiblichkeit* Das Relief ist nicht erhalten (Mitteilungen des Sohnes und des Herrn Schult).

S. 76 ⟨*vom*⟩ H: vorm.

S. 76 *Frau des Majors* In der Handschrift ist *Frau* durchgestrichen, darüber
ein Sternchen, und am unteren Rande in Bleistift: »na, das war ein Fräulein! Juni 1928. B.«

S. 79 *Rudolf Junge,* geb. 1883 in Ludwigslust (Mecklenburg). Studierte
Architektur. In Berlin Hilfskraft bei Architekten und Lehrer der Städt. Fort-
bildungsschule. Sein Studienfreund Rudolf *Wallfried* (S. 57. Z. vgl. Anm.
S. 696) brachte ihn in Berlin-Friedenau mit E. B. in Verbindung, der ihn
damit betraute, für Figuren E. B.s architektonische Umrahmungen zu zeichnen. Im Jahre 1909 ging J. als Lehrer an das Landerziehungsheim Haubinda
(Herm. Lietz). Er siedelte sich im Jahre 1913 in Klingberg bei Pönitz, Holstein, an, wo er noch heute wohnt. Im Herbst 1914 besuchte er Mutter und
Schwester in Kloster Dobbertin (Mecklenburg) und wanderte von dort zu
E. B. nach Güstrow. Im Frühjahr 1915 wurde er eingezogen. – Die Verbindung mit E. B. ist nach einem kurzen Briefwechsel eingeschlafen. (Mitteilungen des Herrn Junge.)

S. 81 *Klaus Groth,* Sämtliche Werke, herausgegeben von Ivo Braak und
Richard Mehlem, Band 2, S. 154: »Quickborn«, Gedicht »Rumpelkammer«:
»Wa moegt ji so vertelln! / Antwerpen brennt de Citadelln! / In Frankrik
is dat Solt so dür! / De ganze Süden steit in Für!«

S. 85 ⟨*gehört*⟩ H: gehören.

S. 85 ⟨*sie*⟩ H: ihnen.

S. 86 *Berlin, du Donnerwort* Hierbei wird E. B. weniger an das »Donnerwort« des Erdgeistes (»Faust« v. 622) gedacht haben, als an das Kirchenlied »O Ewigkeit, du Donnerwort« (Verfasser: Joh. Rist, 1607–1667),
das im Jahre 1883 in das Schleswig-Holsteinische Gesangbuch aufgenommen worden ist (Nr. 504). Denn weniger auf das Faustwort als auf dieses
Kirchenlied weist es, daß E. B. in *Wider den Ungeist* dem »Ewigkeitswort«
»Donnergefühle« gegenüberstellt (S. 402).

S. 86 *Tante Mieting* Frau Marie Düsel, geb. Venzmer, 1870–1957, Frau des
Dr. Friedrich Düsel.

S. 87 *Moeller-Bruck* Arthur Moeller van den Bruck, 1876–1925. Litera-
rischer und politischer Schriftsteller. Sein Buch »Das dritte Reich« (Berlin
1923) ließ den Irrtum entstehen, er sei Wegbereiter des Nationalsozialis-

mus gewesen, der im Gegenteil Neuauflagen seiner Bücher verbot. – Im Berlin der Jahrhundertwende verkehrte er in den Kreisen um Dehmel und Strindberg. – Im Jahre 1902 lernte er in Paris Mereschkowski kennen, mit dem gemeinsam er die erste deutsche Dostojewski-Gesamtausgabe besorgte (1906–1919, 22 Bde., Verlag R. Piper & Co, München). – Im Jahre 1917 verfaßte er in der militärischen Stelle des Auswärtigen Amtes zusammen mit Hans Grimm und Friedrich Gundolf Propagandaschriften für das neutrale Ausland. – Im Jahre 1906 ging er nach Italien und wohnte längere Zeit in Florenz, wo er im Jahre 1909 E. B. und Däubler kennenlernte. Mit beiden seitdem herzliche Freundschaft. E. B. half Moeller in dessen chronischer Geldverlegenheit oft und ohne viel Worte. – Über die Kunst E. B.s veröffentlichte Moeller im »Tag« vom 13. 9. 1912 einen Aufsatz. (Mitteilungen des Herrn Schwierskott, Erlangen.) – In Briefe II zahlreiche Briefe E. B.s an Moeller.

S. 87 *eine heilige Halbstumme* Vom 26. 4. 1915 ab (S. 204) nennt E. B. sie »die Heilige«. Anklang an Goethe? E. B. berichtet am 23. 3. 1915 (S. 196), daß er »Wilhelm Meisters Lehrjahre« gelesen habe. Dort wird die »schöne Amazone«, nachdem Wilhelm, der verwundet am Boden liegt, die Vision eines Strahlenkranzes um ihr Haupt usw. gehabt hat, »die Heilige« genannt (IV, 6 a. E.).

S. 90 *5 Uhr* Die Zahl, durch Überschreiben geändert, kann auch als 6 oder als 8 zu lesen sein.

S. 91 *Hauptgeschäft* Anklang an Goethe. Nach Vollendung des »Faust« am 21. und am 22. Juli 1831 ins Tagebuch: »Abschluß des Hauptgeschäfts« und »das Hauptgeschäft zu Stande gebracht«.

S. 91 *Niko* Nikolaus Barlach, 1872–1925, einer der Brüder E. B.s. Z. vgl. Prosa I, S. 525, Stammtafel III.

S. 92 *Engel* Die Brüder Bruno (geb. 15. 6. 1886) und Friedrich Wilhelm (Willi, geb. 18. 9. 1888) waren in Bützow, Mecklenburg, geboren als Söhne des jüdischen Klempnermeisters Max Engel und seiner Frau, geb. Beutheim. Ihr Großvater Engel (Louis) war Großherzoglicher Hofklempnermeister, ihr Großvater Beutheim war Rabbiner. Beiden Brüdern wird nachgerühmt, daß sie ungewöhnlich begabt gewesen seien. Bruno, der Bekannte E. B.s, war Buchhändler – eine Zeitlang in der Buddenbrook-Buchhandlung in Lübeck –, Journalist und Dichter. Willi, im Felde mit dem EK II ausgezeichnet, war zuletzt Arzt in Berlin, wo er kurz vor 1945 einer Krankheit erlag.

S. 93 *Fräulein Frank* Tilli, Verlobte des Bruno Engel, der mit ihrer Mutter gleichzeitig in der Buddenbrook-Buchhandlung in Lübeck angestellt gewesen war.

S. 95 *Falstaff* Shakespeare, »König Heinrich IV., Erster Teil«, IV, 2. Falstaff: »Pah! Pah! Gut genug zum Aufspießen; Futter für Pulver, Futter für Pulver! Sie füllen eine Grube so gut wie Bessere; hm, Freund! Sterbliche Menschen! Sterbliche Menschen!« (Schlegel-Tieck-Ulrici, Ausgabe der Shakespeare-Gesellschaft, 2. Aufl., Berlin 1897, Georg Reimer, B. 1, S. 485).

S. 95 *da ich ihn Sonnabend vertreten,* Von hier bis *ins warme Bad* auf die Innenseite des rückwärtigen Deckels geschrieben. Ende des Ersten Heftes.

S. 96 *Fetting* Diesen Namen hat E. B. in den *Findling* übernommen; z. vgl. Dramen, S. 268.

S. 97 *zum Abschiednehmen just das rechte Wetter* Joseph Victor von Scheffel, 1826–1886. Epos: »Der Trompeter von Säkkingen«, 14. Stück, Das Büchlein der Lieder, XII: »Es ist im Leben häßlich eingerichtet«, v. 18 und 19: »Ein Regenschauer zieht durch Wald und Feld / Zum Abschiednehmen just das rechte Wetter«.

S. 100 *Smetse* »Smetse der Schmied« in: Charles de Coster, »Vlämische Legenden«, deutsch von Marie Lamping und Friedrich von Oppeln-Bronikowski, Jena 1911. Neuerlich: »Smetse, der lustige Schmied«, übertragen von D. Owlglaß, München o. J., Piper-Bücherei Nr. 48.

S. 102 ⟨*Zimmer*⟩*leute* H: Maurerleute.

S. 104 *Engländer* Hierher gehört der folgende Fund auf der Seite »Künstler-Anekdoten« in »Kunst und Künstler«, 1918, S. 164 (ohne Quellenangabe): »Völkerpsychologie in der Nußschale. Barlach äußerte sich einmal in einem Gespräch: ›Mit dem Deutschen kann ich mich streiten, mit dem Franzosen kann ich mich unterhalten, mit dem Russen kann ich wenigstens trinken; mit dem Engländer aber kann ich garnichts anfangen.‹«

S. 104 *Theodor Fontane* Im 23. Kapitel des »Stechlin« sagt Pastor Lorenzen von den Engländern: »Sie sind drüben schrecklich runtergekommen, weil der Kult vor dem Goldenen Kalbe beständig wächst; lauter Jobber, und die vornehme Welt obenan. Und dabei so heuchlerisch; sie sagen ›Christus‹ und meinen Kattun.« (Zitiert nach Ges. Werke X, 16. Aufl., Berlin 1907, S. 298.) Z. vgl. auch das »Kattunchristentum« in Fontanes Gedichten »Arm oder reich« und »Britannia an ihren Sohn John Bull« (Mitteilungen von Prof. Schreinert, Göttingen, und Prof. Muschg, Basel).

S. 106 ⟨*faltete*⟩, *die* H: folgte, die.

S. 110 *ein getreuer Heinrich* H: ein getreuer (gestrichen): und eiserner. Brüder Grimm, Kinder- und Hausmärchen, 1, »Der Froschkönig oder der eiserne Heinrich«.

S. 113 *Mont Reinier* So eindeutig in H. Gemeint ist der Mount Rainier, 4130 m, südlich Tacoma im Staate Washington.

S. 116 *Lügt, Stürme, lügt!* und S. 117 *Lie storms lie!* Die Zeichnung trug die Unterschrift »Reuterpresse«, die Lithographie in der »Kriegszeit«: »Lügt Stürme lügt!« Z. vgl. Sch. 64.

S. 121 *Laukhard* »Magister Laukhard, Sein Leben und seine Schicksale, von ihm selbst beschrieben«. Herausgegeben von Heinrich Schnabel, München 1912, Verlag Martin Mörike, 475 S., und: Bearbeitet von Viktor Petersen, Einleitung von Paul Holzhausen. 2 Bände, Stuttgart o. J., Verlag Robert Lutz.

S. 122 ⟨*Lowicz*⟩ H: Lobicz.

S. 127 *ermäggern* (im *Seespeck: ermäckern*. Prosa I, S. 439). Im niederdeutschen Raum mundartlich nicht nachweisbar, wird es bei Karl Müller-Frauenreuth »Wörterbuch der obersächsischen und erzgebirgischen Mundart«, Bd. 1, S. 300 (Dresden 1911) u. a. gleich »ermachen«, »dermachen« gedeutet, das in vielen oberdeutschen Mundarten und auch bei Grimm, Bd. III, S. 909, nachgewiesen wird als »etwas machen, vermögen, durch Arbeit erzwingen, zustandebringen, fertigbekommen, erreichen können, zu

Ende führen, vollenden.« Mitteilung des Herrn Dr. Ballschmieter, Kiel, der darauf hinweist, daß E. B. das obersächsische »ermäggern« vielleicht in Dresden kennengelernt hat. – Der Deutungsversuch in Prosa I, S. 520, wird hierdurch überholt.

S. 127 *feulte* Mensing, 2. Bd., Sp. 63–64: feudeln, feueln, feuln, feideln, feiln: den Fußboden feucht aufwischen.

S. 127 ⟨*aller*⟩ H: als.

S. 129 *Kienzl* Wilhelm, 1857–1941, Komponist, Schüler von Wilhelm Meyer-Remy, Graz. Oper »Der Evangelimann«.

S. 129 ⟨*wegen der schamlosen Stümperei*⟩ In H ist aus Streichungen usw. aus *wegen... zu schämen* und *für ... zu beunruhigen* versehentlich entstanden: *sich für die schamlose Stümperei zu beunruhigen.*

S. 129 *Nachtwächter* Schon in der *Reise des Humors und des Beobachtungsgeistes* (1895) schlurft ein Gespenst als Nachtwächter durch den Louvre (Prosa I, S. 64 ff.).

S. 132 *Roland und Elisabeth* Verfasserin: Elise Averdieck, 1808–1907. Hamburger Pädagogin, Philanthropin und Jugendschriftstellerin.

S. 133 *»heiligen Krieg«* Sch., Nr. 65.

S. 133 *Ich denke doch im Geheimen* Z. vgl. S.704, Anm. zu S. 297 *Zirkusmenagerie Holzmüller.*

S. 141 *Boucher* François, 1703–1770.

S. 148 *als Lugaus* Der Satz erscheint unvollständig. Gemeint ist doch wohl: Der Leuchtturm selbst hält seine Matrosen und Fernrohre zum Fleiß an. Dann wäre zu ergänzen: *als Lugaus* ⟨*ihn*⟩ *selbst, der ...*

S. 148 *Liekedeeler* (Gleichteiler) oder Vitalienbrüder: Seefahrer, die im Jahre 1389 den Anhängern des Königs Albrecht in Stockholm Lebensmittel, Vitalien, zuführten, dann aber in Seeräuberei verfielen. Ihr bekanntester Führer, Klaus Störtebeker, wurde im Jahre 1401 in Hamburg enthauptet.

S. 149 *Joseph* E. B.s Bruder. Zwilling von Niko. 8.8.1872 bis 14.2.1923. Ingenieur in Niagara Falls, USA. Z. vgl. Ahnentafel III in Prosa I, S. 525.

S. 152 ⟨*jenem*⟩ H: jeden.

S. 158 *Waagebalk das beste Floß* kommt nicht in der Edda vor. Herr Professor Dr. Kuhn, Universität Kiel, weist aber dankenswerterweise auf Grimnislied, Strophen 43 und 44 hin. Dort werden die Esche Yggdrasil als der Bäume Erster, Shidbladnir (Scheitblattner) als *bestes der Schiffe*, und weiter das jeweils Erste aus mehreren anderen Gattungen genannt bis zu Garm, dem Ersten der Hunde. Wenn E. B. diese Verse gekannt hat, mag ihm beim abendlichen Wandern die Alliteration Wolke-Waage-Westen den Klang der Edda, und das Anschauen des dahinschwebenden Wolkenbalkens, Wolkenfloßes die Erinnerung an das beste Wasserfahrzeug ins Gedächtnis gerufen haben, worauf er dann mit leichtem Irrtum oder Gedächtnisfehler dem Eddadichter die eigne mythosbildende Vorstellung zugeschoben hat: Der Balken der Waage, die über Wert und Unwert, über Recht und Unrecht zu entscheiden hat, kann auch aus Schiffbruch, Hochwasser und sonstiger Not retten. Aber die Depression dieses Tages, der mit dem Ärger über Luisens Ölverschwendung begonnen und wieder einmal zur Klage über sein »nutzloses« Dasein geführt hatte, mag ihm, als er abends die Tagebucheintragung – offensichtlich in einem Zuge – niederschrieb, mit der Vorstellung »Floß« nun auch die Erinnerung an alle Entsetzlichkeiten des »Radeau de la Méduse« von Géricault ausgelöst haben, welches Bild im Louvre er doch wohl bestimmt gekannt hat.

S. 162 *Vor Carlepont* Der Original-Feldpostbrief des Bruno Engel ist auf den Seiten 126 und 127 in H eingeklebt.

S. 167 *Kingsley* Charles, 1819–1875, englischer Theologe und Dichter, Pfarrer in Eversley (Hampshire). Der *Kinder-Jünglings-K.* ist das Buch »Charles Kingsley, Briefe und Gedenkblätter, herausgegeben von seiner Gattin. Deutsch vom M. Sell«, 5. Aufl., Gotha 1888, Perthes, 623 S., das E. B.s Mutter ihm mit der Widmung schenkte: »Meinem Ernst Weihnacht 89« und das sich in E. B.s Bücherei im Heidberg erhalten hat. E. B. hatte das Buch augenscheinlich durch Friedrich Düsel kennengelernt (unveröffentlichter Brief an diesen, Schönberg, März 1888, und auch Briefe II, S. 23) und es sich dann zu Weihnachten 1889 von der Mutter erbeten. Wie stark Kingsley E. B. beschäftigt hat und wie wichtig ihm grade dieses Buch gewesen ist, ergeben nicht nur viele An- und Unterstreichungen, zustimmende wie ablehnende Randbemerkungen und eine längere kritische Eintragung auf der Innenseite des Rückdeckels, sondern das beweist auch der Umstand, daß E. B. auf den vorderen Vorsatz unter die Widmung seiner Mutter zwei eigene Eintragungen gesetzt hat, seiner Mutter und seinen Lebensgang seit dem Jahre 1888 in Stichworten darstellend, datiert »Wedel. d. 8. Oktober 1903« und »Güstrow i. M., Spt. 1925«. Wie in andre Bücher, die ihm besonders wert waren (z. B. Lao-tse und Dschuan-dsi) hat E. B. auch in diesen Kingsley auf die Innenseite des Vorderdeckels anstelle eines Exlibris die Pause der Entwurfzeichnung zu einem der »Findling«-Holzschnitte eingeklebt (Anfang des Vorspiels. Bei Sch. benannt »Der Windschirm«, ohne Nr., verworfener Druckstock, einziger Abzug und Zeichnung von der Gegenseite beim Nachlaß in Güstrow). – Viele Striche und Marginalien beziehen sich auf weltanschauliche Fragen, die in E. B.s späterem Leben und Werk Bedeutung gewannen. So ist auf S. 301 die Äußerung Kingsleys: »... des Herrn, ... der alle Menschen und alle Dinge geschaffen hat, ausgenommen die Sünde« mit Blaustift dick unterstrichen und am Rande mit drei Ausrufungszeichen versehen und auf S. 325 die Stelle »... wenn es nicht ein gänzliches Mißlingen und eines unvollkommenen Werkmeisters verfehltes Machwerk sein, wenn nicht Gott ewiglich durch das Böse vereitelt und übermocht werden soll« zum Teil mit Tinte unterstrichen – beides die Theodizee und die Problematik der *Sündflut* vorahnend. – Das Gebet Kingsleys »Wie lange, ach Herr, wie lange!« S. 135. Eine andre Todessehnsucht Kingsleys (»Tod, du schöner, gütiger, ... wann wirst du kommen« usw., S. 598) ist von starken Blaustiftstrichen umzogen.

S. 168 *Hilfskommitte* In Mecklenburg heißt, und zwar nicht nur auf Platt, sondern auch im Hochdeutschen, ein Komitee (Ausschuß): »Kommítte«.

S. 169 *24. Januar 1915* Der Original-Feldpostbrief ist auf S. 138 in H. eingeklebt.

S. 170 *Kolbenheyer* »Meister Joachim Pausewang« erschien im Jahre 1910. Dietzel schätzte dieses Buch sehr und hatte es schon an Hans Carossa geschenkt (Carossa, a.a.O., Seite 69).

S. 175 *beizt* In H ist die folgende Seite 146 leer gelassen und auf S. 147 ein doppeltgefaltetes Blatt geklebt, das gedruckt links den deutschen, rechts den französischen Wortlaut der »Nachrichten vom 18. und 19. Januar 1915« enthält und, ebenfalls gedruckt, unterzeichnet ist: »gez. v. Bockelberg, Generalleutnant und Etappeninspekteur«. Auf der Rückseite in Bleistift von fremder Hand: »Unsere ›Zeitung‹, die Sie vielleicht interessiert.«

S. 175 *Gaul*, August, 1869–1921, Tierbildhauer. – *Zille*, Heinrich, 1858 bis 1929, Zeichner des Berliner »Milljöh«.

S. 176 ⟨*das*⟩ – *bereite*⟨*t*⟩ H: die – bereiten.

S. 184 *trotz de*⟨*n*⟩ ... *Menschen* H: trotz der ...

S. 185 ⟨*ihre*⟩ H: seine.

S. 186 *sodaß es in fremden Hälsen* Man erwartet: *sie.* H: *sie*, durchstrichen und dafür geschrieben: *es.*

S. 188 *Geheimrat Tod* Geheimrat Tode, Kämmerei-Senator in Güstrow (Mitteilung von Fr. Schult).

S. 191 *Eine schöne Dokumentenmappe* In *Sturms Heimkehr* (1897) heißt es: »Alle besseren Häuser haben ›Papiere‹. Die wurden zum Retten in den Wohnstuben bereitgelegt« (Prosa I, S. 136).

S. 192 *Dr. Eisenbart* Joh. Andreas, 1661–1727, Arzt. Durch marktschreierisches Anpreisen seiner Wunderkuren sprichwörtlich geworden. – Z. vgl. E. B.s Fragment *Dr. Eisenbart*, Hamburg, 6. März 1899 (Prosa I, S. 170–173).

S. 198 *Frommel* Emil F., 1828–1896, Pfarrer in Karlsruhe, dann Barmen, 1869 Garnisonspfarrer in Berlin, seit 1872 Hofprediger. Vertrauter Kaiser Wilhelms I., Erzieher der beiden ältesten Söhne Kaiser Wilhelms II. »Gesammelte Schriften« in 11 Bänden, davon 3 Bände Erzählungen (Mitteilungen der Herren Prof. Meinhold, Kiel, Pastor em. Fritsch, Godesberg, und Dr. Gebhardt, Tübingen).

S. 200 *(Ende 8/49 Uhr Abends.)* Hier endet das Zweite Heft.

S. 201 ⟨*ihn*⟩ H: ihm.

S. 204 *Frau M. B.* die Gattin Arthur Moeller van den Brucks.

S. 204 ⟨*erkennbar*⟩ H: erkenntlich.

S. 207 *Hesperien* »Eine Symphonie« in fünf Teilen, entstanden in Florenz, März 1914. Erstdruck in 200 numerierten Exemplaren, München/Berlin 1915, Georg Müller. Jetzt S. 135–172 in »Theodor Däubler, Dichtungen und Schriften«, München 1956, Kösel, 923 S. Dort S. 893 die vorstehenden bibliographischen Angaben

S. 207 *der Baron der apostolischen Gemeinde. Der Blaue Boll*, Zweites Bild. Uhrmacher Virgin: »Graf von und zu Ravenklau, wissen Sie, der Patron unsrer neuen apostolischen Gemeinde« (Dramen, S. 399).

S. 208 ⟨*erkennbar*⟩ H: erkenntlich.

S. 209 ⟨*der*⟩ H: den.

S. 210 *mit Gewalt hin und her* Am unteren Rande der Seite eingefügt: *fühlte sich von bunten Fellen zur Einkörperung gereizt, alle Freuden unterm hohen Himmel schufen sich Leib und Gestalt.*

S. 213 *Fuchsholz* bei Ratzeburg als Ort erster visionärer Erlebnisse, z. vgl. S. L. Kapitel »Ich lerne Schreiben und Lesen«, Prosa I, S. 20.

S. 214 *Hirschkäferöwer* Öwer gleich Ufer eines Flusses, Rand eines Grabens, Abhang einer Schlucht. Flurnamen: Sollsöwer, Stocköwer u. a. m. (Mensing 3, Sp. 924/5.)

S. 216 *Wenn Christus wiederkäme* »Käme er, man würde ihn zum zweiten Male kreuzigen«. Zu Eckermann, 12. 3. 1828.

S. 218 *das rechte Wetter* Z. vgl. S. 699, Anm. zu S. 97: *Zum Abschiednehmen just das rechte Wetter.*

S. 219 *der 〈erste〉* H: der erstere.

S. 219 *Hans Hudemann* Z. vgl. Anm. Prosa I, S. 510.

S. 220 *Tiek* Wegen dieses Ratzeburger Lehrers z. vgl. S. L., Kapitel: »Ich erzähle«, Prosa I, S. 23.

S. 220 *Prz-s-myl* So, mühsam buchstabierend, in H. Gemeint ist Przemysl (Gr. Gen. S. 105).

S. 220 *Martha* E. B.s Base Martha Barlach, 1871–1944. Prosa I, S. 524, Stammtafel II.

S. 222 *Ädenst* E. B. bemüht sich um eine phonetische Schreibweise der Aussprache seines Vornamens Ernst in mecklenburgischem Dialekt. Z. vgl. die Sprechweise des Onkels Waldemar in den *Echten Sedemunds* (Dramen, S. 185 ff.) und die »hier übliche R-Losigkeit« im G. M. (S. 573).

S. 224 *Däubler, Picasso-Aufsatz* Neudruck in: Theodor Däubler, Der neue Standpunkt. Dresden 1957, S. 125–140.

S. 224 *Onkel Heinrich* E. B.s Vaters-Bruder Justizrat Heinrich Barlach, 1834–1899. Prosa I, S. 524, Stammtafel II.

S. 226 *〈einträchtig〉* H: einträglich.

S. 226 *Der Anfang, der Beginn findet soeben statt* – so eindeutig in H. Laut G. M. (S. 461) aber hat der Schausteller ausgerufen: *Der Anfang des Beginns findet soeben statt!*

S. 227 *〈Geistjunge〉* H: Geist-jungen.

S. 227 *Prmzsil (?)* Przemysl.

S. 228 *d'Annunzios Wortwüten* Gabriele d'Annunzio, italienischer Lyriker und Dramatiker, 1863–1938.

S. 231 *Schmiedemeister Isenbarn.* Diesen Namen hat E. B. im *Armen Vetter* verwandt (Dramen, S. 98 usw.).

S. 232 *〈sich〉* H: sie.

S. 233 *〈Zensurstrudel〉* H: Zensurstrudeln.

S. 234 *gefältetem. Graf von Ratzeburg* I: »Euer Wams, kostbar gefädelt und genädelt, gefältet und gefüttert« (Dramen, S. 521).

S. 236 *heiratete, und* H: Zwischen beiden Worten ist gestrichen: Jümmerweg starb aber früh, und seine Witwe heiratete ihren Knecht. Ihr Sohn war, obgleich Erbe des Hofes, im Hause Stiefkind, hatte aber einen Drang nach Bildung und Wissen.

S. 236 *Trienwischen* ist kein Eigenname, wie E. B. anzunehmen scheint, sondern bedeutet Trine-Tante (mitgeteilt von Fr. Schult).

S. 238 *Seumes Leben* Z. vgl. Prosa I, S. 510, Anm. zu S. 30: *Spaziergang nach Syrakus.*

S. 238 *Zurawno* südlich von Lemberg am Dnjestr in den nördlichen Vorkarpaten.

S. 239 *〈kein〉* H: keinen.

S. 243 *〈ihm〉* H: ihr.

S. 243 *Lästrigonenhühner* Die Laistrygonen der griechischen Sage sind ein Volk von menschenfressenden Riesen (Odyssee X).

S. 254 *Lusthasen* H: Lusthasens.

S. 256 *seine Walküre* Z. vgl. Prosa I, S. 325: »Lisabeth, wie eine Walküre am Waschtage«.

S. 258 *zwei Zeichnungen* »Die Betlehem Steel Company« (Sch. 70) und »Evakuierung« (Sch. 71).

S. 263 *Below* Otto von, geb. 1857, Armeeführer im ersten Weltkrieg.

S. 263 *Szawla* und *Szadow* Gr. Gen., S. 119: 21. 7. 1915 Einnahme von Schaulen. – S. 121: 23. 7. 1915: Einnahme von Szadow.

S. 266 *olle Gewittern* Z. vgl. Prosa I, S. 516, Anm. zu S. 187.

S. 267 *ihre Triller*. Ende des dritten Heftes.

S. 273 *»Na, Korl*, Das fehlerhafte Plattdeutsch so in H.

S. 276 *Walt und Vult* Von diesen ungleichen Zwillingsbrüdern in Jean Pauls »Flegeljahren« übernimmt E. B. die Namen Wau und Wahl für den Helden im G. M. und dessen Gegenspieler. – Das reizvolle Thema »E. B. und Jean Paul« bedarf noch der Bearbeitung.

S. 278 *Lithographie »Wo bleiben die Männer?«* Sch. 73.

S. 278 *ein⟨en⟩ durchwärmte⟨n⟩ Schauer* H: ein durchwärmtes Schauer.

S. 283 *Drescher von Masuren* Wilhelm von Scholz, »Der Drescher von Masuren«, Ballade. Heute in W. v. Sch., »Die Gedichte, Gesamtausgabe 1944«, Leipzig 1944, Paul List, S. 263. – Z. vgl. die Lithographie: Hindenburg als Drescher von Masuren, Sch. 72.

S. 283 *Dusa* Rosa Limana Schwab, die Mutter des Sohnes E. B.s; z. vgl. Stammtafel Prosa I, S. 523.

S. 284 *Frau Mussehl* Diesen Familiennamen hat E. B. im G. M. verwandt (zuerst S. 555).

S. 285 *⟨ob⟩* H: so.

S. 285 *möten* = hemmend entgegentreten, im Lauf aufhalten, nicht durchlassen. »Möt den Deef!« Bes. vom Vieh: den Weg verlegen, zurücktreiben (Mensing, Bd. 3, Sp. 694).

S. 286 *Herr Westhoff* Helmuth W., geb. Bremen 1891, jüngerer Bruder der Frau Clara Rilke-Westhoff (1878–1954). Maler, studierte in Paris, München, Berlin. Lebt in Fischerhude bei Bremen.

S. 288 *Grodno* Gr. Gen., S. 149: 27. 8.–2. 9. 1915 Eroberung von Grodno.

S. 288 *⟨ließen⟩* H: sandten.

S. 289 *⟨berechnet⟩* H: verrechnet.

S. 289 *Abenteuer Dr. Mephistos* Das Faust-Volksbuch hat also zu dem »Satans-Hinterviertel« im *Blauen Boll* angeregt.

S. 293 *Bruno Paul* geb. 1874. 1907–1933 Direktor der Staatlichen Kunst- und Kunstgewerbeschule Berlin. Schöpferisch als Baukünstler und Innenarchitekt. Lebt in Berlin-Grunewald.

S. 296 *Lust* Hier hat E. B. in der Selbsterkenntnis, daß seine Handschrift im *Tagebuch* gefährlich flüchtig ist, eine Fußnote gesetzt: »Lust, *nicht* Luft.«

S. 297 *Zirkusmenagerie Holzmüller* Diese Bezeichnung des Schausteller-Unternehmens und Einzelheiten aus den folgenden Schilderungen finden sich wörtlich im letzten Kapitel »Der Löw ist los« des *Seespeck* (Prosa I,

S. 473 ff.). Somit trifft E. B.s Vermerk in der *Seespeck*-Handschrift nicht zu, er habe die Arbeit am *Seespeck* »endgültig aufgegeben im Oktober 1914« (z. vgl. Prosa I, S. 520), wenigstens nicht bezüglich des letzten Kapitels. Sondern er bestätigte das, was er am 10. Dezember 1914 geschrieben hatte: »Ich denke doch im Geheimen, dies Tagebuch für den guten Seespeck nutzbar zu machen« (S. 133). Hierzu auch S. 336, *An Seespecks Dasein geschaufelt.*

S. 303 *Urweltmonstr⟨en⟩* H: Urweltmonstrums.

S. 304 *⟨mich⟩* H: mir.

S. 306 *lerrig* lerdig, leddich, lerig: ledig, leer (Mensing 3, Sp. 457/8).

S. 307 *dägt* Lt. »Mecklenburgisches Wörterbuch« von Wossidlo und Teuchert wird das Adjektiv dääg gebildet sein zum Substantiv Dääg = Gedeihen; auch Gegenteil: Undääg = unnötiges Zeug, und würde bedeuten: gediegen (en Paar däägte Kinner), reichlich (ne däägte Mahltid), tüchtig (ne däägte Diern), kräftig von Körperbau (däägt un stramm), derb, ausgiebig (ne däägte Tracht Prügel). Auch als Adverb in der Bedeutung: sehr (sik däägten verfieren). Der dägte Unteroffizier ist also ein kräftiger, vielleicht etwas derber Mann, der sein Handwerk versteht und sich überall bewährt, wo man etwas von ihm verlangt, kurz, einer, den man einen »däägten Kierl« nennen darf. (Mitteilung des Herrn Dr. Ballschmieter, Kiel.)

S. 309 *⟨Gehaben⟩* H: Behaben.

S. 311 *die Hühner* Z. vgl. *Gestohlener Mond*, Kapitel 38 (S. 625).

S. 312 *Falstaff-Soldaten* Z. vgl. S. 698, Anm. zu S. 95, *Falstaff.*

S. 313 *»Mit silberner Sichel«* Geschrieben in Kloster auf Hiddensee, Herbst 1915. Erstdruck: Dresden-Hellerau 1916, Hellerau-Verlag. Zweite Aufl., erweitert um das Kapitel »Albatros«, Leipzig 1922, Insel. Heute S. 175–263 in »Th. D., Dichtungen und Schriften«, München 1956, Kösel. Dort S. 894 vorstehende bibliographische Angaben.

S. 315 *Flurwärter Pipelow* Diesen Namen hat E. B. übernommen in den *Blauen Boll*, 5. Bild, für den Kellner in der »Goldenen Kugel« (Dramen, S. 386 und 425).

S. 317 *Organist Bitch* und *im Forsthaus* Organist Pitscher und Gasthaus zur Post (Fr. Schult).

S. 320 *⟨im⟩* H: ein (Vorschlag Fr. Schult).

S. 324 *Frieg* Will, geb. 1885, erst Lehrer, dann Kunstschriftsteller, lebt in Soest, Westfalen. Machte im Jahre 1916 die Bekanntschaft Hans von Flotows, des späteren Herausgebers der Gedenkschrift für Albert Kollmann. Ernst von Flotow, Neffe Hans von Flotows und Neffe Kollmanns, vermittelte die Verbindung zwischen Frieg und E. B., den Frieg von dem Flotowschen Gute Wahlow in Mecklenburg aus in den Jahren 1916 bis 1923 häufig in Güstrow besucht hat. Die freundschaftliche Beziehung währte bis zu E. B.s Tode. E. B. porträtiert Frieg im Jahre 1920 (Maske, Ton). Friegs umfassende Barlach-Sammlung, darin Plastiken, Zeichnungen, Briefe und auch eine Handschrift des Nachrufs E. B.s auf Kollmann, ist in den Kriegs- und Nachkriegswirren verlorengegangen. (Mitgeteilt von W. Frieg.)

S. 324 *Brigantino-Onkel* Arthur Bremer, aus angesehener Arzt-Familie stammend (einer gründete die erste Lungenheilstätte Görbersdorf), ein

Onkel Theodor Däublers, original und genial, hatte in seiner Jugend viel
Geld verjubelt. Weil ihm der Arztberuf zu bürgerlich erschien, wechselte
er zur Presse über und gründete zahlreiche Zeitungen, darunter in Venedig
den »Corriere Veneziano«. Däublers erste Reise führte ihn als Knaben von
Triest nach Venedig zu diesem Onkel, der ihn auf dem Markusplatz den
»Corriere« ausrufen und verkaufen ließ. Später betätigte sich Bremer in
Berlin als »Zeitungskönig« und gründete z. B. am selben Tage eine kon-
servative und eine kommunistische Zeitung. Nach seinem Tode trugen ihn
in Wien Sozialisten wie einen Heiligen zu Grabe. Däubler hat über ihn
einen Roman geschrieben, der aber, ebenso wie Däublers dreibändiger Koll-
mann-Roman, verlorengegangen ist. Alles dies nach Mitteilungen des Herrn
Will Frieg, der im übrigen annimmt, daß E. B. den »Brigantino-Onkel«
nicht persönlich, sondern nur aus den Schilderungen Däublers gekannt hat.

S. 332 *Karl Barlachs Autoroman* Ein unveröffentlichter autobiographi-
scher Roman des Vetters E. B.s, des Rechtsanwalts Karl Barlach, Neumünster in Holstein.

S. 332 *Däubler aus gelblichem Eichenholz* »Bildnis Theodor Däubler II«,
nach dem Gips von 1912.

S. 332 ⟨Grete⟩ H: Lotte (Berichtigung von Fr. Schult).

S. 333 *Zeichnung* »Anno domini MCMXIV post Christum natum.« Sch.,
Nr. 80.

S. 333 *Bildermann* Zeitschrift, die Leo Kestenberg im Jahre 1916 im
Verlag Paul Cassirer, Berlin, herausgab. Original-Lithographien von E. B.,
Gaul, Heckel, Kirchner, Kokoschka, Slevogt, Zille u. a. E. B.s Beiträge Sch.,
Nr. 75–82.

S. 336 *an Seespecks Dasein geschaufelt* Z. vgl. S. 704, Anm. zu S. 297,
Zirkusmenagerie Holzmüller.

S. 336 *Zeichnung* Diese Lithographie, der E. B. die Unterschrift geben
wollte: »Der Tod wird nicht mehr sein, noch Leid noch Schmerzen noch
Geschrei wird mehr sein« (z. vgl. S. 343), ist aus unbekanntem Grunde
nicht im Bildermann erschienen und findet sich daher auch nicht unter den
»Bildermann«-Beiträgen E. B.s, Sch. Nr. 75–82. Das Blatt war lange ver-
schollen, so daß Sch. es überhaupt nicht kennt. Erst Herr Kurt Reutti, Berlin, hat im Jahre 1958 einen Abzug entdeckt, abgebildet in W. Stubbe, »Be-
merkungen zu Barlachs Druckgraphik«, Jahrbuch der Hamburger Kunst-
sammlungen, Bd. 4, Hamburg 1959, Verlag Hauswedell, S. 87–96, Abb. 11.
Der Bibelspruch, Offbg. Joh. 21, 4, war E. B. geläufig, da seine Mutter ihn
hatte in eine Eisenplatte gießen lassen, die am Sockel des Kreuzes über dem
Grabe seines Vater († 1884) auf dem Südfriedhof in Ratzeburg angebracht
war. Diese Platte wurde erst entfernt, als die Grabstätte im Jahre 1951
ihre jetzige Gestalt erhielt.

S. 338 *Gips-Ekstaten* »Der Ekstatiker«, Abb.: S. L., Piper-Ausgabe 1948,
Abb. 19.

S. 339 *Thu-Fus Gedicht* Der Dichter Thu-Fu lebte von 712 bis 770. Das
Gedicht »O mein Heimatland« lautet: Tschangan, o mein Heimatland, /
Spielt man noch in dir das Spiel der Spiele? / Ach, der Kinder wurden
wenig und der Toten viele. / Im Palaste herrscht der Günstling Leid. / Eine
spitze grüne Kappe trägt er – / Tschangan, o mein Heimatland! / Und ein

silbergrünes Kleid. – / Tschangan, o mein Heimatland, / Hoch im Norden klingen alle Felsen von Trompeten, / Und die Straßen stehn voll Kriegsgeräten. / Selbst der Bote mit der kaiserlichen Feder weilt – / Tschangan, o mein Heimatland! / Und die Stunde des Befehls enteilt. – Tschangan, o mein Heimatland, / Tiefer tauchen schon die Fische unter. / Bunter Herbst färbt mein Gewand nicht bunter. / Junger Schmetterling – auf meinen Flügeln trug – / Tschangan, o mein Heimatland / Ich des goldnen Staubes einst genug. – Tschangan, o mein Heimatland – / Sah Soldaten durch das Osttor reiten, / Sah ein Blumenschiff im Nebel gleiten, / Und beseligt neigte ich mich einem Fächer zu – / Tschangan, o mein Heimatland! / Hinter allen Wolken leuchtest du! (Klabund, Dichtungen aus dem Osten, Bd. II, Chinesische Lyrik, Wien 1929, Phaidon-Verlag, S. 176/177, und »Dumpfe Trommel und berauschtes Gong«, Nachdichtungen chinesischer Kriegslyrik von Klabund. Wiesbaden 1952, Inselbücherei Nr. 183, S. 26–27.)

S. 339 *Schlafendes Paar und Spaziergeher* »Schlafende Vagabunden« und »Der Spaziergänger«, Hölzer, 1912.

S. 341 *Peter Simpel* Roman des britischen Seeoffiziers und Schriftstellers Frederik Marryat (1792–1848), erstmalig veröffentlicht im Jahre 1834.

S. 341 *»Friede auf Erden«* Amtlich: »Dona nobis pacem!«, Sch. 82.

S. 341 *Kugelberg* Nachtrag in Blei am unteren Rande der Seite: *gefallen am ersten Tage im Feld.*

S. 342 *Orgesul* Gr. Gen., S. 245: 1.–5. 12. 1915 Schlacht am Arges (Rumänien). – S. 249: 4.–8. 12. 1915 Verfolgung nach der Schlacht am Arges. – 6. 12. 1915 Einnahme von Bukarest.

S. 344 *mein mystischer Bekannter aus W.* Herr Will Frieg, von Wahlow kommend.

S. 346 *Jung-Stilling* Johann Heinrich Jung, gen. Stilling, 1740–1817. Schneider und Dorfschullehrer, Student in Straßburg (Goethe und Herder), Arzt (über 2000 Staroperationen), Professor der Finanz- und Staatswissenschaften in Kaiserslautern, dann Marburg, dann Heidelberg. Seine Selbstbiographie »H. St.s Jugend« hat Goethe herausgegeben.

S. 346 ⟨*Kleinigkeiten*⟩ H: Kleinlichkeiten.

S. 348 *Hebbel, Nibelungen, Hagen* In H ist über *Hagen* in Bleistift zwischen die Zeilen geschrieben: *Volker,* und in der Tat stammen von den vier Aussagen über isländische vulkanische Feuererscheinungen und Nordlichter, die Hebbels Trilogie enthält, keine von Hagen, wohl aber drei von Volker (»Gehörnter Siegfried« 1, v. 60–62; 1, v. 82, 83, 91; »Siegfrieds Tod« I 2, v. 167 ff.) und die vierte von Siegfried (»G. S.« 4, v. 580 ff.).

S. 352 *Anton Reiser* Psychologischer Roman in 4 Bd., 1785–1790, von Karl Philipp Moritz, 1727–1793; dessen Bekanntschaft mit Goethe in Rom 1786. Moritz war zuletzt Professor der Altertumskunde an der Akademie der Künste, Berlin.

S. 355 *Juwelier Eichberg* Einer der Güstrower Juweliere hieß Eichholz.

S. 355 *zwei Reliefs* In H hierzu Fußnote in Bleistift: *Diese Arbeiten sind wohl meine belanglosesten! EB. Juni 1925* und darunter in Tinte: *Gewiß! 14. XII. 28. B!* Um welche Reliefs es sich handelt, ließ sich nicht eindeutig feststellen. Fr. Schult vermutet »Apfeldiebin« und »Stehender Mann, in einen Beutel langend«.

S. 358 *Mir fällt ein Drama ein* Erste Konzeption der *Echten Sedemunds,* die im Jahre 1920 im Druck erschienen sind.

S. 359 *Relief »Totenklage«* Amtlich: »Grablegung« (Städtisches Museum Chemnitz). Abb.: S. L. Cassirer-Ausgabe 1928, Abb. 32. (Auskunft Fr. Schult.)

S. 359 *17. Nov. 1917* Die Eintragung dieses Tages wollte E. B. erst auf die Innenseite des Heftdeckels schreiben, wie das Datum zeigt, das er dorthin geschrieben und dann durchgestrichen hat; dann aber hat er sie auf ein weißes Blatt geschrieben, das mit seinem linken Rande auf den Innendeckel des Hefts geklebt ist.

S. 359 *Auferstehungsrelief.* Gips, beim Nachlaß in Güstrow. Keine Abbildungen (Auskunft Fr. Schult).

S. 359 VIER FRAGMENTE Auf den rückwärtigen Innendeckeln der vier Hefte der Handschrift des »Güstrower Tagebuchs 1914–1917« hat E. B. zahlreiche Seitenzahlen vermerkt. Augenscheinlich hat er manches als Stoff für spätere Arbeiten erwogen. Erhalten davon ist lediglich eine Niederschrift auf sechs Folioblättern (beim Nachlaß in Güstrow), auszugsweise Überarbeitungen der Tagebucheintragungen vom 2. 9. 1914 (»Töne«), 13. 9. 1914 (»Reserve«), 26. 9. 1914 (»Aufbruch«) und 11. 9. 1914 (»Alarm«). Die Texte teilte Fr. Schult mit.

Die Anmerkungen wurden unverändert aus *Die Prosa II* übernommen; sie beruhen also auf dem Stand der Forschung 1959.

Ernst Barlach

Die Briefe I
1888–1924. Herausgegeben von Friedrich Droß.
1968. 824 Seiten. Leinen

Die Briefe II
1925–1938. Herausgegeben von Friedrich Droß.
1969. 932 Seiten. Leinen

Die Dramen
Das dichterische Werk in drei Bänden. Erster Band. In Gemeinschaft
mit Friedrich Droß, herausgegeben von Klaus Lazarowicz.
3. Aufl., 9. Tsd. 1968. 620 Seiten. Leinen

Drei Dramen
Der arme Vetter – Die echten Sedemunds – Der blaue Boll.
Serie Piper 163. 1977. 269 Seiten. Kart.

Plastik
Mit 100 Bildtafeln. Auswahl und Einführung von Wolf Stubbe.
Fotos von Friedrich Hewicker.
5. Aufl., 27. Tsd. 1976. 230 Seiten. Leinen

Die Prosa I
Das dichterische Werk in drei Bänden. Zweiter Band.
Herausgegeben von Friedrich Droß.
2. Aufl., 6. Tsd. 1973. 526 Seiten. Leinen

Die Prosa II
Das dichterische Werk in drei Bänden. Dritter Band.
Herausgegeben von Friedrich Droß. Mit einem Nachwort von
Walter Muschg. 2. Aufl., 6. Tsd. 1976. 724 Seiten. Leinen

35 Plastiken
Auswahl und Nachwort von Wolf Stubbe.
Aufnahmen von Friedrich Hewicker. 4. Aufl., 14. Tsd. 1980.
55 Seiten mit 42 Tafeln. Piper Galerie. Geb.